LES EXILÉS
DE BYZANCE

CATHERINE HERMARY-VIEILLE

LES EXILÉS DE BYZANCE

roman

ALBIN MICHEL

À Michel El Khoury auquel me lient
plus de quarante années
d'une indéfectible affection.
À la mémoire de Sybille Sursock,
enlevée trop tôt à l'amour des siens.

« Pour pénétrer dans le passé, il faut le connaître et pour le connaître, il faut qu'il vous émeuve et vous interpelle. Il faut aussi un point d'ancrage dans le présent, le fil de la mémoire. »

Tania Rayes

1

29 mai 1453. À trois heures du matin l'obscurité noyait la ville de Constantinople, ses magnifiques édifices, ses palais princiers, les milliers de demeures plus ou moins opulentes des habitants. Depuis trois mois, les soldats grecs et italiens, assistés d'un petit renfort de Génois et de Vénitiens, se tenaient en haut des remparts de la ville, rafistolés après les bombardements dans la plus grande hâte par les vieillards, les femmes et les enfants.

En face d'eux, une cohorte de soldats, de cavaliers, les fameux janissaires coiffés de blanc, et la multitude de gueux qui suivaient habituellement les armées, d'innombrables bêtes, bœufs, chameaux, moutons. Le sultan Mehmet ne devait pas être loin, prêt à lancer ses troupes à l'assaut de la perle de l'Orient chrétien. Cette cité millénaire était protégée depuis si longtemps par son enceinte triangulaire aux nombreuses tours dont les trois plus puissantes faisaient face à la terre ferme. Au sud, le Bosphore, et à l'est la Corne d'Or dont une chaîne barrait l'accès aux marins turcs. Toutes les portes de la ville avaient été barricadées.

Il faisait doux. C'était une de ces nuits de printemps où le parfum des fleurs des jardins de Constantinople rappelait aux hommes la douceur du passé, un passé que chacun désormais savait aboli. Combien de temps résisteraient-ils à la horde turque dont les hurlements, le vacarme incessant des tambours et des trompettes les terrorisaient depuis des semaines ?

Nul n'espérait plus de secours de l'Occident. Seule la république de Venise avait envoyé deux grosses galères et quatre cents soldats avec armes et cuirasses. Le pape, les rois de France, d'Espagne, d'Angleterre et de Hongrie étaient restés indifférents au massacre annoncé de milliers de chrétiens d'Orient.

Devant son palais des Blachernes, le basileus Constantin XI, botté de cuir rouge sur lequel était brodé l'aigle d'or à deux têtes de l'empire, contempla un long moment, droit sur son cheval, la foule qui le cernait. L'angoisse crispait les visages éclairés par les flambeaux, les regards étaient implorants, comme si la présence de leur empereur détenait le pouvoir de les protéger. Beaucoup brandissaient ou tenaient serrées contre leur poitrine les saintes icônes qui les avaient à maintes reprises sauvés de leurs ennemis.

Depuis la veille, les cloches des multiples églises sonnaient sans relâche. L'immense procession s'était répandue par toutes les rues de la ville, orthodoxes, catholiques, prêtres, évêques et nonnes par centaines, femmes en pleurs, enfants accrochés à la tunique de leur mère. Aux cris de guerre des Turcs et aux « Ilaha illa Allah », répondait le Kyrie Eleison chanté d'une seule voix.

Autour du basileus, se tenaient son plus proche ami, Phrases, l'archevêque de Mytilène, Jean Giustiniani, un Vénitien qui avait mené la défense avec héroïsme, et son propre frère Thomas Paléologue.

Épuisé par des nuits de veille, l'empereur semblait soudain retrouver sa vigueur, sa voix tonnait.

– Hier, mes amis, mes frères et sœurs, nous avons écouté la sainte messe dans notre vénérée basilique Sainte-Sophie. Tous, nous avons prié et communié. Nos âmes doivent être en paix face à notre destin. Moi, votre père, votre empereur, je vous supplie d'être vaillants, et vous exhorte à résister encore à ces méchants de toutes vos âmes courageuses. N'oubliez pas que vous devez donner votre vie pour le salut de cette illustre cité, notre patrie tant aimée, la reine des villes, pour la foi et la religion, pour le basileus, l'oint du Seigneur, enfin pour vos femmes, vos enfants, vos familles. Mais la Foi, notre sainte Foi chrétienne, domine car si quelqu'un avait gagné le monde entier, en quoi cela lui servirait-il s'il perdait son âme ? Nous avons mis tout notre espoir, toute notre force en Dieu. Les Turcs ont pour eux leur artillerie, leur cavalerie, leur multitude de soldats, mais nous avons notre Dieu et Sauveur. N'oubliez jamais que vous êtes les descendants des héros d'Athènes et de Rome.

Constantin se tut, le visage d'une pâleur mortelle, mais déterminé comme un soldat prêt à livrer bataille.

Le jour se levait et, sur la Corne d'Or, le ciel était d'un rose marbré d'or.

– Je vous en supplie, conclut le basileus, je vous en conjure, soyez courageux.

Des larmes coulaient sur ses joues. Il semblait soudain brisé.

La foule restait silencieuse. Beaucoup pleuraient. Nul ne se faisait d'illusions : lorsque tomberait le soir, la moitié d'entre eux auraient péri ou seraient enchaînés pour être vendus comme esclaves. Mais la plupart ne songeaient plus à eux-mêmes : s'il fallait mourir, ce devait être pour le Christ et la patrie.

« Tous à Sainte-Sophie, notre protectrice et notre mère ! » Ce murmure parcourut l'assemblée et se gonfla vite en une clameur. C'était là le dernier refuge pour les faibles, les non-combattants. Le clergé allait célébrer une messe que chacun devinait être l'ultime service chrétien sous ces voûtes vénérables.

Trente prêtres revêtus de leurs plus beaux ornements sacerdotaux entouraient l'autel lorsque les fidèles se répandirent dans l'édifice. L'encens montait déjà dans le ciel comme l'ombre des âmes qui allaient bientôt le rejoindre. Aux lamentations, avait succédé un silence lourd. Il semblait que l'antique basilique elle-même se résignait à son agonie et transmettait sa force aux chrétiens qui se plaçaient sous sa protection. La puissante voix des chantres ne parvenait pas à recouvrir les étourdissantes détonations des canons turcs. Encens, odeurs de poudre, cantiques, cris des assaillants se mêlaient. L'enfer et le ciel.

En haut des remparts, chacun était à son poste avec à ses pieds des provisions de flèches pour les archers, des boulets de pierre pour les canonniers. Mehmet avait donné l'ordre de livrer l'assaut, et l'ensemble des soldats, une foule de miséreux à moitié sauvages, encerclait la ville. Les échelles étaient prêtes, les canons bien pourvus en boulets, les sabres et cimeterres affûtés. Les consignes du sultan avaient été claires : épuiser les forces de l'ennemi, assécher leur arsenal de guerre.

Au début, ce fut une lutte à distance : au premier rang des assiégeants, les soldats originaires de maints pays d'Asie qu'on nommait « bachi-bouzouks », derrière eux les janissaires.

Cinquante mille assaillants dans la lumière de l'aube naissante se ruaient sur les remparts à demi démolis tandis que les défenseurs, dans une pluie de flèches, renversaient les échelles sur lesquelles les Turcs s'agglutinaient en une masse si compacte qu'on aurait cru des insectes grouillant sur un bâton.

L'élite de Constantinople, les soldats italiens et grecs frappaient de l'épée dans le tas de ceux qui parvenaient aux créneaux, d'autres tiraient à coups de couleuvrines sur ceux encore à terre qui s'apprêtaient à redresser les échelles renversées, d'autres encore jetaient des quartiers de roc qui causaient de grands ravages. Personne ne reculait car le sultan avait ordonné que le moindre fuyard soit taillé en pièces.

Il faisait grand jour désormais, le soleil jouait sur les pierres ocre des murailles, caressait les minces tiges de verdure qui avaient trouvé le moyen de s'y enraciner. La mêlée devenait un corps à corps. Les imprécations, les cris de guerre ou de douleur se mêlaient aux canonnades tandis qu'au loin meuglaient les bestiaux, blatéraient les chameaux, aboyaient les chiens. Dans les brèches de la muraille, Turcs et Byzantins combattaient presque enlacés les uns aux autres. « Ilaha illa Allah illahou ! », « Allah Akbar ! », vociféraient des milliers de gorges.

Dans la basilique, vieillards, femmes, enfants, agenouillés, suivaient avec ferveur les prières de l'office. L'éclat des chasubles, les ornements de soie brodée souvent incrustés de pierres précieuses semblaient jeter leurs derniers feux. Sur l'iconostase séparant la nef du sanctuaire les figures tant vénérées des Vierges, du Christ, de tous les saints protecteurs, voilées par les fumées d'encens, semblaient se retirer déjà dans l'éternité.

Depuis le cœur de la nuit, les cloches de toutes les églises continuaient à sonner à toute volée comme un cri de ralliement, un appel à une ultime résistance.

– Par tous les saints du ciel, la Kerkoporta ! s'écria soudain Georges Dukas, le capitaine des archers.

Il s'agissait d'une poterne qui avait été créée près de la porte d'Andrinople, dans l'enceinte intérieure. Dans la hâte des derniers préparatifs avant l'assaut, cette petite porte à moitié ensevelie sous la végétation avait été oubliée de tous.

– Courez à la poterne, ordonna-t-il, voyez si les murailles extérieures sont encore debout.

Qu'apparaisse la moindre brèche et c'étaient des dizaines de soldats turcs qui pouvaient s'y engouffrer, puis lever les barres de fer transversales qui fermaient la porte d'Andrinople !

– La porte est prise !

La clameur était assourdissante. Les fuyards se ruaient vers les parties des remparts intérieurs encore solidement défendues par les leurs. Mais, vite rattrapés, ils se retrouvaient coincés entre les deux murs et massacrés.

Déjà les Turcs déferlaient dans la ville après avoir planté sur la porte d'Andrinople les étendards de Mehmet. Ceux du basileus avaient été lacérés.

Bientôt la ville entière fut cernée de drapeaux mahométans flottant dans la brise du printemps, tels des linceuls qui allaient ensevelir les Byzantins.

– La ville est prise, la ville est prise !

Le cri se répandait d'avenues en ruelles, de ruelles en jardins, gagnant les maisons les mieux closes, levant partout la plus terrible détresse, un affolement bestial qui poussait des foules entières vers les remparts comme s'ils pouvaient encore les protéger. Ceux qui parvenaient sur le chemin de garde en haut des pans encore debout aperçurent les navires vénitiens et génois lever les voiles. La chaîne fermant la Corne d'Or était cassée. Allaient-ils fuir ?

Alors la clameur fut générale :

– Aux bateaux, aux bateaux !

Là était l'ultime salut. Mais pour combien ? Une centaine ? À quelle mort étaient voués les autres, les soixante mille habitants de la ville ?

Le sang ruisselait dans les caniveaux dans lesquels tombaient les corps égorgés, éventrés, décapités. Des hordes de Turcs avaient envahi Sainte-Sophie pour s'emparer de ses trésors ou les briser. Les saintes icônes étaient piétinées, les hosties jetées aux chiens. Une dizaine de prêtres avaient été dépouillés de leurs riches vêtements sacerdotaux, émasculés, puis égorgés. Les pavés de marbre allaient être fracassés quand se fit soudain un grand silence. Dans la claire lumière du jour, les pillards virent un cheval s'encastrer dans la porte de bronze, et sur la monture une homme enturbanné, vêtu de velours, portant un riche cimeterre à la ceinture. Le sultan Mehmet II en personne pénétra dans la basilique.

D'un bond il mit pied à terre, agrippa le bras d'un des soldats qui, muni d'un pic, soulevait une dalle de marbre. La voix tonna. L'homme s'agenouilla, se prosterna.

– Seuls les imbéciles détruisent ce que les hommes ont fait de plus beau. Déguerpissez tous autant que vous êtes. Mes janissaires me suivent.

Ce nom tant redouté fit fuir en quelques instants les gueux qui se disaient soldats.

– Et maintenant, clama le sultan, que l'un des imams ici présents conduise la prière !

Un vieil homme escalada les marches de la chaire magnifiquement sculptée tandis que janissaires et officiers, tournés vers le sud, le front touchant le dallage, consacraient l'antique basilique à leur Dieu.

À la fin du jour, cinq mille hommes, femmes et enfants avaient été massacrés, quinze mille capturés pour être vendus comme esclaves.

Maintenant, le champ était libre pour le pillage, le vandalisme. On crevait des matelas, défonçait les murs, soulevait les pierres ou les lattes de bois des parterres pour débusquer l'or, les bijoux. Les familles survivantes se tassaient dans les coins de leur demeure les mains sur la tête, les jeunes enfants serrés contre leurs parents, les vieillards recroquevillés sur eux-mêmes. De temps à autre, avec des exclamations de joie, un soldat turc tirait du misérable tas humain une jeune femme qu'il offrait à ses compagnons après en avoir abusé lui-même sous les yeux des siens. Aux hurlements des malheureuses faisaient écho les cris des enfants.

L'odeur de la poussière et du sang se mêlait aux derniers relents de la poudre à canon. Les oiseaux avaient déserté la ville, abandonnant les cerisiers, les pruniers et les buissons couverts de baies soignés avec amour dans les jardins clos. Des chiens errants léchaient les blessures des morts qu'on s'acharnait à fouiller encore pour s'approprier une pièce de monnaie, une médaille d'or.

Nicolas Dionous, la main agrippée à celle de sa femme Irène, se retourna pour chercher son frère Constantin des yeux, mais il ne vit qu'une ville déserte, détruite, jonchée de cadavres. Il était sauf cependant, car tous trois étaient parvenus à fuir vers le port dès qu'ils avaient entendu le sinistre cri « La ville est prise ! ».

Depuis une semaine, les deux hommes avaient été de service aux remparts. Personne ne pouvait dire exactement quand les Turcs attaqueraient. Dès le mois de mars, des troupes s'étaient rassemblées, des pièces d'artillerie étaient pointées sur les remparts, dont le monstrueux canon du Hongrois Orban, des archers avaient été massés dans les environs immédiats de la ville. Chaque jour amenait une nouvelle foule de guerriers, de cavaliers, de mollahs et autres fanatiques. On citait le chiffre de trois cent mille combattants prêts à fondre sur la ville. Dans quelques semaines, quelques mois ? Nul ne pouvait le prédire mais pas un homme vaillant à Constantinople n'échappait aux travaux de consolidation des remparts. Dès le mois d'avril, tous étaient au bord de l'épuisement. Les bombardements ne cessaient pas. Personne ne pouvait prendre de vrai repos tant le bruit des boulets fracassant les fortifications se mêlait aux hurlements des soldats blessés, au tintamarre des tambours, cymbales et trompettes dans le camp ennemi.

Dans la nuit du 27 mai, les assaillants avaient allumé de grands feux tout autour des remparts. Seules les murailles qui bordaient la Corne d'Or, protégée par sa chaîne, étaient restées dans l'ombre. Les cris avaient redoublé ainsi que la canonnade.

Cette nuit-là, les chefs byzantins avaient permis à quelques soldats de rentrer chez eux jusqu'à l'aube, quatre ou cinq heures de sommeil, pas davantage.

Irène avait enlacé Nicolas. Elle refusait qu'il reprenne son service. Sans lui, la terreur la tenaillait. Elle ferait sans doute une fausse couche.

Ils s'étaient allongés quand, à trois heures du matin, des hurlements les avaient arrachés à leur sommeil. « La ville est prise ! La ville est prise ! »

En hâte, Nicolas avait jeté dans un sac leurs plus belles

2

Par petits groupes, les fugitifs contournèrent les orgueilleux remparts de Galatée, cette ville génoise qui afin de poursuivre ses fructueux négoces n'avait pas levé le petit doigt pour secourir ses frères. Elle accueillait maintenant les rescapés, prétendait-on, mais Nicolas n'avait pas confiance en ses habitants. Qui trahit trahira, répétait-il à Irène et à deux couples qui s'étaient joints à eux.

Le deuxième jour après avoir couché à la belle étoile, Irène se laissa tomber sur le sol.

– Je n'en peux plus, murmura-t-elle. Abandonnons ce projet de rejoindre les rives de la mer Noire et allons retrouver Constantin à Antioche.

Avec calme Nicolas s'assit à côté de sa femme.

– Qu'y ferions-nous ? Tu sais que j'ai dans ce sac notre icône miraculeuse et les plus beaux modèles peints.

– Écrits, corrigea Irène.

Nicolas sourit.

– Oui, écrits par nos ancêtres. Depuis quatre générations, depuis que notre arrière-arrière-grand-père se fit moine, les Dionous écrivent les plus belles icônes de Constantinople. Elles figurent dans les églises, les palais, les maisons des riches comme celles des pauvres. Cet héritage, je le ferai perdurer en terre orthodoxe, et notre fils après moi.

Irène posa les deux mains sur son ventre. Cet enfant, son premier, dans quelles circonstances viendrait-il au monde ? Exclu, à peine toléré, ou comme un cadeau de Dieu ?

– Ce soir, nous atteindrons les rives de la mer Noire. Certes nous sommes des ennemis pour les Turcs, mais des ennemis écrasés, foulés aux pieds. L'or, tant que j'en aurai, amenuisera leur dédain. Nos compagnons doivent en avoir aussi. Ils cracheront sur les icônes, mais on ne me les volera pas.

Irène se releva, aidée par les deux femmes. L'une d'elles avait dû connaître des jours prospères car sa tunique était brodée, ses sandales de cuir fin galonnées de fil d'or. En route, ils avaient échangé des nouvelles. Leur empereur, le basileus Constantin XI, s'était battu à pied comme un lion au milieu de ses soldats avant d'être égorgé puis décapité. On avait jeté sa tête aux pieds du sultan. Deux des fugitifs avaient vu, l'un sa femme, l'autre deux de ses filles violées puis tuées, leurs jeunes fils enchaînés pour être vendus comme esclaves. Les deux femmes avaient fui sans connaître le sort des leurs, la panique rend fou. Mais elles ne se faisaient aucune illusion. Les yeux secs elles avançaient hagardes, sans mot dire. La plus âgée, sous le châle qui couvrait sa tête, cachait des cheveux blancs, et dans sa bouche entrouverte les dents étaient rares ; l'autre, la jeune, devait avoir perdu la tête car son regard demeurait obstinément fixe, ses lèvres closes. Quelles horreurs lui avait-on fait subir ? C'est encore par la bouche d'un compagnon, ancien tailleur, que Nicolas avait appris la réaction du sultan parcourant le palais impérial, les demeures des princes où tout était saccagé, souillé de sang et de déjections. À la fin du jour, le visage blafard, il avait seulement murmuré : « Que de beautés anéanties, que d'aveugles pillages… – Le prix de la guerre et de la victoire, lui avait répondu Zagan Pacha qui commandait les troupes d'élite. Nous reconstruirons cette ville, et avec l'aide de Dieu elle sera plus belle encore. »

Nicolas eut un rire sarcastique. Avec le pillage de Sainte-Sophie et sa transformation en mosquée, des icônes d'une valeur inestimable, de précieux objets sacerdotaux avaient disparu à jamais. Plus belle ?

Le groupe vit enfin la mer Noire, des vagues venaient mourir sur un sable doré où l'on n'apercevait nulle vie, hormis la présence de trois bateaux de pêche et de deux fustes devant lesquels séchaient des filets.

La lande que le groupe venait de traverser était parsemée de fleurs sauvages, des herbes odoriférantes que les apothicaires de Constantinople récoltaient et conservaient dans des pots.

Dans un tressaillement de joie, Irène s'empara du bras de son mari. « Thalassa, Thalassa ! » avaient clamé leurs ancêtres grecs. Même si elle avait toujours vécu au bord de la mer, les mêmes mots jaillissaient de sa bouche.

Le pêcheur prit les deux pièces d'or, les examina avec méfiance. C'était un vieux Turc au visage tanné par le sel et le soleil, aux lèvres blanches, aux yeux d'un bleu-vert délavé. Il portait un turban défraîchi qui empestait le poisson, une tunique courte sur des pantalons bouffants qui ne couvraient pas ses chevilles. La peau de ses pieds avait l'aspect du cuir.

L'homme dévisagea les Grecs en silence. Il en côtoyait souvent, venus faire du commerce de sel, d'herbes, de poissons séchés. Sans doute la nouvelle de la prise de Constantinople ne lui était-elle pas encore parvenue car son regard conservait un certain respect pour ceux qui sollicitaient ses faveurs. Le motif de leur voyage ne l'intéressait pas.

– Je ne peux vous amener qu'à Zonguldak, dit-il enfin. Mon bateau est vieux et à cette saison les courants sont forts.

Il se tut à nouveau, puis soudain, d'une voix plus autoritaire, il fixa Irène :

– Je vous prends vous et votre mari, ce jeune homme aussi, précisa-t-il en désignant un des membres du groupe. Les autres peuvent aller en enfer !

Nicolas fronça les sourcils.

– Il y a là deux femmes et un homme épuisés qui ne pourront marcher beaucoup plus longtemps.

– Je n'ai rien à faire de l'aïeule ni de l'autre femme, l'une pourrait crever dans ma barque, l'autre est folle. Quant à l'homme, il peut solliciter un autre marin.

– Ces femmes, intervint ce dernier d'une voix chargée de colère, sont ma mère et ma fille. Elles ont dû supporter des épreuves que nul ne peut imaginer. Je ne les abandonnerai jamais.

– Alors, par Allah le Tout-Puissant, allez tous au diable ! répéta le pêcheur.

Et, se tournant vers Nicolas :

– L'affaire est conclue ?

L'insondable détresse de ces deux femmes que le malheur avait prostrées bouleversait Nicolas. Avait-il le choix ? Il devait tenter de se réfugier en Russie à tout prix.

– Affaire conclue.

Le pêcheur referma la main sur les deux pièces d'or comme un rapace saisit une proie. Leur compagnon d'infortune portait, jeté sur une épaule, un sac en corde. Nicolas savait qu'il ne contenait qu'une icône et des fruits secs. De quoi survivre quelques jours. L'icône était ancienne certainement, précieuse. On y voyait, estompé par le temps, le visage penché de la Vierge, un doigt sur ses lèvres. Le silence est d'or. Il fallait comprendre ce message, ne plus geindre, tout garder en mémoire et ne la livrer qu'à ses enfants, aux enfants de ses enfants, jusqu'au jour, proche ou lointain, où des prêtres en grand apparat passeraient la porte de Sainte-Sophie pour y achever la messe interrompue dans les cris de terreur et les flots de sang.

Lorsque le bateau s'éloigna de la plage, Nicolas, Irène et Théophile, leur compagnon de hasard, virent ceux qu'ils abandonnaient, assis sur la grève, blottis les uns contre les autres. Il était presque certain que des soldats de retour de Constantinople avec leur butin allaient se précipiter sur eux et les massacrer.

L'embarcation voguait le long de la rive et les passagers

pouvaient distinguer des pâturages où paissaient des moutons, de petits villages aux maisons de pierre réunies autour d'une mosquée, au loin des collines arides. Privés de sommeil depuis deux jours, les trois Grecs somnolaient. En dépit de l'inconfort, Nicolas gardait sous sa tête le sac contenant les précieuses icônes, Irène dormait sur sa poitrine, Théophile le dos appuyé sur le bâbord de l'embarcation.

Le choc les fit sursauter. En ouvrant les yeux Nicolas aperçut tout proche du sien le visage du pêcheur.

– L'autre pièce d'or, chuchota-t-il en faisant claquer son pouce contre son annulaire.

Abrité au fond de son anse par des parois rocheuses, Zonguldak, avec sa dizaine de bateaux de pêche, était un modeste port. Une tour le protégeait d'éventuelles attaques navales.

La faim tenaillait les exilés, mais ils attendirent de s'être éloignés du port pour partager les fruits secs de Théophile et se désaltérer à l'eau d'une fontaine. Après avoir longtemps palabré, les deux hommes résolurent de rejoindre à pied le cap Kerampe. Sûr que leurs poches regorgeaient d'or, leur passeur n'allait pas manquer de promettre monts et merveilles aux autres pêcheurs de Zonguldak qui, rendus avides par leurs maigres ressources, pourraient leur couper la gorge.

Il faisait chaud déjà en cette journée de début juin. Tandis que Nicolas et Théophile somnolaient, Irène, qui jusqu'alors s'était peu exprimée de peur de céder au désespoir, laissa libre cours à ses larmes.

La vie lui avait jusqu'alors souri : un mari, une maison à elle, et surtout cet atelier de peintre où Nicolas passait le plus clair de ses jours, poussé par la foi et le désir d'excellence. Avant de prendre ses pinceaux il priait longuement, et elle avait compris alors le prix du silence. La famille Dionous devait l'art d'« écrire » des icônes à un trisaïeul qui s'était fait moine dès son veuvage. Il avait peint quelques icônes pour le monastère, puis pour différentes églises de Constantinople.

Son fils avait vu s'ouvrir les portes des familles nobles et la réputation des Dionous leur avait valu la reconnaissance des différents basileus.

Nicolas venait de décider d'offrir quelques icônes aux pauvres afin qu'ils trouvent la consolation de la présence divine dans leurs demeures. Pour lui, la foi dans toute sa beauté ne pouvait être réservée aux religieux, aux puissants et aux riches.

Les larmes coulaient sur les joues rondes, encore enfantines, d'Irène. Elle avait célébré ses seize ans une semaine après son mariage, le mois suivant elle était enceinte.

Nicolas et elle se connaissaient depuis longtemps, car l'atelier de ses parents fournissait à la famille Dionous les plaques de bois destinées à devenir des icônes. À douze ans, Irène devint femme et Nicolas la considéra comme sa fiancée. Cette vie sans surprises plaisait à la jeune fille, elle était confiante. Un mari qui était un grand artiste, des enfants, l'église.

Penser à ses parents, à ses jeunes sœurs, lui déchirait le cœur. Comment avaient-ils péri ? Après quelles atroces souffrances ? Elle ne le saurait jamais. Avaient-ils pu apprendre que Nicolas et elle avaient réussi à gagner le port ? C'était peu probable. En mourant, tous avaient été certains de les rejoindre au paradis.

Nicolas ouvrit les yeux, passa un bras autour des épaules de sa femme.

– Ne regarde pas en arrière, ma chérie, sinon ta vie n'aura plus aucun sens. Pense à moi, à l'enfant qui recevra l'héritage des nôtres. Maintenant il faut agir.

Théophile savait que des siècles de ressac avaient creusé de nombreuses cavernes dans les rochers bordant la rive. Ils devaient s'y réfugier pour quelques jours, se nourrir de poissons et de crustacés crus. Le jeune homme avait aussi remarqué un verger derrière une ferme aux ouvertures étroites. Les abricots devaient mûrir en juin et, fussent-ils verts, la nuit ils iraient en dérober quelques-uns.

– Je vais y jeter un coup d'œil, décida-t-il. Tout le monde doit être aux champs, dans les potagers ou les pâturages. Je vois du linge qui sèche. Il nous faut impérativement des turbans, dût-on les confectionner avec les dessous de la maîtresse des lieux.

Il arracha un pauvre sourire à Irène.

– Et moi ? s'inquiéta-t-elle. Les femmes d'ici ne sortent pas tête nue.

– Je ne t'oublierai pas.

Il revint peu après avec des linges de coton blanc sur l'avant-bras.

– Des couches d'enfant, annonça-t-il. Parfait pour des turbans. Le foulard d'Irène devra être teinté. Nous écraserons des algues qui le rendront verdâtre. Plus misérables nous paraîtrons, plus grandes seront nos chances de rester saufs.

Ils avaient fui leurs maisons en vêtements de nuit, de longues chemises blanches sans broderies ni festons. Maintenant ils devaient tenter coûte que coûte d'atteindre Sotchi.

Nicolas devinait qu'il ne pourrait exercer son art que dans peu de villes. Pskov, fameuse pour ses icônes, était trop éloignée. Restaient Moscou ou Tver sur les bords de la Volga. Son grand-père y avait fait le voyage. Les icônes de ces deux villes l'avaient ébloui : à Tver, une nativité du Christ, une entrée de Jésus à Jérusalem, et à Moscou, la Vierge du Don, un Christ dans sa gloire, et surtout une grande icône représentant les vies de saint Boris et de saint Georges.

À son retour à Constantinople, l'aïeul de Nicolas s'était essayé à de multiples compositions en ajoutant des scènes de la vie des saints, des événements historiques. Son fils, le père de Nicolas, insuffla plus de souplesse dans les lignes, des plis dans les vêtements plus harmonieux. Il avait mis tout son art à accentuer les contrastes entre ombres et lumières, à accentuer les nuances de rouge et de brun. Alexis lui-même, dès ses premières œuvres, avait introduit des oranges, des jaunes, des verts profonds. Il aimait la couleur, rêvait d'écrire un grand panneau représentant plusieurs scènes de la vie de la Vierge, les portraits des douze apôtres. Ce rêve l'aidait aujourd'hui à affronter l'humidité de la grotte où ils s'étaient réfugiés, le poisson cru, le manque de lumière. Théophile, Irène et lui ne sortaient que la nuit. Théophile était parvenu à cueillir quelques abricots, déterrer des plantes potagères. Les fermiers avaient dû s'apercevoir des larcins car ils s'étaient pourvus d'un chien, une bête rousse au poil court, au museau allongé.

– Nous allons tenter notre chance, décida un matin Nicolas, Irène ne peut pas vivre plus longtemps ainsi. Trouvons un bateau qui nous mène à Sinope.

Près de la falaise rocheuse ils virent un pêcheur occupé à poser des nasses. Il était seul à bord de son vieux bateau sur la coque duquel ne demeuraient plus que quelques lambeaux de peinture bleue.

Lui offrir une pièce d'or ? Il penserait aussitôt avoir affaire à des bandits. Là où il vivait, nul n'en possédait.

Comme s'il avait déjà résolu la question, Théophile tira d'une poche de sa tunique un couteau au manche de corne ciselé. Les yeux du vieillard se mirent à briller.

D'un doigt le jeune homme désigna l'est.

– *Samsum*, prononça-t-il en articulant chaque syllabe.

Puis il tendit le couteau.

– *Evet*, dit le Turc.

D'un geste prompt il s'empara du poignard, un trésor qu'il serra dans sa main.

Pour la première fois depuis leur fuite, les trois Grecs reprirent espoir. Saint Nicolas les protégeait.

3

Antioche ! Le siège du patriarcat où vivait une importante communauté orthodoxe soumise à l'autorité des mamelouks.

Constantin et le groupe de religieux âgés qui l'accompagnaient s'immobilisèrent devant les remparts. Tout autour s'étendait une terre aride mais qui, bien irriguée, permettait la culture des oliviers, des figuiers et grenadiers. Grecque puis romaine, la ville avait subi des tremblements de terre, l'assaut des Perses et des Croisés. C'était à Antioche que les disciples de Jésus avaient été nommés pour la première fois « chrétiens ». Une superbe cathédrale y avait été édifiée avec coupole et mosaïques dédiées à saint Julien. Rebaptisée Théoupolis[1] par l'empereur Justinien, elle fut musulmane durant le califat d'Omar avant de redevenir byzantine.

Les trois vieux moines s'agenouillèrent, baisant la terre chrétienne. Tombés aux mains des Turcs mais trop vieux pour être vendus comme esclaves, ils s'étaient vu chasser à coups de pied après avoir été dépouillés de leurs vêtements sacerdotaux. Leur longue barbe blanche était maculée de poussière. Déjà décharnés, ils avaient encore maigri et, sans les attentions de Constantin Dionous qui s'était joint à eux, jamais ils n'auraient atteint Antioche.

1. La cité de Dieu, en grec.

– J'ai des amis religieux au couvent Saint-Pierre-et-Saint-Paul, annonça un des moines. On y accueillera à bras ouverts des frères dans le malheur.

En dépit de ses vingt-cinq ans, Constantin était lui aussi épuisé. Ils avaient pu parcourir en trois mois, par voie de terre, la prodigieuse distance qui séparait Constantinople d'Antioche en se mêlant à une caravane qui empruntait la route de la soie. Partis de Chine, les deux cents chameaux avaient traversé la Perse avant de gagner Galatée, où un premier déchargement était destiné à Venise. C'était là que Constantin les avait rejoints. Il aidait les valets à s'occuper des chameaux, à préparer les repas.

En marchant, en mangeant, avant de sombrer dans le sommeil et dès le réveil, Constantin ne cessait de penser à son frère Nicolas, à sa jeune belle-sœur, à leur maison de Constantinople, à tous les leurs qui n'étaient plus. Pourquoi une telle épreuve ? Dieu l'avait-Il voulu ? Et pour les punir de quels péchés ?

Cependant, dès qu'il avait l'esprit plus calme, l'évidence lui apparaissait. Constantinople avait péri à cause de ses divisions internes, par suite aussi de l'hégémonie vénitienne sur le commerce qui l'avait privée d'une grande partie des ressources d'autrefois : cet or, abondant alors, permettait l'entretien des remparts, la paye des soldats chargés de sa défense. La volonté de Dieu était en réalité la cupidité des républiques de Gênes et de Venise, la lâcheté du reste de la chrétienté.

Jamais il ne reverrait son frère aîné ni sa belle-sœur. Arriveraient-ils seulement en pays russe où, sous la protection de leurs frères orthodoxes, Nicolas pourrait exercer son merveilleux talent ?

Et qu'adviendrait-il de lui-même à Antioche ? Aucun travail, même le plus dur, ne le rebuterait s'il était le prix de sa survie. Et cependant, à Constantinople, la demeure paternelle était vaste, abondamment garnie de tentures, de tapis, de coussins. Jamais Constantin et son frère n'avaient manqué de quoi que ce fût. Derrière la maison, Nicolas occupait l'atelier qui avait été celui de leurs ancêtres. Le silence y régnait, ainsi qu'une vague odeur de myrte, d'encens et de térébenthine.

Au fond de la pièce, Nicolas avait conservé une iconostase intacte, qui comprenait des œuvres anciennes, vénérables devant lesquelles il priait chaque jour : la Vierge au sourire, les archanges Michel et Raphaël, saint Georges terrassant le dragon, la Trinité, l'Annonciation, saint Jean Chrysostome et enfin le Christ Pantocrator, le Sauveur du monde. Constantin se remémorait chacune d'entre elles. Lesquelles Nicolas avait-il sauvées ? Sûrement l'icône miraculeuse, une Vierge tenant le Christ sur son cœur qui protégeait non seulement leur famille, mais toute leur communauté. Les miracles accomplis par les icônes étaient recensés et célébrés. La leur avait guéri la sœur de leur père, une enfant âgée de trois ans, atteinte de dysenterie.

La ville d'Antioche ressemblait à Constantinople, quoique plus petite et beaucoup moins opulente. Mais les églises et monastères y abondaient, les quartiers commerçants bruissaient d'activité et, un peu à l'écart, ceux des notables alignaient de belles maisons de pierre aux étages décorés de balcons à piliers formant des arcades et prolongées par des jardins luxuriants.

Le couvent Saint-Pierre-et-Saint-Paul fermait une ruelle bordée d'échoppes. Trois hautes marches donnaient accès à un porche en bois clouté. Un des vieillards leva le lourd marteau de bronze et frappa.

L'homme qui leur ouvrit, un religieux tout de noir vêtu, parut étonné. Il portait un chapeau conique couvrant la nuque d'un voile, une longue chasuble, des brodequins fermés par une bride.

La conversation s'engagea aussitôt en grec. Enfin ils comprenaient et étaient compris.

Le silence, la fraîcheur de la salle où ils pénétrèrent les étourdirent. Sur le sol de pierre étaient jetés quelques tapis de corde, des lampes à huile brûlaient sur des consoles.

Le supérieur vint leur souhaiter la bienvenue. C'était un homme jeune, à la peau lisse et claire, aux yeux d'un bleu perçant.

Après quelques jours de repos et de repas frugaux, Constantin vit resurgir ses cauchemars, renaître ses hantises : l'enfermement, le danger, la fuite. Il s'éveillait en pleine nuit le souffle court, le cœur battant à tout rompre. Partir tout de suite afin de ne pas mourir. Les murs du couvent jusqu'alors protecteurs l'étouffaient.

Un matin à l'aube, il revêtit la sticharion[1] noire que les moines lui avaient donnée, alla droit à la cachette connue par tous au cas où l'un d'entre eux eût à sortir la nuit pour assister un mourant, s'empara de la clef, sortit et lança celle-ci par-dessus le porche. Des chats rôdaient dans la ruelle, un mendiant dormait à même le sol enroulé dans une loque.

Désorienté, angoissé, mais décidé, Constantin empruntait des rues au hasard. Elles se ressemblaient toutes. On devinait une population laborieuse vivant sans faste. Bientôt il fut aux remparts. Ainsi il avait traversé Antioche en moins de temps qu'il n'en faut pour, à Constantinople, se rendre d'un quartier à un autre. À sa grande surprise, une partie des nombreuses églises semblait à l'abandon. Serait-il possible qu'une des plus anciennes communautés chrétiennes de l'Orient fût en péril ?

Cette matinée de septembre était douce. Constantin se laissa tomber sur le banc d'un jardin qui bordait ce qui devait être la demeure d'un notable. Il avait faim, soif, se sentait abandonné et perdu. « Mieux aurait valu que je périsse à Constantinople avec les miens, mes amis, ma famille, pensa-t-il soudain. Pourquoi toutes ces souffrances ? Parce que j'ai voulu vivre, parce que l'idée de la mort m'était intolérable. »

Un homme passa devant lui, une croix orthodoxe autour du cou. Il conduisait une charrette tirée par un âne.

Constantin huma aussitôt l'odeur du pain chaud.

– Pour l'amour du Seigneur Dieu, demanda-t-il en se levant, fais-moi la charité d'un pain.

L'homme tira sur les rênes.

– Es-tu moine ?

1. Aube.

– Non, avoua Constantin, cette aube m'a été prêtée. Je suis arrivé presque nu à Antioche.

– Tu es de Constantinople ?

– Oui, répondit franchement Constantin.

Il savait que son accent ne pouvait être gréco-syrien.

– Alors prends-en deux et demande au Seigneur qu'Il nous protège des Turcs. On prétend que leur sultan, que Dieu le jette en enfer, veut chasser les mamelouks et s'emparer de notre ville. De toute la Syrie peut-être.

Constantin rompit un morceau de pain odorant et le dégusta avec volupté. Quelle importance avaient les Turcs en ce moment précis ?

L'homme cracha par terre, tira sur les rênes.

– Ils ne pourront tenir tous les chrétiens sous leur férule.

Constantin ne répondit pas et regarda s'éloigner le modeste attelage. Mais il ne se faisait plus aucune illusion. Antioche devenait chaque jour un peu plus musulmane avec ses mamelouks, ses Arabes, ses Turcs. Le patriarcat des premiers chrétiens était désormais à Jérusalem. Pour échapper aux Turcs, il descendrait s'il le fallait plus au sud.

Le soir, après avoir bu à l'eau d'une fontaine qui coulait d'un mur aux pierres ocre où s'accrochaient de minces touffes d'œillets sauvages, son regard croisa celui d'une robuste fille qui venait remplir une cruche. Sans être vraiment belle, il émanait cependant d'elle une force sereine.

Sur une longue chemise blanche, elle portait une tunique de coton jaune ceinturée d'un ruban rouge. Un voile blanc noué sur la nuque enfermait ses cheveux nattés et laissait voir un cou bruni par le soleil. Rien sur son visage n'indiquait une origine turque. Ni très jeune ni femme mûre, elle avait des yeux gris-vert, un nez court et droit, des lèvres fines. Constantin la salua en grec et elle lui rendit son salut avec un joli sourire.

– D'où viens-tu ? interrogea-t-elle en approchant la cruche du mince filet d'eau.

– De Constantinople.

Elle poussa une exclamation.

– Mais c'est le bout du monde ! On prétend ici que tous les Byzantins ont été massacrés par les Turcs.

– Certains d'entre eux, par la grâce de Dieu, ont survécu.

– Pourquoi Antioche ?

– Pour retrouver mes frères et sœurs dans la foi. Et pour la liberté. Un homme de mon âge aurait été vendu cher sur un marché aux esclaves. J'ai tenté ma chance.

Elle l'examinait avec attention comme on observe une bête étrange. Soudain elle posa la cruche à terre et mit les mains sur ses hanches.

– Un chrétien est toujours bienvenu ici. Où habites-tu ?

– Nulle part.

– Alors viens chez mes parents, mon père est potier. Nous avons une maison modeste, mais ouverte à tous. Tu pourras coucher dans l'atelier en attendant de trouver mieux.

Elle reprit sa cruche, la posa sur son épaule, prête à partir.

– Je m'appelle Alexia, suis-moi.

La famille Poliades écoutait Constantin avec passion. Durant le repas du soir, il avait narré l'interminable siège, les angoisses cédant à la panique devant l'imminence du danger, l'héroïsme des défenseurs, les bombardements incessants, et puis le cri horrible qu'il n'oublierait jamais, « la ville est prise ! ».

Alexia et son frère Polys l'écoutaient avec une si grande attention qu'ils avaient cessé de manger.

– Dieu vous a protégés, votre frère, votre belle-sœur et vous, conclut leur père en s'essuyant les lèvres. Remerciez-Le en Lui rendant grâce jusqu'à la fin de vos jours.

Georges et Madeleine Poliades étaient entrés dans la vieillesse avec sérénité. Leur seul regret était de voir leur Alexia demeurée fille. Elle avait refusé tous les partis que ses parents lui avaient présentés, et cependant ne désirait pas être nonne. Polys, de cinq ans son cadet, était promis à la dernière fille d'un propriétaire terrien qui possédait un grand verger. Le commerce de moutons, de figues, de pommes, de raisins et d'abricots lui avait permis d'acquérir une jolie maison adossée aux remparts. Marie était un parti inespéré. Mais la belle prestance de leur fils, sa gaieté, sa vigueur l'avaient emporté sur la modestie de ses origines. Le mariage devait avoir lieu avant la fin de l'année.

– Je vais jeter un matelas dans l'atelier de Georges, déclara Madeleine en se levant. Vous pourrez rester chez nous tant que vous n'aurez pas trouvé de travail. Et par pitié, prenez quelques vêtements dans le coffre de Polys. Tel que vous voilà, on ne sait si vous êtes un moine ou un gueux déguisé. Qui vous embaucherait ?

Elle débarrassa la table, se signa devant l'icône gardienne du foyer qui représentait l'archange Michel et monta se coucher. Suivi de son père, Polys gagna la remise pour sortir la charrette à bras. Il avait des livraisons de poteries à effectuer au petit matin.

Alexia et Constantin restèrent embarrassés l'un en face de l'autre. En dépit de la banalité de ses traits, la jeune fille avait du charme. Tout son être dégageait une impression de loyauté, mais aussi de hardiesse. Il lui en avait fallu pour repousser trois prétendants choisis par ses parents, notamment le fils d'un pope qui jouissait d'une grande influence dans la communauté.

– Merci, murmura Constantin, je te dois d'avoir le ventre plein ce soir et de ne pas coucher à la belle étoile.

Alexia sourit. Elle avait de jolies dents bien alignées.

– Tu as entendu ma mère. Tu es ici chez toi tant que tu n'auras pas un travail te permettant de payer un logement.

À son tour elle se leva. Un trop long tête-à-tête avec un inconnu n'était pas convenable. Mais avant de sortir, d'un geste spontané, elle tendit la main. Constantin s'en empara et la serra fortement dans la sienne.

Pendant deux jours Constantin frappa à la porte de toutes les échoppes, contacta les services de voirie qui empierraient les ruelles souvent endommagées par les orages ou par le passage de lourds charrois, sollicita les négociants en tissus, les tisserands, les forgerons. Il connaissait désormais bien la ville, ses ruelles, ses impasses, ses places ombragées. Le soir, Alexia l'accueillait avec le sourire. Il se lavait à la fontaine, proposait ses services à Georges : couper du bois, replacer des tuiles sur le toit de la remise, consolider l'encadrement d'une fenêtre.

Le troisième soir, alors qu'il réunissait les plats et assiettes que Polys allait livrer, Georges le saisit par le bras.

– Le métier de potier ne te dit rien, mon garçon ? Tu m'as l'air intelligent et habile. Que faisais-tu à Constantinople ?

– J'étais le secrétaire de l'agent diplomatique de Venise.

Georges resta un moment sans voix.

– Tu ne trouveras rien de semblable ici, dit-il enfin. Les représentants des pays occidentaux sont tous à Alep.

– J'ai tiré un trait sur mon passé. N'importe quel ouvrage me convient et cela me plairait d'apprendre le métier de potier. Mon frère était un peintre renommé. Le basileus lui-même possédait deux de ses icônes. Dans ma famille le travail manuel est sacré.

– Alors c'est dit, trancha Georges joyeusement, tu vas apprendre le métier, me seconder et, plus tard peut-être, si c'est la volonté de Dieu, me remplacer.

Il eut un fin sourire.

– Alexia te semble aimable, n'est-ce pas ? Elle a du caractère, mais elle est droite, laborieuse et pas trop fourrée dans les jupes des religieux.

Constantin resta un moment déconcerté. Épouser Alexia, devenir potier ? Était-ce là son avenir ? Mais que pouvait-il ambitionner en fuyant sa ville natale ? Survivre était déjà un accomplissement.

4

Les noces de Polys et de Marie Andreakis approchaient. À la fin d'octobre les moutons avaient été égorgés, les fruits récoltés, abricots, figues et prunes mis à sécher sur des claies.

Georges et Madeleine avaient acheté la tenue de noces de Polys, Madeleine avait cousu les vêtements appropriés pour Alexia et elle-même : outre leur longue robe en lin blanc soutaché au col et à la taille d'un galon brodé de fils d'or, elles ajusteraient un voile sur leur chevelure, rouge pour la fille, brun pour la mère, qui tomberait en plis légers. Georges porterait ce qu'il avait porté le jour de son propre mariage, une tunique brodée, trop courte pour la mode d'aujourd'hui, mais qui se souciait de la tenue d'un vieil homme ?

Les parents de la future épouse recevraient chez eux après le long service religieux. Au cours du repas, Georges annoncerait les fiançailles d'Alexia et de Constantin.

Ce soir, la modeste maison des Poliades était en effervescence. Ils attendaient les Andreakis accompagnés de Marie et de sa jeune sœur Lucie.

Madeleine et Alexia avaient préparé des plateaux de gâteaux aux pistaches, aux amandes, des galettes au thym et à la pâte de pois chiche, des petits pâtés fourrés de viande hachée à la cannelle et aux pignons de pin. Ce serait la dernière entrevue de Polys et Marie avant leur mariage.

Les Poliades n'ignoraient pas les réticences des Andreakis. N'ayant pas de fils, ils avaient espéré un gendre riche, propriétaire terrien ou éduqué et promis à une belle carrière dans la vie publique. Le charme de Polys était indéniable, mais rien de brillant n'attendait ce garçon. Georges avait parlé d'acheter au jeune ménage une petite maison et Roger Andreakis, un atelier qui permettrait à Polys de carder la laine des moutons qu'il élevait. Plus tard, s'il se montrait travailleur, il pourrait envisager de tisser la laine avec l'aide de son épouse. Marie était la perle de leurs yeux : jolie, intelligente, pleine d'entrain et d'imagination. Elle jouait de la cithare et du luth, brodait comme une fée. Après avoir rencontré Polys chez une tante, elle s'était entichée de lui, et le jeune homme, toujours en présence de ses parents, lui avait fait une cour si insistante, si assidue qu'aucune fille n'aurait pu y résister. C'était un beau parleur.

Constantin demanda à ses hôtes la permission d'inviter au mariage ses trois compagnons d'infortune et après leur acquiescement se rendit aussitôt au couvent.

La vue de la vieille bâtisse lui procura un grand désarroi. Ainsi, à peine un mois plus tôt, il s'était réfugié dans cette maison qui suintait la pauvreté en compagnie de trois vieux prêtres à bout de force. Depuis, il avait trouvé un toit et une fiancée, apprenait un métier qui ne l'attirait pas. Tout avait été trop rapide. Un moment il regretta d'avoir quitté cette retraite sans avoir pris le temps de guérir son corps et son âme. Et pourquoi ne pas devenir religieux ? Prier pour tous ceux qu'il aimait et qui avaient disparu ?

Le moine qui accueillit Constantin le reconnut et lui adressa un sourire de bienvenue.

– J'ai pourtant de mauvaises nouvelles, annonça-t-il aussitôt. Un de tes trois amis byzantins est mort, l'autre est d'une grande faiblesse, son voyage jusqu'ici l'a épuisé. Le troisième a perdu la tête.

Le frère portier considéra avec attention ce jeune homme qui s'était enfui quelques semaines plus tôt, sans un sou et vêtu d'une simple aube noire. Il était très convenablement habillé aujourd'hui, rasé, chaussé de bottillons de cuir souple mais, paradoxalement, son regard était plus triste.

– On colporte dans la ville que tu vas épouser la fille du potier ?

– Sans doute.

– Que Dieu vous bénisse tous les deux, mon enfant. Je te ferai prévenir si notre cher frère Antoine était au seuil de la mort pour que tu puisses le voir une ultime fois.

Ils étaient une quinzaine d'invités. La petite maison des Poliades avait rarement connu une telle affluence. Madeleine, comme Alexia, ne cessait d'aller et venir de la cuisine à la pièce principale avec des plateaux chargés de douceurs et de boissons aux coloris laiteux et acidulés.

Marie se tenait entre ses parents. De temps à autre, elle levait les yeux et souriait à Polys assis en face d'elle. Constantin, parti chercher du bois pour l'âtre, n'était pas encore de retour.

Le temps était doux et humide avec de soudaines ondées qui faisaient se hâter les passants. Janvier et Noël étaient proches[1]. Il fallait préparer des gâteaux, inspecter les vêtements de fête pour au besoin y apporter quelques retouches. Dans le quartier chrétien, les rues sentaient le miel, les épices, l'anis, la cardamome. Une atmosphère joyeuse régnait partout et la famille Andreakis, venue sans enthousiasme sceller l'union de leur fille avec un prétendant peu glorieux, se laissait aller à bavarder gaiement. On n'avait pas encore évoqué la cérémonie du mariage, la tenue des filles d'honneur, des vierges selon la coutume, le montant des aumônes à donner aux différents prêtres.

Quand Constantin entra, un souffle de vent fit vaciller les flammes des bougies, une odeur de bois brûlé pénétra dans la pièce, accompagnée de la fragrance des premières oranges.

1. Les orthodoxes fêtent Noël début janvier.

Marie releva la tête, vit Constantin et ne put détacher son regard. Constantin s'immobilisa, pétrifié. À l'instant, ils surent qu'ils étaient venus au monde l'un pour l'autre.

Aux admonestations succédaient les larmes, aux menaces les malédictions. Incapables de subir ce flot de reproches, Constantin et Marie s'enfuirent une nuit vers Alep. Plus grande, plus riche, la plus ancienne du monde après Damas, disait-on, cette ville leur offrirait peut-être ce qui était mort pour eux à Antioche. Tous les peuples, toutes les religions s'y côtoyaient. Après sa destruction par les Mongols en 1260, Alep était tombée sous le contrôle des mamelouks, qui avaient reconstruit mosquées, hôpitaux, madrasas, caravansérails, quelques églises orthodoxes ou maronites, et même une synagogue.

Constantin ne savait pas où ils pourraient se réfugier. Il lui faudrait sans doute trouver un couvent pour Marie afin qu'elle soit en sécurité. Puis l'épouser.

À Antioche, on lui avait appris que les mamelouks, malgré la tolérance de façade qu'ils montraient envers les chrétiens, ne les tenaient pas pour des égaux. Leurs demeures ne pouvaient pas dépasser les toits musulmans, ils ne pouvaient rejoindre l'armée, ne pouvaient faire sonner les cloches de leurs églises. Mais la propriété privée était respectée ainsi que l'exercice du culte s'il était célébré derrière des portes closes, d'église ou de demeure privée. Ils pouvaient être fonctionnaires, mais toujours sous les ordres d'un musulman. Les mamelouks craignaient les Turcs, leur obsession de domination. Ils convoitaient la Syrie, la Palestine, l'Égypte même. Sans doute seraient-ils bientôt les maîtres d'un immense empire. Si Constantinople la ville imprenable était tombée, Damas, Jérusalem, Le Caire seraient un jour ou l'autre emportées comme des fétus de paille.

Grâce à la vente de ses bijoux, Marie acheta un cheval. La route était bien entretenue, sûre. Ils pourraient rejoindre Alep en deux jours si l'animal était robuste et s'ils écourtaient la nuit passée à la belle étoile. De nature joyeuse, insouciante, Marie ne cessait de savourer son bonheur. Épouser Polys n'était plus une possibilité. Elle aurait préféré se tuer. Serrée en croupe contre Constantin, elle jouissait de sa chaleur, de son odeur, de la rugosité de sa cape de laine sur sa joue, et elle ne pensait guère à l'avenir. Trop jeune pour envisager les obstacles qu'il leur faudrait franchir, elle ne pouvait imaginer un monde hostile. Peu sortie de chez elle, sauf pour se rendre dans sa famille ou à l'église, servie par des domestiques empressés, elle ne se souciait guère des détails pratiques de sa future existence. Son univers tournait désormais autour de Constantin, apparu dans sa vie comme un coup de tonnerre. Constantin était noble, Polys un simple artisan.

Après avoir confié une Marie en pleurs à des religieuses qui occupaient un modeste couvent, plus exactement une vieille maison dont la pièce de réception avait été transformée en chapelle, Constantin se mit à la recherche d'un caravansérail où son cheval et lui seraient à l'abri. La nourriture y était peu chère grâce aux revendeurs qui ne cessaient de proposer leur riz, leurs boulettes de mouton, leurs légumes cuits dans une sauce épicée, des pains plats fourrés de viande et d'herbes. Le thé y était gratuit, le café fort mauvais mais abordable.

Le caravansérail qu'il trouva était très ancien. En forme de cercle, il était coupé par une vaste ouverture donnant sur une cour en terre battue où étaient entassés chameaux, mules, mulets et chevaux. Un valet leur déposait du foin chaque matin et chaque soir, un autre balayait vaguement les excréments, dont l'odeur douceâtre et écœurante envahissait le bâtiment tout entier.

L'air sentait la fumée des braseros et le suif des chandelles. À Constantinople, on commençait dès la mi-décembre à préparer Noël. Quelque temps avant l'apocalypse, le patriarche avait organisé la plus belle des processions à travers la ville, la plus fervente aussi, comme si chacun pressentait que l'abîme était proche. Constantin se souvenait de la bannière qu'il portait, sur laquelle était brodé le Christ rédempteur du monde. Son frère Nicolas, lui, avait entre les mains leur icône miraculeuse, celle qui l'accompagnerait dans sa fuite vers la Russie.

Au premier étage courait la galerie sur laquelle donnaient les chambres, plutôt des cellules où les voyageurs passaient la nuit sur des paillasses. Chacun se pourvoyait en couvertures et improvisait un oreiller avec ce qu'il avait de mieux adapté. Dans un coin étaient déposés une cuvette, une cruche et un seau d'eau. En guise de latrines, le jeune Byzantin découvrit, au bout de la galerie, un réceptacle puant couvert de mouches où tous les insectes rampants de la terre avaient établi leur demeure. Des spécimens écrasés maculaient de sang l'étroit espace.

L'absence de Marie laissait Constantin désemparé. En quelques jours la jeune fille avait envahi tout l'espace laissé vacant par sa fuite d'une ville qui l'avait vu naître et grandir, sa famille, ses amis anéantis.

Il aimait pour la première fois. Certes, il avait accepté de s'unir à Alexia parce que la jeune fille avait été la première à lui tendre la main, parce qu'elle était touchante dans l'amour qu'elle lui portait.

Son voisin de chambre ronflait, à moins que ce ne fût le chien roux et galeux qui dormait à son côté. Sur la paillasse où grouillaient assurément puces et punaises, Constantin jeta sa cape sans même ôter les bottes qui, Dieu soit loué, lui montaient à mi-jambe. Le sommeil ne venait pas. Le corps de Marie lui manquait, cette manière souple, presque reptilienne de s'enrouler autour de lui, de faire de leurs deux corps un seul. Une si jeune fille, et un tel goût pour l'amour. Un si total don d'elle-même. Pas un instant elle n'avait déploré d'avoir laissé ses parents, sa sœur, sa ville, ses cousins et amies derrière elle. Constantin avait l'impression qu'elle se voyait juste venue au monde. Mais c'était seulement un ressenti, il le savait. La passion qui les unissait pour le moment reléguait le passé au rang d'accessoire.

Il devait trouver au plus vite une occupation assez bien rémunérée pour prendre soin d'elle. Pourquoi ne pas tenter sa chance dans l'administration de la ville ? S'il s'y trouvait quelque orthodoxe, son statut de réfugié byzantin lui serait extrêmement favorable. De plus ils se feraient sans tarder, Marie et lui, une place dans la société chrétienne de la ville, une communauté sans doute très solidaire.

Dès l'aube, Constantin jeta sa cape sur ses épaules, paya son dû et s'apprêta à quitter le caravansérail où déjà les garçons d'écurie chargeaient d'innombrables ballots sur le dos des chevaux, des mules et des chameaux. Il devait vendre son cheval pour avoir un peu de ressources, et à Alep celui-ci ne lui servirait à rien.

Après une âpre négociation entrecoupée de départs et de retours, le tenancier accepta le marché. Constantin se sentit libre, prêt à s'enraciner dans cette ville qui lui paraissait accueillante. Il passa la matinée à déambuler, boire quelques verres de thé, grignoter des amandes et des pistaches, puis il se rendit au bâtiment réunissant les différentes administrations mameloukes ayant pouvoir sur toute la région jusqu'à Damas.

À son étonnement, il trouva une foule qui s'y pressait dans le plus grand désordre. Les appels, les récriminations, les menaces fusaient. Une voix criarde de femme dominait toutes les autres : « Qu'Allah t'envoie en enfer ! » Grâce à un vieux Grec pour lequel le temps ne semblait avoir aucune importance, Constantin obtint le numéro du bureau de l'administration. Il se faufila dans la cohue, descendit quelques marches et dénicha ledit bureau au fond d'un couloir. Là, tout était silencieux. Deux hommes buvaient du thé – des mamelouks sans doute, reconnaissables à leur turban et leurs moustaches –, un autre, imberbe, traçait des chiffres sur une feuille de papier jaunâtre. Constantin se dirigea droit vers lui. « Grec ? » interrogea-t-il. L'employé opina de la tête.

Longuement le jeune homme expliqua sa situation, les fonctions qu'il remplissait à Constantinople en insistant sur leur importance. Impassible, son interlocuteur lui prêtait visiblement une oreille attentive. Enfin, d'une voix peu audible, il déclara :

– Nous les orthodoxes, nous nous entraidons dans cette ville. Laissez-moi consulter les registres pour voir quelle place serait vacante.

Il tira d'une étagère un gros volume relié de peau de chèvre éraflée, et commença à le feuilleter.

Après un moment qui sembla une éternité à Constantin, le commis releva la tête.

– Je vois là un poste d'employé à l'inspection, rénovation et réparation des édifices de la ville qui n'a pas été pourvu depuis plusieurs mois. Je reçois souvent des plaintes, le toit d'une mosquée qui fuit, des égouts bouchés, une église à restaurer. Pour cette dernière tâche, n'oubliez pas qu'il est interdit d'ajouter la moindre extension aux lieux de culte chrétiens. Contentez-vous de réparer avec astuce.

Il sourit finement et ajouta :

– Ne comptez pas trop sur les ouvriers qui vous assisteront, avec leur salaire de misère ils sont peu assidus. Et apprenez le turc.

– J'accepte cette proposition, déclara aussitôt Constantin. Quant au turc, je ne vois pas qui pourrait me l'enseigner.

– Moi, affirma l'Alepin. Où logez-vous ?

– Nulle part, ma femme et moi venons d'arriver d'Antioche.

– Alors je vais vous louer la petite maison de ma belle-mère, une sainte femme, que Dieu ait son âme, qui jouxte celle de ma famille. Elle est vacante depuis deux semaines. Pourvu que vos goûts soient simples, vous y trouverez le nécessaire pour la vie quotidienne.

– Je n'ai pas d'argent.

– Vous me paierez quand vous aurez reçu vos premiers émoluments. Entre chrétiens la solidarité a plus d'importance que l'argent. Et maintenant, partageons un verre de thé.

5

Aussitôt arrivés sur le territoire russe, Nicolas et Irène se sentirent en sécurité. Chaque village avait son église, chaque église ses popes barbus qui dirigeaient des communautés de misérables paysans. Mais « au nom de Dieu » on leur faisait toujours bon accueil. Ils partageaient la *kacha*, la soupe, le pain noir et un soupçon de beurre un peu rance qui écœurait Irène. Enceinte de six mois maintenant, les trajets trop longs lui étaient devenus impossibles. Souvent elle avait envie de supplier Nicolas de s'arrêter là, dans quelque rudimentaire isba. Mais Nicolas s'entêtait, ils avaient trop souffert pour jeter l'éponge. Il leur fallait traverser les grandes plaines de la Russie centrale pour rejoindre Moscou gouvernée par le grand-prince Vassili II qui avait déjà annexé Novgorod. Ils découvraient un empire sauvage où des rivières hostiles irriguaient à peine des terrains désolés, et où des forêts inextricables succédaient à la steppe.

Pour Irène, Moscou restait un simple nom qui ne parlait qu'à son rêveur de mari. Ce pays rude et poétique, mystique, lui plaisait et il allait de l'avant comme on se dirige vers une terre promise, son sac d'icônes sur l'épaule, laissant derrière lui l'odeur des entrailles piétinées dans les rues de Constantinople, le souvenir des têtes sans corps, des filles tant violées que le sang ruisselait entre leurs cuisses, des mains d'enfants agrippées au cadavre de leur mère.

Son bébé bougeait beaucoup en elle, comme s'il avait hâte de la fuir, elle et tous ses cauchemars. Était-ce Dieu qui avait voulu son enfant privé de famille ? Ni grands-parents, ni oncles et tantes, ni cousins et cousines ?

Nicolas, dans sa joie d'avoir trouvé ce qu'il appelait maintenant « son pays », avait rapidement acquis quelques notions de russe au contact des popes. Ils avaient logé deux semaines chez l'un d'entre eux à Poltava, un gros bourg. La fin de l'été approchait déjà. Ils savaient tous les deux que le climat de cette partie de l'Ukraine, bien que modérément froid, était plus rude qu'à Constantinople.

Au début du mois de septembre, le pope leur expliqua qu'ils devaient sérieusement envisager de passer l'hiver à Kiev avant de gagner Moscou. Irène pourrait y accoucher, et avec l'enfant, ils reprendraient la route au printemps. En outre, les icônes de la ville et leurs peintres bénéficiaient d'une grande réputation. Nicolas pourrait travailler dans un atelier, assimiler les différences entre les icônes grecques et russes, se faire d'importantes relations.

– Offrez une de vos icônes au patriarche de Kiev, il vous prendra sous sa protection. Et là-bas, ne vous dépensez pas à apprendre l'ukrainien, les popes et les gens de lettres parlent tous le russe. Le grand-prince Vassili y jouit d'une grande autorité.

Kiev. Une ville bruissant d'activité bâtie au flanc d'une colline, avec ses nombreuses églises, couvents, marchés couverts ou de plein air. Les artisans proposaient des marchandises inconnues aux Dionous : cuirs, pelisses, épais draps de laine, selles mongoles ou romaines, brides décorées de motifs en cuivre, poissons séchés, gâteaux aux épices et aux fruits confits, fromages à l'odeur aigre, ou encore, dans le coin des épices, une étonnante variété d'herbes, certaines à la saveur relevée, d'autres amères. Le long du Dniepr, des *kiosks* rudimentaires permettaient de laisser ses vêtements pour se baigner ou simplement se reposer. Mais, à part quelques grands propriétaires terriens, la population n'était pas riche et aucun marchand ne proposait de lourds tissus brodés ou des bijoux comme à Constantinople. Le commerce du luxe était réservé aux Arméniens et aux Grecs.

Le religieux de Poltava avait raison, il y avait bien des peintres d'icônes dans la ville de Kiev, mais Nicolas était déçu. Le travail d'écriture byzantin était plus profond, plus harmonieux. Certains prétendaient qu'en priant on ne savait plus si on était au ciel ou sur la terre. Cette exigence venait des Byzantins et Nicolas qui avait grandi dans l'atelier de ses ancêtres avait très jeune perçu le mystère et le sens de la venue au monde du Sauveur. Les Grecs cependant n'avaient pas accordé à la Vierge l'importance dont elle jouissait chez les Slaves. Tout autant que la mère de Dieu, elle était la mère protectrice de tout le peuple.

Nicolas retint une chambre dans une auberge. Dès le lendemain il se rendrait au palais du patriarche avec une icône où il avait représenté saint Georges les bras ouverts, les paumes tournées vers le ciel. La tunique d'un rouge franc recouvrait une aube noire, son auréole était d'un or délavé.

Le palais, en réalité une maison de pierre aux nombreuses fenêtres, le surprit. Quel patriarche byzantin aurait accepté ce logement somme toute banal, en dépit de son jardin bien entretenu, planté de roses, d'œillets et de bouquets de camomille ?

Le patriarche, un homme d'un certain âge à la longue barbe grise, une grande croix d'or sur la poitrine, les pieds chaussés de pantoufles de feutre noir, fit s'agenouiller Nicolas pour le bénir avant toute conversation. Il savait que son visiteur avait échappé aux massacres perpétrés par les Turcs à Constantinople et, sans le connaître, le considérait avec bienveillance.

L'icône lui plut.

– C'est votre œuvre, mon fils ?

Nicolas opina de la tête. Ce vénérable ecclésiastique, il le sentait, était prêt à lui tendre une main secourable.

– Vous êtes seul à Kiev ?

– Non, Votre Sainteté, ma femme est avec moi.

– Dieu soit béni, murmura le patriarche.

– Elle va bientôt accoucher, précisa Nicolas. Nous avons besoin de l'aide de Dieu et de la vôtre.

On apportait une petite bouilloire d'eau brûlante et des verres où étaient jetées des feuilles de thé.

– Asseyons-nous, proposa le patriarche en désignant deux chaises en bois rustiques agrémentées d'un coussin écarlate brodé de fils d'argent.

Après avoir absorbé quelques gorgées du breuvage, le prélat regarda Nicolas droit dans les yeux.

– Je suppose que vous voulez toujours vous consacrer à l'écriture des icônes ?

– Ce serait mon vœu le plus cher, Votre Sainteté.

– Alors rejoignez l'atelier du couvent Saint-Pierre-et-Saint-Paul. Il est modeste. Les Tatars procèdent, hélas, à des incursions violentes et régulières dans notre ville. Maints monuments de la plus grande beauté ont été détruits. Mais nous reconstruisons, nous survivrons avec l'aide de Dieu.

– Des Tatars venus du Nord ?

– De Crimée.

Un long moment ils gardèrent le silence. Tous deux priaient.

– Nous avons des ennemis acharnés, reprit le vénérable religieux. Les plus violents ne sont pas les Tatars, mais nos voisins polonais qui nous haïssent pour être restés fidèles à la sainte foi orthodoxe. Néanmoins, comme je viens de vous le dire, avec la protection de la Vierge, notre existence se poursuit. En tant qu'homme marié, vous ne serez pas contraint de vivre au couvent. Le pope de la paroisse vous accueillera vous et votre femme. Ayant cinq enfants, son épouse pourra assister la vôtre lors de la délivrance. Je vais leur envoyer un messager. Leur porte vous sera ouverte dès ce soir.

À nouveau Nicolas s'agenouilla pour être béni. À peine pouvait-il contenir sa joie. Irène et lui avaient un toit, l'assurance de manger à leur faim, et avant tout, il allait retrouver sa raison même de vivre, l'écriture d'icônes.

Début octobre, Irène mit au monde un garçon qu'ils prénommèrent Constantin en souvenir de son oncle. Huit jours après sa naissance, l'enfant fut présenté au patriarche qui le bénit et traça le signe de la croix sur son front, sa bouche, sa poitrine. Il pourrait être baptisé le mois suivant les relevailles d'Irène.

Comme parrain, Nicolas et Irène avaient choisi le pope qui les accueillait avec une charité sans limite. Il n'était pas riche, ses ouailles étaient des ouvriers et des artisans, mais jamais la soupe et le pain ne manquaient, ni le dimanche la brioche accompagnée d'une crème à la cannelle. Vêtus d'amples chemises ceinturées et de larges culottes, ses quatre fils aidaient leur grand-père maternel aux travaux des champs, mais apprenaient aussi avec leur père à lire et à écrire. La petite fille errait en chemise dans le potager avec sa mère ou l'accompagnait sur les rives du Dniepr pour y puiser de l'eau.

Le jour du baptême de Constantin, Irène revêtit pour la première fois le vêtement de fête des Ukrainiens. Olga, la femme du pope, tressa ses cheveux, y mêlant un ruban rouge, ceintura la blouse écrue aux larges manches qu'Irène avait elle-même brodée et qu'elle portait sur une longue jupe grenat. Encore lasse, elle était désorientée par les changements tous provisoires de sa vie, mais elle serrait le petit Constantin dans ses bras comme si elle étreignait sa ville natale tout entière. Il avait été conçu à Constantinople, fêté par avance par toute une famille qui avait été anéantie. Qui après Nicolas et elle se souviendrait de leurs noms ? Et Constantin, son beau-frère, avait-il péri dans sa fuite vers le sud ?

Le patriarche leur avait fait l'honneur de vouloir baptiser Constantin, qui avait hérité des yeux mordorés des Dionous. La petite communauté paroissiale avait garni le baptistère et l'autel de branches de sapin qui embaumaient. Des fillettes alentour avaient confectionné des boules de laine orange, vertes et bleues qu'elles avaient accrochées à l'extrémité de chaque banc.

L'eau avait été chauffée pour la triple immersion au nom du Père, du Fils et du Saint-Esprit. Olga s'était munie d'un linge immaculé pour envelopper le nourrisson. Après le baptême on donnerait la communion à l'enfant : une petite cuillère en vermeil serait plongée dans le calice où flottaient des croûtons de pain. Le patriarche donnerait à boire une goutte de vin au nourrisson, lui essuierait la bouche avec un linge rouge, puis en signe de rupture de jeûne déposerait dans sa bouche un minuscule morceau de pain. Alors Constantin ferait partie de l'Église orthodoxe.

Le pope et sa femme avaient prévu un repas chez eux, des blinis au fromage blanc, des petits pâtés en croûte et des brioches. La vodka ne serait pas mesurée et les invités quitteraient leurs hôtes un peu éméchés.

Irène avait insisté pour que Constantin, surnommé Costia, couche à côté d'elle. Sa terreur était de se réveiller après un rêve pour découvrir que son petit garçon n'avait aucune réalité. Tout lui semblait précaire désormais, irréel.

Nicolas était absent durant tout le jour et revenait encore immergé dans son monde mystique. Il avait écrit une icône pour Costia représentant saint Constantin. Elle était pendue au-dessus du lit que partageaient les trois Dionous.

Janvier fut rude et Irène dut confectionner des vestes en peau de mouton, des bottes fourrées. Les collines, le Dniepr disparaissaient dans un brouillard gelé. La jeune femme sortait à peine et tenait son enfant emmailloté dans des tissus de laine.

Lorsque le ciel se dégageait, il lui arrivait de marcher jusqu'à la rivière, son petit attaché contre son ventre. La rivière charriait d'énormes glaçons qui rendaient la navigation impossible. Rien ne bougeait sur l'eau, on ne voyait aucun oiseau, n'entendait aucun bruit. Debout sur la rive, elle laissait la mélancolie l'envahir et seule la chaleur de Costia lui rappelait qu'elle était bien vivante.

À pas lents elle revenait vers la maison du pope, allaitait son bébé, mettait de l'eau à chauffer pour le thé. De son mieux elle aidait Olga aux repas, à tenir la maison propre, une maison qui n'était pas la sienne. Nicolas, Costia et elle étaient devenus des errants.

En mars, le Dniepr commença à déborder, envahissant les premiers champs auxquels il offrait son limon nourricier. Au loin les dômes des églises présentaient au pâle soleil leur or patiné. Quelques bateaux de pêche et de commerce circulaient à nouveau et les marins se réchauffaient devant de grands feux de bois.

– Irène, annonça un soir Nicolas en rentrant du couvent emmitouflé dans une cape de feutre et chaussé de bottes de cuir, nous pourrons bientôt songer à partir pour Moscou.

La soupe fumait, l'odeur du chou, des carottes et des herbes emplissait toute la pièce.

Costia avait fêté ses cinq mois. Vif, les yeux toujours curieux, il acceptait de passer de bras en bras avec le même sourire. Blotti la nuit entre ses parents, il dormait maintenant de longues heures et Irène n'avait qu'à écarter le haut de sa chemise pour le faire téter.

Le pope et Olga écoutèrent avec bienveillance les arguments de Nicolas en faveur d'un proche départ. Après six mois passés ensemble, ils formaient une véritable famille et la séparation serait cruelle. Mais il le fallait. Depuis le premier jour Nicolas avait été clair sur ses intentions : gagner Moscou.

Sur une écorce de bouleau, le religieux traça un plan. Le plus court selon lui, et surtout le moins dangereux, était de suivre le Dniepr jusqu'à Gomel et Smolensk. Nicolas y trouverait une route menant à Moscou. Ils découvriraient facilement des auberges car les rives du fleuve étaient fort fréquentées par les bateliers, les marchands et les extraordinaires convois d'hommes poussant des trains de bois de flottage.

– En dépit des ravages causés par les Mongols, les Polonais et les Lituaniens, il reste de beaux vestiges du passé à

Smolensk, assura le pope. Les fortifications n'existent plus, mais vous y trouverez de belles églises et de riches demeures. Reposez-vous quelques jours dans une bonne auberge, vous y serez à mi-chemin entre Kiev et Moscou.

Nicolas et Irène tentaient d'imaginer ce long périple, au moins dix jours de voyage dans la voiture attelée d'un robuste cheval qu'il avait désormais les moyens d'acheter. Pour le confort d'Irène et de Costia, Nicolas y disposerait couvertures et coussins, et dans un coffre seraient serrées les provisions essentielles.

– Ce que vous aurez le plus à craindre, conclut le pope, c'est la fonte précoce de la neige. La boue change alors tous les chemins en fondrières. Mais je ne la vois pas avant avril. Il ne gèle plus, partez vers la mi-mars pour mettre toutes les chances de votre côté.

– Dans une semaine, murmura Irène. Que Dieu et la Vierge protègent mon petit.

Irène déposa leurs maigres effets dans un drap qu'elle noua aux quatre coins. Elle acheta de la farine, de l'huile, du saindoux, des noix et des fruits secs, des filets de poisson séché, des pommes ratatinées par l'hiver, du thé. Ces provisions leur permettraient de survivre lorsqu'ils traverseraient des régions dépeuplées. Pour le cheval, Nicolas entassa des brassées de foin sous les banquettes. Ils trouveraient à en acheter à Gomel et à Smolensk. Les précieuses icônes avaient regagné le sac de cuir. À celles sauvées à Constantinople, il avait ajouté deux de ses nouvelles œuvres : une de saint Boris, l'autre de saint Jean Chrysostome et Basile le Grand. Le reste avait été donné au monastère pour les remercier de leur accueil. Au pope et à Olga, il avait offert une icône byzantine, un Christ Pantocrator tenant les saints Évangiles dans sa main gauche. Son père l'avait assisté pour cette œuvre datant de ses débuts de peintre. Ce n'était pas sa plus belle œuvre, mais elle était chargée d'émotions, reflétait un état affectif qu'il voulait partager avec ses bienfaiteurs.

L'adieu au patriarche lui fit monter les larmes aux yeux. Sans doute ne se reverraient-ils jamais. Un énième arrachement, un nouvel être cher perdu.

6

Les années avaient passé.

Constantin désormais très âgé vivait la plupart du temps dans ses souvenirs. Sa longue vie portait le sceau de la malédiction, avec la prise de sa ville natale et le massacre de toute sa famille, à l'exception de son frère Nicolas qui avait disparu à jamais. Irène et lui avaient-ils seulement atteint la Russie ? S'étaient-ils fait voler leurs icônes sacrées ?

Puis le miracle de sa rencontre avec Marie l'avait apaisé. Maudite par sa famille, elle avait été déshéritée et n'avait plus jamais eu de contacts avec les siens. Mais ils s'étaient aimés, avaient élevé deux garçons, béni leurs mariages avec de jeunes Grecques orthodoxes, avaient vu naître des petits-enfants, des hommes mûrs aujourd'hui, devenus parents à leur tour. Dieu ne leur avait pas accordé cette longue vie pour voir les Turcs envahir Alep, mépriser les croyances des Grecs, les mettre au ban de la société. Sa mort était proche, il le savait, mais il ne périrait pas en sachant que les Turcs étaient ses maîtres.

Quitter leur cité était une décision difficile pour leurs deux fils Nicolas et Alexis, ainsi que pour les cinq petits-enfants : l'aîné, Théo, venait de célébrer ses quarante ans et n'avait rien connu d'autre que le vieux quartier où s'étaient établis les Dionous, trois maisons peu distantes les unes des autres, une vie de famille chaleureuse, des baptêmes, des mariages, des enterrements aussi, un cousin pope. Lui-même avait fait un beau mariage, avec une jeune fille de Damas dont les parents possédaient des terres dans la région fertile de la Ghouta. Là, pourrait vieillir dans la sérénité Nikkos[1], et ses enfants travailler dur pour reconstituer la fortune perdue à Constantinople des dizaines d'années plus tôt.

Mais, contrairement à son frère, Alexis et sa famille refusaient de quitter Alep. La prise de la ville par les Turcs, sans doute imminente, ne les effrayait pas outre mesure. Les mamelouks ou les Turcs, quelle différence ? Devant l'obstination de son cadet, Constantin tempêtait. Jamais il n'accepterait un nouvel assujettissement, jamais il ne supporterait les violeurs, les humiliations ! Oui, il était peut-être aveugle comme le lui répétait son fils, mais les images des horreurs passées restaient vivantes à jamais dans sa mémoire.

Si Marie et lui devaient fuir à pied jusqu'à Damas, ils le feraient, et si Marie refusait, il irait seul. Théo, son petit-fils, le rassurait, ils partiraient tous. On les attendait à Damas et son beau-père les aiderait. Sa femme avait reçu des terres en dot. Mais Alexis s'entêtait. Ni lui ni les siens ne quitteraient Alep. Par ailleurs leur fils pope ne cessait de répéter qu'à Constantinople les chrétiens étaient désormais bien traités. Qu'ils avaient des lieux de culte, des popes et même un patriarche ! La ville avait été reconstruite, il y avait des jardins, des palais. Constantin l'interrompit en tapant violemment sa canne sur le sol.

– Tais-toi, tais-toi ! ordonna-t-il.

Décidés à se défendre, les mamelouks allaient livrer bataille. S'ils gagnaient, les Turcs reculeraient. S'ils perdaient, la ville tomberait sans effusion de sang. C'était une décision courageuse, mais l'espoir de les voir emporter ce combat était bien mince. Face à une armée redoutable, aux terribles canons, aux

1. Surnom de Nicolas.

soldats entraînés, agressifs et conscients de leur force, les mamelouks, coupés depuis si longtemps de leurs bases égyptiennes, amollis par une vie facile, ne faisaient pas le poids.

– Après Alep, ils seront à Damas, insistait Alexis, fataliste.

Pour Constantin, la destruction était inévitable. Ils ne vivraient pas dans la ville, mais dans les terres fertiles et verdoyantes de la Ghouta. Son fils, son petit-fils ne s'épuiseraient pas comme lui l'avait fait à des travaux pénibles, ils cultiveraient leurs terres, planteraient des oliviers, des arbres fruitiers comme le père de Marie autrefois à Antioche. Et à Damas il y avait un patriarcat, un évêque métropolite grec, toute une communauté qui vivait la tête haute en terre musulmane, industrieuse et respectée.

L'aïeul se résigna à partir sans Alexis. Le convoi s'ébranla à l'aube d'une journée d'août qui promettait d'être très chaude. Des toiles avaient été tirées par Nikkos au-dessus des voitures à bancs qui transportaient les plus âgés et les plus jeunes. Lui, sa femme, leurs fils Nicolas et Théo accompagneraient le patriarche et tous prendraient racine dans cette région réputée si fertile, une oasis irriguée par la rivière Barada aux portes de Damas. La femme de Théo y possédait trois mille perches carrées[1] de bonne terre entretenue jusqu'alors par un intendant. Une bâtisse en pierre y avait été érigée au siècle précédent, une construction solide que les Dionous se faisaient fort de remettre en état.

Alexis et les siens demeureraient à Alep. Deux fils d'Alexis occupaient de bons postes dans l'administration, le troisième dirigeait une paroisse et, quant à sa petite-fille, il songeait à la fiancer à un bijoutier grec d'excellente réputation.

Damas était proche, tous savaient qu'ils se reverraient pour

1. Environ sept mille mètres carrés.

célébrer ensemble les grandes fêtes de famille et celles du calendrier liturgique orthodoxe.

Constantin ne vit pas les Turcs approcher de Damas après leur victoire à Dabiq et la déroute des mamelouks. Il mourut peu avant l'avancée irrésistible de l'armée ottomane qui fondait vers le sud. En signe de respect pour ce survivant byzantin, l'évêque en personne présida aux funérailles. Marie ne lui survécut que deux mois.

Nikkos et les siens devaient tout apprendre, s'adapter aux tracasseries administratives du nouveau régime turc, remplacer les arbres trop vieux, vendre leurs fruits sur les marchés de Damas. Les plus jeunes s'en chargeaient. Son fils Théo misait sur la culture des oliviers, résistants et sobres. Il comptait pouvoir bientôt presser sa propre huile, qui lui assurerait une bonne source de revenus.

Ses petits-enfants fréquentaient une école grecque où ils apprenaient à lire et à écrire, à assimiler les difficiles règles de la grammaire sous l'égide d'un jeune professeur qui résidait à Damas. Son cheval faisait l'admiration de tous les enfants, ainsi que la croix d'or qu'il arborait sur la poitrine. Le soir, ils priaient devant les icônes alignées sur une étagère drapée de soie rouge. Leur grand-père avait allumé de petites bougies et ils voyaient flamboyer les auréoles, s'adoucir les soieries. Les regards prenaient une expression d'amour pur.

Le préféré de Théo était son petit-fils Georges, un garçonnet de sept ans, vif, intelligent. Il avait des traits fins et réguliers, de beaux yeux mordorés, héritage familial, des cheveux bouclés blond foncé, une silhouette déjà débarrassée des rondeurs de l'enfance. Souvent il accompagnait ses grands-parents à Damas, conduisant la mule chargée des paniers de pommes, de citrons, de grenades, de figues selon la saison. En route, on s'arrêtait sur le bord du chemin pour manger du pain, du fromage de brebis, des figues sèches.

Le drame foudroya la famille Dionous un beau jour de juin. Les bâts de la mule débordaient de tomates, d'abricots, de melons, d'herbes aromatiques. Il faisait doux et la bête ne se hâtait pas. Au loin un nuage de poussière annonçait des cavaliers. Il fallait se ranger sur le rebord du chemin, laisser passer ces hommes pressés, souvent irascibles et impérieux. Des voyageurs ? La vue des turbans blancs mit aussitôt la famille sur le qui-vive : ces cavaliers étaient des janissaires, le fléau de l'armée ottomane. On disait qu'ils vivaient dans des cavernes loin des soldats ordinaires. Ils enlevaient de jeunes garçons grecs pour les convertir à l'islam et les assimiler à leur corps d'élite. La moitié des leurs était d'origine chrétienne mais, soumis à une discipline très sévère, à un enseignement religieux très strict, ils constituaient l'élite de l'élite.

Théo dut pressentir un danger, car il cacha Georges derrière son dos, sa main dans celle de Grégory, son second petit-fils âgé de cinq ans, trop jeune pour intéresser les prédateurs.

En tête chevauchait un homme aux larges épaules, au regard d'aigle. D'un geste impératif, il leva la main et fit s'immobiliser les cavaliers. La poussière les enveloppait, ne laissant voir çà et là que des faces burinées aux moustaches en crocs, des bottes de cuir fauve, des culottes bouffantes, de longues capes jaunes. Il ne fallut qu'un instant au cavalier qui commandait l'escouade pour sauter à bas de son cheval et marcher vers le groupe terrorisé des Dionous. Un par un, il les examina avec froideur comme on examine des têtes de bétail avant de faire un choix.

Théo serra son épouse Agatha contre lui pour dissimuler davantage Georges. Le janissaire eut un petit sourire et, d'un geste brusque, écarta les deux grands-parents. Georges tremblait, les yeux fixés sur le sol.

– Quel âge ? demanda-t-il.

Personne ne répondit.

Avec brutalité il attira alors l'enfant vers lui en le saisissant par le bras. Théo, qui essayait de s'interposer, reçut un violent coup de cravache sur le visage. Georges maintenant sanglotait en s'accrochant à sa grand-mère. Comme tous les jeunes Grecs, il avait entendu parler des enlèvements de petits garçons par les janissaires. D'aucuns prétendaient qu'ils les faisaient bouillir avant de les dévorer.

Mais Théo et sa femme connaissaient la vérité. Leur petit Georges allait devenir un janissaire aussi fanatique que les autres. Un par un, le Turc détacha les doigts de l'enfant de la tunique de sa grand-mère et siffla. Son cheval approcha aussitôt et, à la vitesse de l'éclair, le janissaire l'enfourcha, hissant l'enfant sur le devant de la selle. La troupe repartit au grand galop.

Agatha poussa un hurlement semblable à celui d'une bête blessée à mort. Théo restait pétrifié. Le petit Grégory s'accrochait à sa grand-mère comme à un ultime refuge.

– J'irai à Constantinople, répétait-il de sa voix fluette, et je ramènerai Georges. Je te le promets, nona[1].

La vie des Dionous sombra dans le chagrin. Aucun réconfort humain ou divin ne pouvait apaiser leur terrible blessure. Georges serait musulman, turc et séparé d'eux à jamais.

Sa mère et sa grand-mère restèrent longtemps prostrées, incapables d'entreprendre quoi que ce fût. Seul Grégory parvenait à leur arracher un regard, un geste tendre.

– J'irai, maman, assurait-il toujours. Quand j'aurai quinze ans, je partirai à Constantinople et je le ramènerai. Sois patiente.

À bientôt six ans, il raisonnait déjà comme un garçon beaucoup plus âgé. Le voyage à Damas lui était désormais interdit. Il fréquentait assidûment l'école, où il avait demandé à apprendre le turc et à l'écrire correctement.

Théo caressait les cheveux de son petit-fils. Il ne croyait pas un instant en cette impossible promesse. Par ailleurs, dans dix ans, il serait probablement mort ainsi que son épouse. Son fils

1. Grand-mère.

Michel, le père de Georges et de Grégory, deviendrait alors le chef de famille. Sa femme Johanna, qui avait pratiquement perdu la tête, ne pourrait guère l'aider à faire fructifier leurs terres, écouler leurs produits, veiller au bien-être de tous, bien marier leur fille Andréa, et ses charges seraient vite écrasantes.

Dans son verger de la Ghouta, Michel ne desserrait plus les dents depuis l'enlèvement de Georges. Bien que d'un naturel jovial et amical, il n'adressait plus la parole à ses voisins musulmans, ne répondait plus à leurs saluts.

Dans son désespoir et pour tenter d'imaginer la vie de son fils, il s'était renseigné sur ce corps d'élite qui jouissait à Constantinople de nombreux privilèges. Beaucoup d'entre eux étaient d'origine chrétienne et avaient été capturés dans leur enfance, entre six et huit ans, comme l'avait été son Georges. Un grand nombre mourait ou se laissait mourir.

La conversion à l'islam précédait la formation militaire, les dogmes musulmans étaient enseignés avec la plus grande rigueur après abjuration de la foi chrétienne. En dépit de leur nouvelle religion, ils demeuraient jusqu'à leur mort les esclaves du sultan. Extrêmement fiers de leur appartenance à un corps d'élite, ils n'éprouvaient aucune humiliation à participer aux travaux manuels de leurs camps, à édifier des murailles, des tours de défense en bois qui favorisaient grandement les conquêtes ottomanes. Mais cette fierté les rendait intolérants à la moindre tyrannie à leur encontre et les révoltes n'étaient pas rares. Le mariage leur était interdit.

Michel se refusait à accepter l'image de son fils affublé de l'ample coiffe blanche dotée d'un voile retombant sur la nuque, au-dessus d'un caftan rouge, jaune ou bleu, la large ceinture sur la chemise blanche, le boléro porté les jours de fête, le cimeterre au côté. Non, Georges n'était plus. Il avait dû mourir pendant le long trajet vers Constantinople, mourir en chrétien, et il reposait désormais auprès du Seigneur.

Pour oublier son fils, Michel jetait toute son énergie dans le travail : il nourrissait l'ambition obstinée de réussir pour restaurer un amour-propre que les janissaires avaient piétiné. Il acheta un champ voisin, n'hésitant pas à s'endetter auprès d'un prêteur grec. Ce bout de terrain deviendrait une oliveraie. Peu à peu son activité serait centrée sur la production d'olives et d'huile. Le rendement des fruits était insuffisant : orages, insectes, sécheresse pouvaient anéantir tous les efforts et on ne s'enrichissait guère en vendant des pommes, des prunes et des melons. Il garderait quelques figuiers pour la production de figues sèches, très prisées jusqu'en Égypte, ainsi qu'un petit potager pour les besoins familiaux.

Le mariage d'Andréa offrit aux Dionous un rayon de soleil. Sous leurs couronnes à l'église, les jeunes mariés étaient radieux. Pour un moment, l'ombre de Georges s'était éloignée. L'échange des anneaux, les mains des époux liées l'une à l'autre, la coupe de vin partagée, firent monter les larmes aux yeux du vieux Théo, de Michel et même de Johanna, qui s'était laissé habiller, coiffer par sa fille sans protester. C'était la première fois depuis la disparition de Georges qu'elle quittait sa maison.

7

Avec ses hautes murailles crénelées, ses tours en construction, ses églises aux coupoles dorées, ses croix dressées vers le ciel, la forteresse du Kremlin impressionnait toujours le petit Andreï. Là résidait le grand-prince de Moscou, dans un palais qui bientôt serait entouré des demeures grandioses des boyards les plus influents.

Dans la cathédrale de la Dormition, comme dans celle de l'Annonciation, devant les immenses iconostases, la forêt de bougies, les autels de marbre ornés d'objets du culte en or ou en argent, on entrait dans un autre monde, un univers de beauté, de silence, de paix.

Son grand-père Nicolas et son père Costia avaient vite appris le russe alors qu'Irène n'était parvenue qu'à dire quelques phrases simples. Elle ne fréquentait d'ailleurs que des Russes d'origine grecque et restait chez elle la plupart du temps, se repassant en boucle les images du passé. Mais elle avait élevé avec amour et rigueur son fils Costia puis les trois enfants de celui-ci, Andreï, Anna et Vladimir.

Depuis sa plus tendre enfance, Vladimir ne s'intéressait qu'à la nature, aux forêts, aux saisons, aux bêtes. À l'âge d'homme, il chercherait sans aucun doute à régir les terres d'un boyard, souvent extrêmement vastes. Quant à la fragile Anna, elle avait, dès l'adolescence, émis le vœu de devenir religieuse. Ses parents s'inquiétaient. Comment cette délicate enfant survivrait-elle dans l'inconfort des couvents, la rigueur des règles monacales ? Mais, en dépit d'un corps frêle, Anna avait une volonté de fer. Elle voyait le couvent comme un havre de grâce et de paix mystique. Même supplié par sa femme, Costia n'était pas intervenu. Les Dionous étaient des déracinés. Il faudrait deux ou trois générations pour en faire de vrais Russes.

Costia remit ses pinceaux à Andreï. Désormais, l'atelier était le sien. Il pourrait enfin libérer sa propre technique, l'expression de sa foi personnelle, loin du regard critique de son père. Costia n'ignorait pas que son strict classicisme, son obéissance absolue aux lois qui régissaient l'écriture d'icônes seraient non pas transgressées, mais personnalisées. Le jeune homme aimait les couleurs, le rouge et tout particulièrement le bleu : le rouge symbolisait la splendeur divine, le sacrifice de soi allant jusqu'au martyre, l'amour absolu et éternel ; le bleu dur allié à l'or évoquait l'impalpable, l'immuable réalité de la transcendance. Costia était fier de son fils. Andreï saurait perpétuer la notoriété de ses ancêtres.

Malgré leur renommée toujours croissante, les chagrins n'avaient pas épargné les Dionous. Certes, Vladimir avait réalisé son rêve en devenant l'intendant de Dimitri Pavlovitch Ivanov, un notable boyard établi près de Nijni-Novgorod. Quoiqu'il donnât de temps à autre de ses nouvelles, il était maintenant loin, et n'avait pas revu sa famille depuis longtemps. Célibataire, il dirigeait le travail de trois cents serfs, surveillait les récoltes, les semis, les réparations aussi des innombrables isbas et bâtiments de ferme. Ses distractions préférées étaient la chasse, les promenades à cheval ou en traîneau, l'accueil des voyageurs de passage.

Andreï perdit sa femme et Anna entra au couvent. Deux ans plus tard elle mourait d'une pneumonie.

Costia savait que son heure à lui aussi était venue. Depuis que des hérétiques avaient été brûlés vifs quelques années plus tôt, les monastères, les églises se multipliaient jusqu'à l'intérieur du Kremlin.

La mère du grand-prince se montrait bienveillante envers les Grecs réfugiés à Moscou. Andreï avait peint l'iconostase de sa chapelle privée et il était toujours convié aux célébrations les plus importantes. Avec l'âge, elle s'était prise d'affection pour son compatriote, le retenant parfois pour parler en grec d'art et de religion, évoquer une Constantinople mythique qu'ils n'avaient connue ni l'un ni l'autre. Un soir où elle lui avait offert une croix byzantine en or et émeraudes, il lui promit une des icônes sacrées sauvées par son grand-père lors de sa fuite.

Il revint le lendemain. On le fit patienter dans un des salons. Une jeune femme surgit portant un plateau chargé de fruits, de gâteaux, d'un pichet de vin et d'une timbale en argent. Elle était blonde avec de grands yeux d'un bleu très pâle. De lourdes tresses s'enroulaient autour de sa tête.

Avec une liberté pleine de naturel, elle dévisagea Andreï. Issue d'une famille grecque ayant accompagné Sophie Paléologue à Moscou, elle aimait s'entretenir avec ceux qu'elle considérait comme faisant partie des siens.

– As-tu de la famille à Moscou ? s'enquit-elle.

Sans savoir pourquoi, tant cette jeune inconnue semblait simple, Andreï se trouva intimidé.

– Je suis veuf, j'ai un fils et une fille. Joseph a seize ans, Ivana, quatorze.

– Tu écris des icônes, m'a-t-on dit, les plus belles de la ville.

Andreï ne put s'empêcher de sourire.

– La beauté n'est-elle pas l'harmonie du hasard et de l'éphémère ?

La jeune femme hocha la tête et s'installa sur un gros coussin en face de lui.

– Il est difficile de converser sur la beauté. Parle-moi plutôt de tes enfants.

– J'essaie d'intéresser Joseph à mon art. Si Dieu le veut, il me remplacera quand mon heure sera venue. Ivana a de réels dons pour le dessin, mais les femmes n'écrivent pas d'icônes.

– À quoi sont-elles bonnes alors ?

Son ton joyeux et impertinent avait chassé la timidité d'Andreï.

– À rendre les hommes heureux, sans doute. Tu es mariée ?

La jeune Grecque éclata de rire, un rire à son image, espiègle, spontané.

– À un officier du grand-prince, répondit-elle enfin, Boris Ivanovitch Menschekov. Il vient peu à Moscou. En ce moment, il est dans la région du Don.

– Un Cosaque ?

À nouveau la jeune femme se mit à rire.

– Pas du tout. Un homme de Kiev. Il sait que j'aime Moscou et m'a confiée à la mère de notre grand-prince.

Des pas se firent entendre dans un couloir.

– Tu vas être reçu, déclara la jeune femme.

Elle se leva, imitée par Andreï. Et soudain le timide Andreï resté chaste après son veuvage osa la regarder droit dans les yeux.

– Comment t'appelles-tu ?

– Svetlana.

– Svetlana, pourrait-on se revoir ?

Un mot de Svetlana lui parvint au début du printemps. Les Belskiis, de puissants boyards, recevaient dans leur palais la semaine suivante. « Tu es invité, écrivait-elle. Il y aura beaucoup de monde et plusieurs membres de ma famille. On parlera facilement sans éveiller de curiosité particulière. À Moscou, nous ne sommes pas chez les Turcs. »

Rien dans ses propos n'exprimait la moindre joie. Mais elle avait écrit. Ils allaient se revoir.

L'imposant salon meublé de lourds sofas, de poufs capitonnés, de longues banquettes recouvertes de velours rouge, était décoré de fresques probablement d'inspiration italienne. Ce mélange d'Orient et d'Occident sembla peu heureux à Andreï, mais quand on croule sous l'or, il faut bien le dépenser.

Il y avait déjà foule, des hommes coiffés d'un bonnet de feutre bordé de fourrure à la mode tatare ou d'un chapeau tronconique de laine blanche orné de glands de soie, leurs barbe et cheveux longs tombant sur leur caftan brodé de fils d'or et d'argent, chaussés de bottes de cuir rouge foncé ou fauve, des femmes très maquillées, aux longues tuniques de couleurs vives serrées à la taille par des ceintures cloutées de pierres précieuses qui laissaient apercevoir leurs chemises de lin blanc extrêmement fin ou même de soie. À la lumière des bougies déjà allumées, leurs bijoux lançaient mille feux, boucles d'oreilles, imposants colliers, bracelets superposés et bagues aux cabochons sertis d'or.

Svetlana était assise sur une banquette entre deux dames d'un certain âge. Elle sursauta quand elle aperçut Andreï, mais le mouvement fut si imperceptible qu'aucune de ses interlocutrices ne sembla le remarquer. À quelques pas d'elle, Andreï s'immobilisa. Regarder Svetlana était à la fois un bonheur et une angoisse. Elle avait changé depuis leur première rencontre. La fraîche jeune femme qui lui avait apporté des gâteaux, du vin et des fruits était aujourd'hui une aristocrate altière, vêtue d'une tunique en soie bleue bordée de fines perles assez courte pour dévoiler une chemise galonnée d'or. Autour de son cou, elle portait une croix byzantine dont les émeraudes et les perles semblaient modestes comparées aux parures de ses voisines. Ses cheveux tressés étaient réunis avec science autour de sa tête. De minuscules émeraudes y étaient piquées çà et là.

– Andreï Dionous ! s'écria-t-elle avec un grand sourire. Viens là, mon ami, je vais te présenter à tes admirateurs.

– J'en suis, j'en suis ! gazouilla une des vieilles dames d'une voix fluette. Savez-vous qu'au-dessus de mon lit est accrochée votre icône de notre saint basileus Constantin ? Ce nom m'évoque la Byzance d'or et la Byzance de sang. La précarité de la puissance et de la richesse, en somme.

– La vie est éphémère, madame.

Sans lui laisser le temps de poursuivre, Svetlana se leva et s'empara de son bras.

– Oublie les mondanités, mon cher. Je vais te présenter à ma tante. Elle est prête à favoriser quelques rencontres. Son mari, que le diable ait son âme, l'a fait beaucoup souffrir, si bien qu'il ne lui déplaît pas de déshonorer un général ukrainien et de rendre sa nièce heureuse.

La gorge nouée par l'émotion, Andreï ne parvenait pas à articuler une phrase. Les mots « souffrance », « déshonneur » le blessaient cependant. Comme si elle décelait son trouble, Svetlana lui prit la main et le guida vers une grande femme entourée d'un essaim d'hommes de tous âges. Elle était vêtue d'une robe en riche soie brodée de tigres, de léopards, d'ours, de palmes à la mode orientale. Les manches laissaient voir les poignets et les larges bracelets d'or constellés de pierres précieuses qui les ceignaient. À ses oreilles pendaient deux disques d'or au centre desquels étaient sertis des rubis.

– J'ai entendu beaucoup de compliments à votre égard, dit-elle en grec. Vous me faites honneur en venant chez moi.

Puis elle se tourna vers Svetlana.

– Cette jeune femme m'a également beaucoup parlé de vous, ajouta-t-elle en russe. Je sais que vous êtes veuf, père de deux enfants. Elle m'a aussi confié que vous aviez du charme, et je le constate par moi-même.

Peu habitué aux flatteries, Andreï ne trouvait rien à répondre. Qu'avait-il en commun avec tous ces nobles boyards, ces jolies femmes trop voyantes ?

– Viens, décida Svetlana, allons nous asseoir dans un coin tranquille.

Côte à côte, Andreï et Svetlana restèrent silencieux. Andreï n'osait interroger la jeune femme et celle-ci était embarrassée de prendre les devants.

– Eh bien, nous voici comme deux urnes asséchées. Un peu de vin s'il vous plaît, monsieur Andreï.

Le jeune homme balbutia :

– Où et quand pouvons-nous nous revoir seul à seule ? Tu sais bien que je ne rêve que de toi depuis le moment où je t'ai rencontrée.

Svetlana posa un doigt sur sa bouche.

– Chut, il nous faut parler à voix basse. Eh bien, oui, ma tante accepte de nous aider. Je présume qu'elle y prend un certain plaisir. Les hommes l'ont beaucoup déçue et elle n'aime guère Boris Ivanovitch, mon mari, qui lui a, lors d'une réception, fait une remarque très désagréable sur sa toilette. Elle ne le lui a jamais pardonné.

Comme si elle menait avec Andreï une conversation banale, elle lui apprit que sa tante mettrait à leur disposition une fois par semaine le petit salon privé attenant à sa chambre. Il était charmant, bien meublé de divans à la turque, confortable. Leurs retrouvailles auraient lieu le mercredi, jour où sa tante donnait ses grandes réceptions. Il leur serait facile de s'éloigner l'un après l'autre, de monter le petit escalier menant aux appartements privés. Les invités entraient et sortaient à leur guise. Qui s'apercevrait de leur absence ?

Andreï écoutait, partagé entre la joie et un certain malaise. Il avait le vague sentiment que Svetlana ne ressentait pas la passion qu'il éprouvait pour elle. Sa voix était si calme, son regard si serein. Mais alors, si elle ne l'aimait pas, pourquoi prenait-elle tant de risques ? Une femme adultère, surtout issue de la noblesse, se voyait chassée ou était enfermée dans un monastère. Alors qu'une paysanne, qui savait se rendre utile, était plus souvent pardonnée.

Quand Svetlana soudain lui serra la main, il se jugea stupide. Que connaissait-il des femmes ? La sienne avait été prude et bavarde, émettant son avis sur chaque petit événement de la vie, et sa superficialité l'avait peu à peu irrité. Dieu merci, il avait son atelier, son refuge, sa chapelle, sa vraie vie. Svetlana ne pouvait se jouer de lui, elle était trop jeune, trop droite. Son regard parlait pour elle, comme celui des innombrables Vierges qu'il avait peintes, ses yeux étaient pleins d'amour, de noblesse, de compassion. Envers elle-même ? Il savait que s'il ne chassait pas très vite le poison du doute, il n'aurait aucun avenir avec Svetlana ; la frustration, l'amertume, la douleur le briseraient.

À son tour, il serra la main de la jeune femme, elle était douce et fragile. Il ne devait pas douter d'elle.

Dans l'attente des mercredis, même son atelier semblait une prison. Il l'avait possédée et elle l'avait serré fort entre ses bras. Elle avait jeté des baisers sur son cou, ses épaules, son torse, ses mains.

– Je t'aime, répétait-il.

Elle ne répondait pas. Puis soudain elle se levait.

– Je m'en veux de tenir si fort à toi. Pars vite.

Un mercredi, il ne l'aperçut pas chez sa tante. Le voyant désemparé, la maîtresse de maison s'approcha de lui.

– Svetlana est un peu souffrante, rien de grave. Elle m'a fait remettre ce billet pour vous.

Et, comme s'il était un garçonnet qui a de la peine, elle posa la main sur ses cheveux.

Très vite, Andreï fut entouré.

– Quand aurez-vous fini d'écrire l'icône que vous m'avez promise ? demanda une très digne douairière.

Un homme à la longue barbe poivre et sel ajouta :

– N'oubliez pas que j'attends un signe de vous pour visiter cet atelier si fameux dans tout Moscou.

Andreï n'écrivait plus. Quand il pénétrait dans son atelier, certes il priait, mais ne prenait plus son fuseau ni ses pinceaux. Longuement, il contemplait la pluie ou les rais de soleil sur les carreaux verdâtres. Les jeux d'ombre et de lumière.

Un jour, alors que pour la première fois elle lui avait avoué ses sentiments, il reprit ses pinceaux. Mais, au lieu d'un paisible, d'un serein visage de Vierge, il commença le portrait de Svetlana, les mains jointes, le regard un peu lointain, et, comble de l'hérésie, cette Vierge avait de lourdes nattes et était tête nue. Le bois était recouvert de feuilles d'or, comme si l'auréole voulait prendre les dimensions du soleil.

Longuement, Andreï contempla son œuvre, c'était Svetlana la Vierge de l'Absence, la Vierge du Chagrin. Il devait brûler cette icône sacrilège, l'anéantir, mais il s'en savait incapable.

Svetlana ne cessait d'admirer le bracelet qu'Andreï venait de lui offrir. D'un geste spontané, elle l'avait enlacé. Sa joie était excessive sans doute. D'une famille très aisée, dotée d'un riche époux, sa cassette à bijoux devait regorger de merveilles. Mais le regard était si tendre et si enthousiaste qu'Andreï sentit les larmes lui monter aux yeux.

Leurs retrouvailles étaient joyeuses, sensuelles et douces. Svetlana semblait faire l'amour en s'amusant. Rien ne paraissait sérieux pour cette femme, et quand Andreï devenait trop sentimental, elle appliquait une main sur ses lèvres.

Andreï avait l'idée fixe de partager une nuit avec elle, mais elle n'y donnait pas suite. Un jour cependant, elle finit par promettre :

– Cet été nous irons dans l'isba de ma nourrice qui se situe à quatre-vingt mille verstes d'ici. Personne n'ira nous surprendre là-bas.

Pourtant, quelques semaines plus tard, elle afficha un visage soucieux.

– Il paraît que des bruits commencent à circuler à notre sujet. Il faut y mettre fin au plus vite.

– Et comment ?

– En nous voyant un peu moins. Un mercredi sur deux par exemple. Tu iras chez ma tante quand je n'y serai pas et j'irai lorsque tu resteras chez toi.

Le lendemain, dans un geste de désespoir et de colère, Andreï recouvrit de peinture noire l'icône de Svetlana. Il la suspendit au mur. Cette vision sinistre lui remettait le cœur en place.

Début juillet, tous les nobles gagnèrent leurs terres à la campagne. Beaucoup avaient réaménagé leurs vastes mais rustiques demeures dans le style italien à la mode. Des fresques, des colonnes, des sols en marbre.

Svetlana suivit sa tante près de Smolensk et promit d'écrire souvent.

Andreï décida de ne pas quitter Moscou. Son fils Joseph allait pour sa part rejoindre son oncle Vladimir à la campagne et se réjouissait de ce long voyage, de ce séjour dans une contrée inconnue. Le doute torturait le jeune homme. Pourrait-il le temps venu prendre la succession de son père ? Il doutait de lui, de son talent. Et l'autorité paternelle, son renom à Moscou, et au-delà, étaient autant de défis à relever. N'était-il pas le dernier Dionous mâle ? La présence invisible de ses ancêtres byzantins le déstabilisait. Il les imaginait dans la cathédrale Sainte-Sophie, devant l'iconostase qui présentait une dizaine de leurs œuvres. Depuis, aucun fils n'avait failli. Son oncle habitait près d'un monastère, Joseph s'y rendrait aussi souvent que possible pour regarder, écouter. Peut-être la foi l'emporterait-elle sur ses doutes.

Cependant, le poison du soupçon s'insinuait dans le cœur d'Andreï demeuré seul à Moscou. Et si la douce, la joyeuse Svetlana n'était qu'une égoïste imbue d'elle-même ? Plein de ressentiment, il osa lui écrire des reproches. Si elle ne l'aimait pas, qu'elle ait le courage de le lui dire. Avait-elle peur de lui faire du mal ? Mais son attitude ambiguë était bien plus douloureuse que des mots. Jamais elle ne répondit.

Fin août, il décida de louer une voiture et un cheval et d'aller la surprendre. C'était absurde, une familiarité inconcevable dans le monde de Svetlana. Peut-être se contenterait-il de déambuler dans les environs pour l'apercevoir à pied, en voiture ou à cheval, sans doute entourée de parents et d'amis.

Après deux jours de voyage, il prit une chambre dans une taverne. Le « château », comme on l'appelait, n'était qu'à huit verstes. Tout proche.

Le lendemain, dix fois il fit marche arrière avant de se décider à gravir l'escalier menant à la porte d'entrée. Il sonna. Un domestique ouvrit la porte. Svetlana en tenue de campagne était face à lui.

– Mon Dieu ! s'exclama-t-elle avant de plaquer une main sur sa bouche.

Elle était livide.

– Pars vite, mon mari est là !

À peine avait-elle achevé sa phrase qu'un homme à la barbe blonde en tenue de cheval apparut derrière elle. Affolée, la jeune femme s'empara de la main de son époux.

– J'avais oublié de te dire que nous attendions Andreï Dionous, un immense artiste. Tout le monde ici veut faire sa connaissance.

Le regard de Boris Menschikov était glacé.

– Je suis donc, ma chère, le seul à ne pas vouloir de cet individu sous mon toit. Sachez qu'il circule sur vous des rumeurs des plus déshonorantes.

Svetlana voulut se rapprocher de son amant comme pour le protéger, mais Boris l'écarta brutalement.

Andreï recula de trois pas. Le valet ouvrit la porte. Il commençait à descendre l'escalier menant au jardin quand Boris tira.

8

Grégory venait de fêter ses quinze ans. À aucun moment, il n'avait abandonné son projet de se rendre à Constantinople pour retrouver son frère aîné. Trouver la caserne où logeaient les janissaires n'avait rien d'un obstacle insurmontable. Des jours durant, s'il le fallait, il resterait devant la porte pour observer leurs allées et venues. Il se préparait à partir.

À bord d'un bateau marchand faisant voile pour la Turquie, il avait pu se faire embaucher comme aide-cuisinier. Si les vents étaient favorables, ce serait un voyage d'une semaine. En mai, la mer avait toutes les chances d'être calme.

Johanna, qui depuis quelques mois ne quittait plus son lit, eut le jour du départ de son fils une crise de nerfs qui fit craindre pour sa vie. Michel restait muet devant la détermination du jeune homme. Si l'espoir du retour de Georges avait toujours été une utopie, il allait vivre maintenant pour revoir Grégory.

Dès l'embouchure de la Corne d'Or, Grégory fut stupéfait en apercevant tant de coupoles, de minarets, de toits à moitié dissimulés sous de hauts cyprès. Il imaginait une ville reconstruite à la hâte sur un champ de ruines et découvrait une agglomération non seulement opulente, mais bâtie avec art. Au-delà des formidables murailles encore debout, on devinait la campagne et des bourgs situés en bord de mer.

Après que le navire eut jeté l'ancre au large de Galatée, au milieu de nombreuses barques, galères, semaques et bateaux de pêche, Grégory reçut du capitaine quelques pièces de menue monnaie assorties d'une tape dans le dos pour lui souhaiter bonne chance. Il sauta dans la barque avec quelques autres marins et entra dans Constantinople.

Le premier jour lui procura un étourdissement permanent. Certes il découvrait d'admirables mosquées, des palais, des jardins, mais aussi des rues malpropres, étroites, obscures dans le quartier grec de Balata aux maisons rudimentaires.

Sa première démarche fut de chercher du travail avant de se rendre à Hagia Sophia, l'ancienne basilique Sainte-Sophie.

Devant un jardin qui dévalait jusqu'à la Corne d'Or, il s'arrêta pour observer les jardiniers, tous enturbannés en dépit de la chaleur. Soudain, devant ces arbustes ornementaux, ce verger opulent, ces massifs, il sentit les larmes lui monter aux yeux.

– Tu cherches du travail, l'ami ?

L'un d'entre eux, la pelle sur l'épaule, s'était approché de lui.

– Roumi ?

– Oui, mon bey.

À ce compliment, l'homme éclata de rire.

– Tu parles bien, l'ami, et caresses dans le sens du poil. Sais-tu élaguer, étêter, greffer des arbres fruitiers ?

– Oui, affirma Grégory.

Le ton était si déterminé que l'homme hocha la tête.

– Eh bien, considère-toi comme embauché. On manque d'ouvriers et d'artisans. Mais je te préviens, si tu n'es pas à la hauteur, tu n'auras pas l'honneur de servir plus de vingt-quatre heures le Grand Vizir, qu'Allah le protège et lui accorde longue vie. Quant à la solde, je verrai selon tes capacités. Sois ici même demain au lever du jour.

Le chef jardinier se réjouissait. C'était difficile de trouver des travailleurs spécialisés dans les soins aux précieux arbres d'ornement et fruitiers. Les jeunes gens préféraient être boutiquiers, artisans, drapiers, bijoutiers. Or il y avait à Constantinople des surfaces considérables de jardins privés ou publics, les dépendances des mosquées, des bibliothèques, des écoles, étant pour la plupart ceintes de pelouses, de massifs, de bosquets qui exigeaient une main-d'œuvre qualifiée.

Sur le point de demander où se trouvait le quartier des janissaires, Grégory se félicita de n'en avoir rien fait. Une telle question venant d'un roumi, un chrétien, aurait attiré les soupçons.

La divine Providence sans doute l'assistait. Il avait déjà décroché du travail et, dès sa première paye, il pourrait louer une chambre. En attendant, il ferait comme tous les pauvres, il se roulerait dans une couverture et dormirait sur le banc d'un jardin ou dans un kiosque d'agrément s'il pleuvait.

Grégory consacra la fin de sa soirée à tenter de découvrir où logeaient les janissaires. Savoir son frère si proche et si lointain était irréel. Le reconnaîtrait-il seulement ? Et que pourrait-il lui dire qui n'attirât pas l'attention des autres janissaires ?

Une méchante échoppe à l'abri d'une mosquée offrait aux indigents un bol de riz gras et un verre de yaourt liquide parfumé à la menthe. Avec la moitié des piécettes remises par le capitaine du navire, il s'acheta des fruits. La nuit tombait tard en ce mois de mai. Il remarqua un dôme imposant à l'horizon d'une ruelle et devina que ce dôme était celui de Sainte-Sophie. Le cœur battant, il s'approcha. L'édifice était majestueux, intact. Des hommes et des femmes se déchaussaient pour y pénétrer. Il les imita.

La basilique où étaient morts éventrés, égorgés tant de ses compatriotes l'atteignit par sa splendeur. On disait qu'il en coûtait huit cent mille livres chaque année au sultan pour l'entretenir. Les mosquées Bayezid et Selim Ier étaient, assurait-on, très belles, mais pour Grégory aucune n'avait le pouvoir émotionnel d'Hagia Sophia.

Lorsqu'il en aurait le loisir, Grégory se promit d'aller visiter les quelques églises chrétiennes, qu'elles fussent romaines, orthodoxes ou arméniennes, sans négliger les trois synagogues d'humbles proportions, lui avait-on dit à bord du navire qui l'amenait à Constantinople. Mais, plus que les merveilles architecturales, les matelots aimaient imaginer le quartier du sérail du sultan avec ses jardins, ses fontaines, ses bains, ses volières. On prétendait qu'y vivaient les plus belles femmes du monde, mais que le sultan ne les visitait guère.

– De splendides oiseaux en cage, avait ricané le timonier. M'est avis qu'il traîne quand même quelques renards dans ces jardins.

– Des renards turcs, bien sûr, appuya le second timonier. Les roumis restent dans leur propre quartier, qu'ils soient albanais, grecs, arméniens, serbes, moldaves. Ils travaillent là où ils demeurent.

– De quoi vivent-ils ? avait interrogé Grégory.

– Oh, les juifs sont imprimeurs, médecins, banquiers, tisseurs. Les Syriens sont céramistes, potiers, faïenciers, experts en maçonnerie.

– Et les Grecs ?

Le timonier avait éclaté de rire.

– Cette engeance, mon petit, se sent partout chez elle. Ils sont présents dans l'administration, et crois-moi, ce sont de sacrés coriaces. Pas de bakchich, pas de service. Ils sont aussi drogmans, ce sont de rusés commerçants, qui arrivent à damer le pion aux juifs eux-mêmes. Restent les Tsiganes, qui font danser leurs ours et leurs filles. Mais ne t'avise pas de les caresser, leurs griffes peuvent t'arracher la peau.

Grégory avait tout enregistré. Il saurait garder l'anonymat dans cette foule cosmopolite. Il savait qu'il ne pouvait porter les babouches jaunes réservées aux musulmans. Les siennes pouvaient être rouges, violettes ou noires. Pas de turban, mais un calot de feutre ou un bonnet de coton tricoté.

L'appel du muezzin le réveilla à l'aube. La nuit avait été douce, mais son manteau était couvert de rosée. Il se lava le visage et les mains à l'eau d'une fontaine, acheta un café et un gâteau au miel à un marchand ambulant, puis courut prendre les ordres de son patron. Il fut le premier arrivé.

– C'est bien, mon fils, approuva le Turc. Je crois que nous allons nous entendre. Prends ce coutelas et va éclaircir les joncs qui en prennent trop à leur aise dans les pièces d'eau. Puis tu t'attaqueras aux jasmins des tonnelles. Ils sont si pressés de croître qu'ils s'étouffent les uns les autres. À midi, nous observons tous une pause et mangeons ce que nous fait porter l'intendant. Pendant la prière tu peux te reposer avec les deux autres roumis qui travaillent ici. Mais j'exige silence et respect. Compris ?

Ce fut seulement à la tombée de la nuit que Grégory, exténué, put songer à partir. Les deux roumis dont il avait fait la connaissance étaient des Albanais nouvellement arrivés à Constantinople. Ils ne connaissaient rien de l'histoire de la ville et n'avaient qu'un souhait : passer inaperçus. Néanmoins ils lui avaient appris qu'il existait des auberges pour les pauvres. Elles n'étaient ni propres ni accueillantes, mais au moins avait-on un toit au-dessus de la tête. Grégory les avait remerciés, mais il préférait la belle étoile, les jardins, l'infini du ciel, le parfum des plantes, le pépiement des oiseaux à l'aube. La paye était versée tous les jeudis soir, il n'avait plus que deux jours à patienter.

Jusque tard dans la nuit, il déambula dans les ruelles. Dans le quartier grec, les maisons étaient serrées autour de l'église, un modeste édifice dépourvu de cloches dont les murs étaient passés à la chaux. L'église était également le cœur battant du quartier romain. Dans le quartier juif, c'était autour de la synagogue que se pressaient les demeures. Nul Turc ne logeait dans ces lieux qui obéissaient au pope, au curé, au rabbin. Les restrictions imposées par le sultan étaient respectées. Il était clair que ces populations forcées d'être soudées les unes aux autres ne cherchaient pas les ennuis.

La chance sourit de nouveau à Grégory ce soir-là. Au carrefour de deux rues, il aperçut un groupe de janissaires à cheval qui se dirigeait vers leur caserne. Il les suivit. Bientôt, barrant la ruelle, il discerna un grand bâtiment blanc à la haute porte cintrée qui donnait sur une vaste cour où se tenaient des sentinelles. Alors qu'il s'approchait, une voix impérative le cloua sur place.

– On n'approche pas sans l'autorisation de l'agha[1]. Recule ou prononce tes dernières prières !

La peur se mêlait à une émotion intense. Son frère Georges devait être là, à quelques pas au milieu de ses camarades. Il n'était plus le même, il avait changé de religion, de nom, n'avait plus aucune autre famille que le corps des janissaires, et pourtant il gardait sûrement une faible espérance. S'il voyait Grégory, comment pourrait-il rester indifférent ? À l'espoir succédait de la pitié pour sa propre naïveté. S'il voulait ramener Georges à Damas, il lui faudrait du temps, un moment favorable à saisir, du courage et, il devait l'admettre, beaucoup d'inconscience.

Après avoir reçu sa paye, Grégory trouva à louer deux pièces dans le quartier grec. La propriétaire, une veuve plutôt acariâtre, lui portait quand même de temps à autre un bol de soupe, du ragoût de mouton. Ses arrière-grands-parents à elle avaient eux aussi fui Constantinople lors de sa chute, mais ils y étaient revenus. Pourvu qu'ils observent à la lettre toutes les restrictions imposées par le pouvoir, on ne les importunait pas.

En plus du vendredi, Grégory avait son dimanche libre « par respect pour notre Dieu Tout-Puissant », avait expliqué le maître jardinier. « Si tu veux prier le dimanche, pourquoi t'en empêcherais-je ? Dieu voit dans les cœurs, le tien est honnête. »

À force d'observation et de surveillance, Grégory connaissait maintenant les allées et venues des janissaires. Il n'avait pas vu Georges, mais restait confiant. Le moment viendrait.

1. Chef des janissaires.

Perdu dans la foule, il observait. Tout l'étonnait, à commencer par les vêtements, tellement plus riches que ceux de sa famille. Les chemises disparaissaient sous des sortes de robes de chambre aux manches évasées, les reins étaient ceints de larges ceintures souvent brodées, les pieds se paraient des chaussons de cuir rouge ou jaune. Quant aux janissaires, ils arboraient des manteaux en fine étoffe de Salonique, la plupart du temps jaunes. Sur leurs coiffes étaient piquées des aigrettes noires ou blanches. Cette élégance n'était qu'un masque dissimulant leur férocité. Mieux valait ne pas se prendre de querelle avec eux. Grégory avait vu un jeune garçon taillé en pièces à coups de sabre après s'être jeté par inadvertance devant le cheval de l'un d'entre eux. La bête s'était cabrée et avait désarçonné son cavalier.

Un autre objet de curiosité était l'ampleur du turban, de plusieurs aunes de long, entortillé autour de la tête. Sa hauteur, la manière dont il était noué, indiquait le rang social de son propriétaire, son état de fortune. Les étrangers n'avaient droit qu'à une simple calotte, ou l'hiver, à un petit bonnet de fourrure.

Il n'y avait point de jour où Grégory n'éprouvât de l'étonnement. Ces sauvages, ces assassins étaient bien vêtus, polis, tolérants envers les étrangers. Leurs femmes, quoique entièrement dissimulées lorsqu'elles se hasardaient dans la rue, semblaient gracieuses. Mais son hôtesse les détestait. Toutes des écervelées, avides de s'enrichir, de se couvrir de bijoux. Dures envers leurs domestiques, elles étaient les reines absolues du foyer, élevaient leurs enfants comme ceux des concubines. À ce mot, les yeux de la vieille femme brillaient de mépris. Quel était ce Dieu qui permettait aux hommes une telle lubricité !

Grégory se gardait d'approuver. Il savait qu'un chrétien devait s'abstenir de toute critique envers les Turcs. La foule, il est vrai, se mélangeait aisément, mais des barrières invisibles séparaient les communautés. Les Syriens-Arabes ne fréquentaient pas de Turcs, les Grecs ne se liaient ni avec les uns ni avec les autres. Les Arméniens se retrouvaient chaque soir dans leur propre quartier, les Romains ne se mariaient qu'entre eux.

Par ailleurs, Grégory était décidé à mener une seconde tentative pour retrouver son frère. Une parade militaire était prévue pour le début du mois de juin. C'était une occasion unique de voir l'ensemble des janissaires précédant l'élite des fantassins et des artilleurs. Dans une ambiance joyeuse, toute la ville se presserait sur le passage des cortèges. La puissance de l'armée était une immense fierté pour les habitants. On festoierait, les cafés nouvellement ouverts et qui connaissaient un grand succès seraient pris d'assaut.

Les domestiques du Grand Vizir seraient tous massés au bout du jardin où la vue était favorable.

De toute la nuit, Grégory n'avait pu dormir. C'était maintenant ou jamais. S'il échouait à attirer l'attention de son frère, il regagnerait la Syrie, son grand rêve disparu. Comme il avait minimisé son entreprise ! Comme il s'était fourvoyé sur la stricte compartimentation des différentes communautés ! Et, tout en haut de celles-ci, les janissaires, corps d'élite du Grand Sultan, étaient inaccessibles.

Devant, au fond du jardin du Grand Vizir, Grégory, le cœur battant, vit passer l'agha des janissaires avec sa large coiffe blanche dont un pan retombait sur sa nuque. Il avait le teint clair, une imposante moustache blonde aux reflets roux. Un Grec ? Un Arménien ? Un Albanais ? La troupe le suivait en rangs serrés. Hissé le plus haut qu'il pouvait sur la pointe des pieds, Grégory aperçut un homme qu'il crut reconnaître. Il ne devait pas réfléchir. Cette chance était l'ultime, il le savait.

– Georges ! cria-t-il.

Le cavalier tressaillit sur sa selle, un léger soubresaut, rien de plus.

« Il m'a entendu, pensa Grégory. Il sait que je suis là. »

Mais deux hommes le saisirent aussitôt par les bras et l'entraînèrent dans une ruelle qui longeait le mur d'enceinte du palais. Cette ruelle, Grégory la connaissait bien. Les fleurs et plantes sauvages s'accrochaient aux pierres, le sol, qui avait autrefois été pavé, était défoncé. D'un côté s'allongeait la clôture de pierre infranchissable du jardin, de l'autre étaient blotties les unes contre les autres des échoppes abandonnées, domaine des chats errants.

Les hommes s'immobilisèrent, plaquèrent Grégory contre le mur.

– Nos lois punissent gravement le genre de délit que tu viens de commettre. Pourquoi as-tu appelé un janissaire d'un nom chrétien ? Il n'y a pas un seul chrétien parmi eux.

Grégory se sentait glacé des pieds à la tête.

– Nous savons pourquoi tu es à Constantinople, poursuivirent-ils. Crois-tu être passé inaperçu ?

Il sembla à Grégory que le temps s'éternisait. On l'avait cagoulé, jeté sur un cheval, puis traîné dans ce qui devait être une cour obscure. Il y faisait frais et humide.

Enfin, d'un coup sec quelqu'un lui arracha la capuche. Georges était devant lui.

– Connais-tu ce Grec, Ibrahim ?

Grégory avait reconnu les yeux mordorés, la courbe des lèvres sous la moustache.

Il jeta un air dédaigneux sur le misérable qui se prétendait son frère.

– Je ne l'ai jamais vu.

– Cependant il te nomme Georges. Ce fut ton nom autrefois ?

– Mon nom est Ibrahim, je n'en ai pas d'autre.

Le regard était dur, la voix hautaine.

– C'est ce que je pensais, admit l'un des deux interrogateurs. Maintenant, qu'allons-nous faire de lui ?

Ibrahim haussa les épaules.

– Ce que vous voudrez. Son sort ne m'importe pas plus que celui d'un chien.

Résolument, il tourna le dos et s'en fut.

– L'imposture est punie du fouet, le sais-tu ?

Grégory entendait à peine. Seule retentissait dans ses oreilles la phrase « Je ne l'ai jamais vu ». La déception lui brisa le cœur. Georges était mort en abjurant sa foi, en reniant son passé pour survivre, il les avait tous quittés à jamais.

Tout se passa ensuite très vite. On l'attacha à un pilier, on lui arracha sa chemise. Au vingtième coup de cravache, il perdit connaissance.

Quand il ouvrit les yeux, il était chez la Grecque qui le logeait, Grégory pensa qu'un de ses camarades jardiniers avait dû le traîner jusque chez elle.

La vieille était penchée sur lui. Couché sur le ventre, il ne voyait que sa tête, son cou et ses épaules.

– Ces sauvages t'ont bien arrangé, mon fils. Tu vas rester dans cette position quelques jours, puis tu pourras te lever un peu. Je vais étaler des herbes et des onguents sur tes plaies. Quand elles seront cicatrisées, tu décamperas. Je ne tiens pas à avoir d'ennuis.

Grégory ne quittait sa léthargie que pour une sorte d'éveil brumeux. La Grecque lui faisait manger matin et soir du pain trempé dans du jus de viande. Quand il voulait boire, elle lui soutenait la tête avec la main.

Le jour où il put se lever, il vit que son baluchon était prêt. Nul ne souhaitait plus sa présence à Constantinople. Il partagea un dernier repas avec son hôtesse. Elle avait préparé des pigeons, du riz, dressé une pyramide de fruits.

Avec calme mais sérénité, elle put enfin formuler ses reproches : était-il devenu fou pour provoquer les janissaires ? Savait-il que ces hommes n'avaient plus ni cœur ni sentiments ? Quelques mois plus tôt, l'un d'eux, nouvellement enrôlé, avait voulu s'enfuir, renier l'islam. Le fouet avait arraché sa chair jusqu'aux os. Il était mort au centième coup.

– Que le Seigneur ait pitié de toi, conclut la vieille Grecque, et qu'Il jette dans le feu des enfers cette clique de païens qui se conduisent comme des bêtes féroces. Je t'ai mis des œufs durs, du fromage, des fruits secs dans ton baluchon. Fais-toi embaucher à bord du premier bateau en partance pour la Syrie et qu'on ne te revoie jamais ici.

Elle accompagna Grégory jusqu'à la porte. Sur le seuil, elle s'immobilisa.

– Que Dieu Tout-Puissant te bénisse, mon enfant.

9

Ivana, la fille d'Andreï, avait décidé de s'installer à Tver et d'y ouvrir un atelier de broderie. L'assassinat de son père une dizaine d'années plus tôt lui avait ôté tout désir de demeurer à Moscou, dans la maison familiale et l'atelier attenant. Bien que s'interdisant de juger sévèrement son père, elle ne pouvait comprendre qu'un homme de sa notoriété, de son talent pût être descendu aussi bas.

Son frère Joseph avait commencé à écrire à son tour. Il possédait désormais les bases, en particulier le brossage de l'icône avant l'ajout des couches de lumière. Ses drapés étaient à la fois classiques et d'une élégance dont les anciens ne se souciaient pas. Peut-être parce qu'il se sentait encore néophyte, il priait beaucoup et vivait assez isolé. La bonne société d'origine grecque fuyait désormais les Dionous. On ne trouvait aucune excuse à la conduite d'Andreï. Il avait séduit une femme mariée et avait poussé l'audace jusqu'à provoquer le mari dans sa demeure.

À la cour, Boris Godounov prenait une place considérable. Beau-frère du tsar Fédor Ier, il avait fait massacrer les boyards qui le gênaient. Personne n'osait plus le défier. Il avait pris le titre de régent et nourrissait sans aucun doute de plus grandes ambitions. Le tsarévitch Dimitri était en danger de mort.

Moscou avait peur et ses habitants achetaient des icônes

censées les secourir : saint Georges terrassant le Dragon ou saint Michel Archange menant l'armée céleste remportaient un franc succès.

Mais Joseph voulait garder libre son inspiration qu'il appelait mission. Sa peinture n'était pas faite pour sauvegarder les siens, mais pour sauver l'âme de son père.

Les jeunes Russes étouffaient dans cette atmosphère d'ambitions et de complots, beaucoup commençaient à regarder vers le nord, la Sibérie, cet immense territoire où tout était possible, loin de cette capitale délétère. Dans les steppes vivaient des animaux dont les fourrures étaient très prisées. Des villages surgissaient de nulle part : peuples de forestiers, de trappeurs, de chercheurs d'or et de diamants. Dans ces contrées sauvages, les ambitions sanglantes de Boris Godounov n'avaient aucune place. Joseph avait pris sa décision. Demeurer dans son atelier à tenter d'égaler son père n'avait aucun sens.

Cependant, la réputation d'Ivana avait passé les frontières, et l'illustre ville de Florence la sollicitait. Les Médicis se faisaient gloire de réunir les meilleurs artistes du monde. Leur diplomate en poste à Moscou lui fournirait tout le nécessaire pour le voyage, y compris une petite escorte pour sa sécurité et une servante. Joseph encouragea sa sœur à accepter. Cette proposition était une chance inouïe de voir du pays, de se surpasser aussi. Dans trois ans, lui promit-elle, elle serait de retour à Tver ou à Moscou. C'était précisément le temps que Joseph voulait passer en Sibérie pour se laver du passé, renaître à autre chose, ne plus se contenter d'être l'ombre honteuse de son père.

Il s'était procuré une carte de Sibérie sans avoir décidé exactement où il s'arrêterait. Il avait déjà trois compagnons de route, tous des jeunes gens décidés à tenter une grande aventure. S'ils revenaient vivants, seraient-ils riches, pourraient-ils s'acheter des terres, des serfs, devenir des boyards, se marier, établir leurs enfants ?

Le frère et la sœur fermèrent l'atelier, couvrirent les meubles et les lits de toiles qui les protégeraient de l'humidité, roulèrent les tapis, rassemblèrent les icônes dans une armoire de fer qui fut transportée chez des voisins et amis. Ils en prendraient une chacun, Ivana avait choisi une icône représentant saint Joseph. Elle avait préféré laisser en sécurité l'icône préférée de son père : un ange déployant ses ailes. Chacun se donnait trois ans avant de regagner Moscou. À leur retour, une autre vie commencerait. Joseph aurait de nouvelles sources où puiser son inspiration. Comment ne se rapprocherait-il pas de Dieu dans ces étendues infinies ? Ivana pourrait se consacrer aux ornements sacerdotaux des prélats, du patriarche peut-être. Ses œuvres seraient admirées dans toute l'Europe.

Joseph et Ivana, revenus de Tver le mois précédent, quittèrent Moscou à deux jours d'intervalle. Ce fut Joseph qui tourna la clef dans la serrure avant d'aller la remettre aux voisins. Il retrouva ses compagnons pour prendre la route du septentrion. Ils devaient arriver au printemps, prendre le temps de s'installer avant les grands froids. Personne ne les attendait et cette impression de liberté absolue, d'isolement aussi, était à la fois stimulante et inquiétante. Si un malheur leur arrivait, nul ne le saurait.

Leur but était d'atteindre Obdorsk au bord de l'Ob, un grand bras de mer communiquant avec l'océan Arctique. Au milieu des forêts, de la toundra, l'endroit, irrigué par le fleuve, était propice à l'exploitation du bois, à la chasse, à la pêche, à l'exploitation des mines de fer et de cuivre, d'or peut-être. Tous les rêves étaient permis. Si Dieu les assistait, ils seraient arrivés avant la fin de l'été.

Joseph s'était muni d'une carte rudimentaire et d'une boussole. Il fallait marcher en direction du nord-est jusqu'à l'Ob. Là, ils traverseraient des villages ou plutôt des campements installés le long des berges, pourraient acheter des bottes fourrées, des vêtements chauds, des chapkas, du poisson séché, de la viande boucanée, du chou au vinaigre, sans doute de la vodka rudimentaire. On disait que des Cosaques rebelles étaient installés au nord-est des monts Oural qu'il fallait contourner par le sud, leurs pics étant infranchissables, passer par Berezov, suivre l'Ob jusqu'au golfe.

– Mes amis, allons là où le soleil se lève, décréta Joseph en prenant la route. Si nous trouvons sur notre chemin une charrette et un cheval nous l'achèterons, sinon nos pieds nous y conduiront. Rien ne nous attend plus à Moscou que la guerre, la famine et la peste.

Mais au fond de lui-même, Joseph savait que sa tentative était une fuite en avant, qu'il voulait s'éloigner d'un passé trop récent et douloureux. Il n'avait pas la force d'un bûcheron ni l'endurance d'un trappeur. Ses compagnons, de rudes gaillards prêts à tout, l'abandonneraient peut-être, ou même se débarrasseraient de lui. Peu lui importait. Il laissait derrière lui quelques icônes sans grande valeur et une sœur qui se souviendrait de lui. L'icône miraculeuse était en sécurité chez ses voisins.

Sibérie, la terre endormie. Costia, son grand-père, lui contait d'extraordinaires histoires d'ours blancs, de baleines, de mines de diamants qui resplendissaient comme les étoiles du ciel.

Joseph avait éprouvé pour ses grands-parents une véritable dévotion. À leur mort, suivie de celle de sa mère, sa sœur et lui s'étaient retrouvés seuls. Andreï Dionous n'était pas un père. C'était un grand écrivain d'icônes, le meilleur de tous, peut-être. Un solitaire, un être timide et secret. Comment l'imaginer amoureux ? Comment ses propres enfants avaient-ils pu penser un instant qu'enfermé dans son atelier il ne voyait que Svetlana ? Que, pour cette femme, il avait posé ses pinceaux ? Renoncé à vivre ?

Pourquoi aimer ou ne pas aimer cet inconnu qui jamais ne les prenait sur ses genoux, jamais ne les caressait ? Une fois, une seule, il les avait emmenés tous les deux visiter la cathédrale de la Dormition de la Vierge. Là, pétrifié de bonheur devant l'iconostase, il les avait oubliés. À la nuit tombante seulement, il les avait ramenés en pleurs chez eux. Mais, si absent qu'il eût été, sa mort avait laissé la maison déserte. Ivana l'avait bien compris en s'exilant à Tver.

Mais pourquoi la Sibérie ? Joseph n'avait pas de réponse. À cause de son nom peut-être. De ce joli nom de « Terre endormie ». Inconnue des hommes, cette terre ne l'était pas de Dieu. Là-bas, il comprendrait mieux ses mystères, il pourrait les appréhender, puis les écrire. Abandonner la dépouille du petit Joseph pour devenir un artiste, un homme inspiré.

Par quel miracle parvinrent-ils tous les quatre sains et saufs au bord de l'Ob ? Le ciel sans aucun doute les avait aidés en mettant sur leur route des tribus nomades qui avaient bien voulu leur vendre du lait caillé, des poissons salés. Par gestes, ils leur avaient appris que, plus au nord, il y avait des villages. Ils les avaient aussi mis en garde contre les loups. Il fallait entretenir du feu jour et nuit.

Pour les remercier, Joseph donna à leur chef une petite croix d'argent. Piotr, celui qui se disait bûcheron, offrit un bracelet de fer. Le troisième, Boris, était un excellent tireur à l'arc. Grâce à lui, ils avaient pu manger de la viande fraîche, écorcher les bêtes pour se confectionner des moufles et des bottes. Le dernier compagnon, Stepan, savait tout faire de ses mains : façonner des bols dans des écorces de bouleau, pétrir du pain avec de la farine d'avoine sauvage, dénicher sous la mousse des colonies d'insectes qu'ils s'étaient habitués à manger grillés.

Loin de l'éloigner de son atelier, il semblait à Joseph que chaque pas l'en rapprochait. Les yeux fermés, il voyait une Vierge auréolée, la tête couverte d'une gaze brodée, le corps enveloppé dans les plis d'une tunique d'un rouge profond. Quand il ouvrait les yeux, le coucher du soleil l'éblouissait.

Le village se composait de dix isbas dont les portes étaient peintes en bleu. C'était beau et étrange. Au milieu de nulle part, des habitants prenaient soin de leurs demeures. Ils avaient dû écraser du genévrier, mélanger des jaunes d'œufs d'oiseaux sauvages à du plomb pour se prouver à eux-mêmes que la solitude n'avait pas fait d'eux des êtres primitifs.

Les villageois étaient tous des Cosaques, la plupart des repris de justice, des déserteurs, des bâtards dont la société ne voulait pas. Les nouveaux venus furent accueillis avec simplicité. Maintenant qu'ils étaient là, ils devaient se construire des isbas, survivre par leurs propres moyens. Chacun se débrouillait.

– Nous construirons aussi une chapelle, affirma Joseph, et je peindrai une iconostase.

Tous l'observèrent avec stupéfaction, mais les trois femmes présentes avaient l'air heureuses. L'une d'elles avait déjà un certain âge, la cinquantaine peut-être, une autre était moins âgée, mais sa prime jeunesse était derrière elle, la troisième enfin n'avait pas plus de vingt ans, c'était une forte paysanne aux traits tatars, aux épaules et aux mains larges, qui ne devait pas redouter les travaux les plus rudes. À côté d'elle se tenait un homme du même âge, blond, très barbu, le teint rougeaud, le regard dur. Mari et femme sans aucun doute. Comment avaient-ils échoué là ?

Joseph s'interdisait ce genre de question. Comment le hasard les avait-il tous réunis ? Lui était parti droit devant lui pour s'évader, fuir un milieu étouffant, des souvenirs douloureux. Comme un oiseau, il s'était envolé loin, toujours plus loin, là où tout s'efface, où tout devient irréel.

L'isba que Joseph venait d'édifier avec Stepan leur sembla aussitôt un refuge. Piotr et Boris, plus actifs et plus agressifs aussi, s'étaient installés ensemble et avaient déjà rejoint les villageois pour abattre des arbres, les débiter, traquer les renards, les zibelines, les ours, les castors, les loups, les écorcher, tendre les peaux sur des châssis. Quelques-uns s'absentaient trois ou quatre jours, parfois plus. Puis ils allaient pêcher dans les bras de l'Ob, campaient enroulés dans leurs fourrures.

Les femmes tannaient les peaux, mettaient à saler viandes et poissons, cousaient grossièrement des pelisses, des moufles, des toques. Elles allaient cueillir les premières airelles, des herbes aromatiques ou médicinales. La plus jeune, la Tatare, s'était attachée à Joseph et Stepan, dont elle nettoyait l'isba lorsque son mari était à la chasse ou participait à quelque expédition punitive contre des nomades ostyaks, capturant les poneys, les rennes, détruisant les tentes. Tous ces Cosaques qui se nommaient eux-mêmes « les rebelles » ou « les hommes libres » avaient un lourd passé. « Partis à cinquante, avait un jour confessé la jeune femme, ils étaient douze survivants. » Les uns avaient assassiné un voisin, un fermier qui refusait de leur vendre une parcelle de terre, d'autres avaient mis le feu à une ferme par vengeance, violé les femmes et les filles de leurs ennemis. Mais elle-même s'était attachée à Yermak Krachenikov, ils mourraient probablement ensemble dans cet endroit perdu.

À quatre, ils édifièrent en deux semaines une minuscule chapelle dont la porte fut peinte en bleu. Une coupole étant difficile à réaliser, ils avaient opté pour un clocheton surmonté d'une croix.

Joseph, avec des écorces de bouleau pilées, de la terre mêlée à de l'huile de poisson, des fleurs d'oignon, de la sauge, des myrtilles, avait pu peindre sur une plaquette de bois, avec quelques poils de renne en guise de pinceau, une Vierge au regard doux et lointain drapée dans une tunique d'un brun rougeâtre obtenu à partir de plusieurs mélanges. Le jour où son œuvre fut accrochée au fond de la minuscule église, tous étaient rassemblés, les assassins comme les violeurs, les incendiaires comme les déserteurs. Beaucoup avaient les larmes aux yeux. Lorsqu'ils se mirent à chanter de leurs voix puissantes les vieilles prières apprises au bord du Don, Joseph sut que sa vie avait un début de sens, celui de la beauté absolue.

En janvier, un des chasseurs ne revint pas, son compagnon était gravement blessé. Ils avaient été attaqués par un tigre.

Mais les terribles épreuves que subissaient les colons les endurcissaient encore davantage. Pour Joseph, ils étaient devenus une famille qui le réconfortait et le remplissait tout à la fois de terreur. Un face-à-face avec la vie dans toute sa crudité, sa cruauté.

Avec le printemps, Joseph se rendit de plus en plus souvent au bord de l'Ob pour pêcher. Il traversait des prairies sans fin fleurant bon les plantes sauvages, croisait un renard noir, une ourse avec ses petits. Nul ne le menaçait, rien ne le protégeait. Les dernières plaques de neige fondaient au soleil, et l'horizon était une ligne de lumière pure. À quelle époque de sa vie appartenaient Moscou, son père ? Seule Ivana gardait sa réalité, il se remémorait la masse de ses cheveux noirs tombant sur son visage, ses yeux où le vert se mêlait au brun. La reverrait-il ? Après le sentiment de liberté, le doute s'installait en lui. N'était-il pas en train de cheminer dans une impasse ? Et pourtant il savait que sa décision de fuir Moscou le menait quelque part.

10

Jamais Grégory n'évoqua son séjour à Constantinople. Même la bataille navale de Lépante, où le prince don Juan d'Autriche avait mis en déroute la flotte d'Ali Pacha, ne sembla pas le troubler. Avec régularité, il travaillait dans son oliveraie et son verger.

Un matin de février on avait trouvé Michel mort dans son lit, son chat couché contre lui. Grégory était devenu le dernier Dionous.

Le village organisa pour Michel, très estimé de tous, des funérailles dignes des traditions ancestrales. La vie quotidienne était relativement sereine dans la Ghouta à la fin de ce XVIe siècle, mais aucun chrétien ne se sentait à l'abri de brusques et violentes attaques à leur encontre. Un rien pouvait les provoquer, faisant de voisins jusqu'alors complaisants des ennemis.

On avait enduit le corps de Michel d'huiles parfumées avant de le revêtir d'une chemise d'un blanc immaculé et de recouvrir la dépouille de branches de cyprès, un arbre qui une fois amputé ne fleurissait plus. De bonne heure les femmes se réunirent pour se lamenter, se frapper la poitrine. Grégory prononça l'éloge du défunt, son père que la vie avait tant malmené. À la disparition de Georges, tout un pan de son existence était tombé dans un ravin sans fond. Certaines familles cultivaient la mémoire d'un absent, chez eux on se taisait.

Mais Michel avait été un père affectueux. Il aimait faire de longues marches avec son fils, lui avait appris le nom des plantes qui poussaient le long des chemins poussiéreux, celui des oiseaux qui nichaient dans les buissons. Et toujours il en revenait à la terre nourricière, aux oliviers, aux figuiers, aux figuiers de Barbarie. Grégory avait aujourd'hui la responsabilité de ces terres, et il était prêt à l'assumer, à se marier, à avoir des enfants.

Une famille du village, les Pagonakis, était proche d'eux. Elle comptait trois filles, deux mariées, la plus jeune encore vierge. Ilona avait seize ans, une conversation agréable, une piété indiscutable, un caractère affirmé qui lui valait d'être traitée par ses parents de tête de mule. Elle savait lire et écrire, et pouvait tenir la comptabilité de leur petite entreprise agricole. Le mariage eut lieu au mois de juillet, après la période de deuil, par une chaleur sèche, un vent du sud qui soulevait des nuages de poussière. La petite église avait été décorée de feuillages et de fleurs, les cierges allumés, le pope, une étole richement brodée sur les épaules, avait revêtu ses habits de cérémonie. Tout le village se pressait dans le chœur, séparé de l'autel principal et des deux petits autels annexes par une modeste iconostase où se superposaient sur trois rangs des icônes de la Vierge, du Christ, de saint Matthieu et de sainte Sophie.

La mariée était rougissante, le marié heureux de son choix. Ilona était une épouse qui lui convenait. Le mot « amour » n'avait guère de signification pour lui. Depuis la capture de Georges puis son reniement, il n'éprouvait plus vraiment de sentiments.

Les couronnes échangées, la coupe partagée firent de Grégory et d'Ilona un couple. Les chants, quoique médiocres, nul n'avait une belle voix dans le village, étaient pleins de dévotion. Les demoiselles d'honneur, trois adolescentes replètes vêtues de caftans roses, attendaient avec impatience le repas qui serait servi chez Hélène et Chrysostome Pagonakis, où étaient conviés les rares célibataires orthodoxes des environs.

Grégory se prit à vouer à sa femme un profond respect, une déférence qui lui faisait rarement discuter ses décisions. Coup sur coup ils eurent deux fils, Manuel et Clément, puis une fille Maria qui fut accueillie avec bonheur.

Maria fêtait ses quinze ans quand parvint de Damas la nouvelle que les Turcs avaient fondu sur le Liban, massacrant pêle-mêle chrétiens et Druzes. L'émir druze Fakhreddine avait fui en Italie, laissant son fils Ali dans la montagne avec les rescapés. À Damas, la panique régnait. Après le Liban, pourquoi pas la Syrie ?

Des files de charrettes chargées de meubles, de bagages, de vieillards et d'enfants gagnaient la Ghouta. Les chrétiens plus aisés s'étaient cadenassés dans leurs maisons aux cours ornées de fontaines, ombragées de cyprès et de sycomores. Dans les murs où grimpait la vigne, s'ouvraient les portes aux montants de marbre sculptés en arabesques menant aux salons de réception ou familiaux. Partout des coussins, des matelas de soie, des divans. Ces gens-là étaient en relation avec le gouverneur, mieux valait ne pas s'attirer d'ennuis.

Les pauvres des environs de Damas avaient en revanche tout à craindre.

On monta des tentes entre le village et les cultures. Les langues se délièrent soudain : les pachas, tous corrompus, avaient laissé libre cours aux assassinats et au pillage, trop occupés qu'ils étaient à accumuler des fortunes. Et le pouvoir ottoman ? interrogeait-on. Baissera-t-il les bras ? Que faisait-il face à ceux qui persécutaient les populations que le Grand Turc était supposé protéger ?

Le mot « protéger » faisait sourire. Tous les fonctionnaires étaient nommés par la Sublime Porte et n'avaient que morgue et mépris pour les dhimmis[1], les chrétiens en particulier. Quant à l'armée soi-disant si puissante, on ne la voyait pas. Les

1. Les non-musulmans.

assaillants étaient des membres d'ethnies, de tribus, de familles puissantes et avides d'humilier pour redorer leur influence.

La Ghouta était trop proche de Damas pour que ses habitants puissent ignorer les mosquées, madrasas, souks, hammams et ponts qu'ils devaient à certains pachas. Mais les exilés étaient trop acerbes pour reconnaître les quelques bienfaits des Turcs.

Les fuyards libanais arrivèrent dans le sillage des Syriens. Deux cents berides[1] séparaient Beyrouth de la Ghouta. Essentiellement peuplée de musulmans sunnites, la ville comptait des communautés chrétiennes et druzes, une poignée de juifs. Les massacres avaient eu pour point de départ, disait le gouverneur, les impôts que tous ces chiens qui se croyaient les égaux des musulmans oubliaient trop souvent de régler. Occupée par ses différends avec la Perse, la Sublime Porte ne leur donnait plus de directives. Pour les chrétiens comme pour les Druzes, la montagne était l'ultime refuge.

L'oasis de la Ghouta accueillit les Libanais comme elle avait accueilli les Syriens, mais la charge que ces campements imposaient était lourde. On gardait cependant espoir. L'émir Fakhreddine était à Florence, sans doute reviendrait-il avec une force armée pour rétablir le calme.

Mais la vie quotidienne était désorganisée, et Maria avait reçu l'ordre de sa mère de ne pas traîner parmi les tentes des réfugiés. Mieux valait, pour rejoindre leurs terres, contourner le village arabe.

Grâce à la coquette fortune qu'il avait maintenant amassée, Grégory ambitionnait pour sa fille un mariage respectable qui assiérait définitivement les Dionous dans la bourgeoisie damascène. Maintenant que Manuel et Clément avaient acquis de nouvelles terres, Georges pouvait garder le nom d'Ibrahim. Il était sorti de sa vie.

Avec diligence, Maria apportait chaque jour aux ouvriers

1. Une cinquantaine de kilomètres.

agricoles leur déjeuner, des gargoulettes d'eau fraîche attachées au bât d'un âne. Partie de chez elle vers midi, elle était habituellement de retour une heure plus tard. Mais Ilona ne s'inquiétait guère quand sa fille ne revenait qu'à une heure avancée de l'après-midi. Avec la chaleur, elle devait mener l'âne à la mare pour le faire boire, se rafraîchir elle-même en trempant ses pieds dans l'eau. Et elle revenait toujours avec un joli sourire, les yeux brillants. « Elle est jeune, pensait Ilona, des gars de l'oliveraie doivent plaisanter avec elle. »

– Nous devrions fiancer notre Maria, déclara un soir Ilona à son mari. Elle est en âge maintenant d'avoir un époux. La beauté donne aux filles une assurance dont elles ne saisissent pas toujours les conséquences.

Grégory savait qu'une fois de plus sa femme avait raison. Et, depuis le départ des Damascènes, rassurés sur la situation chez eux, la vie avait repris un cours presque normal qui permettait de réaliser des projets mûris depuis longtemps.

– Je pense au fils des Palavos. Il est sérieux et riche.

Les Palavos possédaient la plus belle boutique de soieries de la ville. Ils ne vendaient que des merveilles réservées aux femmes les plus exigeantes, aux hommes qui voulaient rivaliser de luxe avec les pachas. Six employés s'activaient du matin au soir, étalaient sur les comptoirs des rouleaux de damas, de taffetas, de satin brodé, de shantung importé de Chine. La plupart de ces soieries étaient lamées, brodées, brochées. Un royaume des Mille et Une Nuits digne des splendeurs de la Bagdad abbasside.

André, leur seul fils, âgé de vingt ans, secondait son père avec compétence. Nul doute que quand ce dernier voudrait profiter de sa vieillesse, André mènerait l'affaire familiale avec efficacité. Il lui fallait une femme à l'image de sa mère, instruite et courageuse.

Les premiers pourparlers devaient avoir lieu le plus vite possible. Et, Maria devenue une épouse heureuse, une mère de famille épanouie, Grégory pourrait songer à laisser le domaine à ses fils, s'établir avec Ilona dans une jolie maison de Damas dotée d'un petit jardin, d'un bassin et d'une volière. Ce projet devait se réaliser. Cet accomplissement lui était dû.

Maintenant il fallait parler à la petite, lui dire que ses vieux parents pensaient à faire son bonheur et qu'ils allaient s'y employer. Le prétendant avait déjà rencontré Maria accompagnée de sa mère, venues acheter une pièce de foulard. Madame Palavos avait concédé que Maria avait été remarquée par André. Il avait même posé quelques questions sur les Dionous.

La jeune fille rayonnait, et cependant, elle si bavarde, gardait de longs silences. Interrogée sur André Palavos, elle déclara se souvenir à peine de lui.

Même quand un vent sec soufflait du sud et qu'il faisait trop chaud pour sortir à midi, Maria insistait. Les ouvriers allaient-ils se passer de manger et de boire ? Ilona lui rappelait qu'ils étaient partis le matin avec du pain, du fromage, des olives, une gargoulette d'eau. À bout d'arguments, la jeune fille les accusait d'être de mauvais chrétiens qui privaient leurs employés des abricots et prunes qu'ils aimaient réserver pour la pause du milieu de l'après-midi. Nul n'avait le droit de leur ôter ce moment de détente après des heures de dur labeur.

Grégory, qui se souvenait des quelques semaines passées à entretenir les jardins du Grand Vizir, approuvait sa fille. Et Maria partait après la sieste, un panier rempli de fruits à la main.

Mais elle rentrait de plus en plus tard. Un jour, Ilona lui reprocha alors ses absences injustifiées. Voyait-elle quelqu'un ? Pourquoi ces cachotteries ? Désormais, c'est elle qui se rendrait dans les oliveraies. Si sa fille voulait l'accompagner, grand bien lui fasse, mais elle n'irait plus seule. Le pope lui-même lui avait reproché la trop grande liberté qu'elle octroyait à sa fille. En vain, il avait tenté après un office de lui arracher des confidences. Il semblait au prêtre que cette jeune fille spontanée et confiante, objet de convoitise pour tous les garçons des alentours, s'entêtait dans une attitude de refus.

Bouleversée, Maria put à peine dormir cette nuit-là. Lorsque ses parents lui avaient interdit de traverser le village de tentes où vivaient les réfugiés de Damas et de Beyrouth, elle était passée, pour écourter sa route, par le bourg arabe. Sa rencontre avec Selim s'était bornée à un simple salut, puis il avait semblé à Maria que le jeune homme l'attendait les jours suivants. Ils avaient alors échangé quelques réflexions anodines sur le temps, les récoltes qui promettaient d'être belles. Puis Selim l'avait déchargée de son panier et accompagnée jusqu'aux terres des Dionous.

L'après-midi, le village dormait, les chats eux-mêmes restaient assoupis à l'ombre des sycomores.

Un jour, Selim lui avoua ses inquiétudes. Si quelqu'un les voyait ensemble, les pires médisances circuleraient à leur sujet. Ils devaient être discrets, non pas qu'ils fissent le mal, mais pour ôter aux commères la joie de dénigrer cette jeune roumie qui traînait tous les après-midi dans leur village.

Selim habitait seul une petite maison de plain-pied à la sortie du bourg. Son père avait décampé un beau jour pour tenter de faire fortune en Palestine, et sa mère était morte d'une tumeur au sein après de terribles souffrances. Lui s'était fait apprenti bourrelier. Il travaillait avec le vieil Ahmed qui lui enseignait à confectionner des harnais, des courroies, des sacs. Il aimait son métier et avait bon espoir de prendre la succession de son employeur, ce qui lui assurerait, affirmait-il à Maria, un revenu confortable. Un après-midi, il osa prendre la main de la jeune fille. Elle sursauta mais la lui laissa.

Depuis, la situation lui avait échappé : même si elle en éprouvait beaucoup de honte, elle ne pouvait plus revenir en arrière. Mille fois, elle avait été tentée de se confier à sa mère mais, par crainte, par confusion, y avait toujours renoncé. Son père ou ses frères auraient foncé au village et roué Selim de coups, même s'ils mettaient leur propre vie en danger en attaquant un musulman. Quant au pope, sa voix doucereuse, ses regards en coin l'exaspéraient. Elle était prête à parier qu'il se serait délecté d'une confession.

Elle n'avait personne, et les baisers de Selim l'enflammaient, lui ôtaient ce qui lui restait de volonté, d'amour-propre.

Un jour, il l'avait entraînée sur son lit. Était-ce la douleur ou la honte qui l'avait fait sangloter ? Il avait bu ses larmes, lui avait dit et redit qu'il l'aimait, qu'elle était sa femme.

Jour après jour, Maria prenait goût à ces moments intenses. Elle, si franche, devenait renfermée, n'hésitait pas à mentir à sa mère.

Quand celle-ci lui interdit de se rendre seule à l'oliveraie et au verger, Selim et elle décidèrent de se voir la nuit. Elle s'échapperait de sa chambre quand tout le monde serait endormi, et rentrerait avant l'aube. Il la raccompagnerait jusqu'aux limites du village.

Maria se savait au bord d'un précipice, pouvait-elle encore éviter la chute mortelle ?

Toutes les malchances s'assemblèrent soudain pour l'écraser. Son frère aîné Manuel la suivit jusqu'à la maison de Selim. Il n'y pénétra pas, mais dès le lendemain matin, quand Maria descendit de sa chambre pour le petit déjeuner, il l'attendait.

La gifle fut si violente qu'elle fit tomber Maria. La surprise et la douleur lui arrachèrent un hurlement qui alerta aussitôt ses parents.

D'une voix froide, Manuel exposa la situation. Sa sœur était une traînée qui se donnait la nuit à un jeune musulman. Il fallait soit l'enfermer dans un couvent, soit l'expédier chez leurs parents qui habitaient encore Alep.

Ilona fondit en larmes, Grégory devint pâle comme la mort. Selim était musulman et il avait détruit sa vie. Le couvent lui semblait la meilleure solution. À Alep, ce fumier pouvait la rejoindre, à moins qu'entrée dans le péché elle se donnât à un autre. Le soir même, Ilona et lui parleraient au pope.

Le déjeuner préparé, Grégory parti arpenter la campagne, Ilona se décida à monter dans la chambre de sa fille. Elle exigerait des explications qui pourraient peut-être constituer un semblant d'excuse. Un abus de pouvoir de la part du garçon, un viol peut-être ?

Maria était assise sur son lit, raide, le regard fixe. Pas une larme ne coulait sur son visage. Enfin elle tourna la tête vers sa mère.

– Maman, je suis enceinte.

Ilona crut que le sol se dérobait sous ses pieds.

– C'est impossible !

– C'est la vérité, maman. Selim et moi allons nous marier cette semaine devant l'imam.

Le cœur d'Ilona battait si fort qu'elle ne put prononcer un mot.

– Je ne dirai rien à papa ni à mes frères. Je vais m'en aller, c'est tout. Tu ne seras pas obligée de me revoir.

– Obligée ! cria enfin Ilona. Mais je ne pourrai plus te voir du tout, ma fille. Du jour où tu quitteras cette maison, tu n'existeras plus pour ton père et tes frères. Et moi, j'ai une conscience, des valeurs morales. Où crois-tu que nous pourrions nous revoir ? Chez cet homme ? Ici ? Nulle part, ma chérie.

Elle éclata en sanglots.

Deux jours plus tard, un petit ballot avec quelques effets personnels accroché au bras, Maria franchit le seuil d'une maison qu'elle ne reverrait plus. Elle ne pouvait discerner l'émotion qui la dominait. La joie ou le désespoir ?

11

À la fin du deuxième hiver dans le petit village sibérien, il ne restait que sept survivants : Joseph, Stepan, Piotr, Boris, un dénommé Iakov et deux femmes. Vers la fin du mois de février, Yermak n'était jamais revenu de la chasse et, restée seule, Macha sa compagne avait partagé son isba avec Katia, une Lettonne au visage boucané par le gel.

Parti chez les Mongols vendre les fourrures des bêtes abattues, Boris revint sur un traîneau tiré par un fort poney avec des provisions et des roubles, la nouvelle monnaie russe dont ces peuples itinérants ne savaient que faire. Joseph, reconnu comme le plus instruit, procéda à un partage équitable mais, le soir même, Iakov et Piotr, qui avaient abusé de la vodka, se battirent au couteau. Piotr eut un bras cassé sur lequel Joseph posa une attelle.

Peu à peu, son désir de renaissance avait disparu. Il survivait au jour le jour, souvent réfugié dans la petite église où le rejoignait de plus en plus souvent Macha. Désemparée, la jeune femme cherchait un nouveau compagnon. La vieille Katiouchka visiblement ne comptait pour rien. Avec ses mains comme des battoirs et ses épaules de bûcheron, Joseph ne voyait pas Macha comme une femme, mais comme un être fidèle et solide qui ne se plaignait jamais.

De nouveaux groupes surgirent avec le printemps, certains

occupèrent les isbas vides, d'autres en édifièrent de nouvelles un peu à l'écart. La plupart, des paysans originaires des rives de l'Amour ou du lac Baïkal, savaient semer, récolter, moudre le grain. Éleveurs également, ils espéraient acclimater des chèvres, sinon des rennes pour le lait et les fromages.

Mais ces nouveaux arrivants regardaient avec une supériorité hostile ces Cosaques brutaux qui ne faisaient que bûcheronner, pêcher et chasser. La Sibérie appartenait à tout le monde, mais surtout à ceux qui avaient des projets pour un avenir meilleur. Des territoires toujours plus vastes tombaient sous la férule de la puissante famille des Stroganov. À l'ouest de la Sibérie, de gros villages s'édifiaient, protégés par de hautes palissades de bois. Peu à peu, les nomades se voyaient repoussés vers l'est et la mer du Japon.

Au printemps, Joseph repeignit les portes et les bancs de l'église. Même brutale, une certaine fraternité régnait dans la communauté : les malades et blessés étaient soignés, il y avait toujours du thé et de la soupe pour ceux dont les réserves étaient épuisées.

Un matin, Macha se présenta chez Joseph au moment où le soleil se levait. Elle avait trouvé Katia morte dans son lit et ne voulait pas rester seule. Parmi les nouveaux venus, il y avait des êtres au regard bestial, aux manières scabreuses. Elle en avait peur.

Sans même demander son accord, elle se glissa dans le lit de Joseph qui la prit en pitié et la garda.

Stepan s'installa dans l'isba désormais vide des deux femmes. En dépit d'une apparente fragilité, il restait en bonne santé, supportait les froids extrêmes, l'humidité, le soleil ardent de l'été.

Le drame se produisit à la fin du printemps. La journée promettait d'être belle, Joseph avait décidé d'aller pêcher dans l'Ob en compagnie de Macha. Il aimait ce puissant fleuve qui venait mourir dans d'innombrables bras de mer où abondaient îles et îlots. En suivant les rives jusqu'à la mer de Kara et l'océan Arctique, on rencontrait toutes sortes d'animaux sauvages, hermines, renards noirs, loups, zibelines pour lesquelles les princes d'Europe étaient prêts à payer des sommes fabuleuses, castors, martres. Un couple de zibelines et de renards noirs était troqué entre voisins pour quelques sacs de farine d'avoine et du porc salé. Mais Boris préférait se rendre jusqu'au premier village pour obtenir beaucoup plus. Un périple de trois jours en traîneau ou en charrette, où le danger était toujours présent.

La nature sauvage ne préservait personne. Loups, lynx, ours, tigres abondaient et, en dépit de quelques balles et coups de couteau, les fauves dévoraient ceux qui s'aventuraient sur leur territoire.

Ce jour-là, après avoir pêché suffisamment de poissons, chabots, esturgeons, églefins, Joseph et Macha décidèrent de rentrer. Ils avaient trois heures devant eux avant la tombée de la nuit, mais le ciel s'était chargé de nuages et l'obscurité ne tarderait guère.

Macha enfila par les ouïes les dix poissons sur un bâton. Joseph le tiendrait sur l'épaule tandis qu'elle porterait les appâts et les restes de leur déjeuner enveloppés dans un morceau de toile. Ils n'avaient pas parcouru deux verstes que Joseph sentit la main de Macha serrer fortement son bras.

– Arrête, exigea-t-elle, et retourne-toi.

Derrière eux se tenaient une ourse et ses deux oursons. Dressée sur ses pattes arrière, la femelle les regardait avec attention. Était-elle agressive ou seulement curieuse ?

– Ne bouge pas, ordonna Joseph.

La bête devait avoir senti l'odeur des poissons. Un moment qui parut à Joseph une éternité, les bêtes et les humains s'observèrent sans esquisser le moindre mouvement.

– Lance-lui un poisson, conseilla Macha.

Avec des gestes lents, Joseph ôta un églefin du bâton. Il allait le jeter quand un coup de feu éclata.

Derrière l'ourse, un homme barbu, hirsute, vêtu d'un manteau de peau de renne. Du canon de son fusil s'échappait un filet de fumée.

– Cette bête m'appartient, cria-t-il. Tirez-vous ou je vous abats aussi !

Son accent mongol fit comprendre à Joseph qu'il n'hésiterait pas à joindre le geste à la parole.

L'ourse poussa un grondement terrifiant et, prenant Joseph et Macha pour ses assaillants, se précipita sur eux.

– Achève-la, par pitié, hurla Macha à l'inconnu.

Joseph gisait à terre le visage lacéré, sa chemise en lambeaux. Du sang ruisselait sur sa poitrine.

Le Mongol tira à nouveau et la bête s'effondra sous l'œil apeuré des deux oursons. Sortant alors un couteau de sa poche, comme s'il faisait un geste ordinaire, l'homme trancha la gorge des deux petits.

– Filez, ordonna-t-il pour la seconde fois.

Macha voulut aider son compagnon à se relever, mais il retomba aussitôt. Sans hésiter, elle passa les bras de Joseph autour de son cou, plaqua le corps inerte sur son propre dos et se mit en branle d'un pas calme et puissant. Dans la terre encore humide de neige fondue, les pieds du blessé traçaient deux sillons parallèles.

Ce ne fut qu'au bout de deux heures de marche, près d'un ruisseau, qu'elle s'immobilisa et laissa Joseph glisser sur la berge.

Arrachant son châle de coton écru, elle le trempa dans l'eau et commença à nettoyer les plaies du blessé. Elles étaient profondes et saignaient en abondance. Du cou à l'épaule droite et de la gorge au ventre, la chair avait été déchirée. Un coup de griffe avait fendu une joue, un autre arraché une oreille qui ne tenait plus à la tête que par un lambeau de peau.

Macha ne s'encombrait pas de sentiments délicats, ne nourrissait aucune utopie : Joseph était blessé à mort. Au village ils n'avaient que quelques herbes médicinales, des poudres d'écorce, des champignons secs censés faire tomber la fièvre. Aucun de ces remèdes ne pourrait le sauver. Sur son propre sort, elle se posait peu de questions : enceinte de trois mois, elle ne survivrait pas à l'hiver.

Par petites étapes, elle parvint à ramener Joseph à demi inconscient à l'isba. Elle l'allongea sur le lit, le recouvrant de deux peaux de loup, et alla faire chauffer de l'eau.

En cette fin d'après-midi, tous les hommes étaient absents et elle se demanda si elle saurait dire les prières des mourants.

– Va chercher Stepan, murmura Joseph.

Il avait la gorge sèche et brûlante.

Stepan était au potager en train de récolter les premières raves, de la balsamine, des feuilles de biotope fraîchement sorties de terre. Il avait entreposé les derniers choux dans une resserre derrière son isba, à côté des betteraves conservées dans du vinaigre de genièvre.

Aussitôt il suivit Macha. Elle semblait imperturbable, sa voix ne tremblait pas, ses yeux restaient secs. Alors pourquoi cette hâte ?

Quand Stepan découvrit son ami gisant sur une toile ensanglantée, il dut se tenir au mur pour ne pas chanceler.

– Une attaque d'ours, dit simplement Macha.

Stepan approcha. La vie de Joseph ne tenait plus qu'à un fil.

– Souffres-tu ?

– Beaucoup.

La voix était à peine perceptible. Stepan s'approcha encore, et Joseph lui fit signe de s'asseoir à côté de lui.

– Macha est enceinte, chuchota-t-il. Ramène-la à Moscou, installe-la dans ma maison et fais écrire un mot au diplomate qui nous représente à Florence pour que ma sœur Ivana Dionous regagne la Russie au plus tôt. Elle s'occupera de l'enfant.

Le visage était livide, les lèvres blanchissaient.

– Tu me le promets ?

– Compte sur moi.

Stepan s'empara de la main de son ami et la serra fortement dans la sienne.

– Stepan, tu es parti en Sibérie pour échapper à la violence de la rue, à la misère, à la persécution. J'ai quitté Moscou pour cette « terre endormie ». J'espérais l'éveiller, j'espérais surtout susciter chez moi un peu d'amour pour la vie, sans mensonges ou lâchetés. Je vais mourir, Stepan, mais avec mon enfant la vie continuera.

Le regard de Joseph était levé vers le ciel, vers les simples poutres noircies de la misérable isba.

– Stepan, je vois la Vierge du Signe. Elle m'ouvre les bras et me sourit.

Stepan et Macha arrivèrent à Moscou à la fin du mois de septembre. Enceinte de six mois, Macha ne montrait pas le moindre signe de fatigue.

Après un moment de méfiance, les voisins, convaincus par le récit de Stepan, lui avaient remis les clefs. Ils allaient aussitôt écrire à Ivana pour lui apprendre les dernières volontés de son frère.

Stepan, l'ancien enfant des rues, s'adaptait mal à une vie sédentaire. Un jour ou l'autre, il le savait, il regagnerait la Sibérie. Mais il devait attendre la sœur de Joseph. Combien de temps fallait-il pour se rendre d'Italie à Moscou ? Les voisins avaient parlé d'un mois pour que la lettre parvienne à Florence et un autre mois pour qu'Ivana les rejoigne.

Macha avait ôté les housses, déroulé les tapis, ciré les meubles, entassé du bois dans le bûcher, lavé les draps, secoué les couvertures et les couvre-pieds, brossé les vêtements d'Ivana, donné ceux de Joseph au pope de l'église voisine qui avait dit une messe pour le repos de l'âme de ce paroissien qu'il connaissait si bien. N'y avait-il pas dans l'église des icônes de son père et de son grand-père ?

Macha ne sortait que pour se rendre au marché. Avec de l'argent prêté par les voisins, elle achetait de la farine de millet, des choux, du lard, des betteraves, de la crème aigre. Aucune des douceurs de la ville ne l'attirait. Elle refusait le pain blanc, les fruits, sauf les pommes qu'elle cuisait au four.

Stepan et elle n'échangeaient que de rares paroles, et personne dans le voisinage n'avait le moindre lien d'amitié avec cette grosse femme venue tout droit de sa campagne, illettrée, insensible à tout geste de sympathie. Le père de son bébé était mort dans des circonstances atroces et elle restait muette, indifférente à tous et à tout. On plaignait l'enfant à venir d'avoir une telle mère. Ivana heureusement saurait la remettre au pas. Il s'agissait de l'honneur d'une famille respectée.

Ni Stepan ni Macha ne pénétraient dans l'atelier. Ce monde obscur, silencieux, presque inquiétant où flottaient encore des odeurs de peinture, de vernis, ces plaques de bois doré où étaient esquissés les traits d'une sainte, un visage de Christ à peine perceptibles, était trop étrange, pour ne pas dire fantomatique. Les icônes achevées étaient toujours jalousement gardées par les voisins. Comment de telles brutes prendraient-elles soin de ces chefs-d'œuvre ? Elles seraient capables de les troquer contre de la vodka.

Dans le quartier, on colportait que Stepan était un enfant abandonné ayant passé ses premières années à vagabonder dans les rues, chaparder et se battre avec les autres vauriens. La femme du menuisier prétendait même qu'il avait été enfermé avec des jeunes délinquants de son espèce pendant plusieurs mois dans une prison pour enfants.

Tout le monde cependant reconnaissait qu'il était habile de ses mains : il sculptait des branchettes ramassées dans la rue, confectionnait de jolis paniers, cousait des pantoufles en peau de mouton, effilochait des pièces de tissu pour en faire de beaux châles frangés qu'il vendait aux dames du quartier.

Stepan avait en outre consolidé le toit de la maison des

Dionous, agrandi le bûcher, construit un poulailler où il élevait quelques gallinacées rousses achetées à bas prix au marché.

Macha accoucha seule à la fin de l'année d'un garçon qu'elle ne nomma pas. Comme elle l'avait vu faire dans son village natal, elle essuya le nouveau-né avec un linge, l'entortilla dans des bandelettes de coton et se rendit chez la voisine pour lui annoncer qu'il y avait un enfant chez elle dont il fallait prendre soin.

Le lendemain, elle avait disparu. Stepan ne la trouvant plus au logis en déduisit qu'elle avait décampé. Il fit aussitôt son baluchon et reprit le chemin de la Sibérie.

Vers la fin de janvier, une voiture s'arrêta devant la maison des Dionous. Ivana, drapée dans une longue cape, en surgit. Pressentant des événements graves, elle avait fait la route depuis Florence en s'arrêtant le moins possible.

Dans la maison tout était en ordre comme si on l'avait habitée la veille. Ahurie, désorientée, elle ne savait que penser quand la voisine surgit, un nourrisson dans les bras.

– Le fils de Joseph, annonça-t-elle en embrassant Ivana. Il est à toi maintenant. Garde la nourrice, elle est excellente, et installe-toi. Mon fils te rapportera tantôt les icônes et aérera l'atelier. Que Dieu soit avec toi.

12

L'enfant, qui avait les yeux mordorés des Dionous, fut prénommé Paul en souvenir d'un Italien qu'Ivana avait aimé et abandonné pour revenir en Russie. Elle arrêta avec le pope une date pour son baptême et reprit peu à peu pied dans la vie moscovite, trop bouleversée encore pour la réintégrer complètement.

De nombreux changements politiques et sociaux avaient eu lieu pendant son absence. Le peuple avait soif de stabilité après les troubles qui avaient perturbé Moscou.

Redevenue paisible, la campagne commençait à réapprovisionner les villes en grains, en légumes et en fruits. Sur les bords du Don, de la Volga, on empêchait toute incursion des Tatars et des postes de défense avaient été construits de la frontière polonaise à l'Oural. Des marchands ambulants parcouraient le pays sans crainte d'être détroussés ou assassinés.

Moscou se peuplait de mois en mois, c'était désormais une cité forte de cent mille habitants. Une partie, des soldats ou des fonctionnaires, vivait au Kremlin avec les serviteurs et les grands aristocrates. Mais les rues restaient étroites, souvent malodorantes, bordées d'isbas. Seules les églises et les grandes maisons des boyards étaient en pierre et en brique. Ces palais jouissaient de nombreuses dépendances, et les jardins se cachaient derrière de hautes palissades de bois.

De Florence, Ivana avait rapporté assez d'argent pour engager deux domestiques et une cuisinière. Mais il fallait agrandir la maison, la rénover entièrement. L'Italie avait fait évoluer ses goûts. Elle voulait désormais de la couleur, de la lumière, un mobilier moins imposant, des chandeliers. Mais à l'atelier, elle ne toucherait pas.

Une à une, elle avait extirpé les icônes de l'armoire de fer où elles étaient enfermées, pour les replacer sur les chevalets, les tables où son père les avait alignées. Dans un coin, les icônes peintes par Joseph avaient traversé les années inachevées à jamais, signe de sa personnalité troublée, d'une certitude qu'il était écrasé par des ancêtres qu'il ne vaudrait jamais. Ivana se souvenait que, jeune garçon, il avait dessiné des visages, non point conventionnels comme l'exigeait l'art de l'icône, mais apeurés, ou au contraire fixant l'au-delà d'un regard angoissé.

Depuis toujours, les Dionous écrivaient des icônes. Dès leur naissance leur destin était tracé. L'icône était à l'œil ce que la parole est à l'oreille, elle atteignait l'intelligence et le cœur, n'ignorait rien du code des couleurs – le bleu évoquait la paix, la vérité, la transcendance divine, le rouge le sacrifice et la gloire, le pourpre était réservé à Dieu, le noir symbolisait la destruction, l'enfer, la révolte, le vert l'ouverture à autrui, le jaune la lumière, la force, la sagesse, l'or la puissance et la gloire.

Au plus profond d'elle-même, Ivana savait qu'elle aussi aimerait écrire des icônes, qu'elle souhaiterait passer outre la tradition qui voulait que seuls des mâles, principalement des religieux, pouvaient pratiquer cet art sacré. On attribuerait ses œuvres à son frère Joseph. Il méritait cet accomplissement.

Mais pour le moment son énergie, son amour devaient se concentrer sur le petit Paul. L'enfant était béni. Il avait les traits fins de Joseph, un teint clair et des yeux en amande hérités probablement de sa mère, une bouche bien dessinée, un menton volontaire.

Parfois, quand elle l'avait dans ses bras, Ivana le regardait avec amour, mais souvent elle le tenait pour responsable de la déchéance de son frère : la Sibérie, une compagne qui n'était qu'une pauvre femme illettrée, une mort violente et absurde.

Comme lui, elle avait éprouvé le besoin de fuir Moscou et la maison familiale mais à Florence tous ses rêves avaient pu s'accomplir. Elle avait été admirée, fêtée, courtisée, aimée alors que Joseph avait inconsciemment cherché à mettre fin à ses jours d'une manière plus aléatoire que s'il s'était tiré une balle dans la tête.

Bouleversée de quitter Florence dans des circonstances aussi tragiques, Ivana aujourd'hui était confiante. Elle allait transformer sa maison, élever ce petit garçon, peindre en secret des icônes, et surtout ouvrir un atelier de broderie qui exporterait dans toute l'Europe les merveilles de l'art russe.

Sur le chemin du retour, aussitôt la frontière franchie, elle avait été frappée par la beauté des chemises, des tabliers, des fichus portés par les paysannes, l'harmonie et la vivacité des couleurs. Ces femmes ne disposaient que de fil de coton, aucun modèle sinon les traditions transmises de mère en fille. Formées à un art plus raffiné, les jeunes allaient étonner.

Dès sa troisième année, Ivana remarqua chez Paul une exceptionnelle volonté. Ni obéissant ni docile, il semblait avoir sa propre idée sur ce qui lui convenait ou non. Une fois sevré et confié à une bonne d'origine ukrainienne, il montrait déjà des dispositions pour le dessin, aimait la solitude et, à la grande surprise de sa tante, s'attardait dans l'atelier les sourcils froncés comme s'il tentait de déchiffrer dans les icônes une signification cachée qui lui échappait. L'une d'elles en particulier attirait son attention. Esquissée par Joseph, elle avait été achevée par Ivana. C'était une descente aux enfers. Vêtu d'or, le Christ foulait aux pieds des portes arrachées à la géhenne pour libérer Adam et Ève, que l'on apercevait au deuxième plan, ainsi qu'un Satan transpercé d'une lance par un ange. Le petit Paul posait doucement son index sur l'or du Christ, la noirceur du diable. Ivana ne l'interrogeait pas, mais à maintes reprises lui avait expliqué la signification de l'icône.

Quel étrange enfant, qui observait intensément, questionnait sans émettre un mot !

Elle-même s'était bien réadaptée à la vie moscovite. Elle avait découvert une société riche et raffinée qui appréciait sa liberté, son talent. Et, contrairement à son père, elle était irréprochable.

Les salons pourtant étaient moins fréquentés : quantité d'hommes étaient partis se battre contre les Polonais, dans le cadre d'une guerre qui s'éternisait.

Consciente qu'en prenant époux elle perdrait une liberté qui lui était essentielle, Ivana ne laissait aucun espoir à d'éventuels prétendants. Quant à ceux qui la voulaient dans leur lit, elle savait répondre à leurs avances par des éclats de rire plus humiliants que des mots désobligeants.

Dès que Paul eut quatorze ans, elle se laissa escorter par ce joli neveu au sourire rare, aux mots toujours pesés. Assidu dans ses études, il savait le latin, le grec, l'italien, le français, avait lu beaucoup d'auteurs antiques, qu'ils soient grecs ou latins, et avait écrit avec talent ses premières icônes.

Tout brillant qu'il fût, il pouvait aussi se montrer totalement absent, comme retiré dans un autre monde.

Ce soir de mai, la puissante famille Golovine recevait le tsar Pierre et quelques personnes de haut rang ou de grand talent. Ivana, que tout Moscou connaissait désormais pour son atelier de broderie, avait été conviée avec Paul. Étourdi par les lumières, le bruit, l'adolescent s'était réfugié sur un sofa au fond du salon. Il fut étonné qu'un jeune homme de son âge, après l'avoir observé, vienne s'asseoir à ses côtés.

– Cette assemblée, mon ami, semble vous inspirer de bien sévères pensées.

– Je songeais, répondit Paul d'une voix douce, à tout ce que j'ignore, aussi bien concernant ce monde que l'autre. Je suis assis là chez des hôtes charmants, et tout semble intemporel. À ce moment même où nous buvons du vin et du thé, des milliers d'êtres humains naissent, meurent, aiment, espèrent, travaillent, gisent blessés ou mourants au fond de leur lit ou au bord d'une route.

Peut-être à cause de cette confidence spontanée, si éloignée des habituelles conversations de salon, peut-être aussi parce que lui-même rêvait d'un autre monde que le sien, le jeune homme prit Paul par les épaules.

– Nous sommes faits pour nous entendre, dit-il joyeusement. Peut-être ne m'avez-vous pas reconnu, je suis le tsar Pierre Alekseïevitch.

Paul haussa les sourcils. Il ne semblait pas intimidé.

– Je suis Paul Dionous, dit-il en rougissant violemment. Je n'avais pas reconnu Votre Majesté impériale, qu'Elle daigne me pardonner.

Pierre sourit. Il savait qui était Paul Dionous, n'ignorait pas le talent héréditaire de sa famille qui avait fait de maintes églises ordinaires des sanctuaires vénérés par des amateurs d'art sacré venus de toute la Russie. Pierre lui-même n'avait que dix ans quand il avait été proclamé tsar, partageant le trône avec son demi-frère Ivan V. Ce dernier, aveugle, se déplaçait avec la plus grande difficulté et ne pouvait assumer seul la charge d'un immense royaume en pleine mutation. Pierre s'était ainsi trouvé confronté à des complots, des trahisons, des assassinats, tant l'appétit des boyards pour dominer ces jeunes gens était féroce. Devenu irritable, le jeune tsar s'était vu éloigner du Kremlin par sa propre demi-sœur. Elle lui avait donné un précepteur attentif et zélé, un de ses fidèles qui lui livrerait des comptes rendus détaillés des progrès de son protégé.

Elle n'avait toutefois pas prévu le retour prématuré de Pierre, sa conspiration, entouré de quelques amis et partisans, dont le général de l'armée impériale. Recluse dans un couvent, la régente déchue reçut l'ordre de ne plus en sortir. Pierre était devenu le maître de la Sainte Russie.

– Vous n'avez rien à vous faire pardonner, dit-il enfin à son nouvel ami. S'il y a un pécheur sur ce sofa, ce ne peut être que moi.

Ils allèrent se promener dans les jardins, déjà liés par une étrange complicité. Contrairement à son habitude, le tsar avait peu parlé, et Paul, contrairement à la sienne, s'était beaucoup exprimé. La veille, il avait visité l'Académie slave-grecque-latine ouverte par deux moines grecs orthodoxes, et était intarissable sur le formidable essor intellectuel que le tsar favorisait dans son pays. Dans les pays d'Europe de l'Ouest, on ne pouvait plus juger les Russes comme des barbares figés dans le Moyen Âge. La Russie attendait un souverain qui abolirait des mœurs d'un autre âge.

– Vraiment ? Vous avez donc beaucoup voyagé ? interrogea le tsar.

– Je n'ai jamais quitté Moscou.

Avec attention, Ivana écouta son neveu. Il n'était encore que fraîchement introduit dans la haute société. Paul avait trop de recul pour croire aux propos aimables des grands de ce monde sans percevoir le ravin qui le séparait du tsar Pierre Romanov. Mais les jours passeraient. Elle souhaitait que Paul se consacre entièrement à l'écriture d'icônes en devenant pope. S'il était ordonné alors qu'il était encore célibataire, le mariage deviendrait impossible pour lui. Quand Ivana songeait d'où il venait, mieux valait peut-être ne pas donner le jour à une nouvelle génération.

Mais ce raisonnement butait toujours sur le même obstacle : avait-elle le droit d'interrompre la lignée des Dionous ? On disait que leur famille avait fui Constantinople pour échapper aux atrocités des Turcs. Et maintenant le tsar de toutes les Russies montrait de l'intérêt à Paul. Un caprice éphémère ?

Elle-même avait été fêtée par les Médicis comme une artiste de grand talent. Elle avait eu accès à des palais dont aucun

Russe ne pouvait imaginer le raffinement et la beauté, entourée d'hommes auprès desquels les boyards avec leurs cheveux longs et leurs barbes faisaient figure de rustres.

Elle avait été aimée par un jeune noble florentin, aimée de la plus douce et délicate manière. Il voulait l'épouser, mais cela eût impliqué de manquer à sa promesse de retrouver son frère à Moscou après trois années d'absence. Elle avait donc pris la difficile décision de refuser et avait fait l'erreur de devenir sa maîtresse, un déclassement dans la société florentine. Paolo n'avait alors plus hésité à l'introduire dans le cercle de ses amis libertins, qui tous avaient des amantes de haut vol, des femmes ravissantes, égocentriques, arrogantes, exigeantes qui ne lui ressemblaient en rien. Son rappel à Moscou lui était apparu comme un signe de la protection divine.

Mais si elle avait réintégré plus ou moins facilement la société moscovite, la charge d'élever seule ce petit garçon l'avait contrainte à remettre à plus tard sa volonté d'écrire des icônes pour se consacrer à former des ouvrières en broderie.

Paul montrait des dispositions non seulement pour le dessin mais pour la spiritualité qui l'accompagnait. Certes, il assistait avec assiduité aux offices religieux, mais sa vie intérieure ne se bornait pas aux quatre murs de leur église. Il pouvait passer de longs moments devant une feuille, une fleur, un oiseau mort ou à contempler les nuages. Comment ce garçon pourrait-il s'adapter à la compagnie du tsar, un jeune homme qui aimait mener une vie de plaisirs ? Et pourquoi Pierre Alekseïevitch Romanov s'intéressait-il à un adolescent qui à ses yeux devait représenter bien peu ?

Quand il avait passé quelques heures auprès du tsar et de ses proches, Paul s'enfermait toujours dans l'atelier et peignait. Ivana était étonnée par ses choix. Il faisait figurer sur ses icônes des lointains imprévus, des personnages secondaires qui captaient la lumière mieux que la Vierge, le Christ, les saints. Derrière saint Georges terrassant le dragon, tout en haut, à peine visibles, il avait peint des mains jointes ou ouvertes vers le ciel.

Sur la table du dernier repas du Christ était allongé un petit chien, tandis qu'un être minuscule, insignifiant, un nain, s'entrevoyait derrière le Christ en majesté. Les orthodoxes très traditionnels n'accepteraient pas de telles icônes, mais il ne voulait pas les vendre. Et ce voyage à travers l'Europe qu'il désirait entreprendre avait-il un sens ? Quelle malédiction poussait les Dionous à fuir, quelle menace latente les angoissait ?

13

Par la fenêtre de sa chambre dans sa maison de Beyrouth, Ilona apercevait leur ruelle escalader la colline. De jolies maisons en pierre coiffées de tuiles rouges la bordaient. Un ciel parsemé de nuages de printemps jetait sur la mer ombres et lumières. Tout était si paisible, néanmoins elle n'allait pas mourir en paix.

D'une rue voisine, Clément et sa femme Sophie venaient lui rendre visite chaque jour. Sophie apportait des plats qu'elle avait cuisinés, des fleurs de son jardin, et tous les ragots de la communauté orthodoxe de la ville.

Seize ans qu'Ilona vivait dans cette ville sans souvenirs autres que celui de la mort de Grégory que les chagrins avaient prématurément vieilli. Manuel avait fait le voyage depuis la Syrie avec sa femme et leurs deux enfants. Ses anciens amis aussi, par déférence pour cet homme qui dans les pires épreuves avait su garder sa dignité. Jamais il ne parlait de sa fille et personne n'avait osé évoquer devant lui le sort de Maria.

Mais Ilona, elle, n'avait rien oublié. Une mère peut-elle effacer le souvenir de sa fille ?

Chaque moment était resté intact dans sa mémoire dès l'instant où Maria avait quitté leur maison de la Ghouta jusqu'à celui où, il y avait déjà seize ans, elle avait appris son décès et découvert sa dernière-née sur le pas de sa porte. L'enfant du malheur, qu'elle avait recueillie mais qui n'avait pas survécu. Il n'y avait pas de nourrice dans leur village, et en aurait-elle trouvé une que celle-ci aurait refusé de donner son lait à une petite musulmane. Le lait de chèvre ne l'avait fait survivre que trois jours. La veille, voyant que l'enfant dépérissait, elle avait demandé au pope de la baptiser et de l'inhumer selon le rite orthodoxe. Elle l'avait prénommée Theogapimeni, l'aimée de Dieu. Chaque jour elle s'était rendue sur sa tombe.

Des deux autres filles de Maria, causes involontaires de sa mort, elle ne savait rien, pas même leur prénom, et si par hasard elle les évoquait devant Grégory, il s'emportait et quittait la pièce.

Dix ans après la mort de Theogapimeni, les tensions avaient repris entre les communautés musulmane et chrétienne. Grégory ne supportait plus ce climat, il s'aigrissait, devenait vindicatif, et ses fils avaient conseillé un changement de vie. Pourquoi ne s'installeraient-ils pas tous les deux à Beyrouth ? Une ville active où ils pourraient envisager une vie différente. Manuel suggérait aussi d'acheter des terres en Palestine, de fonder un petit empire Dionous. Avec la terre on n'était jamais perdant, et les Dionous avaient de l'argent. À Beyrouth où se côtoyaient tant de peuples, ils pourraient emprunter à un taux avantageux.

Grégory s'était laissé convaincre. Il était parti le premier pour trouver une maison dans le quartier chrétien et était revenu rajeuni, plein d'idées concernant leur futur. Il avait décrit avec enthousiasme la propriété achetée à Achrafieh, un faubourg hors de l'enceinte, une bâtisse de bonne pierre coiffée de tuiles solides.

Au calme, dans une ruelle en pente qui contournait le port et se perdait dans la montagne, ils seraient cependant proches des gens de la meilleure société chrétienne. La communauté orthodoxe parlait même de faire construire une église dans le voisinage. Il avait vu des plans qui l'avaient impressionné.

Ilona se prépara au départ. Elle avait perdu toute la gaieté de sa jeunesse, son optimisme. Si elle restait active, le cœur n'y était plus.

Un matin, prise d'une résolution subite, elle décida de marcher jusqu'au village musulman. Elle n'y pénétrerait pas mais se rendrait au cimetière, dissimulée sous un grand voile. Personne ne l'empêcherait de faire ses adieux à Maria.

Jamais elle n'avait su comment sa fille était morte. Après avoir mis au monde sa troisième fille certainement, car jamais elle ne l'aurait abandonnée. Tant de rumeurs couraient. Une laveuse musulmane qui se mettait parfois au service de familles chrétiennes racontait que Selim, humilié d'avoir une troisième fille, était entré en fureur, avait maudit sa femme avant de la répudier. Il avait en tête une gamine de treize ans qui lui ferait une ribambelle de garçons, mais refusait d'être la seconde épouse. D'ailleurs il n'aimait plus Maria, sa seule envie était qu'elle disparaisse. D'autres rumeurs prétendaient qu'à la naissance de Theogapimeni, qui n'avait alors pas de nom, il avait frappé Maria, que ses coups avaient déclenché une hémorragie mortelle. On avait vite enveloppé la jeune mère d'un drap pour l'enterrer le lendemain matin. Selim n'était pas venu aux obsèques et avait envoyé au diable ce bébé qui n'apportait que des malheurs.

Ilona était persuadée que son décès était dû à l'accouchement. Il le fallait. Elle ne pouvait supporter l'idée d'une telle violence contre sa fille.

Rien n'indiquait l'emplacement de sa tombe. Elle cherchait encore quand un jeune imam en longue tunique blanche s'était approché d'elle. Elle avait reculé d'un pas pour qu'il n'y ait entre eux aucune proximité physique et lui avait demandé s'il se souvenait d'une jeune chrétienne ayant épousé Selim, le bourrelier, il y avait presque vingt années de cela. Oui, en effet, l'imam en avait entendu parler. Il n'était pas encore arrivé au village, mais c'était une histoire qu'on continuait de colporter. Cette femme, par ailleurs convertie à l'islam, était morte en couches et son bébé avec elle. Il allait lui montrer leur tombe.

– Et les deux filles aînées ? interrogea anxieusement Ilona.

L'imam ne put lui répondre avec précision. Selim avait cédé son affaire et était parti douze années plus tôt, avec en effet deux fillettes. Il allait s'installer à Bagdad où il avait de la famille. L'homme ne savait rien de plus, sinon qu'il aurait abusé d'une jeune fille du village en lui promettant le mariage.

Seule, sur un monticule à la périphérie du cimetière indiquant la présence d'une tombe, Ilona ne versa pas de larmes. Elle n'en avait plus. Elle ne put que murmurer des mots d'amour, des mots très doux comme on en dit aux petits enfants : ma colombe, la lumière de mes yeux, mon amour chéri. Puis d'une poche de sa robe elle avait tiré une petite icône représentant la Vierge de Miséricorde et l'avait enfouie dans la terre. Maintenant que sa fille était entre les bras de Marie, elle pouvait lui dire adieu.

Le changement lui avait fait du bien, et elle était aussi heureuse que possible à Beyrouth. Grégory montrait une énergie qu'elle ne lui avait jamais connue. Suivant les conseils de son fils, il avait acheté des terres en Palestine, fait planter des oliviers et paître un troupeau de moutons dont la laine et la chair étaient sources d'un bon revenu. Puis il avait prêté de petites sommes à des connaissances orthodoxes, des familles de toute confiance. Après deux années de prudents essais, il avait mis à la disposition de ses relations qui en faisaient la demande des sommes d'argent appréciables, toujours à un taux d'intérêt raisonnable. Cette honnêteté leur avait ouvert les portes des plus anciennes familles, maronites comme orthodoxes, et Ilona avait pu goûter des moments de félicité presque parfaite : un repas dans la montagne, le parfum des pins, la beauté de la mer déclinant tous les tons du gris au saphir, l'odeur de la pluie sur la poussière, les myrtes, les herbes sauvages, les brouillards d'automne sur la baie.

Parce que ses petits-enfants parlaient à peine le grec, elle s'était perfectionnée en arabe et aimait lire des prières dans cette langue qu'elle maniait si mal autrefois. Elle avait même quelques amies musulmanes qui avaient vécu en Italie, en France. Sa colère semblait s'être apaisée, mais elle était juste endormie.

Dans cette partie du monde, le jeu politique ne cessait de fomenter des rivalités, des accords fragiles, des mésententes tenaces. L'émir Fakhreddine, qui s'était révolté, avait gagné contre les Turcs la bataille d'Anjar puis, traqué, s'était réfugié à Florence, où il avait mené un ballet diplomatique intense en faveur du Levant. Finalement, il avait regagné le Liban. Aussitôt arrêté par les Turcs et expédié à Constantinople, il y avait été exécuté. Son fils s'était réfugié au mont Liban dans son fief de Deir-el-Qamar, au cœur du Chouf, où il était protégé par les chrétiens eux-mêmes. Des architectes italiens étaient venus lui construire un palais, et à leur suite un groupe important de compatriotes s'était établi à Beyrouth. La communauté chrétienne les avait reçus avec curiosité. Leurs vêtements, ce qu'ils aimaient manger, leurs distractions, tout les intriguait, et Ilona eut l'impression qu'à plus de soixante ans elle avait encore beaucoup à apprendre. Qu'avait-elle connu ? Alep, Damas, la Ghouta, rien d'autre. Elle aurait tant voulu que Grégory lui parle de Constantinople, mais il refusait d'en dire un mot.

Elle se consolait de savoir que son mari était mort non pas heureux, mais apaisé. La famille s'était réunie pour les funérailles, autour de ce qui serait leur caveau. Depuis que Grégory ne quittait plus le lit, Clément avait repris les affaires de son père et les menait avec compétence, sans craindre les innovations.

Plus Ilona déclinait, plus elle voyait croître la fortune familiale. Elle n'en éprouvait ni joie ni fierté. Lorsque Clément et les siens lui rendaient visite, il aimait évoquer ses succès, ses initiatives. Ilona aurait préféré que son fils aîné Manuel vienne à Beyrouth pour évoquer la Ghouta, les oliviers, les arbres fruitiers, le destin de leurs anciens voisins. Les grandes dames de Beyrouth raffolaient des bijoux, des parures, des objets précieux ou élégants destinés à décorer leur maison afin que celle-ci soit la plus belle de la ville. Elles n'auraient eu que mépris pour leur demeure de la Ghouta, comme pour celle d'Alep qui pourtant avait rendu si fière la jeune femme qu'elle était alors.

Pourquoi vivre dans ses souvenirs ? Ilona avait pris sa décision, elle allait partir. Clément avait en main les affaires de Beyrouth, Manuel celles de la Ghouta et de la Palestine. Ne restait plus que Maria qui l'attendait depuis longtemps avec sa petite Theogapimeni qu'elle n'avait pu tenir que trois jours dans ses bras. Une enfant condamnée à mort par indifférence, préjugés, amour-propre.

Quelques instants seulement avant sa mort, Grégory avait regardé sa femme droit dans les yeux.

– À qui ressemblait-elle ? avait-il soufflé.

– À Maria, sa maman, notre fille.

– Ou peut-être à Georges, mon frère.

Et il n'avait plus prononcé un mot.

Ilona quitta son lit, s'habilla d'une simple robe longue fleurie sur laquelle elle jeta un châle de soie beige, chaussa des mules de velours où étaient incrustées des pierres colorées. Il était trois heures de l'après-midi. La cuisinière et la bonne faisaient la sieste, le jardinier était allongé à l'ombre du bouquet de pins parasols au fond du jardin.

D'un pas calme et régulier, la vieille dame passa la grille, descendit la ruelle, serrant dans ses mains les extrémités du châle qui lui couvrait maintenant la tête et les épaules. Tout au bout de la ruelle, elle aperçut la mer, quelques bateaux. Il n'y avait plus de port, celui-ci avait été comblé de sable pour empêcher une flotte turque d'y mouiller.

Plus elle avançait vers la plage, plus le soleil semblait ardent. En longeant le mur des jardins, Ilona humait le jasmin, l'odeur fruitée des citrons verts, piquante de la menthe. La nature tout entière manifestait son bonheur entre les bras du soleil.

Ilona avait atteint le rivage. Des mouches bourdonnaient autour d'un gros poisson échoué, elle le contourna, marcha vers la mer. Le vent gonflait son châle comme une voile hissée pour l'emporter.

La mer atteignait ses cuisses. Ilona progressait plus lentement, luttant contre ce mur d'eau qui semblait vouloir la retenir. Mais rien, personne ne l'aurait fait changer d'avis. « Têtue comme une mule », disait son père.

Elle allait droit devant elle, comme l'avaient fait ses ancêtres avant elle. Antioche, Alep, la Ghouta, Beyrouth, la terre entière appartenait à ceux qui avaient l'éternité devant eux.

14

Son demi-frère mort en 1696, Pierre Romanov était désormais seul au pouvoir et avait fondé deux régiments d'élite, les Preobrajensky et les Semionovsky. Outre ses anciens amis, il s'était formé autour de lui une cour qui lui était entièrement dévouée. Paul y était moins présent que les autres, mais jouissait de la confiance du tsar et de son admiration pour l'artiste, issu d'une famille qui avait tant œuvré pour le rayonnement de la foi orthodoxe russe.

Pierre ne supportait plus le retard, sur le plan social comme commercial, de cette Russie qu'il aimait tant. Il allait être celui qui ouvrirait un nouveau chapitre dans son histoire. Il avait notamment la volonté de créer enfin une flotte impériale, pour être craint sur mer comme l'étaient les Français, les Anglais, les Hollandais. Il avait pris la ville d'Azov au bord de la mer, au sud. Maintenant, faisant fi des Turcs, il allait se tourner vers le nord et la mer Baltique. Le moment du grand voyage prévu depuis des années était venu.

Aidé par sa tante Ivana, Paul préparait son départ.

– Notre tsar, lui répétait-elle, est intéressé par la marine, l'armée, le commerce ; toi tu l'es par l'art. Attarde-toi, je t'en supplie, en Italie. Tu y as tout à apprendre.

Sa voix trahissait son émotion. Elle avait passé à Florence les plus belles années de sa vie. Il était trop tard maintenant pour elle, elle s'était de nouveau enracinée à Moscou. Son atelier était florissant et elle écrivait pour son bonheur quelques icônes. À la rigidité imposée par les règles religieuses, elle ajoutait une douceur qui se percevait dans le visage des Vierges, dans les bras de l'Enfant Jésus enlaçant sa mère, dans le tombé plus harmonieux des vêtements.

Le monastère Saint-Sabbas de Storoji lui avait acheté une icône de sainte Élisabeth. Son talent s'était épanoui dans cette œuvre. La sainte semblait plongée dans une réflexion heureuse, elle affichait une esquisse de sourire et son visage tout entier était lumière, se détachant sur le fond peint dans un simple bleu azur.

Mais Paul devait aller au-delà de l'art des icônes. Ce qu'il allait découvrir en Italie le stupéfierait. Longuement, elle lui parlait des merveilles de Florence, de Pise, de Sienne, de la beauté de la campagne toscane, de celle des hommes et des femmes. Paul savait qu'elle avait eu un Italien pour amant, qu'elle l'avait quitté pour prendre soin de lui, l'enfant de son frère conçu au fin fond de la Sibérie avec une inconnue, une femme qui avait abandonné son bébé le jour de sa naissance.

Ivana l'avait aimé, éduqué comme une mère au prix de son propre bonheur. Jamais elle n'avait fait venir un homme dans leur maison, leur atelier. Était-ce à cause de la chasteté de sa tante qu'il s'était abstenu lui aussi de liaisons amoureuses ? Le tsar qui vivait entouré de maîtresses avait épousé « pour raisons d'État », assurait-il, la fille d'un puissant boyard, Eudoxie Lopoukine dont il avait eu très vite un fils, Alexis Pétrovitch, puis un autre qui était mort tout bébé, et aux obsèques duquel le tsar n'avait pas jugé nécessaire d'assister. Était-cela être mère, être père ? Donner la vie comme un présent anodin, s'en désintéresser une fois la chose faite ? Paul se posait peu de questions sur sa mère, sachant qu'il n'obtiendrait guère de réponses. Quel genre de femme avait pu tenter l'aventure de la Sibérie ? En se débarrassant de son nourrisson chez les voisins, cette femme avait juste prononcé en russe le mot « ours ». Joseph avait-il été tué par un ours ? C'était probable, mais dans quelles conditions ?

Le tsar avait pour projet de visiter les pays qui pourraient être des alliés et avait écarté la France de Louis XIV comme trop favorable aux Ottomans. Il visiterait des manufactures, des spécialistes de la marine, surtout de guerre, des casernes, des usines d'artillerie, mais aussi des musées, des collections publiques ou privées, des bibliothèques, pour s'imprégner de ce qui faisait rayonner la civilisation occidentale. Dès son retour en Russie, il donnerait un grand coup de balai pour chasser les vieilles coutumes, les superstitions, les barrages contre la modernité édifiés par le clergé. Il subsistait en Russie quelques groupes de « vieux orthodoxes » qui se complaisaient dans l'immobilisme, n'attachant d'importance qu'aux traditions du début du christianisme.

Avec quelques proches, Prokopy Voznitsine, le général François Lefort, Fédor Golovine et Paul Dionous, il voyagerait incognito sous le nom de Pierre Mikhaïlov afin d'échapper à toute réception officielle. Il ne désirait aucune contrainte, ne voulait faire que ce qui l'intéressait, laisser derrière lui pour un certain temps les règles trop rigides du Kremlin.

La première étape serait la Prusse, modèle d'organisation militaire, que le tsar voulait comme alliée, puis les Pays-Bas, où il comptait s'embaucher sur un chantier naval pour être au courant du moindre détail de la construction, des bateaux de commerce comme des navires de guerre.

De là, ils iraient en Angleterre, pays qui avait beaucoup à lui apprendre également sur la marine, mais aussi sur les sciences et les manufactures. Le groupe ferait ensuite étape à Vienne, car le roi Léopold Ier pouvait être un allié précieux. Enfin, le voyage s'achèverait à Venise, où Paul avait déjà émis le souhait de séjourner quelques mois. Sa requête avait été accordée.

Ivana et Paul se séparèrent en pleurant. L'un comme l'autre

n'avait point d'autre famille, et Paul, en dépit d'un manque d'enthousiasme, était déterminé à se marier après son retour pour que se perpétue la lignée des Dionous. Ivana en serait heureuse. Pour elle, une maison sans enfants était un arbre sans oiseaux. Elle qui n'avait pu fonder une famille à cause de ce neveu surgi sans préavis de Sibérie, elle aurait des petits-neveux qui prendraient soin d'elle dans sa vieillesse.

Il fut convenu qu'elle lui écrirait par l'intermédiaire des consulats de Russie.

– Ne t'attarde pas plus de deux années, implora-t-elle en lui tendant une bourse remplie de pièces d'or. Dépense ces ducats à bon escient, tes roubles ne seront acceptés nulle part.

Tout était ahurissant, exaltant pour le tsar comme pour ses compagnons, la découverte des nobles européens surtout : les hommes, imberbes, portaient d'étroites culottes, de longues vestes ; les femmes, d'une élégance raffinée, coiffées de boucles, arboraient des gants des plus fines peaux, des dentelles, des nœuds de rubans en soie ou en satin.

Paul s'était imposé sans peine dans le groupe des proches du tsar. Son caractère à la fois décidé et tolérant, sa soif de connaissances faisaient pardonner son incapacité à absorber plus de trois verres de vodka ou un pichet de vin. Il ne les suivait pas dans les bordels, les femmes semblaient le rebuter.

Et Pierre appréciait cet homme plus noble que bien de ses courtisans. Sans morgue mais sans humilité non plus, Paul était intarissable sur tout ce qui rendait sa Russie unique : l'architecture religieuse, l'art des icônes, la splendeur des rites orthodoxes, des objets du culte, les merveilles accomplies par les maîtres charpentiers, les palais de plaisance, dont le joyau du grand-père de Pierre, Michel Ier, le fondateur de la dynastie des Romanov. « Et, ajoutait-il, l'art n'en est qu'à ses balbutiements, celui des icônes évolue, il va devenir proprement russe ; les symboles seront bientôt moins ésotériques. »

Pierre l'écoutait. Ce jeune homme qui ne possédait aucune terre, pas de serfs, symbolisait pour lui la liberté absolue. Paul était ce que devaient devenir les Russes éclairés : des créateurs de génie, les piliers d'une société qu'envierait l'Occident. Et lui, leur tsar, allait contribuer à dynamiser cette société. Dès son retour en Russie, il interdirait, sauf aux popes, les barbes, les cheveux longs, les vêtements orientaux, une manière de vivre qui refusait la modernité. À Paul et les siens, il laisserait affiner leur civilisation spirituelle et artistique, à lui reviendrait l'organisation de l'État, de ses fonctionnaires, de son armée en se montrant ferme et même impitoyable.

À Paul et à lui seul, il avait parlé d'un projet que beaucoup trouveraient dément : fonder une nouvelle capitale à l'embouchure de la Neva, au bord du golfe de Finlande.

– Là, mon ami, lui assurait-il, tes artistes pourraient se surpasser, impressionner le monde. Qu'y a-t-il de plus excitant que de partir de rien pour édifier une ville qui surprendra l'Europe ?

La personnalité du tsar déroutait Paul. Éclairé, optimiste, tourné vers l'avenir et soucieux du bien-être de son peuple, il pouvait aussi se montrer agressif, intolérant, brutal. Paul comprenait cette ambivalence, ce paradoxe. Qui pouvait se prétendre lisse, impénétrable ? Chaque être humain avait un chaudron dans le cœur où bouillonnaient la jalousie, la cruauté, le mensonge. Son grand-père, un peintre exceptionnel, avait été assassiné à cause d'une femme qui ne valait pas un kopeck, son père avait fui qui ? quoi ? En Sibérie, avait-il été dépecé par un ours ? De sa mère, Paul ne savait presque rien. Les voisins avaient évoqué une brute, une fille au cou et aux épaules de taureau qui ne disait mot. Une imbécile ? Le seul mot qu'elle avait prononcé était « ours ». Mais elle tenait la maison propre, donnait à manger aux chats et chiens errants. Peut-être se reconnaissait-elle mieux en eux ?

Après Amsterdam, l'empereur et ses proches s'étaient rendus en Angleterre, se faisant toujours passer pour de nobles Russes en voyage.

Paul avait visité les parcs, les musées de Londres, trop parfaits à son goût. Les portraits, les paysages champêtres étaient certes de grande qualité, mais l'important dans l'art, c'était ce qui vous échappe. Le monde visible et invisible des icônes.

Comme une faveur, il avait demandé à Sa Majesté impériale de la précéder en Italie. L'empereur savait sans doute que sa tante Ivana y avait séjourné de nombreux mois, qu'elle s'y était fait de fidèles amis pour lesquels il avait des lettres de recommandation.

En réalité, Paul ne se souciait guère de visiter des usines de filature, des mines de charbon, des fonderies. Paul ne pensait qu'à l'Italie.

15

Tout le village de la Ghouta s'inquiétait, et Manuel se demandait s'il avait raison de laisser la famille de Clément s'installer à Beyrouth. Après les Ottomans, les Druzes, jusqu'alors neutres, se montraient menaçants, tandis que le Liban voyait l'influence grandissante de Bechir Chehab, descendant de l'illustre tribu des Qouraych.

À Damas, une faction d'hommes armés obéissant aux Ottomans continuait à entretenir un climat de violence. Tantôt alliée avec les Druzes, tantôt en conflit avec eux, la Sublime Porte n'avait pour imposer l'ordre qu'une poignée de fonctionnaires corrompus.

Une nuit, un incendie suspect éclata en plein cœur de la Ghouta et anéantit plus de deux cents oliviers. Il n'y eut d'investigations que pour la forme et, grâce aux nombreux bakchichs distribués aux fonctionnaires, l'enquête, comme on s'y attendait, n'aboutit à rien.

De Constantinople, personne n'attendait le moindre secours. Quelques années plus tôt, des janissaires avaient pillé le sérail. L'anarchie était latente, et accaparé par les guerres extérieures, le sultan Ahmed III se désintéressait des pachaliks[1] de Syrie, de

1. Provinces confiées à des gouverneurs, ou « pachas ».

Palestine et d'Égypte. L'immense Empire ottoman commençait à vaciller.

Quelques semaines après la destruction des oliviers, ce fut une petite filature de la région qui flamba. Une catastrophe pour les femmes qui y travaillaient et y puisaient un précieux apport financier pour leur famille.

Plus que la peur, la haine enfla, colère des faibles qui n'ont pas les moyens de se venger. Assaillir le village musulman ? Mais les attaquants venaient de villages plus lointains, de la montagne libanaise, excités par des Ottomans que l'indépendance grandissante des chrétiens, tant à Beyrouth qu'à Damas, irritait. En outre, les maronites[1] de la montagne ne cédaient rien aux Druzes, leurs voisins. Détruire un peu plus loin était un pis-aller. Les paysans, les planteurs d'oliviers de la Ghouta constituaient une cible idéale : ces gens-là n'étaient pas des guerriers, ils ne pensaient qu'à amasser patiemment des profits. Ils étaient le talon d'Achille des chrétiens, comme des juifs – même si ces derniers restaient citadins, vivant côte à côte dans leurs quartiers sans aucune intention d'étendre leur espace.

Le village orthodoxe de la Ghouta fut partagé entre le désir d'en finir, de partir et celui d'attendre un hypothétique secours ottoman.

Manuel, assailli par les cauchemars, décida de vendre à des voisins son oliveraie syrienne et de rejoindre la Palestine où sa famille et lui possédaient assez de terres pour en vivre. Bien entretenus et gérés par un administrateur arabe, leurs domaines, situés en Judée, près du bourg d'Emmaüs au nord de Jérusalem, avaient prospéré. Le régisseur avait parlé d'une bergerie qu'il pouvait faire retaper en attendant la construction d'une maison pour les quatre membres de la famille : Manuel et sa femme, leur fils Simon et leur fille Dimitria, âgés de quatorze et douze ans.

Manuel se demandait jusqu'où irait cette marche des Dionous

1. Catholiques de rite maronique.

toujours plus au sud. Où s'arrêterait-elle ? Où pourraient-ils se fixer pour quelques siècles ? Loin d'être des errants, ils ne cherchaient qu'à s'enraciner. À Beyrouth, Clément semblait avoir réussi à fixer les siens. Ses prêts bancaires à intérêts raisonnables connaissaient le succès, il savait refuser la moindre avance à ceux qui ne lui inspiraient pas confiance et était devenu le banquier de toute la communauté orthodoxe. Il avait gardé la belle maison familiale entre mer et montagne, y recevait volontiers, et éduquait son fils dans une école chrétienne tenue par des prêtres maronites.

Manuel, pourtant, n'enviait pas la réussite financière et sociale de son frère. Vivre en ville ne l'avait jamais attiré. Il avait préféré l'attachement à la terre, il voulait pouvoir se réjouir chaque jour en contemplant le fruit de son travail. Il possédait une des plus belles oliveraies de la Ghouta, ainsi qu'un verger plus modeste, mais qui produisait de beaux fruits, que s'arrachaient les marchés de Damas.

Sa femme Zénaïde trouvait à Damas tout ce qu'elle pouvait souhaiter. Ce ne serait pas le cas à Jérusalem, s'en doutait-elle ? Il s'attendait à de multiples reproches de la part de Dimitria. Emmaüs n'était qu'un bourg sans attraits pour une jeune fille.

Mais la peur les unissait, et Dimitria avait fini par convenir que vivre débarrassée de la hantise d'une attaque valait bien quelques amies laissées derrière elle. Quant à son frère Simon, il avait séjourné à maintes reprises chez son cousin à Beyrouth, et il ne tenait pas à rester un campagnard.

La Palestine… Pour un chrétien, ce nom était chargé d'émotions, bien que la population musulmane égalât en nombre les Palestiniens chrétiens. À Jérusalem, l'influence chrétienne était prépondérante. Le patriarche comme le pope veillaient sur les leurs. Mais une petite partie de la population musulmane avait le goût de la violence. Souvent méprisés, pauvres, illettrés et sans avenir, ils prenaient leur revanche en attaquant. Après avoir vu un chrétien supplier à genoux pour sa vie, ils respiraient mieux.

La distance qui séparait la Ghouta d'Emmaüs était importante, mais çà et là des amis les hébergeraient. L'hospitalité chez eux était sacrée. Une fois arrivés, sa famille et lui profiteraient des investissements faits pour agrandir l'oliveraie, obtenir par croisement une race de moutons robustes, sobres, à la laine et la chair estimées. Sans doute enverrait-il son fils dans un pensionnat orthodoxe pour qu'il soit aussi instruit que son cousin de Beyrouth.

L'idée de devenir lui aussi un banquier séduisait l'adolescent, mais à Emmaüs ou même à Jérusalem, on ne traitait aucune affaire. Jérusalem était une cité figée dans le passé, l'odeur de l'encens et le chant d'un muezzin.

La « bergerie » aménagée par Youssef offrait un refuge provisoire acceptable. Chaque enfant jouissait d'une chambre, les parents étaient installés au rez-de-chaussée à côté de la pièce centrale, qui servait pour les repas comme pour le repos. Celle-ci était meublée de manière rudimentaire avec une table et des bancs. Deux divans garnis de coussins encadraient un plateau rond en cuivre ciselé d'arabesques posé sur un trépied. Dans une petite armoire en bois sombre, ils avaient trouvé un peu de vaisselle, des couverts, du linge. Sur le sol protégé par de larges lattes de bois s'étalaient deux tapis turcs élimés.

– Dans un an, mes chers enfants, déclara Manuel qui semblait très satisfait, nous aurons une aussi belle maison que celle de vos cousins de Beyrouth.

Et il n'avait pas menti. La maison s'achevait, une bâtisse en pierre coiffée d'un toit en terrasse pour les nuits d'été. Une entrée revêtue de carreaux verts et bleus menait à un petit salon censé recevoir les hôtes de moindre qualité, les fournisseurs, et à une vaste pièce pour la famille. La cuisine et l'arrière-cuisine ouvraient sur une cour, tandis que les pièces nobles donnaient sur le jardin.

Au premier étage se trouvaient quatre chambres, et dans

une annexe plus basse que la maison principale deux autres chambres pour la cuisinière, la bonne, la laveuse qui faisait office de raccommodeuse, ainsi qu'un poulailler. Le jardinier rejoignait le soir sa propre famille.

Comme son père l'avait souhaité, Simon était pensionnaire à Jérusalem où il semblait se plaire. Dimitria bénéficiait du savoir d'un pope qui lui apprit le grec, des bases de mathématiques et de géographie. La jeune fille avait des dons pour le dessin et aimait peindre des aquarelles, la plupart inspirées non pas par les terres fertiles que possédait son père, mais par le désert, les rocs nus, les lits des ruisseaux taris, les arbres solitaires, les teintes changeantes du sable soulevé par le vent. Chaque mois, elle accompagnait ses parents à Jérusalem. La poésie, le charme, la mélancolie aussi qui se dégageaient de la ville l'enchantaient. La domination ottomane ne s'y sentait pas. On était dans un autre monde, un monde entre le ciel et la terre, à la fois sobre et grouillant de vie, inspirant.

Elle insista, ses parents cédèrent. Elle pourrait étudier dans un couvent catholique, pourvu qu'elle reste fidèle à la foi de ses ancêtres.

La grande maison sembla soudain terriblement vide à Manuel comme à Zénaïde. Il n'y avait guère de vie sociale à Emmaüs, et ils se contentaient des visites du pope, du curé et du cheik qui administrait le nord de Jérusalem, un homme éduqué qui sympathisait avec les religieux. On jouait aux cartes, aux dominos en buvant du thé ou du café et en savourant des pâtisseries au miel.

Dans leur maison, la plus belle d'Emmaüs et de ses environs, Manuel et Zénaïde vivaient dans la plus grande simplicité.

Au-dessus de leur cheminée ils avaient aligné de magnifiques icônes acquises à Alep, Damas et Jérusalem. Chaque soir ils allumaient des bougies devant les images sacrées. Le curé admirait par politesse, et le cheik faisait semblant de ne rien voir.

Manuel comme Zénaïde furent surpris par la décision de leur

fille de se rendre pour quelques jours à la Ghouta. Elle voulait revoir le paysage de son enfance et « sa » maison.

Une amie de passage à Damas avait fait porter un mot l'invitant chez elle aussi longtemps qu'elle le désirerait. De Damas, le mot avait gagné le couvent qui abritait Dimitria. Elle ne désirait pas rester plus longtemps avec les religieuses, qui n'avaient plus rien à lui enseigner et avaient, qui plus est, fait des approches pour sa conversion, ce qui lui avait déplu.

Ses parents cédèrent, touchés de l'intérêt de leur fille pour ce qui avait été une partie très importante de leur vie. Elle honorerait les tombes de ses grands-parents, de sa tante Maria dont tous connaissaient le tragique destin, même si on n'en parlait guère. Son sort avait brisé le cœur de sa grand-mère.

Même si les menaces d'attaques restaient importantes, la situation pour les chrétiens était plus calme au village, et beaucoup de musulmans de l'agglomération avaient assuré qu'en cas de nouvelle agression ils viendraient à leur secours.

Manuel, qui avait décidé d'accompagner sa fille, se cassa la jambe trois jours avant le départ, et Zénaïde ne pouvait quitter l'oliveraie en cette saison où la cueillette approchait. Un voisin se proposa pour escorter la jeune fille. Il se rendait à Damas, et un détour par la Ghouta ne le gênait pas. Dimitria voyagerait sur une mule très docile. Il comptait six jours sans presser les bêtes.

L'arrivée au village de la Ghouta ressembla à une fête. Tous ceux qui avaient décidé de rester coûte que coûte étaient rassemblés pour souhaiter la bienvenue à la dernière-née des Dionous. Ses hôtes avaient préparé un bon repas. Son amie Martha pleura de joie en la voyant. Elles dormiraient dans la même chambre, inséparables. Elles bavarderaient jusqu'au milieu de la nuit. Martha confia sa tristesse d'avoir vu partir son amie et plusieurs autres familles du village. Dimitria raconta Jérusalem, la Ville sainte qui lui avait profondément touché le cœur. Martha écoutait avec un apparent intérêt, mais Dimitria comprenait que sa vieille amie avait changé, que la violence exercée contre son village et les siens avait tari ses émotions.

Le lendemain, Dimitria se promena seule dans le village. La plupart des maisons abandonnées étaient déjà en ruine, hantées par des chauves-souris et des rôdeurs. Les autres semblaient, comme leurs propriétaires, exprimer une grande mélancolie.

Dimitria pénétra dans la modeste église reconstruite à la hâte. Le clocher se détachait à peine du toit. Dans le chœur, l'iconostase présentait des copies d'icônes achetées à bas prix à Damas. Sur l'autel, un crucifix en cuivre.

Elle tenta de prier, en vain. Que faisait-elle dans un lieu sacré qu'Allah avait voulu détruire et que le Christ n'avait pas su protéger ? Ici, elle avait été baptisée, ici, elle avait prié avec ferveur pour sa famille, ses amis. Aujourd'hui, elle ne s'y sentait plus chez elle.

Dehors le soleil l'éblouit. Elle se dirigea vers le cimetière mais eut du mal à déchiffrer les noms sur les tombes. Elle trouva enfin celle de ses grands-parents. Derrière le cimetière, les champs d'oliviers formaient une masse vert argenté qu'une légère brise faisait frémir. Les oliviers brûlés avaient été arrachés et remplacés. Rien ne pouvait entraver le cours de la vie. Quelques hommes s'activaient, coupant des branchettes, étalant de grandes toiles entre les arbres épargnés par le feu pour la prochaine cueillette. Dimitria leur fit un signe de la main. La plupart étaient des ouvriers agricoles venus du village musulman. Des hommes durs au labeur, au visage buriné par le soleil et au gentil sourire. Étaient-ce ces mêmes hommes qui avaient incendié les oliviers, l'église et laissé égorger quelques familles chrétiennes ?

Dimitria poussa la porte du cimetière musulman. De sa tante Maria elle n'avait aucun souvenir, mais elle voulait prier « en chrétienne » sur le lieu où elle avait été ensevelie.

Les tombes se ressemblaient toutes, çà et là une plaque avec un verset du Coran, rarement un nom, des dates de naissance et de mort.

Maria avait dû être inhumée à la périphérie du cimetière dans un simple trou recouvert de terre, et oubliée. Sur quelques tombes poussaient des herbes folles, jonchées de feuilles d'olivier desséchées par le vent. Personne ne les ratissait.

Au hasard, devant une tombe reléguée au bout de l'enceinte, et après avoir vérifié que nul ne se trouvait dans les parages, elle fit un signe de croix.

En regagnant la maison de Martha, elle sut qu'elle ne s'y attarderait pas. Les souvenirs étaient comme une source tarie, figés dans le temps. Les siens ne correspondaient en rien à ce qu'elle découvrait : un pauvre village recroquevillé sur lui-même, devant une mer d'oliviers qui se moquaient du passé.

« La vie, c'est le futur, pensa Dimitria, la vie, c'est une rivière, pas un lit asséché. » Elle allait rejoindre Jérusalem, tenter de se donner corps et âme à ce qui pourrait changer le futur, apaiser la haine, les incompréhensions, la violence qui en était issue.

Abandonner Martha était infiniment triste. La plupart des jeunes gens avaient gagné Damas, ou Bagdad. Sans époux, son amie serait condamnée à vivre auprès de ses parents, à prendre soin de leur vieillesse. Quand ils mourraient, elle se retrouverait seule dans cette triste maison.

– Viens avec moi, proposa-t-elle un jour à Martha. Là-bas tu trouveras mille raisons de vivre. Tourner la page de son passé n'est pas une faiblesse. Ne reste pas ici à mourir jour après jour. Je ne te promets pas le bonheur, mais une raison de vivre.

Martha était bouleversée.

– Je ne peux pas quitter mes parents. Tel est mon devoir.

Elle fit le signe de croix.

– Telle est aussi la volonté de Dieu.

Dimitria sentit la colère monter en elle.

– La volonté de Dieu est-elle qu'on nous persécute, qu'on brûle nos biens ?

Le regard de Martha se fit sévère.

– Que sais-tu de la volonté de Dieu ? Lui seul connaît les raisons de toutes choses, notre naissance, nos réussites comme nos échecs, nos bonheurs comme nos souffrances.

Dimitria haussa les épaules. Martha, sa presque sœur, était devenue une quasi-étrangère. L'agression que les chrétiens avaient subie avait tout détruit.

16

Paul quitta Londres sans regret, dans une flûte qui faisait route vers Gênes en passant par le détroit de Gibraltar. Il avait préféré éviter la France, car on signalait une épidémie de peste en Provence. La flûte transportait des armes destinées au duché de Milan, qui craignait une guerre avec l'Autriche. De Gênes, il prendrait un coche qui le mènerait à Florence. Une chambre lui avait été réservée dans une hôtellerie à l'enseigne du « Lys rouge », le symbole de la ville.

Pour le jeune Russe, Florence se révéla une bouleversante surprise. L'Arno, les oliviers, les cyprès, les jardins, les églises, le pont couvert, les fontaines, tout le stupéfiait. Il décida de visiter la ville, quartier par quartier, en flânant, admirant les églises, la cathédrale dont les dômes rappelaient ceux de son pays, les galeries de tableaux. Il lui fallait au moins une semaine pour s'habituer à tant de beauté. Ensuite il se rendrait chez l'attaché russe, et irait remettre à leurs destinataires les lettres confiées par sa tante. Il avait caché la bourse pleine de pièces d'or offerte par Ivana dans la doublure de sa veste, et comptait en faire bon usage.

Jour après jour, Paul s'imprégnait de la ville, sa lumière, ses odeurs, ses bruits, le parler des Florentins qui ne ménageaient ni leur voix ni leurs gestes. Leur élégance un peu voyante le faisait paraître rustre. Sa tante lui avait appris suffisamment d'italien pour qu'il puisse s'entretenir avec les commerçants et les autochtones qui, le voyant le nez en l'air, ne dédaignaient pas de lui raconter l'histoire d'une église, d'un baptistère, d'un palais.

Cosme III de Médicis, leur prince, ne participait pas à la vie locale. Pieux à l'extrême, il avait épousé la fille très dissipée de Gaston d'Orléans, frère du roi de France. Jamais deux époux n'avaient été aussi mal assortis, et elle ne tarda guère, jugeant son mari consternant, à regagner la France. La plupart des Florentins approuvaient sa désertion. Habitué aux épouses des tsars qui apparaissaient et disparaissaient, Paul ne risquait aucune observation. L'attaché russe, un homme fort affable, lui avait conseillé de ne pas devenir intime avec les membres de la noblesse, prompts à aimer, prompts à trahir. Les artistes pouvaient être plus fidèles en amitié, ils étaient surtout beaucoup plus intéressants, bien que les grands maîtres fussent établis à Rome. Était-ce dans ses desseins de gagner la capitale ? Le diplomate avait longuement interrogé Paul sur le tsar qu'il semblait bien connaître. Était-il vrai qu'il avait enfin résolu d'intégrer la Russie et les Russes à l'Europe ? De l'armer, de la doter d'une puissante flotte ? Ce qu'il faudrait alors, avait suggéré en souriant l'attaché d'ambassade, ce serait de bons généraux, des amiraux connaissant la stratégie des batailles navales. À sa connaissance, il n'y en avait guère en Russie. Mais tout était une question de volonté et le tsar n'en semblait pas dépourvu.

Les quelques adresses communiquées par Ivana menèrent Paul auprès de vieux beaux qui avaient dû autrefois être de grands séducteurs, des hommes brillants et prêts aux bons mots, fussent-ils meurtriers. Paul fut accueilli avec chaleur, mais le jeune homme n'avait nulle envie de se mêler à leur société. C'est avec des artistes, comme l'avait prévu l'attaché russe, qu'il noua les premiers liens de sympathie réciproque.

Entré par hasard dans une galerie d'art, où les tableaux

étaient si serrés les uns contre les autres qu'on ne discernait plus les murs, il resta cloué devant des Vierges à l'Enfant, des Christs en croix, des figures qui lui étaient familières pour les avoir cent fois admirées sur des icônes, familières mais en même temps dissemblables. Sur les toiles qu'il avait sous les yeux, les portraits, les scènes, les paysages vivaient, animés par les couleurs, les gestes, les regards, les décors qui les entouraient, les lointains en trompe-l'œil. L'artiste ne se souciait manifestement pas de spiritualité, mais de beauté formelle, de pouvoir de séduction par l'éclat ou le désespoir d'un regard, la grâce d'un geste. Les Vierges étaient des femmes, et elles étaient belles avec leurs traits italiens et leurs vêtements élégants.

Comme il l'avait promis à sa tante, Paul accepta de dîner chez le chargé d'affaires russe. Ne connaissait-il pas la nouvelle ? l'interrogea aussitôt ce dernier.

Les gardes impériaux russes s'étaient révoltés et la plus grande confusion régnait à Moscou. À peine arrivé dans la Lagune, le tsar quitta Venise pour regagner sa capitale à bride abattue. Les séditieux entendaient le détrôner pour donner la régence à sa demi-sœur Sophie. Mais la répression n'avait, disait-on, pas attendu le retour du maître pour mater les rebelles. On parlait d'atrocités. On n'en savait pas davantage.

Aussitôt Paul prit sa décision. Dès le lendemain il rejoindrait à son tour Moscou, assister Pierre si son souverain avait besoin de lui.

Il lui restait heureusement assez d'or pour financer son voyage en voiture privée, plus rapide que le coche. Dans deux semaines, à la grâce de Dieu, il serait chez lui.

Lorsqu'il pénétra dans sa ville, en dépit de l'arrivée du tsar trois jours plus tôt, le climat semblait encore très tendu.

Ivana ne sortait plus, et le retour soudain de son neveu lui procura une profonde joie. Ne le voyant pas dans la suite du tsar, elle avait cru que Paul avait décidé de s'enraciner à Florence.

Au dîner, elle lui narra les événements sanglants qui avaient mis la ville sens dessus dessous : le complot des gardes impériaux, le rôle ambigu de la princesse Sophie, la répression féroce. On exécutait certains coupables à coups de fouet, d'autres avaient le nez, les oreilles brûlés au fer rouge, la plupart finissaient sous la hache, ou étaient pendus. Si le calme commençait à revenir, la stupéfaction fut immense lorsque l'on apprit que l'impératrice Eudoxie était de mèche avec Sophie. Quel allait être son sort ? Il semblait que le tsar, nouvellement rentré, n'avait pas encore pris de décision. Espérait-elle qu'être la mère du tsarévitch Alexis Pétrovitch suffirait à la protéger ?

Ivana écouta avec intérêt le récit de voyage de son neveu. Elle l'avait élevé, mais elle le connaissait mal. Ainsi Florence ne l'avait pas retenu ?

– Même sans avoir eu vent des terribles événements qui viennent de se produire, je serais rentré à la maison, ma tante.

– Pour revoir le tsar ? interrogea-t-elle.

– Pour écrire des icônes, ma tante.

17

Dimitria ne s'attarda guère à Emmaüs. Son frère Simon avait bien en main les affaires familiales, et sa présence n'était pas nécessaire. Elle décida de s'installer chez des religieuses à Jérusalem.

– Je reviendrai au moins une fois par mois, je vous le promets, maman, assurait-elle la veille de son départ. Entre Jérusalem et Emmaüs, il n'y a que quatre heures de marche. Cela ne me fait pas peur.

– Es-tu sûre d'avoir une chambre réservée pour toi chez ces religieuses orthodoxes ?

Cent fois, Dimitria avait rassuré sa mère. Elle ne se rendrait pas dans un lieu de perdition. À Jérusalem, les communautés religieuses chrétiennes, juive et musulmane étaient sans doute les plus importantes au monde. Leur cohabitation pacifique, dans le respect mutuel, avait été officialisée par un décret du sultan. Juifs, pieux musulmans et communautés chrétiennes se côtoyaient sans se mêler, et la paix régnait entre toutes.

Les projets de Dimitria s'étaient précisés jour après jour. Amasser de l'argent ne l'intéressait pas. Ces efforts pour en gagner, primordiaux chez les Dionous, avaient porté leurs fruits, et ils étaient désormais de gros propriétaires terriens en Palestine. Les projets que ses parents nourrissaient pour elle ne lui convenaient pas, du moins pas pour le moment. Elle leur avait signifié qu'elle n'envisageait pas de se marier avant plusieurs années, le temps de se consacrer à une organisation caritative. La détresse de ses anciens amis, les ruines des villages chrétiens traversés lors de son retour à Emmaüs lui avaient fait comprendre que cela ne menait à rien de se lamenter. Il fallait agir. Jamais les Dionous n'avaient baissé les bras, jamais ils ne s'étaient avoués vaincus.

Dans la Ghouta, le sort misérable de certains chrétiens l'avait tout particulièrement bouleversée. Le village n'avait plus les moyens d'ouvrir une école, et un seul pope assurait les services de la modeste église reconstruite et de celle, encore opulente, du plus proche village orthodoxe situé à deux heures de marche. Entre les deux bourgs, il y avait certes une église catholique et un prêtre, mais aucun orthodoxe n'acceptait de s'y arrêter.

Les enfants malades n'étaient guère soignés, et ceux qui se blessaient ne pouvaient compter que sur la chance et l'aide de Dieu pour survivre. Bien que la Ghouta fût une région prospère, il fallait travailler dur dans ce morceau de terre orthodoxe pour subsister médiocrement. L'idée d'ouvrir une école dans son ancien village était venue à l'esprit de Dimitria, mais la perspective de s'installer dans une de ces maisons basses, rudimentaires, au milieu de gens avec lesquels elle n'avait plus rien en commun, lui était difficile à envisager.

Un jour, elle avait demandé aux parents de Martha pourquoi on n'envoyait pas les jeunes garçons à l'école du village musulman.

– Dans la madrasa ! s'était écriée la mère avec effroi. Vous voulez affûter le couteau qui nous égorge.

– Au moins ils apprendraient à lire et à écrire.

– Je préfère les voir mourir illettrés que musulmans.

Dimitria n'avait plus dit un mot. Mais ce cri d'indignation de la mère de Martha qui préférait « envoyer ses fils au diable plutôt que dans les madrasas » l'avait profondément troublée. Pas d'éducation, donc pas d'avenir, l'ignorance et la pauvreté plutôt que la tolérance. Les petits orthodoxes deviendraient-ils musulmans après avoir appris dans le Coran la lecture et l'écriture ? Le soir, chez eux, leurs parents pouvaient ouvrir la Bible, expliquer leur réticence sur le message de Mahomet, parler avec chaleur de celui de Jésus, réciter en famille une prière devant l'icône, et pourquoi pas prier pour l'imam qui les enseignait. C'était certes une solution bancale, sans doute exceptionnelle tant que le bourg ne se serait pas remis des récentes attaques et ne se sentirait pas prêt à accueillir un pope éduqué, mais c'était une solution quand même. Cependant, la question qui taraudait Dimitria était l'éducation des petites filles issues de familles pauvres, condamnées à être mariées à douze ans, à devenir mères à treize et à ne rien maîtriser de leur existence. Maternité, travail dans la maison, travail au potager, à la cuisine, et, pour les rares moments de liberté, couture, ravaudage, filage de la laine, dans l'attente des quelques marques de tendresse d'un mari lui-même occupé aux champs ou dans son commerce, accablé de soucis financiers, aigri à la pensée, plus ou moins fondée, des musulmans qui le menaçaient.

Le projet de Dimitria n'avait rien à voir avec la charité chrétienne : il devait à une conscience de plus en plus claire de l'indifférence de sa caste, les nantis, envers la lie du peuple. De retour dans la Ghouta, elle avait vu les enfants livrés à eux-mêmes, condamnés à la pauvreté à côté des grands propriétaires dont ses parents faisaient partie. Forts de leurs certitudes, ils ne supportaient aucune remise en cause. Ils avaient souffert, s'étaient déracinés, avaient travaillé dur, placé leur peu d'argent dans la terre qui, ils le savaient, ne les décevrait jamais.

Les ancêtres de Dimitria avaient été pauvres, mais ils n'avaient jamais renoncé à éduquer leurs enfants. Dans sa famille, garçons comme filles devaient savoir lire, écrire et compter. En regard des musulmanes, les chrétiennes étaient sans conteste des privilégiées. Sa mère, sa grand-mère prenaient en concertation avec leur mari toutes les décisions importantes. À table, filles et garçons se côtoyaient. Certes les hommes prétendaient que l'autorité était leur apanage, mais les femmes, gardiennes de la religion, du foyer, éducatrices des enfants, souvent associées à la gestion des terres familiales, étaient en réalité très puissantes.

La misère des enfants lui avait été révélée par le regard d'une petite fille de quatre ou cinq ans. Une jolie enfant aux cheveux en broussaille vêtue d'une robe déchirée, cent fois raccommodée. Ce regard implacable interrogeait Dimitria. Il y avait dans ses grands yeux noirs de la révolte, de la supplication et de la haine, l'enfant, l'adulte et le vieillard s'y mêlaient. Lâchement la jeune fille avait tendu une pièce de monnaie et s'était détournée.

Jérusalem, la Ville sainte où se côtoyaient catholiques romains, Grecs orthodoxes, Arméniens, Syriens, Coptes et Éthiopiens, sunnites, chiites et juifs. Entre ses murailles chacun se sentait en sécurité, comme si la sainteté de la cité empêchait toute effusion de sang, alors qu'alentour, on vivait dans la terreur des razzias, des pirates, des brigands et des Bédouins que nul n'était parvenu à sédentariser. L'autorité des pachas nommés par le sultan échappait à son contrôle. Eux-mêmes craignaient la toute-puissance des cheiks ruraux.

La ville antique jouissait d'une certaine autonomie par rapport à la Sublime Porte, et surtout vis-à-vis du cheik Daher el-Omar, le véritable maître de la Palestine. La région s'ouvrait à la prospérité grâce au développement des cultures tant de l'olivier que des légumes, à l'apparition des moulins à huile, des savonneries, de tout un artisanat. Le seul impératif était de respecter la loi.

Les juifs revenaient à Jaffa, à Saint-Jean-d'Acre et à Jérusalem. Chaque communauté avait son quartier, ses lieux de culte, ses marchands de pacotille : chapelets, dont les grains étaient faits du bois des oliviers qui avaient vu Jésus en prière avant d'être livré, reliques de tel ou tel saint, éclats de la Vraie Croix ou plaques de métal soi-disant antiques où étaient calligraphiés des versets du Coran, coussins brodés du nom d'Allah, chapelets aux grains d'ambre, châles de prière, kippas de coton ou de velours, bibles en hébreu, en arabe ou en grec. Tout un monde de petits commerçants vivait ainsi des nombreux pèlerins de toutes confessions. Depuis des siècles, des changeurs étaient établis à Jérusalem, des aubergistes offrant lits et nourriture.

Pour avoir vécu quatre années chez les religieuses, Dimitria connaissait bien la ville, ses ruelles étroites, ses maisons basses en pierre aux toits en terrasse, ses cours, ses jardinets, ses édifices religieux. Elle s'était assise sur les bancs de pierre accolés aux maisons où venaient se reposer les pèlerins. Figée dans le temps, la ville grouillait d'activité. Le long des ruelles, d'innombrables étals proposaient des fruits, des légumes, des épices, des poissons tout juste arrivés de Jaffa. D'autres échoppes exposaient des voiles pour les femmes en coton opaque ou en mousseline légère, des bijoux bon marché, des sandales. Les âniers se frayaient un passage en criant. On voyait également errer de nombreux chats et chiens que quelques bonnes âmes nourrissaient d'os de poulet et d'arêtes de poisson qu'elles déposaient sur les pavés aux carrefours.

Le plus difficile pour Dimitria était de dénicher un local qui ne fût ni dans une mosquée, ni dans une synagogue, ni dans une église, et qui permettrait d'accueillir entre dix et quinze fillettes. Il fallait des lieux d'aisances et une cuisine rudimentaire pour préparer quelques bols de légumes et de riz à l'heure du déjeuner.

Après une semaine de vaines recherches, Dimitria avisa soudain une écurie qui tombait en ruine. Même s'il réprouvait des idées qu'il jugeait absurdes, son père l'aiderait. La main-d'œuvre ne manquait pas. Il suffirait de créer une grande pièce et d'en aménager une autre à une de ses extrémités pour la cuisine : un poêle à bois, une table, quelques bols et cuillères, une jarre en terre pour garder l'eau fraîche, des timbales en fer battu feraient l'affaire. Dans la salle, elle installerait une longue table entourée de bancs, une petite armoire pour les livres, les ardoises, les bâtons de craie et les torchons. Jamais de viande à cause des strictes règles religieuses obligeant à manger casher ou halal, mais des légumes et des céréales. Après le déjeuner, elle sortirait des carrés de tissu et l'on passerait aux travaux d'aiguille pour confectionner des serviettes et mouchoirs, en attendant des œuvres plus sophistiquées susceptibles de leur rapporter un peu d'argent. Elle-même travaillerait bénévolement, son père payait sa chambre et elle se nourrissait comme les enfants grâce à la charité d'un couvent de Dominicains qui soutenait son initiative.

Manuel et Zénaïde ne savaient rien refuser à leur fille, et la transformation de l'étable alla bon train. Par économie, le toit serait en clayonnage assez serré pour être étanche. Le sol resterait en terre battue, les murs en pierres apparentes, de grosses pierres ocre qui prenaient une teinte rosée au coucher du soleil. Un trou dans le toit laisserait passer le tuyau de poêle à bois en terre cuite.

Avec satisfaction, Dimitria, vêtue d'une longue robe de coton jaune, un léger foulard sur la tête tombant sur ses épaules, ne cessait de contempler ce dont elle avait tant rêvé. Bientôt, la salle bourdonnerait de vie. Elle entendait déjà les éclats de rire des fillettes, le crissement de la craie sur les ardoises. L'enseignement serait dispensé dans cette langue arabe que chacun parlait à Jérusalem, en Palestine, en Syrie et au Liban. Sur une grande plaque de schiste pendue au mur, elle avait déjà tracé quelques lettres de l'alphabet.

Les travaux des champs s'achevaient. Chacun allait reprendre ses activités automnales, les femmes tisseraient, coudraient et broderaient, nettoieraient la maison de fond en comble, les hommes répareraient les toits, élagueraient les treilles où pendaient les dernières grappes, débiteraient le bois pour le chauffage. Il pouvait faire froid l'hiver en Palestine et, dès le mois de janvier, des feux ronflaient dans les poêles en terre, émaillée ou non selon les moyens financiers des propriétaires. Les familles s'y agglutinaient et l'on chantait, priait ou jouait avec des cartes jaunies, souvent écornées.

C'était une excellente saison pour recruter des élèves. Dimitria était sûre que les mères seraient enchantées d'avoir plus d'espace chez elles et une bouche de moins à nourrir.

Un dimanche après la messe, elle demanda à parler au pope. Une école pour fillettes ? Quelle étrange idée ! Des religieuses catholiques se chargeaient déjà d'en éduquer quelques-unes, quant aux rabbins et aux imams, il entendait déjà leurs cris épouvantés.

– Que Dieu vous assiste, se contenta-t-il de répondre.

Désappointée, Dimitria se laissa tomber sur un banc de pierre adossé à un mur. La rue était si étroite que quelques passants la bousculaient. Jamais les Dionous ne baissaient les bras. Elle allait se tourner vers les associations caritatives, toutes entre les mains des autorités religieuses. Au fond de son cœur, elle savait que sa mère était fière d'elle. Elle osait ce dont bien des femmes rêvaient sans pouvoir l'obtenir : un semblant d'indépendance. En Europe, disait-on, nombre de femmes avaient fondé des œuvres de charité qu'elles dirigeaient elles-mêmes. Prêtres, popes ou rabbins non seulement n'avaient nul droit de les tourner en dérision, mais se devaient au contraire de les soutenir. Des pèlerins venus d'Italie, de France, d'Espagne parlaient de femmes poètes ou écrivains, de peintres, de musiciennes. Pourquoi alors lui refuser sa liberté ?

Ces encouragements stimulaient Dimitria, mais il fallait surmonter les obstacles. L'imam d'une mosquée voisine la reçut les lèvres pincées, mais à peine eut-elle évoqué son désir d'éduquer les petites filles qu'il lui claqua la porte au nez, la priant de ne plus jamais venir l'importuner.

Un rabbin fut plus souple. Parlerait-on de religion dans cette école ? Dimitria s'en étant défendue, il consentit à l'écouter. Mais elle ne trouverait pas beaucoup de fillettes misérables dans leur communauté. Les juifs avaient le devoir d'éduquer les enfants. Même les pauvres préféraient se priver du nécessaire pour envoyer leurs fils à l'école juive, avec le soutien de familles plus aisées qui participaient au financement de leurs études. Mais il y avait peut-être en effet une poignée de petites filles de mère non juive ou dont la conversion au judaïsme n'avait pas été reconnue. Il allait enquêter, réfléchir.

Le jour prévu pour l'ouverture de son école, Dimitria accueillit cinq fillettes issues des communautés chrétiennes, de chétives enfants aux cheveux embroussaillés, portant des sandales usées ou marchant pieds nus. Trois d'entre elles étaient arméniennes, une Copte, une Grecque catholique. Pétrifiées par la timidité, elles répondaient à peine aux questions.

Bien que les fillettes n'aient rien écrit et que toutes soient restées quasi muettes, la première journée donna à Dimitria l'espoir qu'elle avait une chance de réussir. À l'heure du déjeuner, ses élèves s'étaient jetées sur la nourriture. Était-ce ce repas gratuit qui avait poussé les parents à les envoyer à l'école ? Mais ce prétexte même pouvait avoir du bon.

Le lendemain, une Arménienne faisait défaut, remplacée par une demi-chrétienne, demi-juive qui seule eut l'aplomb de poser des questions. Sa voix avait une tonalité agressive qui déplut à Dimitria. Cette enfant devait vivre sur la défensive, être constamment humiliée.

L'hiver venu, seules la petite Grecque catholique et la Copte fréquentaient toujours l'école. Elles avaient mémorisé quelques lettres de l'alphabet qu'elles pouvaient reproduire sur leur ardoise. Dimitria ne se berçait plus d'illusions. Son élan vers les autres n'était pas bien reçu. Pourtant, chaque jour, elle voyait dans la rue des fillettes livrées à elles-mêmes. Que deviendraient-elles ? Des domestiques au mieux, des prostituées plus probablement.

Dimitria réalisait que, devenue religieuse, elle pourrait continuer à enseigner, mais elle ne le souhaitait pas. Jour après jour, son désenchantement se transformait en amertume. Elle avait voulu changer à peine d'un iota de la société et elle avait échoué.

Le pope de la paroisse l'invita à déjeuner le jour de Pâques. Sa femme, son fils Denis et ses deux filles étaient présents. Dimitria n'ignorait pas que ce garçon voulait devenir prêtre comme son père. Âgé d'environ vingt-cinq ans, il avait fait des études théologiques, était instruit, mais terne et ennuyeux.

Tout se passa en moins d'une heure. Le pope souhaitait marier son fils avant qu'il ne prononce ses vœux, car le célibat lui serait ensuite imposé, mais aucune candidate n'avait montré le moindre empressement à devenir épouse de pope, condamnée à la plus haute vertu et à l'austérité. La personnalité falote de Denis ne promettait aucune compensation en échange.

Lorsque le pope fit part à Dimitria des soucis que l'établissement de son fils lui causait, elle ne réfléchit pas une seconde.

– Denis voudrait-il de moi ?

Elle avait plongé. Une capitulation autant qu'une victoire, un chemin de traverse qui la faisait dévier de sa route, mais la mènerait au but qu'elle s'était fixé.

– Quand Denis aura sa propre église, j'ouvrirai aussitôt une école, annonça-t-elle à ses futurs beaux-parents ravis d'une alliance avec les riches Dionous.

18

De retour à Moscou, le tsar Pierre avait sévi avec promptitude et brutalité. En quelques mois, il voulait changer tout ce qui était lié à un passé désormais taxé d'obscurantiste : vêtements, mœurs, habitat, jusqu'au décompte du temps, avec l'adoption du calendrier julien. Tout fut décidé et imposé par oukases, et, en quelques semaines, l'ensemble des boyards se retrouva rasé de près, caftans, culottes bouffantes et bottes molles jetés au feu. Les domestiques furent obligés de faire de même. Les bourgeois suivirent, et seuls le petit peuple et les paysans restèrent attachés à leurs traditions. Les popes et moines conservaient officiellement longues barbes et cheveux tombant sur les épaules.

Jugé grossier, le mobilier russe fut banni et, dans les belles maisons de pierre des boyards et des riches bourgeois, on vit apparaître des meubles français. Les poêles à bois furent revêtus de cette faïence prisée par les Hollandais et les Allemands.

Les commerces aussi se modernisèrent, accueillant désormais des pharmacies, des cafés, des librairies que chacun se fit un devoir de fréquenter. On y parlait bien sûr du bannissement de la tsarine Eudoxie, accusée de complot contre son époux. Elle avait été enfermée au monastère de Souzdal, et le divorce avait été mené bon train. Le tsarévitch était relégué chez une tante, Alekseïevna, avec ordre de ne plus paraître à la cour.

Paul avait retrouvé avec bonheur son atelier, qu'il avait décidé de réaménager de fond en comble. Il allait écrire des icônes qu'il imaginait déjà, mais peindrait aussi à la manière occidentale : des paysages avec cette ouverture sur l'espace qui permettait de pénétrer dans l'œuvre, des trompe-l'œil donnant l'illusion du réel, des scènes religieuses aussi, mais baignées de lumière, celle de la foi et de l'espérance. Les popes fronceraient sans doute les sourcils, mais les jeunes ne pouvaient qu'aimer cette manière de peindre à l'italienne, également inspirée des Rembrandt, Vermeer, La Tour qui maîtrisaient les clairs-obscurs, ombres et lumières, sans néanmoins redouter les couleurs éclatantes, crues parfois.

Un changement était également survenu dans sa propre maison. Sa tante avait un amant presque officiel en la personne d'un Géorgien. À son âge, pensait-elle au mariage ? Le prétendant avait un peu de fortune, mais surtout une agréable maison proche de Moscou. Si Ivana épousait Vassili, elle emménagerait chez lui, et Paul pourrait ainsi jouir seul de la maison. L'atelier de broderie de sa tante prospérait si bien qu'elle n'avait besoin d'y être présente qu'une fois par semaine. Il était temps pour elle de se préparer une vieillesse heureuse.

Apercevant Paul parmi les invités, le tsar le rejoignit et s'empara de son bras.

– Alors, demanda-t-il, les Italiennes t'ont-elles ensorcelé ?

Paul ne put s'empêcher de rire.

– Je n'ai vu que de vieux peintres barbus, et des artistes en graine jeunes et faméliques. Les troubles qui secouent Moscou m'ont aussitôt fait revenir.

Le tsar serra le bras de Paul.

– Tu es un fidèle, je le sais.

Il évoqua ses réformes, absolument nécessaires, affirma-t-il, pour faire entrer la Russie dans le XVIIIe siècle. La religion, les vieilles coutumes avaient inhibé toute évolution.

– Et mon pays, ajouta le tsar, a la peau dure, il lui faut le knout pour réagir.

Puis, après un silence :

– Je vais tous vous surprendre dans un instant en annonçant mes projets familiaux, et surtout le transfert de ma capitale à Saint-Pétersbourg où j'envisage de gigantesques travaux. J'aurai alors besoin de ton art. Mes palais doivent être dignes de moi et de mes descendants.

La stupéfaction s'empara de l'ensemble des invités. Le tsar Pierre Ier annonçait son prochain mariage avec l'ancienne servante de la maîtresse d'Alexandre Menchikov, leur hôte, la femme la plus aimable qui fût, Marthe Skavronskaïa.

Elle se leva et se dirigea vers celui qui allait devenir son époux. Bien que sûre de sa beauté et de son intelligence, jamais elle n'avait pensé monter si haut. Elle plongea dans une profonde révérence, prit la main du tsar, la baisa et la porta à son front, comme une fidèle devant un religieux haut placé. Pierre la releva et l'embrassa sur la joue.

– Voici votre future tsarine, annonça-t-il gaiement. Elle fait de moi un homme heureux.

Le tsar proclama qu'il ne renonçait nullement à créer sa ville magique au bord de la Neva. On avait déjà asséché les marécages et les premières constructions allaient commencer. L'architecte français Le Blond était sur place. C'était un projet démesuré, titanesque, digne des ambitions de Pierre. On l'applaudit. Les riches boyards pensaient déjà à leurs futurs palais, certainement plus modernes et clairs que leurs habitations moscovites. Il y aurait des promenades, des jardins, toute une vie culturelle qui faisait défaut dans la vieille capitale. On aurait enfin un opéra, des théâtres, une grande université qui attirerait les plus brillants cerveaux du pays. Seuls quelques vieillards s'abstinrent de manifester la moindre joie. Qu'iraiton faire au bord de la Baltique, dans une contrée glaciale et désolée ? Leur ultime espoir était que, monté sur le trône, le tsarévitch Alexis abandonne tous ces projets insensés.

On savait Alexis resté proche de sa mère. Il lui rendait souvent visite dans le couvent où elle était recluse, et y restait de longues heures. Le tsar avait la hantise qu'ils s'allient dans des menées secrètes ourdies contre lui.

Paul devinait cette angoisse, et comprenait pourquoi le tsar avait besoin d'action : construire une ville, livrer une guerre victorieuse contre les Suédois, affirmer sa puissance et son invincibilité, épouser une servante plutôt que la fille d'une puissante et arrogante famille de boyards.

Pierre désira montrer les débuts de « sa » ville à ses fidèles. Un voyage certes moins ambitieux que son tour d'Europe incognito, mais il voulait faire une pause au milieu des soucis causés par la guerre. Les Suédois avaient ravagé la Saxe et la Pologne, chassé son roi Auguste II. Mais la Russie avait conquis l'Estonie et l'embouchure de la Neva, où allait se dresser une des plus belles villes d'Europe. Déjà les travaux pour achever la forteresse Pierre-et-Paul allaient si bon train que son architecte suisse, Domenico Trezzini, satisfait, avait regagné son pays. Afin de protéger sa ville, Pierre faisait également fortifier l'île de Kotline dans le golfe de Finlande. Mais le roi de Suède n'avait consenti à aucune signature de paix.

– Je veux laisser le souvenir d'un souverain qui aimait les arts.

Devant l'immense chantier encore recouvert des dernières neiges d'avril, Pierre n'avait pas assez de mots pour expliquer des plans qu'il avait cent fois consultés : le palais impérial, d'une architecture élégante moderne, mais imposante. Là, la cathédrale Pierre-et-Paul était dans un premier temps en bois, mais serait vite édifiée en brique et pierre pour qu'elle puisse protéger « sa ville ».

– Je ferai venir des artistes de toute l'Europe, ajouta le tsar et, se tournant vers Paul, comme de Russie.

Pour Paul, ce projet était exaltant. Il continuerait à écrire des icônes à Moscou, et laisserait libre cours à son imagination, ses enthousiasmes à Saint-Pétersbourg. La maison familiale était à lui, Ivana s'étant installée chez celui qu'elle appelait son « futur mari ». Elle était heureuse.

La passion du tsar pour la marine s'exprimait dans sa hâte de voir terminés les chantiers navals encadrés par les bâtiments de l'Amirauté. Peu lui importait que les conditions de travail dans le froid et l'humidité fussent effroyables. Chaque jour des ouvriers, des serfs réquisitionnés mouraient. D'autres les remplaçaient.

Qu'ils acceptent ce changement de vie ou non, les nobles savaient qu'un jour il leur faudrait quitter Moscou pour Saint-Pétersbourg. Déjà ils avaient sacrifié leurs barbes et s'étaient vêtus « à l'européenne ». À peine les reconnaissait-on. Leurs épouses aussi étaient méconnaissables et tout le monde s'accordait à les trouver plus séduisantes avec leurs robes de damas et de soie, leurs corsages ajustés décorés de nœuds de rubans, les carrés de dentelle posés sur leurs chevelures dont les boucles coulaient sur les épaules.

Après l'immensité encore dénudée et lugubre de Saint-Pétersbourg, Paul fut heureux de retrouver l'animation des rues moscovites. Sa première visite fut pour sa tante. Son promis l'accueillit comme un fils.

Après qu'il eut livré toutes ses impressions sur la future ville, bu du thé et mangé des brioches, Paul allait se retirer quand Ivana posa la main sur son bras.

– Paul, n'oublie pas de te trouver une épouse. Les Dionous se sont battus pour que leur patronyme non seulement reste vivant, mais continue à rayonner. Je vais te dire des mots que je n'aime pas, moi qui suis l'indépendance même : te marier est un devoir.

Paul ne cessa d'y songer en rentrant chez lui. Une épouse, pourquoi pas ? Mais qui ? Où la trouver ? Les filles des riches boyards qui entouraient le tsar ne voudraient pas de lui, et il n'était pas assez haut et puissant pour imposer une servante, ou même une petite bourgeoise. En ouvrant sa porte, il décida qu'il laisserait le destin décider pour lui.

Lorsqu'un messager du tsar pénétra dans son atelier pour lui remettre un pli, Paul réécrivait encore et encore la même icône. Il ne pouvait se consacrer à rien d'autre. Il ne voyait qu'elle, ne rêvait que d'elle, une Vierge à la chevelure blond-roux qu'à peine cachait son voile argenté. Ses traits étaient fins comme sur toutes les icônes, mais elle avait un regard très doux, un sourire qui voulait séduire : une Marie charmeuse, c'était difficile à admettre. Sa robe était blanche et elle avait sur les épaules une chlamyde grecque d'un rouge profond. L'agrafe qui la maintenait était une croix égyptienne, une croix de vie. À deux reprises il avait effacé cette Vierge, mais elle ne pouvait pas être peinte autrement. Devenait-il fou ou Marie le punissait-elle pour l'intérêt qu'il portait aux choses terrestres ? Son père avait tout abandonné, et lui, Paul, son unique fils, faisait des courbettes à la cour du tsar. Mais certes pas par ambition mondaine. Pierre était attiré par les artistes, les ébénistes, les orfèvres. Là était leur point de rapprochement.

Aussitôt le messager sorti, il fit sauter le cachet de cire sur lequel l'aigle bicéphale couronné étendait ses ailes. En quelques lignes, Pierre le pressait de se rendre à Saint-Pétersbourg. La structure du palais impérial était en voie d'achèvement, il avait besoin de lui, de son immense talent pour peindre les plafonds de ses appartements privés. Il était le seul artiste à le connaître assez bien pour comprendre d'instinct ses désirs. Et l'iconostase de sa chapelle compterait plusieurs icônes Dionous, des anciennes, et deux ou trois de celui qu'il nommait son ami.

Sidéré, Paul posa ses pinceaux. Retourner à Saint-Pétersbourg, cette ville-chantier au climat si rude ? Il n'était à Moscou que depuis quelques mois, avait pris possession d'une maison et d'un atelier qui désormais étaient les siens. Sa tante allait se marier mais il devait sauter dans une voiture inconfortable et faire route vers le Nord ? Pour combien de temps ? Lorsqu'il aurait achevé cette première œuvre, le tsar pourrait fort bien lui confier un autre projet. Il était le maître absolu. Paul sentait pour la première fois de la colère naître en lui.

Avant de mourir, son père l'avait conçu avec une femme qui devait lui être indifférente, et celle-ci avait abandonné leur enfant dès la naissance. Elle s'en était débarrassée comme d'un paquet encombrant. Bien que choyé par sa tante, il avait grandi en orphelin, exprimant sa sensibilité, son besoin de lumière dans l'écriture de quelques icônes conventionnelles qui, sans être négligeables, n'étaient pas des chefs-d'œuvre. Le tsar avait par hasard discerné en lui une solitude qui reflétait la sienne. Il était pieux, il aimait les arts et les jeunes gens qui ne ressemblaient pas à tous ces courtisans prétentieux à l'affût du moindre signe de sa part. Pierre et lui avaient partagé des instants d'échanges privilégiés, d'autres où ils se parlaient à peine. Le tsar était enivré de pouvoir, il pouvait tout oser : créer une ville, éliminer ses ennemis, déclarer des guerres, ordonner à un ami de tout quitter pour exécuter ses ordres. Si Paul refusait de se rendre à Saint-Pétersbourg, il pouvait être jeté en prison et y croupir jusqu'à la fin de ses jours. Il faut partir, décida-t-il, l'amitié de Pierre est un carcan.

Paul laissa de nouveau son regard se perdre dans l'immensité. Les résidences princières comme celles des nobles s'étaient érigées à une vitesse stupéfiante, et le palais impérial était en effet presque achevé. Lentement, Paul en fit le tour. C'était immense, imposant, une vitrine ouverte sur le changement radical des mœurs russes voulu par le tsar, tourné désormais vers l'Europe occidentale.

Le peuple suivait, bâtissant des maisons, des églises, des commerces, des centres de santé et de police, des écoles.

Comme le soleil baissait, Paul reçut en plein cœur la transcendante beauté de la lumière du nord. Voilà ce que Pierre avait dû percevoir avant lui. L'île Vassilivski apparaissait dans une brume d'un gris teinté de rose. On discernait la silhouette du Palais d'Hiver, les hangars des chantiers navals, le palais Menchikov qui servait provisoirement à Pierre de lieu de réception. Paul se détourna. Il était facile de céder à la fascination de cette irréelle beauté. N'allait-il pas lui-même contribuer à faire de ces édifices des demeures dignes des empereurs de Rome ? Pourquoi ne savait-il pas distinguer le bien du mal, la courtisanerie de la liberté, la grandeur de la pire bassesse, même si cette dernière était auréolée d'or ? Pierre savait que son propre fils allait se dresser contre lui. Sa deuxième femme, une servante soumise, avait perdu nombre d'enfants qu'elle avait mis au monde. Ne leur restaient que deux filles, et ce garçon, Alexis, né du premier mariage du tsar, et qu'il tenait désormais pour un ennemi. Certains boyards devinaient que son choix était fait. Il attendait simplement son heure. Comme le tsarévitch Alexis bénéficiait du soutien de l'évêque de Kiev, de nombreux boyards et de sa mère, le danger était grand.

À pas vifs, Paul gagna le logement qui lui avait été attribué, une maison assez vaste flanquée d'une aile dont il ferait son atelier, car la lumière y pénétrait à flots.

Il avait deux domestiques à son service, une cuisinière et un valet, des serfs arrachés à leurs terres, à leurs familles qui acceptaient cette injustice avec la passivité de personnes incultes habituées à obéir.

Maintenant il devait dessiner des croquis, penser à différents projets pour les présenter au tsar, et il n'en avait guère eu le temps.

Paul se grisait chaque jour de la lumière de Saint-Pétersbourg. Peu à peu, il imaginait des fresques avec des nuages bleutés ou gris traversés par des silhouettes indécises d'oiseaux migrateurs, des montagnes suggérées dans le lointain, de l'eau caressée tantôt par l'ombre, tantôt par ce soleil pâle de la mer Baltique qui formait l'horizon.

Désormais il se levait heureux. Il avait déjà deux esquisses à soumettre au tsar. Elles se ressemblaient, mais l'une était plus proche d'un paysage réel, l'autre tenait du rêve. C'était cette dernière qu'il préférait.

Le rire de Pierre le Grand glaça Paul. Il avait étalé ses cartons sur deux tables dans un Palais d'Hiver encore démuni de mobilier.

– Me prends-tu, cher Paul, pour une âme délicate ? Ce que tu me montres ravirait ma maîtresse, mais sache que je ne compte pas l'installer dans mes appartements privés. Ah, mon cher ami, on voit qu'avec le lait de ta mère, tu as été nourri au miel des saintes icônes.

Pourquoi dévoiler au tsar qu'il n'avait pas eu de mère ? Que son père peintre de grand talent était mort avant sa naissance ? Quelle importance ces détails pouvaient-ils avoir pour le maître de la Russie ?

Paul préféra garder le silence, mais cette humiliation gratuite le blessa profondément. Le tsar, qui se voulait protecteur des arts, était-il réellement sensible à la beauté ? Bien que dénué de suffisance, Paul savait que ses deux projets étaient de belles créations, poétiques, évocatrices, inventives. Il en était fier.

– Je veux des muses, de superbes femmes blanches et potelées, blondes et rieuses, épiées par des satyres. Je veux des amants éperdus, des couronnes de fleurs, des joueurs de flûte ou de mandoline, pas d'angelots. Ils sont d'une abominable mièvrerie. Enfin, mordieu, je veux que mes appartements ressemblent à ceux du roi Louis XIV ou de l'empereur d'Autriche. Pour mon bureau, il faudra des évocations guerrières, des casques, des lances, des boucliers, des faisceaux d'épées. Et au milieu, l'orgueilleux aigle russe dans toute sa puissance. Me comprends-tu, Paul ?

– Oui, Majesté.

Sans davantage prolonger la conversation, Pierre se détourna. La guerre contre la Suède s'éternisait, et il enrageait de ne pouvoir écraser l'ennemi avec ses soldats russes, les meilleurs de toute l'Europe. Pour se dérider, il s'enorgueillissait de sa ville, mangeait, buvait, accumulait les maîtresses et chassait les fauves. Ses fauconniers étaient les plus élégamment vêtus d'Europe, caftan de drap ou de satin, chapka de velours doublée de zibeline, bottes de fine peau rouge, verte ou bleue, gants à poignets brodés de fils d'or. Chaque oiseau dressé coûtait une fortune, mille roubles par an, le salaire d'une vie entière d'ouvrier.

Paul ne jugeait pas le tsar. Il connaissait les menaces qui pesaient sur lui, le poids énorme de ses responsabilités, la haine que bien des Russes lui vouaient après avoir été européanisés de force, et le déchirement de savoir son fils unique comploter contre lui.

Mais l'homme était un visionnaire, un être courageux doté d'une vitalité hors du commun, dénué de tout scrupule.

Quant à sa prédilection pour la peinture précieuse et baroque des cours de France, d'Angleterre et d'Autriche, elle s'expliquait par son inexpérience. Certes, il appréciait les arts, peinture, musique, danse, mais ce monde était trop nouveau pour lui. Il ne pouvait qu'admirer, envier, reproduire.

Paul savait qu'il devait obéir, peindre à la manière précieuse des artistes prisés par les dames françaises ou s'éloigner du tsar pour toujours, suscitant au mieux son indifférence, au pire une rancune frôlant l'hostilité.

Pierre voulait des femmes grasses et blanches à la bouche en cerise, des faunes égrillards tapis dans des bosquets, de mièvres amoureux donnant la sérénade ? Il en aurait.

Mais, toujours lancinante, magnifique, s'imposait son icône rêvée avec son visage au regard bienveillant, son doux sourire, pudiquement drapée dans une robe blanche sur laquelle la tunique rouge faisait une tache de sang.

En dessinant à larges traits de fusain des femmes grisées par le désir qu'elles inspiraient aux hommes, il lui arrivait de songer à ses parents, à la steppe, à la neige qui couvrait l'univers neuf mois par an, au sifflement du vent, à l'ours, au long voyage de sa mère enceinte jusqu'à Moscou. Était-elle haineuse ou indifférente ? La femme russe, n'ayant connu que le servage, était passive, laborieuse, bornée, d'une piété quasi païenne. Une bête de somme. Et il venait de cette race-là tout autant que de celle des raffinés Dionous. La deuxième fille survivante du tsar, Élisabeth, avait, elle aussi, mêlé dans ses veines le sang des Romanov et celui d'une femme de la plèbe. Elle acceptait cet héritage, comme il avait accepté le sien.

Pour accéder au plafond des appartements du tsar, des échafaudages avaient été dressés. Quand il se présenta le premier jour, Paul eut la surprise de voir une femme vêtue d'une épaisse toile blanche en train de peindre un fond de ciel azuré.

– Bienvenue, dit-elle avec un fort accent italien. Je travaille pour vous !

Elle se retourna pour lui faire un petit signe de la main. Il découvrit un visage menu, des yeux pétillants, un délicieux sourire.

Que faisait cette jeune personne en haut de l'échafaudage ? C'était la première fois que Paul voyait une femme peindre.

19

Peu soucieux du surcroît de travail qu'il infligeait à ses parents, Simon résidait chez ses cousins à Beyrouth. Riches comme ils étaient, ils pouvaient salarier des Arabes qui connaissaient parfaitement l'entretien des oliviers comme des arbres fruitiers. Que se passait-il à Emmaüs ? Rien. Que faisait-on de l'argent amassé après des années de travail ? Rien. À Beyrouth au moins, on vivait. Son oncle Clément avait prospéré, poussant habilement ses pions dans différentes directions, et son fils Selim, le premier de la famille à porter un prénom arabe, s'initiait aux affaires avec une prometteuse diligence. Myriam sa sœur fréquentait une école tenue par des religieuses catholiques. Le niveau d'éducation était excellent et les jeunes filles obtenaient vers dix-sept ans un diplôme qui en faisait des partis prisés sur le marché du mariage. Outre l'arabe, elles parlaient l'anglais, le français et le grec, savaient coudre et broder.

À Beyrouth, Simon revivait. Rien ne ressemblait à la vie trop bien réglée, presque monacale de la maison paternelle. Sa sœur, épouse de pope, s'était entêtée à tenir une minuscule classe qui ne menait à rien. La fille libre, fantaisiste, qui rêvait d'amitié universelle était devenue une femme sévère et rigide. Son insipide mari devait y être pour quelque chose. Avec quatre enfants, le couple ne vivait décemment que grâce à l'aide financière des Dionous.

La maison de son oncle Clément n'était plus isolée dans la charmante petite rue. D'autres notables avaient édifié de belles demeures entourées de vastes jardins. Bâties à l'extérieur des remparts, ces demeures étaient presque campagnardes bien que peu éloignées du centre-ville bruissant d'activité.

Le soir, à l'heure de la liqueur d'anis que l'on sirotait avec des pistaches à l'ombre du grand pin parasol jouxtant la terrasse, Clément répondait volontiers aux questions de son neveu. Pour réussir à Beyrouth, il fallait être imaginatif, chaleureux et généreux. Il avait fait ses premières armes comme changeur, puis avait consenti des prêts avant de songer à fonder une banque. Il gardait aussi un œil sur les terres possédées en commun avec son frère Manuel et investissait dans des plantations de mûriers pour obtenir de la soie vendue cher sur le marché de Beyrouth comme sur les marchés français et anglais. Là-bas, les dames de la haute société en raffolaient.

Les propos de son oncle faisaient rêver Simon. Ils l'empêchaient de dormir. Il devait l'écouter, apprendre, faire ses classes à ses côtés et ceux de son cousin. Emmaüs attendrait. Son père, toujours aussi actif, répugnait par ailleurs à déléguer à son fils les décisions importantes : expansion de l'élevage des moutons, abattage des plus jeunes, leur viande étant plus recherchée et lucrative, ajout de plantations ou débitage des arbres fruitiers malades. Levé dès l'aube, Manuel s'entretenait avec ses régisseurs, allait lui-même se rendre compte de la véracité de leurs rapports, prenait le café avec eux. Simon se bornait à faire la comptabilité, mais son savoir pouvait grandement l'aider dans ses futurs projets.

La première semaine, il passa ses journées sur le port, dans les souks, à escalader aussi « sa » rue pour jouir de la montagne, humer à pleins poumons son air aux senteurs de thym et de résine, s'emplir de la vue magnifique sur la Méditerranée offerte à chaque détour du chemin.

La deuxième semaine lui parvint un mot de son père, qui l'interrogeait sur la date de son retour. Il expédia une réponse laconique : il prolongeait un peu son séjour chez son oncle et espérait que tout allait pour le mieux à Emmaüs.

Sur l'échiquier ottoman, Beyrouth semblait une pièce à part. Certes, on y côtoyait des Turcs reconnaissables à leurs turbans, leurs gilets courts, leurs culottes bouffantes, mais cette population n'était pas majoritaire. De plus en plus d'Occidentaux affluaient dans ce coin privilégié du Levant pour tenter leur chance. Les Italiens en particulier, quelques Grecs influents qui cherchaient des terres tournées vers l'avenir, un port susceptible d'accaparer le commerce autrefois détenu par Tripoli et Saïda. Ne nommait-on pas la petite ville de Beyrouth « le joyau du Seigneur turc » ?

Simon passa sa dernière journée oisive sur le port à admirer les navires marseillais, génois, livournais, vénitiens. La rade commençait à se désensabler et les lieux de mouillage étaient plus nombreux, plus sûrs. Simon comprit alors le trait de génie de son oncle, qui avait largement investi dans la culture du mûrier. On chargeait la soie par ballots entiers. Les fils bruts étaient tissés dans le Chouf ou à Damas. Dans cette ville, la communauté grecque orthodoxe jouissait de privilèges, et son autonomie aidait au formidable essor commercial de familles devenues très riches. Les Turcs avaient vite compris que ces dernières investissaient leur argent pour la prospérité commune. Cet état d'esprit était encouragé dans tout l'empire. Mais la majorité des sujets de la Sublime Porte préféraient le simple commerce, l'élevage, la culture des terres, la pêche, l'artisanat. Dieu seul décidait.

Jour après jour, Simon s'initiait au métier de banquier. Le commerce de l'argent lui était jusqu'alors inconnu, mais le parcours de son oncle le fascinait. Tout d'abord Clément avait prêté de l'argent à des amis, puis à des amis d'amis. Mais il s'était rapidement rendu compte que cette activité, bien que lucrative, était trop étroite. Ses revenus, ajoutés à ceux des terres qu'il possédait en Syrie et Palestine, lui permettaient de voir beaucoup plus grand.

Travaillant jusqu'alors chez lui, il avait décidé d'acheter un bâtiment dans le cœur de Beyrouth, une maison en pierre à arcades de belle allure, qui d'emblée inspirait confiance. Il avait aussitôt embauché deux hommes capables de tenir les livres de comptabilité, un Grec orthodoxe et un brillant maronite venu de la montagne. Son homme de confiance, préposé au recouvrement des créances, lui resterait attaché. Sur la façade de « sa » banque, Clément avait fait peindre en lettres noires : « Banque Dionous ».

Simon était certain que ses commis deviendraient des hommes riches, tous avaient le feu sacré et considéraient Clément comme leur dieu. Et l'essor du commerce avec l'Occident rendait indispensables les billets à ordre et les lettres de change. Le fonctionnement des banques anglaises et françaises devait être maîtrisé par certains employés, et Clément avait déniché un vieux Turc ayant occupé un poste diplomatique à Paris, où il avait appris un peu d'anglais. Les drogmans, que les Grecs nommaient dragoumanos, étaient turcs pour la plupart, mais de plus en plus de chrétiens grecs ou romains se tournaient vers l'Occident, où ils étaient toujours bien reçus.

Clément avait accepté sans grand enthousiasme de prendre son neveu dans son établissement bancaire. En gardant le fils unique de Manuel à Beyrouth, il savait qu'il privait son frère d'une aide nécessaire puisque Dimitria n'avait que des prières à offrir.

Son comptoir pouvait désormais verser huit pour cent de dividende, ce qui attirait de nombreux clients, ainsi que la gratitude des œuvres charitables, comme le couvent où était pensionnée sa fille Myriam. La famille devenait une puissance sociale dans la ville, et il pouvait espérer pour sa fille un mariage prestigieux avec le fils d'une vieille famille levantine. En attendant, Sophie et lui étaient invités à toutes les fêtes.

Mais, à l'étonnement de Clément et surtout de Sophie, ce

fut Simon leur neveu qui fit les premiers projets matrimoniaux avec une jeune Byzantine d'excellente famille rencontrée chez les Chebas, des Libanais qui, bien que chrétiens maronites, étaient fidèles à la Sublime Porte.

Simon et Claude s'étaient tout de suite plu. On parla de fiançailles, mais pour que cette fête prenne tout son éclat, il fallait convaincre Manuel et Zénaïde de se rendre à Beyrouth. Sans trop insister, on enverrait aussi une invitation au pope et à sa femme. Il fallait respecter les liens familiaux.

La fête était prévue pour la fin du mois de mai, une période agréable qui permettait aux Khoury, parents de la fiancée, de recevoir dans leur vaste jardin du centre-ville.

Comme une bombe, la nouvelle parvint d'Emmaüs le 10 mai. Tôt un matin, Manuel avait eu une attaque dans ses oliveraies et restait presque entièrement paralysé. Alité, il fallait le nourrir et l'abreuver. Il ne pouvait que difficilement prononcer quelques mots pour la plupart incompréhensibles. Simon devait aussitôt regagner la maison familiale pour réconforter et soulager sa mère.

Cette nouvelle suscita un immense chagrin chez les Dionous. Ils allaient rapidement emballer quelques affaires, chercher Myriam dans son couvent, et prendre la route d'Emmaüs dans la voiture de Clément, où l'on pouvait voyager à cinq sans se contraindre. Le valet et la femme de chambre s'installeraient près du cocher.

Simon tomba dans les bras de sa mère, blafarde, amaigrie, les yeux rougis de détresse.

– Venez, chuchota-t-elle à son fils et à son beau-frère, je sais qu'il vous attend.

Manuel gisait sur son lit, le corps recouvert d'un drap. De sa bouche s'échappait un peu de bave.

Simon et Clément eurent du mal à reconnaître dans cette pathétique dépouille l'homme autoritaire, actif, souvent jovial. Il n'avait pas été rasé, et sa barbe naissante donnait une impression de malpropreté.

Manuel ouvrit à peine les yeux, son regard se posa sur Simon.

– Fils, balbutia-t-il, et tournant la tête vers son frère : Clément.

Il était évident qu'il voulait sourire mais n'y parvenait pas. Sa bouche ne pouvait que se tordre.

– On attend Dimitria, souffla Zénaïde. Son mari va lui administrer l'extrême-onction. Dieu nous accorde la grâce d'être tous ensemble, remercions-Le.

Elle tomba à genoux, imitée par toute la famille.

Avec de l'huile sainte, le pope traça des croix sur le front, les lèvres, les mains, chaque bras, chaque jambe du mourant. Zénaïde et Dimitria pleuraient, Myriam et Selim, qui avaient peu connu leur oncle, se tenaient à l'écart.

Clément se cachait la tête entre les mains. Après sa propre mort, et le départ de toute une génération, Selim et Simon sauraient-ils porter haut le flambeau des Dionous, qui depuis des siècles ne s'était jamais éteint ?

Partie de rien, leur famille, grâce à son intelligence, son courage, son travail acharné, s'était hissée au rang des nantis.

Si Simon était prompt à comprendre, au plus profond de lui-même Clément savait que son neveu ne réussirait pas dans la banque. Il n'était pas assez rigoureux, pas assez réaliste ni suffisamment diplomate, il manquait de cette habileté indispensable à se rendre sympathique et à inspirer confiance, sans compter l'intuition qui permettait de pressentir, de deviner, de décrypter. Mais Clément comptait sur Selim. Son fils lui ressemblait, il était capable de jouer plusieurs partitions à la fois : banque et commerce.

Le mari de sa nièce, bien qu'étant encore dans la force de l'âge, avait le teint triste, les paupières molles, mais ses doigts enduits de l'huile bénite étaient d'une finesse extrême. Dimitria, disait-on, le menait par le bout de la barbe. Cela ne l'étonnait guère. Dimitria était une Dionous.

La messe de requiem eut lieu dans l'église orthodoxe de Jérusalem : celle d'Emmaüs était trop exiguë pour accueillir tous ceux qui avaient voulu accompagner Manuel dans sa dernière demeure.

Il était mort trois jours plus tôt, paisiblement. Après ce laps de temps prescrit par l'Église, son âme désormais séparée du corps, il reposait dans un cercueil de bois d'olivier les bras croisés sur sa poitrine, le visage tourné vers le Christ, centre de l'iconostase. Des cierges l'entouraient, dont la lumière, comme le ressac des vagues, éclairait par intermittence les six popes qui assistaient le gendre du défunt.

Une concession au cimetière avait été acquise des années auparavant à la prière de Dimitria qui voulait regrouper sa famille autour de « son » église, de « son » école.

Le Christ devant réapparaître à l'ouest à la fin des temps, la tête du défunt était orientée dans cette direction. Chacun jeta une poignée de terre, embrassa la croix, participa au déjeuner offert par Dimitria dans la vaste salle de classe, et se sépara à la tombée du jour.

Dimitria regagna le lendemain sa demeure, accompagnée de Simon, abruti de chagrin et d'anxiété. Il était évident que sa mère ne pouvait remplacer Manuel dans le lourd travail familial. S'il voulait retourner à Beyrouth retrouver sa fiancée et l'épouser, il allait lui falloir trouver un intendant de toute confiance, musulman ou chrétien. La région ne manquait pas d'hommes compétents, honnêtes, dévoués et travailleurs.

Le cœur serré, il fit ses adieux à son oncle, sa tante, Selim et Myriam, et suivit des yeux leur voiture jusqu'à sa disparition. En dépit de ses projets, il avait la hantise qu'un piège se referme sur lui. Il se voyait vieux, chenu à Emmaüs, tandis que son cousin recevait la fine fleur de Beyrouth, dignitaires, diplomates, rejetons des plus grandes familles, officiers, richissimes marchands, femmes ravissantes et jeunes gens qui évoquaient leur avenir avec gourmandise.

En outre, Claude lui ferait vite comprendre qu'elle refusait de s'enterrer à Emmaüs et qu'elle avait « d'autres projets ». Elle lui faisait régulièrement parvenir de ses nouvelles, anxieuse de savoir quand il regagnerait Beyrouth. Il était hors de question pour une jeune fille de se rendre en Palestine sans frère pour l'escorter.

Les responsabilités de la vie quotidienne étaient nombreuses et épuisantes. Sans avoir le zèle de son père, son aisance à discuter avec les ouvriers agricoles et les bergers, Simon devait faire les comptes que sa mère, anéantie de chagrin, ne pouvait plus assumer, trouver des « cueilleurs » pour les fruits prêts à être récoltés, les mettre en caisse, les expédier sur les marchés.

Après l'excitation éprouvée à Beyrouth, la déception, le remords et le chagrin aussi de n'avoir pas été présent aux côtés de son père mourant, les soucis causés par la prostration de sa mère lui faisaient voir l'avenir sous un jour sombre. En aucun cas, il ne pouvait en ce moment quitter Emmaüs. Sa famille, celle de Beyrouth comprise, ne le lui aurait pas pardonné.

Allongée sur son lit, Zénaïde ne cessait de revoir le passé. Courageusement et avec compétence, elle avait secondé Manuel, vu avec fierté leur commerce prospérer, l'argent rejoindre la banque de son beau-frère qui leur octroyait de confortables intérêts. Elle se retrouvait aujourd'hui seule et se désespérait des choix de vie de sa fille à Jérusalem auprès d'un terne époux comme du peu d'intérêt que son fils montrait pour l'exploitation qui avait pourtant nourri les Dionous, tout en leur offrant un statut social dont le jeune homme s'enorgueillissait. Depuis la mort de son mari, elle voyait Simon se lever tard, rentrer tôt des champs, la mine triste, la parole rare. Les ouvriers en prenaient bien sûr à leur aise, volaient probablement, mais elle n'avait plus la force de montrer de l'autorité.

Dimitria venait lui rendre visite une fois par semaine avec des gâteaux, une bouteille de sirop d'amande ou d'orange, des dessins des enfants, mais elle n'avait besoin de rien, sinon d'une présence attentive, affectueuse.

Un soir où observer Simon se languir lui était particulièrement insupportable, elle prit sa décision.

– Va passer quelques jours à Beyrouth pour voir la famille et ta fiancée, je survivrai très bien seule avec l'assistance de notre vieille Fatima et du jardinier.

20

Demeurée seule, Zénaïde décida de se ressaisir, de remonter à la surface. Toute une vie de travail ne pouvait être anéantie parce que Simon était irresponsable et que son propre chagrin la clouait à la maison.

Le lendemain elle fut debout à six heures trente, passa une robe de coton serrée à la taille par un simple cordon, jeta un fichu fleuri sur ses épaules et se rendit à la bergerie. Les trois hommes chargés des cent cinquante moutons sirotaient leur café à l'ombre d'un figuier. En l'apercevant, ils se levèrent d'un bond. Que venait faire la patronne ? On ne l'avait jamais vue ici aussi tôt.

– Assez de repos, ordonna-t-elle aussitôt. Espèces de fainéants, je ne vous paye pas pour vous goberger à mes frais !

Devant elle, une mer de moutons paissait de l'herbe sèche et parfumée, surveillés par quatre chiens au poil dur et à l'œil féroce. Le soleil levant caressait les pâturages d'une lumière blonde.

Zénaïde se dirigea vers les bêtes, ignorant les chiens qui s'étaient immobilisés. Devant les bergers inquiets, elle inspecta le troupeau, s'arrêtant de temps à autre face à un mouton avant de se pencher pour examiner l'encolure, les pattes, tâter le ventre. Enfin elle fut de retour, son œil sévère, son front plissé indiquèrent aux hommes qu'elle avait des reproches à leur faire.

– Certaines bêtes sont blessées aux pattes, d'autres ont le ventre gonflé.

– Des brebis pleines, l'interrompit un des bergers, goguenard.

Les yeux de Zénaïde flamboyèrent.

– Me crois-tu incapable de reconnaître un mouton d'une brebis ? Non, je suspecte de l'entérotoxémie. Quelques bêtes se sont-elles échappées dans le champ d'orge ?

– Comment savoir, madame Zénaïde ? soupira le plus vieux. Nous ne pouvons courir derrière elles. C'est le travail des chiens.

– Ils ne peuvent être partout à la fois, et ils sont là pour vous obéir. Ces bêtes se sont goinfrées de pousses d'orge qui leur dilatent le ventre. Elles peuvent mourir d'un jour à l'autre, et leurs carcasses seront bonnes à être brûlées. J'ai noté aussi sur certaines d'entre elles des signes de gale. Qu'attendez-vous pour les traiter ? Je ne vais pas me ruiner pour les bons à rien que vous êtes !

Les trois bergers se regardèrent. Ils savaient les Dionous fort riches. Le veuvage avait rendu la vieille acariâtre. Quelques mois plus tôt, elle leur faisait porter des pistaches et des gâteaux au miel.

– Vous voulez ma mort ? s'écria Zénaïde. Après toutes les largesses dont vous avez bénéficié ? Je vais appeler un soigneur qui me coûtera une fortune. Et pour cette fois, je ne retirerai pas ses émoluments de votre paye. Mais écoutez-moi bien, ce sera la dernière.

Les trois hommes s'inclinèrent, murmurant force bénédictions.

Le soleil était déjà haut lorsque Zénaïde regagna sa belle maison de pierre coiffée de tuiles rouges. Combien de temps pourrait-elle faire le travail de Manuel ? Et la cueillette des olives était pour bientôt, ainsi que celle des pommes et des figues. « Et je n'ai ni fils ni gendre, gémit-elle. L'un ne pense qu'à ses plaisirs, l'autre à ses prières. »

La servante avait préparé un poulet aux amandes. Pour la première fois de sa vie, Zénaïde demanda une bouteille de vin. À la fatigue se mêlait un sentiment de fierté. Toujours elle avait écouté, admiré, encouragé, aidé Manuel. Aujourd'hui, c'était elle qui dirigeait. Sans jamais en souffler mot, de peur de passer pour une sotte et d'irriter son mari, elle avait ses idées. La Palestine était une région où les perspectives d'étendre ses possessions agricoles étaient limitées. Mais l'Égypte voisine, lui avait-on dit, cultivait du coton qui se vendait bien. Elle n'avait aucune connaissance sur cette plante, mais assez d'amis tant à Damas qu'à Jérusalem pour la renseigner. La hardiesse avait souri aux Dionous, et il n'était pas dit qu'elle en manquerait. On pouvait également acheter des terrains autour de la petite ville endormie d'Alexandrie. Le port commençait à retrouver de l'activité. On y voyait des vaisseaux turcs bien sûr, mais aussi anglais et français qui venaient charger le coton, le blé, le lin, l'orge, les féveroles pour le bétail.

Il faudrait filer ce coton et donc ouvrir des manufactures, embaucher des ouvriers. Si elles se trouvaient proches d'Alexandrie et non de Thèbes, comme c'était actuellement alors le cas, ils seraient les premiers à expédier leur production vers Marseille et Gênes. Et s'il fallait qu'elle se rende à Alexandrie, elle était prête à partir.

Après un mois passé en Égypte, Zénaïde regagna la Palestine, très heureuse de son voyage. Elle avait fait l'acquisition de dix feddans[1] d'un terrain apte à la culture du coton. C'était une surface modeste, mais il fallait avancer avec précaution. Et ce terrain avait l'avantage d'être près de la ville et du port. Elle avait aussi acheté en plein cœur de la petite cité quelques modestes maisons pour loger les ouvriers. Jamais les Dionous

1. Un feddan équivaut à quatre mille deux cents mètres carrés.

n'avaient toléré que ceux qui les servaient et leur famille vivent dans des abris insalubres.

En rentrant dans sa chère demeure, la surprise faillit la foudroyer. Simon était de retour avec une jeune femme brune, grande et mince, élégamment vêtue. Après avoir serré sa mère dans ses bras, Simon la lui présenta.

– Ma femme, Claude. Nous nous sommes mariés fort simplement à Beyrouth. Je voulais revenir auprès de toi, et elle désirait absolument m'accompagner.

D'emblée, Zénaïde pressentit que cette jeune personne et elle n'avaient rien en commun. Elle allait se prélasser dans la maison, embaucher des domestiques, tout bouleverser, et Simon n'ouvrirait pas la bouche.

Devant un pichet de limonade et une coupe remplie d'amandes et de pistaches, le jeune ménage écouta Zénaïde narrer son voyage en Égypte, exposer ses projets. Elle était sûre que Manuel l'aurait approuvée. Simon opina. Oui, elle avait raison, l'Égypte était un pays prometteur.

Il faisait doux, une brume venait de l'ouest, soulevant le châle de mousseline brodée de Claude, dérangeant ses mèches soigneusement rassemblées en chignon accroché haut sur la tête. Ses longues boucles d'oreilles en or cliquetaient au moindre mouvement. À côté d'elle, Zénaïde, vêtue d'une longue tunique de coton brun, chaussée de sandales, les cheveux tressés en une natte enroulée autour du crâne et enserrée par un foulard de coton écru, ressemblait à une paysanne. Elle était fatiguée, sentait la poussière tandis que Claude embaumait le jasmin.

Zénaïde soupira. Pour le bonheur de Simon, elle ne ménagerait pas ses efforts afin de mettre à l'aise sa bru.

Ce dernier reprit le travail mais les projets égyptiens l'excitaient bien davantage que leur exploitation palestinienne. Au printemps, il insista pour se rendre à Alexandrie. Enceinte de cinq mois, sa femme ne pouvait l'accompagner.

Zénaïde pensa vite que l'exaspération allait lui ôter la vie. Soudain active, la languide Claude commanda à Damas du mobilier venant de France : canapés, fauteuils, consoles, écritoire. En un clin d'œil, Zénaïde vit disparaître les meubles ottomans qu'elle et Manuel avaient achetés des années plus tôt. Certes les tissus avaient vieilli, les franges s'étaient effilochées, les coussins avachis, mais ce décor était celui de sa vie.

– Ma mère, avait tranché Claude, avec la position que tient la famille Dionous vous ne pouvez vivre dans ces turqueries. À Beyrouth, la bonne société n'en veut plus, même si l'on conserve un ou deux petits salons ottomans par sentimentalité ou pour recevoir les vieux caciques turcs.

La voix était si désinvolte que Zénaïde n'osa la contredire. Mais elle se retira aussitôt dans sa chambre pour laisser libre cours à sa colère.

Les meubles furent installés quelques jours seulement avant le retour d'un Simon ravi. Tout le monde s'accordait à prédire un bel avenir à la ville d'Alexandrie. Il avait pu s'entretenir avec des paysans qui cultivaient le coton depuis des générations : ils en obtenaient une production modeste qui cependant se vendait bien. Désormais, il se sentait capable de surveiller semis et récoltes, d'embaucher des ouvriers pour filer le coton juste cueilli.

L'enthousiasme de Simon pour le projet de sa mère était un baume dans le cœur de Zénaïde. Décidément, son fils n'était pas un homme de la terre, et rien ne pourrait le forcer à s'intéresser à la cueillette des olives ou des figues. Mais diriger une entreprise partant du produit brut pour aboutir à la négociation commerciale le stimulait fortement.

Les premiers semis devaient se faire en avril pour une récolte en octobre ou novembre. Il fallait patienter jusqu'au printemps prochain.

Début septembre, Claude ressentit les premières douleurs de l'enfantement. Toute la maisonnée fut sens dessus dessous. On fit venir la meilleure sage-femme d'Emmaüs.

Claude poussait d'épouvantables hurlements qui agaçaient Zénaïde. Elle avait donné naissance à Simon, Dimitria, et hélas à un garçon mort-né sans faire toutes ces simagrées. On avait accroché toutes les icônes de la maison au-dessus de son lit et allumé des bougies. La Vierge, le Christ et tous les saints protecteurs avaient veillé sur elle, car tout s'était finalement bien passé. Mettre au monde était un acte naturel qui ne nécessitait pas que toute la maison soit en branle-bas de combat.

Le travail de la parturiente n'en finissait pas. Entre deux hurlements, elle gardait le silence, le front trempé de sueur, les mains crispées, et ces minutes-là étaient plus éprouvantes encore pour ceux qui l'entouraient. Claude allait-elle périr en couches comme tant de femmes avant elle ? La sage-femme semblait préoccupée. Il allait falloir prendre des pinces, inciser, une opération délicate souvent suivie de graves complications.

Enfin le haut de la tête du bébé apparut.

– Pousse fort, ma colombe, ordonna l'accoucheuse.

Elle s'essuya les mains à son tablier, prit les forceps et saisit la tête de l'enfant, mais l'ouverture vaginale était trop étroite. Il fallait inciser avec une lame bien affûtée.

Sous la morsure du couteau, Claude perdit connaissance.

– Un garçon ! s'écria Zénaïde. Un beau petit Dionous !

L'enfant vagissait et semblait en bonne santé.

– Il va falloir trouver au plus tôt une nourrice, déclara la sage-femme, cette pauvre petite va être incapable d'allaiter.

Dimitria, qui était venue de Jérusalem pour assister sa belle-sœur, fila aussitôt chez une voisine au courant de tous les faits et gestes de la ville. Oui, il y avait une femme aux confins de la campagne, qui avait accouché une semaine plus tôt de son sixième enfant. Il lui semblait même que son mari travaillait dans les domaines agricoles des Dionous. Ce serait un honneur pour elle de nourrir le petit-fils de sa patronne.

Depuis une semaine, Claude était terrassée par la fièvre et l'apothicaire s'inquiétait. Il avait pourtant utilisé tout son savoir, pilé des herbes, préparé des tisanes susceptibles d'empêcher ou de guérir l'infection. Claude était entre les mains de Dieu, et dans son église de Jérusalem, son beau-frère ne cessait de prier. Celui-ci devait avoir Son oreille, car Claude se rétablissait jour après jour. On avait attendu qu'elle reprenne toute sa conscience pour donner un nom au nouveau-né.

– Iannis, murmura-t-elle avec un pauvre sourire, c'était le prénom de mon cher grand-père paternel.

Zénaïde, l'œil interrogatif, se tourna vers son fils. En une semaine, celui-ci semblait s'être ratatiné.

– Nous l'avions décidé ensemble depuis longtemps. Si l'enfant avait été une fille, elle se serait prénommée Madeleine, le nom de ma belle-mère.

– Eh bien, se réjouit Dimitria, nous allons maintenant pouvoir baptiser Iannis.

L'enfant était devenu un garçonnet vif et rieur aux beaux yeux mordorés. Il était évident qu'il n'aurait ni frère ni sœur, car Claude risquerait sa vie lors d'un nouvel accouchement.

Totalement remise, elle s'habillait de nouveau avec élégance, tentait de nouer des liens amicaux avec les quelques jeunes femmes orthodoxes d'Emmaüs, brodait sur la terrasse, sirotait de la limonade et semblait se plaire dans une totale inactivité. Zénaïde avait renoncé à ressentir de la colère, ou même un simple énervement. Simon était manifestement amoureux et n'aurait pas supporté la moindre critique.

Pour son second voyage à Alexandrie, au moment de la récolte du coton, il décida de partir avec Claude. Iannis serait choyé par sa grand-mère, il n'avait pas de souci à se faire.

Zénaïde prit l'habitude d'emmener le bambin avec elle dans les oliveraies ou les vergers. Mais la plus grande joie de l'enfant était de rendre visite aux moutons. Les chiens avaient appris à le connaître et les bergers le faisaient sauter dans leurs bras.

– En voilà un qui s'attachera peut-être à nos terres, se réjouissait Zénaïde.

L'enfant ressemblait à Manuel, il avait ses cheveux bruns et drus, son menton volontaire, son regard tantôt impérieux, tantôt cajoleur. Sa grand-mère l'aimait avec passion.

Simon et Claude revinrent enchantés d'Égypte. Tous deux avaient envie d'acheter une maison dans la petite ville d'Alexandrie. Il restait de très beaux vestiges de son passé prestigieux. Et, proches des champs de coton, de la manufacture de tissage, ils pourraient augmenter la production jusqu'à présent confiée à un intendant que tout effort épuisait. Les cueilleurs de coton étaient nonchalants, et les tisseurs avaient du mal à faire fonctionner les machines neuves arrivées d'Angleterre.

– Nous en voudrais-tu, maman, demanda un soir Simon alors que tous trois buvaient un verre de vin blanc frais sur la terrasse, si nous nous installions là-bas ? Tu viendrais souvent nous voir et notre maison sera assez grande pour te loger confortablement. Claude et moi avons quelque chose en vue à l'intérieur des remparts. Une jolie demeure qui fut la résidence d'un pacha au siècle dernier.

– De plus, ajouta Claude, elle est entourée d'un beau jardin, aujourd'hui en friche, mais qui sera un royaume pour Iannis.

Surprise, Zénaïde laissa échapper son verre qui se fracassa sur le sol. Avec ce projet égyptien s'était-elle passé une corde autour du cou ? Mais, même au fond de son désespoir, elle sentait que la décision de Simon était la bonne. Toujours les Dionous avaient été de l'avant. La Turquie ? La Syrie ? La Palestine ? Pourquoi pas l'Égypte maintenant ? Certes il fallait améliorer la production du coton encore trop artisanale, croiser des plants peut-être, pour les rendre plus vigoureux, plus denses. Les semis à leur disposition venaient de Thèbes, c'étaient des graines très anciennes qui étaient cultivées selon de vieilles traditions. La productivité n'avait jamais été un souci pour les fellahs[1]. Mais il lui était impossible de se séparer de Iannis.

1. Paysans égyptiens.

Claude, elle en était certaine, lui cachait quelque chose. Elle ne doutait pas de déceler vite ce qu'elle avait dans la tête.

D'un ton d'une douceur exquise, la jeune femme apprit à sa belle-mère que la maison d'Alexandrie était en travaux et qu'ils ne s'y installeraient que pour les semailles. Ils avaient engrangé les graines *baladi*, indigènes, en attendant de pouvoir en améliorer la qualité et le rendement. Les semailles avaient lieu l'hiver. Ils ne partiraient donc pas avant le mois de novembre.

– Et Noël ? s'écria Zénaïde atterrée.

– Vous viendrez passer les fêtes chez nous.

Zénaïde soupira. Combien de temps pourrait-elle aller et venir entre Emmaüs et Alexandrie ? Son implication dans les cultures et l'élevage pesait son poids de fatigue et de lassitude sur elle. À cinquante ans, elle était dans la vieillesse.

Mais ne plus voir Iannis était un tel chagrin que, dût-elle se déplacer en charrette, elle le ferait. Souvent elle priait devant ses icônes, honteuse d'aimer bien davantage Iannis que les quatre enfants de Dimitria, quatre filles qui ressemblaient trait pour trait à leur père. Les fillettes étaient élevées le nez dans les livres. Dimitria les disait très intelligentes. Mais il leur manquait la beauté.

– Y a-t-il au moins une église orthodoxe décente à Alexandrie ? demanda-t-elle plaintivement.

– Oui, ma mère, pas bien grande, mais les icônes sont fort anciennes, et la communauté y est chaleureuse. La plupart sont d'origine grecque, comme les Dionous, n'est-ce pas ?

Zénaïde refusait de se laisser amadouer.

– Je dois avouer, ma fille, que votre décision m'étonne. Une femme aussi élégante que vous, au courant des modes française et anglaise…

– C'est la décision de Simon, ma mère, l'interrompit Claude. L'agriculture ne l'a jamais attiré, et commencer une activité industrielle prometteuse le motive infiniment davantage que de compter des moutons et récolter des olives.

– Pour en faire de l'huile, ma chère, la meilleure de Palestine.

Nous ne pouvons satisfaire toutes les commandes, même celles venant de Damas.

– Ma mère, répondit Claude d'une voix joyeuse, vous êtes le cœur battant de cette réussite.

– Et Alexandrie ? interrogea Zénaïde d'une voix aigre. N'est-ce pas mon idée ? N'y suis-je pas allée pour évaluer en personne l'avenir commercial du coton ? Celui que nous plantons doit être amélioré et le sera.

– Simon s'en chargera.

Zénaïde préféra se retirer dans sa chambre. Par moments, elle avait envie de brutaliser sa belle-fille, cet être délicat, parfumé, aux mains blanches et aux ongles polis. Mais on ne pouvait se dresser contre la volonté de Dieu. Elle devait laisser faire et patienter.

21

Elle s'appelait Clara et venait de Vérone, « la ville des amoureux », avait-elle précisé. Descendue de son échafaudage, la jeune fille semblait plus fragile encore. Elle avait des cheveux noirs tressés, un visage rond, les yeux noisette et un joli sourire qui laissait voir des dents parfaites.

– Je suis censée vous obéir, ajouta-t-elle. Serez-vous un maître sévère ? On m'a dit que vous aviez un magnifique talent et je dois avouer que vous m'intimidez un peu.

Son accent italien le ravissait.

– N'écoutez pas tout ce que l'on vous dit, Clara. Les Russes ont trop d'imagination.

Clara sourit.

– Je ne voudrais pas paraître familière, mais quel est votre prénom, maestro ?

– Paul.

– Paolo, répéta-t-elle, c'est un prénom simple et très beau.

Et, redevenant sérieuse :

– Je prépare le fond, le ciel si vous voulez.

Autour d'eux retentissait la multitude de bruits venant des ouvriers en plein travail de menuiserie, de plâtrerie, de parqueterie. La structure du palais était achevée, à la fois imposante et gracieuse, et tout autour, jusqu'à l'île Zaïntchilü, les constructions allaient bon train.

Le tsar, toujours impliqué dans l'interminable guerre avec la Suède, parvenait cependant à se rendre régulièrement dans sa future capitale. En quelques années, il avait beaucoup vieilli. Son caractère déjà emporté devenait méchant, presque sadique. Sa hantise d'un complot ourdi par l'ancienne tsarine unie à son héritier Alexis ne le quittait pas. Il faisait goûter tous les plats qu'on lui servait, était gardé étroitement par des soldats du régiment Preobrajensky dans lequel il avait une confiance absolue.

Il avait accepté sans tergiverser tous les nouveaux cartons proposés par Paul. Oui, son ami avait compris ce dont il rêvait, un monde léger, érotique, gracieux, lumineux, un univers ne ressemblant en rien à celui dans lequel il vivait. Volontiers sentimental, il était devenu brutal, possessif, et contraignait les femmes qui lui plaisaient à se donner. Puis il les oubliait après un cadeau. Les soldats manquant de courage étaient châtiés à coups de knout. Même avec ses plus proches amis il pouvait se montrer critique, agressif. Paul en avait fait l'expérience lors de sa première proposition.

Il n'avait pas revu son tsar depuis, mais recevait de temps à autre des mots courts : « Je sais que tu vas briller. J'ai confiance en toi », ou encore « Exige toute l'aide nécessaire et n'en calcule pas le prix. Je veux te voir régner sur une équipe à ta mesure. Quant aux icônes pour ma chapelle, enferme-toi, prie et écris-les seul ».

On avait embauché Clara, ainsi que deux peintres de talent connus à Moscou, et cette équipe réduite lui avait semblé très suffisante. Comment se comporter sur un lieu de travail avec une jeune femme ? Pourrait-il faire preuve d'autorité ?

– Vous avez bien travaillé, dit-il après un long silence, mais il faudrait dégrader les bleus davantage. J'ai été visiter des ateliers à Florence et y ai beaucoup appris sur l'art de la lumière, les perspectives, les trompe-l'œil, l'emploi des couleurs. Notre tsar aime la peinture italienne, c'est donc de celle-là que je vais tenter de m'inspirer, avec l'aide de Dieu et la vôtre.

Un sourire apparut sur les lèvres de Clara.

– Mon défunt père était peintre. J'étais son unique enfant. Il m'a beaucoup appris.

L'équipe fonctionnait bien, même si les deux peintres russes engagés par Paul avaient du mal à accepter la présence de Clara. Quelle attitude devraient-ils avoir, juchés sur des échafaudages à côté d'elle ? Mais sa spontanéité, son naturel et son talent finirent par les mettre à l'aise. Ils partageaient des pirojkis et de la salade de chou à l'heure du déjeuner, faisaient réchauffer les gamelles préparées chez eux, et offraient volontiers quelques cuillerées à leur jolie collègue qui se contentait de pain et de cornichons salés. Parfois elle apportait du pain d'épice, des pâtisseries au miel et aux noix. On débouchait une bouteille de vodka, dont ils s'autorisaient à boire un seul verre. Il ne s'agissait pas d'avoir des étourdissements et de chuter de l'échafaudage.

Paul brossait les personnages, les petits chiens, les instruments de musique, Anatole, Vassili et Clara se chargeaient des arbres, buissons et fleurs, du ciel et des nuages, des urnes à l'antique et des silhouettes d'édifices aperçues dans les lointains.

Quelques jours encore, et la fresque serait achevée. Paul était satisfait du travail accompli, même si ce qu'il voyait le laissait indifférent. Une œuvre d'art devait faire rêver, faire battre le cœur, elle devait emballer l'esprit et l'imagination, mettre une touche de lumière sur l'inconnu, l'incompréhensible. Cette pastorale était tout simplement jolie.

L'air de la Baltique était iodé, grisant. Clara enroula son châle autour de sa tête. L'étoffe aux tons vifs mettait en valeur le velouté de ses yeux, sa peau de brune.

Marchant à ses côtés, vêtu à l'européenne d'une culotte de peau châtaigne, d'une longue veste de coton boutonnée sur l'épaule et ceinturée, Paul gardait le silence depuis un certain temps.

– Regarde, s'exclama Clara, nous avons encore les ongles pleins de peinture. La nuit, je me vois parfois barbouillée de bleu ou de rouge.

– Non, prononça soudain Paul d'une voix grave, la nuit tu portes une tunique blanche, un long voile rouge qui te couvre la tête et les épaules. Tu regardes au loin, un point que nul autre que toi ne peut apercevoir, tu as les mains ouvertes, les bras à demi tendus et tu souris.

Clara s'immobilisa.

– Je ne comprends pas.

– Il n'y a rien à comprendre. La beauté est incompréhensible.

Le surlendemain Paul devait regagner Moscou, et il avait hâte de retrouver sa maison et son atelier. Il allait à nouveau écrire des icônes, pas celles exécutées pour la chapelle du tsar, toutes assez conventionnelles, mais des icônes caressées par le souffle de Dieu. Le tsar l'avait entraîné à sa suite, dans un sillage qui certes lui avait beaucoup appris, mais qui avait été sur le point de l'engloutir. De son voyage en Europe, il n'avait de souvenirs heureux que ceux de l'Autriche et de l'Italie. Mais c'est parce qu'il était l'homme lige du maître de la Sainte Russie qu'il peignait aujourd'hui des jeunes filles potelées et des petits chiens.

Et Pierre n'était plus le même. Paul craignait un irréparable geste de violence envers ce fils qui le bravait, lui qui n'acceptait nulle contradiction, nulle opposition.

La présence de Clara, qui l'avait troublé lors de leur première rencontre, ne lui offrait plus qu'une douceur apaisée. Les travaux de décoration achevés, elle regagnerait probablement l'Italie alors qu'il serait à Moscou. S'écriraient-ils ? Pour se dire quoi ? Il savait qu'elle se destinait à faire des portraits, pas de marquises ou de belles aventurières, mais d'enfants des rues, ceux que personne ne remarquait. Il lui avait demandé un de ses tableaux qu'elle avait promis. Une manière de renouer des liens ?

Après avoir travaillé ensemble durant trois mois, le quatuor décida de faire une petite fête avant de se séparer. Anatole et Vassili avaient convié leurs amies, deux jeunes Russes, l'une gaie et délurée, l'autre plantureuse et sans inhibitions. La première était couturière, débordée par les commandes passées par les belles dames qui allaient s'installer dans leurs palais tout neufs, la seconde, sculptrice.

– Je fais des bustes de militaires qui décoreront l'Amirauté.

– Seule ? interrogea Paul intrigué.

Elle éclata d'un rire sonore.

– Mais non, voyons, avec deux gaillards assez doués, je dois le dire, qui me craignent et n'oseraient une plaisanterie déplacée. Nos bustes seront proches les uns des autres dans une rotonde, chacun dans sa niche, et assez haut placés pour qu'on ne cherche pas à découvrir à qui ils ressemblent, ni qui les a sculptés. Sans doute un pauvre artiste à la recherche de quelques kopecks.

La nuit était avancée. Ils avaient énormément mangé et bu. Quatre bouteilles de vodka gisaient sur la table.

Paul était avachi, la tête au milieu des restes. Il n'avait pas l'habitude de l'alcool et s'était endormi.

Quand il se réveilla il était seul.

À pas pesants, il regagna son logis. Le soleil se levait sur la Neva. Il revoyait vaguement ses deux compagnons et le visage de Clara. Puis Anatole et Vassili s'effacèrent, il n'y eut plus dans sa mémoire soudain nette que le visage de l'Italienne.

Rentré chez lui, il ne réveilla pas son domestique, s'affala sur son lit et retomba dans le sommeil.

Le lendemain était une journée chargée, il devait préparer son retour à Moscou, louer une voiture, deux chevaux, persuader son domestique saint-pétersbourgeois de l'accompagner, lui demander de ranger tous ses effets personnels dans des coffres et régler diverses affaires courantes. La route de Saint-

Pétersbourg à Moscou étant très fréquentée, les auberges ne manquaient pas, la plupart de bonne tenue.

Le soir venu, épuisé, il se servait un godet de vodka quand le souvenir de Clara investit son esprit. Dès le lendemain, avant de partir, il irait lui faire ses adieux, et peut-être lui donner son adresse à Moscou. Propriétaire d'une vaste demeure, il pouvait l'héberger, lui faire visiter la ville. C'était une heureuse perspective.

Le lendemain, il se présenta devant la petite maison que Clara partageait avec une autre Italienne qui confectionnait des fleurs en soie dont elle espérait faire commerce. Ces parures étaient à la mode, piquées sur les chapeaux des élégantes durant la belle saison.

Personne n'ouvrit la porte. Gina, la colocataire de Clara, livrait sans doute ses collections à des modistes ou des décorateurs. Mais, maintenant que le chantier était terminé, rien ne justifiait l'absence de Clara. Il fut déçu. Était-elle retournée au palais pour admirer une dernière fois son œuvre ? Il s'y rendit. Dans le salon où il avait passé tant de jours aux côtés de la jeune femme, il n'y avait que les poseurs de parquet qui avaient attendu que les artistes aient fini leur travail. Non, ils n'avaient vu personne.

Paul partait tôt le lendemain. Tout était prêt. La voiture et les chevaux l'attendraient devant sa porte à sept heures du matin. Son domestique avait accepté de l'accompagner à condition que Paul lui paie son voyage de retour en coche. Le temps était beau, il voyagerait à côté du cocher.

À la nuit tombante, Paul se rendit à nouveau dans la ruelle de la Weve d'où émanaient des relents de poisson frit. Gina parut étonnée de le voir.

– Comment, vous ne savez pas ? Mais Clara est repartie hier pour l'Italie.

– A-t-elle laissé une adresse ? balbutia Paul décontenancé.

– Aucune, mais je sais qu'elle est originaire de Vérone.

– Pas de mot pour moi ?

– Rien, mon petit père.

Gina riait. Il était évident qu'elle s'amusait de la situation et de son air piteux.

Il se détourna, rentra chez lui d'un pas rapide, ouvrit un flacon de vodka qu'il but au goulot à longues gorgées.

Paul se réinstalla avec plaisir à Moscou. Il rouvrit l'atelier, le fit nettoyer de fond en comble, commanda des assortiments de couleurs, des pinceaux, des planches, des pointes sèches, de la gomme laquée, des feuilles d'or et du vernis. Même s'il se mettait vite au travail, aucune icône ne serait achevée avant trois mois, le temps nécessaire pour qu'elle sèche. Il en écrivit plusieurs à la fois, une du Christ, une de saint Michel, et surtout une de « sa » Vierge. Qui était cette femme rêvée ?

Beaucoup de ses amis étaient sur le point de quitter Moscou avec plus ou moins d'enthousiasme selon la position qu'ils auraient à la nouvelle cour, et surtout la fortune qui en dépendait. Il était évident que, dans cette ville nouvelle, il faudrait mener grand train.

Mais Paul ne se désolait pas de l'absence de ces boyards qui aimaient critiquer par-derrière ceux qu'ils encensaient par-devant, leurs ambitions, leur arrogance. Il n'avait partagé avec eux que de fugitifs moments.

La compagnie de sa tante, de son oncle et de quelques artistes lui suffisait. Il s'était juré de ne plus s'enivrer, promesse qui, il le savait, serait difficile à tenir, et surtout de travailler, de contacter des couvents, des églises, de fréquenter les personnes âgées qui avaient refusé de quitter Moscou. Presque toutes nées dans leurs vastes maisons, elles y mourraient. Les icônes Dionous étant fort estimées, il pourrait en vendre une dizaine par an. Cela lui suffirait pour vivre.

Un soir où le soleil couchant pénétrait en biais par une des fenêtres de l'atelier et se posait sur l'icône de sa Vierge juste esquissée, il reçut comme un coup au cœur, se sentit inondé par une joie qui le sublimait. Jusqu'à l'aube il traça les traits de Marie sur le fond légèrement argenté, déjà exécuté, prépara le nimbe au compas : trois couches de gomme laquée puis la mixtion à dorer qui précédait la pose des feuilles d'or. Ensuite il devrait abandonner son œuvre pour une journée, mais elle était définitivement gravée dans son cœur.

Une semaine plus tard, il entreprit les vêtements. Une robe blanche, une tunique rouge sang, le visage, les mains et les pieds étaient écrits. Il n'avait plus que les bords à achever, et surtout donner un nom à cette Vierge dont la beauté lui faisait monter les larmes aux yeux.

– Sainte Claire, prononça-t-il d'une voix forte.

C'était elle qu'il avait peinte, c'était Clara, sa Vierge de rêve, insaisissable, inaccessible, comment ne l'avait-il pas compris plus tôt ?

22

Il ne fallut pas longtemps à Zénaïde pour trouver l'explication du départ de ses enfants et de son petit-fils : Claude avait proposé à ses beaux-frères de la rejoindre avec ses deux sœurs. Elle se recréerait ainsi une société élégante et amusante loin du coin perdu qu'était Emmaüs, de sa belle-mère autoritaire et critique. Alexandrie offrait de belles perspectives, même s'il fallait se montrer patient. Le coton égyptien avait de l'avenir, pourvu qu'on améliore sa qualité, la densité de ses fibres. Simon et ses beaux-frères allaient s'y employer. Ils avaient, grâce aux Dionous de Beyrouth, des ouvertures sur l'Angleterre et la Hollande, qui se fournissaient jusqu'alors exclusivement dans le sud des États-Unis. D'ici une dizaine d'années, le coton égyptien pourrait égaler l'américain pour un prix très inférieur.

Zénaïde savait tout cela, mais à son âge, cette aventure était inappropriée. Ses enfants ne l'ignoraient pas, et Claude, Claude seule, elle en était sûre, avait pris la décision de l'abandonner. Dans le monde où Zénaïde avait vécu, laisser derrière soi une personne âgée était impensable. Manuel en serait mort une seconde fois, de rage et d'humiliation.

La réponse à la décision brutale de sa belle-fille vint à Zénaïde durant une de ses nombreuses nuits d'insomnie. L'exploitation florissante des Dionous devait perdurer. Elle allait écrire à son beau-frère de Beyrouth, lui soumettre le problème. Son aîné, certes, ne semblait pas intéressé par la terre, mais Clément avait une fille, Myriam, qui venait de se marier. Le gendre peut-être ?

Elle écrivit le soir même. Le lendemain la lettre serait confiée à Ali son jardinier, qui la remettrait trois jours plus tard à Clément. Quelle que soit sa réponse, elle l'aurait sous dix jours. Zénaïde n'en doutait pas. Chez les Grecs orthodoxes, la famille était sacrée. Maronite, Claude ne l'avait pas compris.

Zénaïde avait vu juste. Farid, le gendre de Clément, qui, originaire de la plaine de la Bekaa, avait des connaissances agricoles, semblait intéressé. Seulement, Clément refusait que Zénaïde vende ce qui avait appartenu à son frère. Farid n'aurait que l'usufruit de toutes ses possessions. On pouvait bien sûr ajouter à l'acte un codicille spécifiant « jusqu'à la mort de ce dernier ».

Zénaïde soupira de soulagement. Tout à coup, elle se sentit légère, rajeunie. Farid allait la rejoindre avec Myriam. Elle éprouvait pour sa nièce de la sympathie : elle était plaisante, originale et aimait la vie, toutes qualités dont sa chère Dimitria était dépourvue. Farid ne pouvait être très différent.

Le jeune ménage plut d'emblée à Zénaïde qui décida de leur laisser la jouissance de sa vaste demeure. Elle-même résiderait à deux pas, dans une maison dont le balcon orienté au soleil couchant était agrémenté de deux arcades aux bases sculptées. Sa fidèle Fatima la suivrait.

Farid et Myriam étaient venus accompagnés d'un jeune couple pour assurer l'entretien de la demeure et du jardin. Tout ce monde logerait sans problème dans la grande maison, et il resterait même deux chambres pour les enfants à venir.

À peine arrivé à Emmaüs, Farid prit en main la gestion du domaine. Il réduisit le nombre de bêtes élevées pour la boucherie, privilégiant la production de laine, ainsi que celle du lait des brebis.

Myriam, elle, choyait sa tante, aidait le pope d'Emmaüs dans l'instruction religieuse des enfants, et accueillait avec chaleur sa cousine de Jérusalem, escortée de ses quatre enfants dont les deux aînées étaient devenues de timides jeunes filles très instruites, lisant et parlant l'arabe, le grec et le français. Elles avaient une culture théologique qui n'avait rien à envier à celle de certains popes des grandes cités.

Finalement Zénaïde s'était attachée à cette descendance, ses seuls petits-enfants, et les invitait volontiers pendant l'été, période durant laquelle les classes étaient interrompues.

Avec l'approche des fêtes de Noël, Zénaïde n'éprouvait pas la joie qu'elle avait imaginée à l'idée de retrouver Simon et sa famille à Alexandrie. Iannis la reconnaîtrait-elle ? En six mois, un enfant de cet âge oublie vite. Et il avait deux cousins à peine plus âgés que lui, un garçon et une fille. Son univers n'était plus la maison de sa grand-mère.

Pendant quelques jours, Zénaïde se sentit perdue à Alexandrie. Sa famille était-elle heureuse ? La réussite était-elle au rendez-vous ou faisaient-ils tous semblant d'être satisfaits ? Certes, la maison était très grande et le jardin enchanteur. Claude et ses sœurs avaient meublé la première avec goût, mêlant meubles occidentaux et orientaux. Il y avait des jardinières en porcelaine chinoise dans le salon, des rideaux de soie vert amande, des canapés et des poufs jaune pâle, de somptueux tapis turcs. Les domestiques étaient vêtus de pantalons blancs et de tuniques ceinturées de rouge. Ils étaient efficaces et déférents, mais leur univers, contrairement à celui de Fatima et Ali, n'était pas celui de la famille. Ils accomplissaient ce pour quoi ils étaient payés, rien de plus. Une nanny anglaise avait été embauchée pour les enfants. Cette femme entre deux âges avait précédemment travaillé pour une riche famille mamelouke du Caire. Quoique peu expansive, elle savait en quelques mots se faire obéir. Cette femme haïssait le laisser-aller comme la familiarité.

Zénaïde avait été accueillie avec beaucoup de chaleur. Claude elle-même l'avait appelée « belle-maman » et serrée dans ses bras. Iannis l'avait examinée de la tête aux pieds, indécis, avant de s'écrier « Nona ». Zénaïde en avait eu les larmes aux yeux.

Au cours du dîner, elle osa poser des questions sur la vie professionnelle de son fils et de ses beaux-frères. Il y eut un court silence, mais Zénaïde sentit que la joie affichée sur tous les visages était factice.

– Nos perspectives sont toujours aussi bonnes, affirma Simon. La terre ici est propice à la culture du coton, mais nous nous sommes heurtés à un problème que nous ignorions. En achetant les champs, nous pensions en être les propriétaires. Or, dans ce pays, il semble qu'on n'achète pas la terre, on en est simplement l'usufruitier. Quand j'ai demandé au fonctionnaire qui était propriétaire du sol, il m'a répondu que c'était les tribus. Mais ces tribus ont bien un chef. Est-ce le cheik, le propriétaire ? « Le cheik fait travailler les membres de sa tribu, qui bénéficient d'une partie des récoltes », me dit-il avec un air sournois. La richesse du cheik vient donc, insistai-je, de la tribu et celle de la tribu du cheik ? Il se détourna et réclama un café, sans nous en offrir. « Les Grecs, lança-t-il d'un ton vindicatif, sont des usuriers, comme les juifs. » Je quittai aussitôt cet abominable bonhomme et me retournai vers un homme de loi égyptien. L'emplacement, la surface et la valeur des propriétés foncières étaient approximatifs. Plusieurs familles s'estimaient propriétaires du même lopin.

Et, avait conclu son vendeur, les Égyptiens craignent une invasion étrangère qui les dépouillerait.

Zénaïde prenait soudain conscience de la portée de ces mots. Simon et sa famille n'étaient pas considérés comme des compatriotes, mais comme des étrangers qui venaient s'enrichir sur le dos des fellahs au détriment des beys et des cheiks.

– Ne heurtez personne, conseilla un matin la vieille dame à ses enfants, n'affrontez personne. Vous n'êtes pas chez vous ici.

– Et où est notre chez-nous ? s'emporta Simon. Depuis la prise de Constantinople, nous sommes des fuyards.

– Qui n'a pas quitté sa ville ancestrale dans les trois cents dernières années ? s'impatienta Zénaïde. Les Dionous ont toujours refusé de gémir. Nous ne tournons nos regards que vers l'avenir. Revenez à Emmaüs. Avec l'arrivée de Myriam et de Farid, on ne s'y ennuie pas du tout.

Les yeux de Claude lançaient des éclairs, il était évident que cette capitulation la hérissait. Se mettre sous l'autorité de sa cousine Myriam ? C'était hors de question.

– Maman, trancha Simon, tu veux tout diriger, tout gouverner. Calme-toi. Nous ne quitterons pas Alexandrie. J'ai assez d'argent pour y vivre avant que ces idiots de fonctionnaires ne nous fassent signer les actes de propriété.

Zénaïde ne s'attarda pas en Égypte. De loin et en silence, elle allait aider Simon. Et c'était pour elle un soulagement de retrouver Myriam et la famille.

23

Le tsar avait commis l'irréparable dès son retour à Moscou. Il avait fait exécuter son fils Alexis Pétrovitch de la plus abominable manière : cent coups de knout avaient eu raison du jeune homme. Personne n'avait élevé la voix, aucune autorité religieuse n'avait bronché. Même le patriarche de Moscou avait gardé le silence.

Pour Paul, c'était un point de non-retour. Il avait décidé de rompre tout lien avec Pierre, qui n'avait plus rien du jeune homme vif, curieux, volontiers rieur et très généreux qu'il avait connu. Le tsar s'était transformé en maître absolu, qui ne supportait plus la moindre contradiction ni critique. Seule subsistait sa fascination pour l'Occident. Si lors de son précédent voyage il avait refusé de s'arrêter en France, aujourd'hui il était d'un autre avis. Louis XIV, qu'il détestait, était mort et le Régent favorisait dans le pays une éclosion artistique, scientifique, technologique. Pierre voulait visiter l'Académie des sciences aux Invalides, la manufacture des Gobelins, l'hôtel de la Monnaie pour créer à Saint-Pétersbourg une Académie des sciences et des arts. Surtout, il se savait attendu à Versailles par le Régent et le jeune roi Louis XV.

Un petit groupe de boyards éclairés l'accompagnerait, tous cultivés, parlant le français, habillés avec élégance. Nul à la cour de France ne pourrait désormais considérer la Sainte Russie comme un pays d'arriérés. Le peintre Nattier allait brosser le portrait du tsar ainsi que celui de la tsarine. Ils seraient accrochés en bonne place dans le palais impérial de Saint-Pétersbourg.

Chaque soir après avoir quitté son atelier, Paul passait de longs moments à contempler son icône de sainte Claire. Reverrait-il Clara ? Il avait écrit à Massimo, un ami possédant une galerie de peinture à Florence, qui lui avait répondu ne la connaître que de nom. On disait qu'elle exerçait désormais à Paris. Il n'en savait pas plus. Le seul tableau qu'il possédait d'elle, deux enfants jouant au cerceau, n'était pas encore vendu.

Longtemps Paul hésita. Seuls les courtisans et les nobles prisés par le tsar pouvaient l'aider, et s'il ne faisait pas fi de son amour-propre, il ne reverrait jamais Clara, il en avait la certitude.

Le comte Alexandre Menchikov, lui apprit-on, était à Saint-Pétersbourg, mais devait revenir passer quelques jours dans sa demeure moscovite avant d'accompagner le tsar à Paris. C'était maintenant un des plus proches compagnons de Pierre. On murmurait même qu'il allait être nommé gouverneur de Saint-Pétersbourg. Paul, qui l'avait autrefois bien connu, osa lui demander de remettre une lettre à Clara. Une lettre dans laquelle il lui avouait ses sentiments et son espoir qu'elle vienne le rejoindre à Moscou.

Menchikov promit à Paul de se renseigner. À l'Académie des arts on avait sûrement entendu parler de cette jeune peintre. Les femmes qui affrontaient des œuvres plus ambitieuses que les aquarelles campagnardes ou les bouquets de fleurs étaient rares. Il la rencontrerait avec plaisir. Était-elle belle ? Paul avait souffert de cette question.

Ces deux mois d'attente lui semblèrent une éternité. Plus le temps passait, plus le visage de Clara devenait flou. Celui de l'icône s'y était superposé et l'avait presque effacé. Cette image, il aurait dû la nommer « Déesse inconnue de l'Amour ». Chaque jour sur le chantier, il l'avait côtoyée en camarade, et elle l'avait soudain obsédé le jour de son départ. Souvent, il avait entendu dire que ce n'était pas la personne choisie qui était capitale, mais le désir d'aimer. On prétendait aussi que deux personnes qu'une distance considérable séparait pouvaient par lettres éprouver pendant longtemps une folle passion l'une pour l'autre. On aimait pour se donner du bonheur, croire en une image idéale de soi-même. Était-ce son cas ?

Fin septembre, il faisait doux à Moscou, les dômes des églises se teintaient d'un or poudré sous le soleil déclinant. Les marchés étaient encombrés d'acheteurs qui faisaient des provisions pour l'hiver, les pelletiers écoulaient leur stock de doublures et chapkas, des plus ordinaires aux plus coûteuses.

Au coin d'une rue, un montreur d'ours faisait danser sa bête. Paul serra les poings de colère. Il ne supportait pas ce genre de spectacle. Il ferma les yeux et contrôla sa respiration. Un petit attroupement de femmes et d'enfants applaudissait en riant, tandis que lui n'entendait que des hurlements.

Au début du mois d'octobre, il apprit que le tsar allait regagner Saint-Pétersbourg pour être nommé empereur de toutes les Russies. Il restait deux filles à Pierre, toutes deux nées de son second mariage, Anne et Élisabeth. S'il mourait sans fils, Anne serait tsarine. Mais elle devait se marier, et elle était promise à Charles-Frédéric de Holstein-Gottorp, le neveu du roi Charles XII de Suède. Cette union était censée mettre fin à une guerre qui s'éternisait. Si elle mourait, Catherine, l'actuelle tsarine, monterait sur le trône au détriment du fils du tsarévitch martyrisé, encore très jeune.

Paul était rongé par l'angoisse. Clara partageait-elle ses sentiments ? « Elle ne peut s'offenser de m'avoir séduit au point de souhaiter son retour », se répétait-il. Et si elle accompagnait Menchikov, ne serait-ce pas la preuve qu'elle aussi l'aimait ?

Le jour où Clara fut devant lui, il ne sut comment se comporter. Ce fut la jeune femme qui ouvrit les bras et le serra contre elle.

– Je n'osais espérer que tu m'écrives.

– Et moi, que tu viendrais.

De son corps, de ses vêtements se dégageaient des parfums d'épices et de fleurs.

– Tu ne m'embrasses pas ? N'est-ce pas une preuve de tendresse en Russie comme en Italie ?

Paul posa ses lèvres sur celles de Clara, ses mains tremblaient. Jamais il n'avait été aussi heureux de sa vie.

La première nuit fut une nuit d'amour fou, le désir effaçant tout ce qui n'était pas leurs corps. Clara possédait une science que Paul ne trouva pas surprenante. Toutes les femmes amoureuses se comportaient certainement ainsi. Lui n'était pas savant dans l'art de l'amour et il se laissait guider. Il éprouva une sensation de toute-puissance lorsque la jeune femme céda à la jouissance. Ils s'endormirent au matin.

À peine levés, Paul entraîna Clara dans son atelier. Elle examina avec admiration chaque icône. Devant celle de sainte Claire, elle s'écria :

– Mais cette sainte me ressemble !

Paul la prit par les épaules, la serra contre lui.

– Cette sainte, c'est toi, toi dans mes pensées, toi dans mon cœur, dans mon corps. Tu as tout investi.

Clara lui demanda la permission de s'installer dans un coin de l'atelier pour travailler. Elle voulait peindre des paysages italiens ou grecs que les Russes appréciaient, des scènes mythologiques en omettant la beauté trop formelle. Paul la présenterait à ses amis aristocrates, et elle avait bon espoir de réussir à Moscou. À Paris, on avait apprécié certains de ses tableaux, mais les « maîtres » n'étaient pas prêts à lui laisser une once de gloire. Certes le Régent l'avait conviée au Palais-Royal, mais elle avait vite compris que ce n'était pas pour son talent de peintre. Paul pouvait-il imaginer les soupers du neveu de feu Louis XIV ? Pouvait-il se représenter l'extrême raffinement de la débauche ? Clara riait aux éclats et elle racontait ses souvenirs sous un jour si plaisant que Paul s'en sentait désorienté. Son embarras ne tenait pas à la pudeur, c'était de la jalousie teintée d'écœurement, de désenchantement.

La personnalité de Clara l'étonnait, l'amusait, le séduisait, le déroutait aussi. Elle aimait la vie, la liberté, son art, mais l'aimait-elle, lui ? Des heures entières, quand elle ne travaillait pas dans l'atelier, elle partait se promener dans les rues de la ville, au Kremlin, le long de la Moskova, déjeunait parfois seule dans quelque petite échoppe qui proposait des zakouskis, de la soupe aux betteraves, du pain noir, des harengs saurs. Elle lui racontait ses escapades, ravie de ses journées.

Il écoutait sans parvenir à sourire.

– Toi qui as soupé à Paris chez le Régent, tu partages aujourd'hui des cornichons en saumure avec des moujiks ?

– Et alors ? s'étonnait-elle. C'est ça la vie.

– Te respectent-ils au moins ?

– Je fais des croquis d'eux, des esquisses. Ils sont émerveillés, comme des enfants. Et mon accent les fait rire, ils ont l'impression d'avoir devant eux une femme descendue de la lune.

Paul finissait par sourire.

Leurs nuits étaient magiques. Jamais il n'avait pensé que ce fût possible. Leurs jouissances se mêlaient pour n'en devenir qu'une. Seul l'épuisement les terrassait. Lui, qui n'avait eu des rapports physiques qu'épisodiques et souvent quand il était un peu ivre, avait désormais le courage d'avouer son désir et de lui obéir.

Les icônes des Vierges et des saints prenaient des douceurs sensuelles. Celle de Clara lui semblait maintenant trop idéalisée. Il avait peint le givre, et elle était le feu.

Ce qui restait de la haute société moscovite ne le recevait que seul, mais la plupart du temps il refusait les invitations. Clara aurait cependant aimé briller parmi les autres femmes. À l'aise avec les moujiks, elle avait en elle un désir de séduire qui ne pouvait que s'épanouir parmi les gens éduqués, élégants. Et elle avait l'ambition de reprendre les portraits. Seuls les aristocrates ou riches bourgeois avaient la possibilité de les acquérir, mais Paul n'osa pas lui expliquer que ces catégories de privilégiés n'existaient plus à Moscou. Seuls les vieux y demeuraient, désireux de mourir dans les maisons où ils étaient nés. Et, à leurs murs, ils n'avaient que des tableaux les représentant jeunes, alertes et sémillants. Ils n'avaient aucune envie d'images de vieillards décatis.

En revanche, les paysages, les bouquets exécutés par Clara se vendaient bien. Ils égayaient les sombres demeures, plaisaient aux jeunes ménages sensibles à la mode française et italienne. Le tsar, qui venait de soumettre les boyards à l'impôt, resserrait les bourses. On se dressait contre les travaux insensés qui battaient leur plein à Pétersbourg. Là-bas, rien ne semblait trop beau ou trop coûteux. On disait le tsar perdu dans la débauche et affaibli. Qui reprendrait la couronne ? Sa fille aînée Anne ? Son épouse la tsarine Catherine ? Son petit-fils Pierre ou sa seconde fille Élisabeth ? Les suppositions allaient bon train, à Pétersbourg comme à Moscou.

Paul espérait que la tsarine Catherine puisse assumer le pouvoir. Issue du monde des humbles, cette femme d'une intelligence pratique et naturelle était dénuée de la fatuité des boyards. Elle avait aimé Pierre en dépit de ses infidélités, de sa brutalité parfois. Pierre lui avait donné de nombreux enfants dont la plupart étaient morts en bas âge.

Le pire serait de voir accéder au trône le petit-fils de Pierre, le fils du supplicié. Par haine, il pourrait détruire toute l'œuvre de son grand-père, quitte à rouvrir pour la Russie les portes du Moyen Âge.

Clara n'avait aucune idée de l'histoire de la Russie. Elle écoutait, regardait, se moquait parfois de la puissance rétrograde de la religion orthodoxe. Et à Moscou, pas une église catholique. Le catholicisme était banni. Le dimanche elle faisait ses prières devant un tableau où la Vierge montait au ciel, entourée d'angelots. C'était son œuvre, sa Vierge à elle, rose, vêtue de soie et couronnée d'or. Celles des icônes la laissaient froide : trop distantes, trop éthérées, tristes, inquiétantes parfois avec leurs longs doigts minces, leur nez pincé. Et l'Enfant Jésus ressemblait à sa mère, un bébé déjà adulte, maigre, sérieux, alors qu'en Italie on aimait les poupons potelés et rieurs. Ces images exprimaient, elle le comprenait, le peuple russe, un peuple sentimental, mais sombre, parfois brutal, avec des accès immodérés d'exaltation, le pouvoir de vivre sa vie dramatiquement. Et ces hommes capables de tuer leurs fils à coups de knout savaient aussi être romanesques, prêts à commettre des folies lorsqu'ils étaient amoureux.

Paul avait conscience du trouble de Clara, mais la gaieté de la jeune femme l'emportait toujours sur les regrets de Vérone et de Paris. À Pétersbourg elle avait vécu avec les artistes, à l'écart de la population qui par ailleurs était différente de celle de Moscou : des aristocrates s'y étaient installés, des savants, des professeurs, des commerçants proposant des produits onéreux, des bijoutiers, des fourreurs, des modistes, des couturiers hautement qualifiés, des domestiques ayant tous des années d'expérience. Les marchands des quatre-saisons, les friseurs, les saltimbanques, beaucoup de vendeurs de vieux livres, d'images de toutes sortes, les petits fermiers proposant leurs volailles, leurs porcelets, leurs légumes étaient restés à Moscou. On se pressait toujours autant dans les rues, on s'entassait dans les églises, on s'arrêtait devant les charrettes des marchands de bortsch, de pirojkis, de brioches, de pains d'épice. On se saoulait, on se bousculait, on s'insultait à qui mieux-mieux alors qu'à Pétersbourg tout était policé, organisé, élégant. Mais le menu peuple allait s'y installer tôt ou tard. L'appât du gain attirait les prédateurs.

Six mois après son arrivée à Moscou, Clara annonça à Paul qu'elle était enceinte. Elle n'était pas ravie. Trouveraient-ils une paysanne propre et honnête pour allaiter l'enfant ? Il n'était pas question qu'elle arrête de peindre ou cesse de fréquenter les salons qui commençaient tout juste à lui ouvrir leurs portes. Sa beauté, son charme, son talent avaient conquis quelques vieillards auxquels elle avait vendu des tableaux champêtres. Par ailleurs, Paul était estimé. Certains avaient connu son père, ce malheureux qui avait perdu la tête. Pourtant quel talent Dieu lui avait accordé ! Quand on l'interrogeait sur les causes de son décès, Paul répondait invariablement : « Je n'ai pas connu mon père, il est mort avant ma naissance. »

Paul fut enchanté d'apprendre qu'il allait devenir père. L'enfant, un garçon certainement, naîtrait à la fin de l'hiver, une période favorable pour commencer sa vie. Trouver une nourrice ne l'inquiétait pas, il demanderait à sa tante de la dénicher. Celle-ci vieillissait sereinement, la vie l'avait éprouvée, puis récompensée. Que Paul ait épousé une Italienne avait plu à Ivana, mais Clara ne ressemblait pas aux femmes qu'elle avait connues à Florence. Alors que les jeunes Italiennes étaient cajoleuses et tendres, elle se comportait comme un homme. Certes, elle-même avait été indépendante, mais jamais elle ne serait entrée boire de l'alcool dans un cabaret avec des inconnus. Les rapports entre les deux femmes étaient cordiaux, mais sans réelle intimité. Elles s'admiraient mutuellement comme artistes, mais ne se sentaient pas d'affinités. La plupart du temps, Paul allait rendre visite à Ivana seul.

Il savait déjà quelle icône il écrirait pour l'enfant à naître : un saint Boris dont il porterait le nom : Boris Pavlovitch Dionous. Prononcer ces trois mots lui procurait un immense bonheur.

Les mois passaient et Clara s'arrondissait. Elle restait davantage à la maison. Allongée sur le sofa du salon, elle rêvassait des heures entières avant de s'enrouler dans un châle pour retrouver Paul à l'atelier. Il écrivait avec passion un triptyque sur la vie de Jésus destiné à l'église Saint-Vassili de Minsk. L'évêque, qui viendrait en personne la chercher à Moscou, pensait comme tous ses fidèles que ce triptyque les protégerait des Polonais. La somme promise permettrait à Paul de prendre quelque repos lors de la naissance de son enfant.

Aux côtés de son mari, Clara pestait contre son impuissance à travailler. Elle avait mal au dos, l'odeur des peintures lui soulevait le cœur. Et elle en avait assez des bouquets et des scènes champêtres. Elle cherchait une autre vie, une manière plus personnelle de s'exprimer. Sans se soucier du travail de Paul, elle le taraudait de questions. Croyait-il en elle ? Envisageait-il de peindre autre chose que des icônes ? Pourrait-il vivre en Italie ? Il restait silencieux. Clara cherchait à l'irriter, et son calme la désarçonnait. Mais le soir, tous deux dans le lit, leur silence n'avait plus la même signification. La parole n'avait plus sa place.

L'hiver fut rude. Paul offrit à Clara une superbe pelisse doublée de zibeline et une chapka en castor. Contrairement à la plupart des Italiennes, elle appréciait peu les bijoux. Ceux qu'il lui avait offerts, des boucles d'oreilles en diamant et une croix orthodoxe en or, dormaient au fond d'un tiroir. À plusieurs reprises, Paul avait fait de vagues allusions à une conversion à l'orthodoxie, mais Clara avait fait la sourde oreille ou s'était fâchée. Elle était née catholique et mourrait catholique.

Paul soupçonnait que cette détermination était une faille dans l'amour qu'elle lui portait. À Pétersbourg, elle ne s'était jamais rendue dans l'unique église catholique de la nouvelle ville. Il tentait de se rassurer. N'avait-elle pas abandonné la France et une réussite personnelle pour le rejoindre ? Regrettait-elle Paris et sa ville de Vérone ? Pourtant, elle disait n'y avoir plus de parents, seulement des cousins qui ne tenaient pas à s'afficher avec une femme aussi excentrique.

Se promener en traîneau la divertissait. Elle se blottissait sous la peau d'ours et ordonnait au cocher de fouetter ses chevaux. Peu lui importait de terroriser les rares passants. Le grand air, le froid piquant, la beauté de la nature la ravissaient.

Elle se remit à peindre des paysages, des isbas sous la neige. C'était un tournant dans sa carrière. Le mystère, l'impénétrable lui posaient des défis. Elle comprit alors les visages énigmatiques que Paul écrivait. Finalement leurs personnalités n'étaient pas si différentes. Mais Paul était trop russe, pas assez léger, charmeur, divertissant.

En mars, à l'approche de son accouchement, Clara fit préparer une chambre, monter un gros poêle en faïence, jeter d'épais tapis sur le sol. Aux murs, elle accrocha les tableaux du Christ transfiguré et de l'Assomption de la Vierge portée par des angelots lui tendant des couronnes de roses.

Paul s'enfermait dans son atelier, il était si nerveux que, pour la première fois de sa vie, il se trompa dans le processus. Il dut recommencer à plusieurs reprises les drapés, la pose de la lumière et celle des feuilles d'or. Les paysages de l'arrière-plan étaient enfantins. Il finit par jeter au feu cette icône qui se refusait à lui.

L'icône de Boris, son fils, était terminée. Il ne pouvait qu'admirer cette œuvre à la fois mystique et charnelle. Contrairement aux règles strictes des icônes, il avait donné au saint un visage tout en rondeurs et non allongé, une barbe blonde et bouclée comme ses cheveux. L'auréole était d'un or franc, le fond d'un or pâle troublé d'une touche de vert très doux : la puissance et l'espérance, son fils.

Fin mars, une tempête de neige s'abattit sur Moscou. La maison Dionous et l'atelier furent à moitié ensevelis. Grâce à la réserve de bois qu'on laissait tout l'hiver à l'intérieur, les domestiques purent recharger le poêle du salon et celui de la chambre.

Émerveillée par la lumière translucide, Clara ouvrit un instant la fenêtre. Elle tendit la main pour recueillir des flocons, mais à son rire succéda un cri.

Sonia naquit quand le soleil levant teintait de rose et d'or l'épaisse couche de neige. La cuisinière lava le nourrisson et Paul l'enroula dans un châle. « Ma fille », murmura-t-il. Boris n'était plus. À peine le regrettait-il.

Le visage fatigué de Clara ne montrait ni déception ni joie. La jeune femme était comme absente, inaccessible. Pourtant, cet accouchement sans l'aide d'une sage-femme s'était bien passé. Elle n'avait souffert qu'une nuit.

Mais dans ce lit, pâle et muette, elle ressemblait à une prisonnière qui voyait se refermer sur elle la porte du cachot.

24

Du haut de ses huit ans, Sonia restait accrochée aux jupes de sa mère, hurlant dès qu'elle avait la velléité de sortir. Clara s'était bien remise de sa naissance mais sa légèreté, sa pétulance n'étaient plus. Paul percevait parfois de l'angoisse dans son regard et s'en inquiétait. Pourtant, Clara peignait à nouveau, Sonia jouant à deux pas d'elle. Lui-même avait de multiples commandes venant de Saint-Pétersbourg, et il lui venait parfois l'idée de s'installer dans la nouvelle capitale. Clara ne préférerait-elle pas la vie brillante de la jeune cité à la routine provinciale de Moscou ? La plupart de leurs vieux amis étaient morts, et les sorties mondaines se faisaient rares. Où étaient passés le besoin irrépressible de liberté de Clara, sa soif d'une vie pleine de fantaisie ? Elle supportait mal d'être mariée, mère de famille, de vieillir.

Souvent elle évoquait Vérone, et surtout Paris où elle avait brillé avant d'être courtisée. Elle se remémorait la légèreté des Parisiens, les folies des favoris du Régent, la beauté de la ville, des jardins, des hôtels de la noblesse.

– Je crois que le tsar a voulu recréer tout cela à Saint-Pétersbourg, remarqua-t-elle un jour.

Paul avait pris, le cœur brisé, la décision de déménager au printemps dans la capitale quand tomba comme la foudre la nouvelle de la mort du tsar, l'année de ses cinquante-trois ans.

Le climat de ce mois de février était trop peu clément. Paul ne pouvait faire le voyage à Pétersbourg pour offrir ses respects à la dépouille de celui dont il avait été autrefois si proche. Il préférait oublier ses excès, sa cruauté, ses débauches pour ne se souvenir que du grand homme qu'il avait été, un amoureux des sciences, de l'architecture, des mathématiques, un homme qui avait offert une flotte à la Russie, une armée moderne, une capitale incomparable.

Il était évident que les Russes étaient à la veille d'une période de troubles, trop de candidats se pressaient à la succession : sa veuve Catherine, la mieux placée et que le peuple aimait, Pierre Alexeïevitch son petit-fils, Anne, sa fille née hors mariage, ou encore sa sœur Élisabeth, les uns et les autres poussés par les plus puissants des boyards et Menchikov, qui avait sur le fils du tsarévitch supplicié une grande influence.

Mais bientôt on apprit que Catherine serait couronnée impératrice. En dépit de ses nombreuses infidélités, Pierre avait formé avec elle un ménage très uni. Elle le conseillait volontiers, et il tenait compte de ses avis. Les serfs, les moujiks, le menu peuple applaudissaient cette fille d'origine modeste devenue impératrice de toutes les Russies. Mais ses nombreuses grossesses l'avaient fragilisée, et on priait pour elle dans toutes les églises.

Paul et Clara furent invités aux cérémonies du couronnement à Saint-Pétersbourg. Cette opportunité de passer quelques semaines dans la capitale donna à Paul l'espoir que Clara s'y sentirait moins isolée et serait heureuse de s'y rendre. Sonia fut confiée à sa nourrice dévouée. Sa mère était tout pour cette fillette timide et volontaire. Clara aimait sa fille parce qu'elle était jolie et dépendante d'elle. Ses tableaux ravissaient l'enfant, tandis que les icônes de Paul l'effrayaient un peu.

L'icône de saint Boris était pendue au-dessus de son lit, mais elle préférait le paysage champêtre peint par sa mère avec des moutons et des chiens. Ce tableau était accroché dans la salle à manger, et elle demandait à s'asseoir à table en face de lui. La seule réticence de Sonia était d'apprendre l'italien. Jamais elle n'en avait prononcé un seul mot.

À la perspective des fêtes qui accompagneraient le couronnement, Clara s'éveilla, courut chez les modistes, les couturiers, les bottiers. Elle exigea d'être accompagnée d'une femme de chambre française, que Paul eut le plus grand mal à débaucher. Il avait eu vent d'une Française qui travaillait chez un couple âgé, où elle occupait la place de lectrice, mais, malgré l'importance du salaire proposé, elle prétendit que sa vieille mère malade réclamait son retour dans sa ville natale d'Orléans. Clara dut se contenter d'une Biélorusse ayant servi une comtesse qui venait de mourir. Paul, quant à lui, sollicita la présence de son vieux serviteur.

Quand leur voiture prit la route pour le Nord, Clara était métamorphosée. Les cris et hurlements de sa fille ne l'avaient pas démontée. Elle n'était pas inquiète, dans quelques heures Sonia aurait repris sa routine quotidienne.

Le grand, le puissant Menchikov les accueillit chaleureusement. Malheureusement, comme il l'avait laissé entendre, il ne pouvait pas les loger, sa maison étant pleine. Mais Léon Soubarov serait enchanté de les accueillir.

Bien que le comte Soubarov n'ait salué Clara que par une légère inclination de la tête, cette marque de respect la toucha profondément. Comment aurait-elle pu se douter qu'arrivée dans cette ville pour la première fois comme assistante de trois peintres renommés qui l'avaient chargée de besognes qu'ils dédaignaient, elle allait y revenir conviée par un des hommes les plus puissants de Russie ? Ce soir elle verrait la future impératrice, le petit-fils du défunt tsar, ses filles, des boyards dont la noblesse remontait à la nuit des temps. Quelle destinée, pour la fille d'un peintre peu connu et d'une gentille Italienne qui savait à peine lire, mais qui chantait à ravir. Elle était morte quand sa fille unique avait dix ans.

Pour le premier soir chez Menchikov, Clara porterait une robe de soie tourterelle au corsage lacé de nœuds roses. Les manchettes, en dentelle de Calais, laisseraient voir ses poignets que ceindraient les bracelets de perles offerts par Paul lors de la naissance de Sonia. Ses cheveux seraient piqués de roses fraîches et de muguet en soie.

Paul resta bouche bée. Sa femme avait miraculeusement retrouvé la fraîcheur et l'entrain de la Clara d'autrefois. Le gris clair seyait à ravir à son teint et la coiffure élaborée par un maître italien entremêlait des boucles ramassées sur la tête aux fleurs et aux rubans. Autour du cou, elle ne portait qu'un rang de perles.

Les invités étaient déjà nombreux lorsque Paul et Clara pénétrèrent dans le grand salon du comte Menchikov éclairé par six lustres de cristal aux multiples bougies. Les plus beaux tapis de Perse et de Turquie couvraient le sol. Sur les murs se côtoyaient cinq générations de Menchikov en tenues d'apparat, les hommes barbus à l'ancienne mode, les femmes sans décolleté, les cheveux cachés. D'emblée Paul fut accaparé par d'anciennes connaissances. Tous se disaient émerveillés par les icônes de la cathédrale Saint-Pierre-et-Saint-Paul. Un artiste comme lui se devait d'habiter à Saint-Pétersbourg.

Clara se vit abordée par un vieil homme. Elle avait du mal à discerner si son attitude était respectueuse ou un peu leste. Mais déjà il lui posait quelques questions auxquelles elle répondit aimablement. Son accent étranger intriguait son interlocuteur. Quel motif lui donnait le bonheur de s'entretenir avec une si jolie femme ?

– Mon mari Paul Dionous et moi nous sommes rencontrés ici pour peindre des fresques sur les plafonds des appartements de l'empereur.

– Ainsi vous êtes peintre ?

Le ton était moins déférent.

– Depuis longtemps. J'ai exercé mon art à Vérone, à Paris, puis ici et maintenant à Moscou.

– Admirable, ma chère. Laissez-moi me présenter : prince Prepenski. Vous êtes fort belle, comme beaucoup de jeunes Italiennes.

Clara nota le changement de ton. Le prince exprimait à présent une certaine désinvolture. Elle en fut blessée et fâchée.

– Je suis heureuse, monseigneur, que mes compatriotes vous plaisent. Mais je vous prie de bien vouloir m'excuser. Ma place est auprès de mon mari.

Les portes à double battant furent ouvertes sur la salle à manger. Le dîner était servi. Les candélabres de vermeil éclairaient les porcelaines, les cristaux, l'argenterie, les fleurs. Au centre de la table, l'aigle bicéphale russe en cristal ouvrait ses ailes soulignées d'or. Des cassolettes posées sur les consoles diffusaient des fragrances fleuries.

Clara se trouva placée en bout de table entre un officier à la poitrine couverte de médailles et un vénérable pope qui lui expliqua être chargé des baptêmes à Saint-Pierre-et-Saint-Paul. « Quand il s'agit d'enfants issus de grandes familles », crut-il devoir préciser. Dès qu'il sut sa voisine catholique romaine, il s'en détourna pour s'entretenir avec sa voisine de gauche, une comtesse sans âge et dévote, versée dans les œuvres de charité.

L'officier cependant racontait avec orgueil ses campagnes contre les Suédois, donnait mille détails sur les plans de bataille, l'organisation des camps, croyant aimable de spécifier que l'absence de jolies femmes était fort regrettée.

À dater de cette réception, Clara comprit que ses origines et son métier la marginalisaient. À plusieurs reprises, le général lui avait posé des questions sur les grandes familles italiennes, et les réponses vagues qu'elle lui avait données avaient permis à l'officier de saisir qu'elle n'était pas des leurs. En revanche, elle se vanta d'avoir eu l'honneur d'être présentée à Paris au

Régent. Elle connaissait beaucoup de membres de son entourage.

« Pauvre petite, pensa le général, si elle avait été de la haute société italienne, elle ne se serait pas sentie honorée de côtoyer le Régent, un débauché qui notoirement s'entourait de jolies femmes sans trop de manières. »

Partie rayonnante, Clara revint songeuse chez Léon Soubarov. Leur hôte était resté au bal qui suivait le dîner, mais elle avait demandé à Paul de la ramener. Les domestiques somnolaient dans l'entrée en attendant le retour des maîtres. Clara, à laquelle on proposa du thé, préféra regagner sa chambre.

Restée seule avec son mari, elle n'ouvrit pas la bouche. Enfin elle appela sa femme de chambre pour qu'elle la déshabille et l'aide à se coucher.

Quand Paul la rejoignit dans le grand lit, elle s'empara de sa main.

– Tu vis dans un monde qui ne veut pas de moi.

– Crois-tu que je sois prince ou duc ! s'exclama Paul. Je suis invité, et toi aussi, par des gens que je connais depuis longtemps. Ils estiment mes qualités et estimeront les tiennes.

Clara eut un rire ironique.

– Ils se moquent bien de mes qualités. Tu es peintre, et je le suis. Ce don commun nous a unis, mais ta famille, les fameux Dionous, ont contribué à la beauté des églises de Russie, et même d'Ukraine. Moi, j'ai barbouillé un plafond et commis des peintures qui seront remisées dans les greniers avant même que je sois morte.

Paul la prit dans ses bras.

– Tu es une femme de grand talent.

Elle se dégagea.

– Une femme ! Tu as dit le mot, mon amour, une femme ! Donc une amatrice douée, une originale qui n'a pas peur de grimper sur les échafaudages. Les femmes ne sont pas, ne peuvent pas créer de grandes œuvres d'art. Elles trouvent une place là où on la leur offre. Le Régent m'a commandé une toile ?

Eh bien, j'ai été gentille avec lui, mais j'étais beaucoup plus moi-même dans une taverne italienne avec de beaux garçons jouant de la mandoline à mes pieds.

La voix de Clara tremblait. Paul lui caressait les cheveux.

– Je sais combien tu veux être libre. T'ai-je jamais contrainte à vivre une existence bourgeoise ? Mais nous avons une fille, une maison, des amis qui nous apprécient pour ce que nous sommes. Tu n'as aucune raison d'être malheureuse.

Clara garda le silence.

– Viens demain à la cathédrale. Les cérémonies du couronnement en Russie sont incroyablement belles. Tout étincelle d'or et d'argent. Les chants te transporteront. La tsarine mérite qu'on lui rende hommage. Elle a été acceptée pour ses mérites, son courage face à la mort de ses enfants. Certains des hommes et des femmes que tu as côtoyés ce soir sont sans intelligence et sans cœur. Leurs titres les autorisent à afficher une arrogance qu'ils jugent appropriée, alors qu'elle n'est que sottise, et tu le sais.

25

D'Alexandrie, Zénaïde recevait des nouvelles contradictoires. La communauté familiale de Simon traversait des moments difficiles. Grâce à la vie bon marché en Égypte, l'argent ne manquait pas. Tous avaient leurs propres serviteurs, mais l'inaction, les relations limitées avaient déçu les jeunes femmes qui regrettaient Beyrouth. Les hommes étaient plus optimistes : les demandes administratives pour l'achat des terres avançaient bon gré, mal gré à coups de généreux bakchichs. Le pacha semblait favorable à leurs projets tout en faisant comprendre qu'il espérait un profit personnel quand le coton serait semé, récolté et les filatures opérationnelles.

Lors de son dernier séjour à Alexandrie pour les fêtes de Noël, Zénaïde avait perçu de la tension entre Claude et Simon. Pour quelle raison ? Le petit était magnifique, drôle et intelligent. Il avait six ans maintenant, et comprenait bien plus de choses que les adultes ne le supposaient.

Pour la distraire, ses enfants l'avaient emmenée au Caire, ville bouillonnante d'animation avec ses innombrables felouques évoluant sur le fleuve. Juifs, Syriens, Grecs, Arméniens côtoyaient les Égyptiens coptes et les Turcs installés en Égypte. Beaucoup d'entre eux avaient apporté leur savoir artisanal ancestral : bijoutiers, brodeurs, changeurs, pâtissiers, céramistes. Zénaïde avait été étonnée de l'harmonie dans laquelle vivaient toutes ces populations. En Syrie comme en Palestine, les différentes croyances religieuses étaient plus soucieuses de leur autonomie en dépit des tracas et persécutions subis.

Quant aux Turcs, Zénaïde savait qu'elle ne pouvait les juger avec impartialité. Que de Grecs ils avaient massacrés sans la moindre hésitation ! Au Caire, à part ceux qui servaient dans l'administration, les autres étaient quincailliers, chaudronniers, cordonniers, négociants en étoffes et surtout, ce qui indignait les chrétiens, marchands d'esclaves, blancs venus du Caucase, noirs capturés au Sud.

Simon avait écouté sa mère avec attention. L'achat d'une résidence au Caire modifierait leurs projets. Il était conscient qu'il était encore impossible de planter du coton dans l'espoir d'obtenir de gros profits : l'administration, le cadastre, la population ne cessaient de leur mettre des bâtons dans les roues. La quantité de coton qu'il avait déjà semée, récoltée, filée ne suffisait pas pour leur assurer un revenu convenable. La qualité n'était pas là, il fallait procéder à des croisements de graines, tâtonner, mais ils y travaillaient tous. Alors Le Caire ? Une aventure trop risquée ?

À Emmaüs, l'exploitation agricole battait son plein. Bien payés, les ouvriers ne ménageaient pas leur peine. Mais, en dépit des soins de Myriam, Zénaïde se sentait décliner. Elle ne se déplaçait plus qu'avec peine appuyée sur une canne, et demandait l'assistance de Fatima pour se déshabiller. Farid et Myriam avaient deux filles qu'elle aimait profondément. Selim, sa femme Odette et leurs trois garçons venaient régulièrement de Beyrouth. Tous ensemble, ils formaient une vraie famille avec de longs déjeuners sous les arcades, des soirées qui se prolongeaient dans le salon toutes fenêtres ouvertes.

Zénaïde décacheta une lettre de Simon qu'on venait de lui

remettre. Il était tard, la maison était calme. Comme tous les soirs avant de se coucher, elle avait prié pour le repos de l'âme de Manuel. Son souvenir restait intact. Elle le suppliait de guider leur fils Simon tombé sous l'autorité d'une femme pour laquelle la seule valeur sur terre était l'argent. Mais elle savait que du haut du ciel son mari veillait sur eux. Son œuvre avait pris beaucoup d'ampleur, grâce à elle et Farid, le gendre de son frère Clément. Désormais, les Dionous étaient solidement implantés en Palestine.

« Mère,

Nous vivons une période difficile. Quelques bonnes nouvelles, quelques mauvaises aussi.

Commençons par les bonnes, le malheur peut attendre quelques instants. Mes beaux-frères et moi-même avons pris la décision d'investir au Caire dans le commerce du café, du tabac et du savon. Leur consommation étant en grande partie locale, nous n'aurons à nous préoccuper que de trouver de nouveaux distributeurs, et donc d'établir de nouvelles bases à Alexandrie. On nous a affirmé que non seulement ces commerces étaient déjà lucratifs, mais qu'avec l'enrichissement d'une classe moyenne ils allaient prendre de l'ampleur. Comme tu nous l'as suggéré, nous avons donc acheté une maison au Caire pour passer des contrats avec les producteurs. Faire confiance à des intermédiaires est toujours risqué.

Hélas, il me faut en arriver au drame que nous traversons. Claude est malade du typhus ; deux médecins la soignent, un Arabe et un Grec. Ils s'accordent à dire que seul le temps et Dieu décideront de son sort. Nous avons éloigné Iannis, qui a été accueilli par une famille italienne avec laquelle nous sommes liés. Mes belles-sœurs montrent un dévouement extrême en dépit des avertissements des médecins.

Je te prie et supplie de prier avec moi devant nos saintes icônes, celle de la Vierge de Miséricorde en particulier. Elle est dans ta chambre, n'est-ce pas ?

Puisse la Vierge te maintenir en bonne santé, toi, Myriam, Farid et leurs enfants. Quant à moi, je me porte bien, quoique je dorme peu et n'aie guère d'appétit.

Je te serre contre moi. »

Zénaïde laissa tomber la lettre sur le drap. Elle s'était installée dans son lit pour lire à la lueur de la lampe à huile posée sur sa table de chevet. Bientôt le visage de Simon s'imposa. Son pauvre enfant devait être dévasté, et le petit Iannis, affolé. Que pouvait-elle faire pour les secourir ? Elle n'avait plus la force de voyager. Quant à Farid et Myriam, ils devaient à tout prix éviter d'être à leur tour contaminés. Prier ? Oui, c'était la dernière option. Zénaïde leva les yeux vers l'icône représentant la Vierge de Miséricorde. Elle allait l'implorer, laisser une bougie allumée nuit et jour. Il fallait croire au pouvoir de la lumière. C'est dans la lumière que se réfugient les mystères, ceux de la vie et ceux de la mort.

Que deviendrait Iannis sans sa mère ? Certes, il avait deux tantes, elles-mêmes mères d'adolescents. À neuf ans, il était à l'âge où il avait besoin de beaucoup d'affection. Sauraient-elles le combler ? Simon, égaré par sa peine, n'aurait pas la force de la surmonter pour adoucir celle de son fils.

Des larmes coulaient sur le visage flétri de Zénaïde. Elle n'avait manqué de rien dans sa vie, même si celle-ci ne l'avait guère épargnée : la perte d'un enfant à sa naissance, des déménagements qui l'avaient coupée de parents et d'amis, une fille qui s'était comportée comme un garçon, souvent dure envers elle, entêtée, habitée par des rêves inaccessibles aux femmes. Et la mort de Manuel l'avait engloutie avant qu'elle ne se décide à reprendre les affaires Dionous, les faire prospérer, les confier au crépuscule de sa vie à des mains fermes, un esprit novateur.

Ce soir elle baissait les bras.

– Seigneur, ayez pitié de Simon et Iannis, murmura-t-elle en se signant trois fois.

Elle ne pensait pas à Claude.

Après le décès de sa femme, Simon et son fils vinrent passer quelque temps à Emmaüs. Presque infirme, Zénaïde les accueillit avec joie, fit préparer un repas de fête le jour de leur arrivée. Réservé lors des retrouvailles avec sa grand-mère, Iannis la reprit vite en affection. Il aimait l'entendre raconter sa vie à Alep, dans la Ghouta, puis à Emmaüs. Elle lui parlait de son grand-père, de la famille, de son arrière-grand-père Grégory, mais ne mentionnait jamais le rapt de Georges par les janissaires.

Ce ne fut qu'un mois plus tard, lorsque Zénaïde ne fut plus capable de quitter son lit, que Simon vint s'installer à son chevet.

– Il faut que je te parle, maman.

Zénaïde regarda son fils. Il avait vieilli, elle reconnaissait à peine le petit garçon d'autrefois, le jeune homme enjoué qui la faisait tant rire.

– Nous avons de grosses difficultés à Alexandrie.

Zénaïde le laissa parler. Elle avait peur que sa voix ne révèle son angoisse.

– Nabil, un de mes beaux-frères, le mari d'Yvonne, nous a trahis.

Zénaïde se redressa.

– Il est entré, je ne sais comment, en relation avec une famille juive fortunée qui désirait vendre des terrains. Mon beau-frère savait parfaitement que nous, ses associés, en avions besoin pour nous agrandir, et que nous discutions depuis des mois avec de potentiels vendeurs dont les situations se révélaient être de vrais sacs de nœuds. Sans toucher un mot de ses tractations, il a acquis une parcelle considérable et très bien placée. En signant l'acte de propriété à son seul nom, il nous a planté un couteau dans le dos.

– Il est donc bien riche ?

– Sa femme, sa belle-sœur et Claude avant de mourir lui ont

confié ce qu'elles possédaient. Et dans son testament, Claude effaçait la dette de son beau-frère.

– Et le mari de Thérèse ?

– Roger ? Il a pris bien sûr le parti de Nabil. Je suis sûr qu'ils ont entre eux une entente secrète.

Les yeux de Zénaïde brillaient de colère.

– Tu es donc dépouillé de tout !

– Non, maman, il me reste encore de la terre et l'espoir d'en acheter de nouvelles, et j'ai mes affaires au Caire où je fais cavalier seul.

– Tu retournes donc là-bas ?

– Bien sûr. Mais je vais m'y installer, car je ne peux plus cohabiter avec Nabil et Roger. Et dans cette maison, la présence de Claude me hante partout.

Simon vit la tête de sa mère sur l'oreiller. Zénaïde fermait les yeux. Il eut peur d'un malaise. Enfin elle le regarda.

– Tu es toujours le propriétaire avec Dimitria de vastes terres ici, mon fils. Mais à ma mort, je laisserai ta part à Iannis. Que tu croises un homme malhonnête qui te promettrait la lune, tu pourrais dans ta candeur les perdre. Ce serait tuer ton père une seconde fois.

Simon se leva. Sa mère se plaisait-elle à l'humilier ?

– Tu me considères comme un imbécile, maman.

– Je te juge faible, un homme qui n'a pas les moyens de ses ambitions. Tu as toujours rêvé d'être riche en quittant ton lit à midi.

Quand elle entendit la porte claquer derrière son fils, Zénaïde pensa qu'elle ne le reverrait probablement pas.

Mais trois semaines plus tard, Simon était de retour avec Iannis. Comment pouvait-il laisser sa mère s'éteindre sans qu'elle ait revu ce petit-fils qu'elle aimait tant ? Dimitria et sa fille cadette s'étaient installées dans la maison familiale. Contre toute attente, elle accueillit avec chaleur son frère et son neveu.

– Reste en Égypte, lui dit-elle un après-midi où ils prenaient une tasse de café dans le jardin. Ni toi ni moi n'étions faits pour régir des domaines agricoles. Et finalement nous avons tous les deux pris le large. Mais nous tenons à nos terres et les garderons après le décès de maman. Ne cède pas à l'oncle Clément s'il te propose de les racheter. Chacun chez soi. Ceux qui ont beaucoup d'argent en veulent toujours davantage. Myriam, notre cousine, et son mari ont fait un travail remarquable. J'espère qu'ils ne se voient pas prématurément en maîtres des lieux.

Simon fut étonné par l'assurance que sa sœur montrait dans ses prises de décision. Mais elle avait raison, ni l'un ni l'autre n'avaient pu se satisfaire d'un avenir à Emmaüs.

– Nous ferons gérer nos terres par quelqu'un de compétent et d'honnête. Myriam et Farid devront regagner Beyrouth pour qu'il n'y ait aucun malentendu. Avec les revenus de notre domaine, tu pourrais mener à bien tes entreprises commerciales en Égypte, et moi accomplir mon rêve : fonder un pensionnat pour filles dirigé par des religieuses orthodoxes dans un couvent ouvert sur le monde, sans cette rigidité religieuse qui rebute beaucoup de jeunes. Elles y apprendront à devenir, non pas des religieuses, mais des jeunes femmes accomplies, cultivées et heureuses.

Simon s'empara de la main de sa sœur. Dimitria avait vu plus clairement que lui-même l'avenir de leur famille. Autrefois les Dionous avaient été de modestes agriculteurs, ils seraient désormais de grands propriétaires terriens qui jouiraient du fruit de leurs possessions. Iannis ne serait pas planteur d'oliviers, il brasserait des affaires, investirait dans les futures potentialités de l'Égypte et, pourquoi pas, envisagerait des activités bancaires comme ses cousins de Beyrouth. Avec le développement du pays, les beys auraient grand besoin d'argent. L'expérience des Dionous de Beyrouth ainsi que leur réputation seraient un appui important.

Simon réfléchit longuement. Un souci semblait occuper son esprit.

– Ma chère sœur, dit-il enfin, on ne peut congédier Myriam et Farid comme des domestiques, ce sont nos cousins. Ils sont venus aider maman quand j'ai choisi de m'installer à Alexandrie. Farid a fait un travail magnifique, et Myriam en dépit de deux grossesses s'est occupée de maman avec une inlassable affection. Où étais-tu, toi sa fille ?

Simon trouvait sa sœur bien changée. La jeune fille idéaliste, éprise de liberté était devenue autoritaire, incisive.

– Tu es le dernier à pouvoir me juger ! En délaissant les terres familiales et en privant maman de Iannis, tu lui as brisé le cœur. Écoute-moi bien. Je n'ai jamais pensé chasser Farid. Il a les terres de notre oncle Clément. Si Myriam et lui ne souhaitent pas rentrer à Beyrouth, il travaillera avec notre régisseur, mais il devrait d'abord se soucier des propriétés de son beau-père. Un régisseur chez nous, Farid chez l'oncle Clément. Je ne peux pas croire que Clément le rémunérera moins que maman.

– Leurs terres ne sont pas tout près des nôtres. La plus grande partie est en Syrie. Tu veux donc séparer maman de Myriam et de leurs enfants ?

Le regard de Dimitria s'adoucit, elle haussa les épaules.

– Ce ne sont que des projets. Rien ne se fera avant le décès de maman.

Le soir tombait. Il faisait encore chaud en cette fin de mois de juin. Bientôt Fatima servirait le dîner. Zénaïde avait bu un potage dans son lit, grignoté un morceau de gâteau à la fleur d'oranger, et s'était assoupie heureuse. Sa famille était enfin réunie. Ce pour quoi elle s'était battue après la mort de Manuel perdurerait.

26

Clara refusait désormais de se rendre dans le monde et se contentait de réunions avec des amis intimes, des artistes pour la plupart ou des couples qui s'étaient écartés des strictes conventions sociales. Paul n'avait pas compris que ce renoncement était en réalité un sacrifice. Elle s'en voulait d'avoir été aussi naïve et haïssait ceux qui, sans autre raison que leur nom, s'estimaient supérieurs à elle, s'octroyaient le droit de la mépriser. Parce qu'elle était belle et qu'on la courtisait, elle s'était illusionnée et l'humiliation n'en était que plus cruelle. Son mari n'avait pas suffisamment d'envergure pour imposer la femme qu'il aimait. Qui avait reproché au tsar Pierre d'avoir épousé une ancienne servante ? Et elle, Clara, n'était pas une domestique, elle était une artiste dont le talent lui avait permis de participer à la décoration des appartements impériaux. Celui qui l'avait distinguée ignorait-il qu'elle était une femme ? C'était possible, mais elle se savait estimée à Vérone. Son père ne lui avait pas caché que si elle n'avait pas eu la malchance d'être née fille, elle aurait été une artiste prisée en Europe. Mais elle n'avait pas baissé les bras : dès ses débuts, les riches familles de Vérone achetaient ses toiles, des peintres renommés ne ménageaient pas leurs éloges. On la recevait partout sans la moindre condescendance. Elle avait foi en elle-même. Pétersbourg avait été une expérience intéressante. Pour la première fois, elle avait quitté son pays pour une ville étrangère, qui l'avait déconcertée, puis captivée. Édifier une nouvelle cité dans un lieu qui défiait le climat et la nature était une entreprise impressionnante, à la hauteur d'un souverain exceptionnel. Et elle s'était bien intégrée à l'équipe des peintres, s'était même senti des affinités avec Paul, un homme déjà mûr, dont le talent était incontesté.

De retour à Paris, elle avait pensé à lui. Paul était différent des autres Russes qu'elle avait rencontrés. Dépourvu de vanité, peu loquace, il savait donner des directives sans prendre un ton supérieur. Il y avait en lui quelque chose de mystérieux comme un secret inavoué, une violence domptée au cours des ans. Il gardait jalousement le contrôle de ses souvenirs, mais quels souvenirs ?

Clara n'avait pas hésité lorsque le comte Menchikov lui avait communiqué le souhait de Paul : qu'elle regagne Moscou pour l'épouser. Le comte avait payé le voyage, lui avait procuré des noms, des adresses en cas de difficulté. Mais tout s'était bien passé, elle avait toqué à la porte de la maison Dionous et celle-ci s'était ouverte.

À Moscou elle avait voulu poursuivre sa vie de jeune fille libre, jouir de cette ville inconnue, sûre de toujours retrouver Paul, de tout partager avec lui.

Puis Sonia était née, bouleversant sa vie. Paul, elle et Sonia formaient désormais une famille, qui devait s'insérer dans la société moscovite. Ensemble, ils avaient traversé le chaos politique qui avait suivi la mort de Pierre le Grand, la succession des tsars et tsarines, puis la montée sur le trône d'une femme remarquable, Élisabeth, la seule survivante de Pierre et de Catherine. Contrairement à son père, l'impératrice revenait de temps à autre à Moscou, occupait son palais du Kremlin, accompagnée de la plupart des boyards qui formaient sa cour. La ville alors reprenait vie.

Paul et Clara avaient célébré l'anniversaire de Sonia « à l'italienne », avec guirlandes et lampions de toutes les couleurs.

Mais la fête avait été assombrie par l'inquiétude que suscitait la santé d'Ivana, qu'un cancer né dans le sein droit rongeait. Son mari ne quittait pas son chevet. Autrefois si belle, cette femme était devenue un spectre. Son agonie torturait Paul. Ivana avait renoncé à tout : amour, amis, pays d'accueil pour lui offrir un refuge, l'élever comme un fils. Elle était sa vraie mère, l'autre n'avait existé que dans les divagations d'un père fou enseveli dans les neiges sibériennes.

Et les silences de Clara, son changement de personnalité ne faisaient qu'accentuer son désarroi.

Dans la morosité de l'ambiance familiale, le caractère de Sonia, jusqu'alors douce et obéissante, se modifiait en grandissant. La plupart du temps silencieuse, elle observait ses parents avec un air de reproche, parfois même d'hostilité. Paul s'inquiétait. Sa fille avait-elle honte du caractère rebelle de sa mère ?

Sonia était jolie, brune avec les yeux mordorés des Dionous. Elle exécrait les robes élégantes portées par les jeunes filles de la bonne société que ses parents fréquentaient, leur préférant les tenues d'enfants de condition modeste : longues jupes, blouses vagues brodées, châles aux couleurs vives.

L'élégance d'Ivana comme celle de Clara avaient toujours séduit Paul. Son épouse s'habillait à la mode française ou italienne, mais sans les excès parfois ridicules des grandes dames parisiennes, milanaises ou londoniennes. Sonia était encore jeune, se rassurait Paul. Plus tard, le désir d'être entourée, recherchée la changerait. Pour l'heure, les regards masculins l'irritaient.

Paul se souvenait qu'enfant, lui-même avait un caractère rebelle. Son agressivité de petit garçon exprimait ce qu'il ne saisissait pas, la mort de son père, la disparition de sa mère. Dès qu'il avait été censé être en âge de comprendre, sa tante lui avait appris qu'il avait été très tôt orphelin et que la compagne de son père l'avait déposé à Moscou. Paul l'avait questionnée. « Où mes parents sont-ils morts ? » Elle avait répondu : « Loin en Sibérie, je vais te montrer sur une carte. On dit que c'est une terre superbe. » Paul avait fait des recherches. L'immensité de la Sibérie était stupéfiante. Rivières sauvages, lacs gelés, forêts de bouleaux et steppe à perte de vue. Qu'allaient donc faire ses parents dans cette région aux hivers interminables ?

C'est seulement à l'adolescence qu'Ivana lui avait tout dévoilé : un père en fuite, une mère issue probablement de nomades tatars, l'ours, la mort de son père, le long voyage vers Moscou, sa naissance et l'abandon. Pendant une année, il n'avait pu qu'écrire des icônes où figuraient des dragons, du feu, des diables. Puis il s'était apaisé. C'était à ce moment-là que la Vierge de Miséricorde lui était apparue.

Ivana mourut entourée de sa famille. Les funérailles furent magnifiques. L'ensemble du clergé de Moscou connaissait les talents de Paul, sa piété, le souffle qui l'inspirait lorsqu'il écrivait ses icônes. Plusieurs membres de la haute noblesse assistèrent à l'office. Paul n'avait-il pas été admis dans l'intimité du tsar Pierre ? Tous s'accordèrent à le trouver changé, avec ses cheveux blancs, des cernes sous les yeux, les joues creuses. Sa femme restait belle, même si elle avait perdu tout éclat. Sa jolie bouche était devenue amère, son regard pétillant, sombre. Il était évident que cette petite Italienne n'était pas heureuse en Russie. Parce qu'elle avait barbouillé des plafonds dans les appartements du tsar, elle s'était prise pour un grand peintre, avait séduit Paul Dionous dont le talent était indiscuté, mais que tous définissaient comme un idéaliste, un rêveur, un mystique. Une âme pure et tourmentée, peu apte au bonheur.

À la fin de l'automne, on annonça l'arrivée imminente au Kremlin de la tsarine Élisabeth. Avec cette impératrice gaie, bavarde et chaleureuse, la ville s'animait de nouveau. On causait en français ou en italien, deux langues que la tsarine pratiquait aussi bien que le russe. On se réunissait, on dansait, on parlait littérature, beaux-arts, sciences dont l'impératrice était férue.

Paul et Clara furent invités à une réunion privée. Élisabeth possédait plusieurs icônes exécutées par Paul ainsi que par ses ancêtres, et savait qu'il avait épousé une Italienne, elle-même peintre qui avait eu sa renommée. Très favorable à l'émancipation des femmes, elle fit à Clara fort bon accueil et s'adressa à elle dans sa langue maternelle. Accepterait-elle de faire son portrait au pastel ? Mais elle ne devait pas exiger plus d'une séance de pose car l'emploi du temps de la tsarine était chargé. La guerre avec la Prusse se prolongeait, la France se montrait réticente à signer une alliance avec la Russie par peur de voir cet immense pays prendre une trop forte influence sur l'échiquier européen. Si Louis XV souhaitait une entente, libre à lui de le faire savoir.

Clara fut aussitôt séduite par cette jolie femme, dont la mère, Catherine, était née parmi les moujiks. Sans instruction, Catherine avait élevé Élisabeth du mieux qu'elle pouvait. Des gouvernantes et institutrices soigneusement choisies avaient pris le relais et fait de cette enfant active, curieuse, espiègle, une femme sûre d'elle, exigeante, dénuée de cruauté. Elle avait juré de ne pas mettre à mort un seul de ses sujets durant son règne et avait tenu parole.

– Votre Seigneurie peut compter sur moi, lui répondit Clara dans une révérence. Jamais je n'aurais rêvé d'avoir un si prestigieux modèle. Une heure de pose me suffira. Que Votre Majesté me fasse venir quand cela lui plaira.

Déjà Clara tentait des esquisses au fusain. Elle hésitait sur le fond. Pour un pastel il fallait un arrière-plan léger : un ciel bleu, des nuages, quelques buissons fleuris. Sachant la tsarine excellente cavalière, elle avait pensé un instant à la placer à côté d'un cheval dont elle tiendrait la bride. Il eût alors fallu qu'elle soit en tenue d'équitation et Clara craignait de la décevoir. Fort coquette, Élisabeth possédait plus de dix mille robes, presque autant de paires de souliers et un nombre si grand de bas de soie, brodés ou non, que deux énormes coffres doublés de velours n'étaient pas de trop pour les ranger. Comme elle accordait beaucoup d'importance à sa toilette matinale, Clara eut soudain l'inspiration de la représenter devant une coiffeuse où s'aligneraient les accessoires de beauté et les flacons contenant eaux de senteur et élixirs, les uns en or, les autres en cristal taillé. Elle serait déjà coiffée, poudrée, ses lèvres et pommettes seraient rougies, et elle se contemplerait devant un joli miroir d'écaille blonde.

Fiévreusement, Clara perfectionnait ses esquisses. Encore un ou deux jours de travail, et l'impératrice pourrait prendre possession du pastel.

– Combien de temps notre tsarine compte-t-elle rester à Moscou ? demanda-t-elle un matin à Paul.

Les jours passaient et elle était un peu inquiète de n'avoir aucune nouvelle du Kremlin.

– Certainement jusqu'au printemps. Les routes ne sont guère praticables avant avril.

L'impératrice travaillait, chassait, conduisait elle-même les chevaux de son traîneau. Rompue aux exercices physiques, elle trouvait dans ces distractions un plaisir extrême. Et il était de notoriété publique qu'après avoir été la maîtresse de deux très beaux hommes, un cocher et un laquais, elle était maintenant fort attachée à Alexis Razoumovski, un Ukrainien dont les parents étaient tenus en servage, mais qui plaisait à Élisabeth au point qu'on prédisait son prochain anoblissement, suivi d'un discret mariage.

Cette union ne créerait pas de problèmes de succession. Élisabeth n'avait pas le choix, son héritier était son neveu Pierre, élevé en Prusse. Le garçon était brutal, peu intelligent, et il n'existait pas d'autres descendants légitimes. On l'éduquait le mieux possible, mais il restait réfractaire à tout ce qui n'était pas du domaine militaire, nourrissant pour la Prusse une admiration sans bornes, vivant entouré de soldats.

Paul mesurait ses paroles. Certes la tsarine avait fait à Clara une promesse, mais il avait trop fréquenté la cour pour ne pas savoir qu'un tsar, ou un noble de haute naissance, pouvait prendre un engagement qui à ses yeux n'en était pas vraiment un. Souvent parce qu'il avait oublié le lendemain ce qu'il avait sollicité la veille. L'amabilité chez les grands ne dépendait pas toujours des degrés hiérarchiques, mais aussi des circonstances. En voyant Clara si fière, si enthousiaste pour la première fois depuis des années, il refusait de lui faire part de ses doutes. Et s'il se trompait ? Après tout, le tsar Pierre s'était parfois souvenu d'une promesse longtemps après l'avoir faite.

À nouveau s'imposa à Clara l'idée de représenter la tsarine à côté d'un alezan bai qu'elle tiendrait par le mors. Élisabeth montait « à la garçonne » avec des culottes sombres et des bottes. Mais elle se permettait de somptueuses vestes brochées de fils d'argent ou d'or portées sur des chemises dont on apercevait les fines dentelles aux poignets et au col. Le tricorne noir mettait en valeur son teint, ses yeux bleus, l'ovale de son visage.

Ce choix difficile torturait Clara qui mit des jours à esquisser Élisabeth en cavalière. Son intention était de présenter les deux projets à la tsarine. Une fois que celle-ci aurait fait son choix, elle pourrait en travaillant beaucoup réaliser le pastel en quelques jours.

Noël approchait et de grandes fêtes étaient prévues dans la cathédrale de la Dormition de la Vierge, ainsi qu'au palais. Dans les autres édifices religieux, nombreux dans l'enceinte du Kremlin, le peuple se verrait offrir des brioches et du pain d'épice. Tous les cierges, candélabres et bougies illumineraient les iconostases. Les chœurs rassembleraient les plus belles voix de la ville. On espérait même entendre Alexis Razoumovski en personne chanter dans la cathédrale de la Dormition pour sa maîtresse l'impératrice. C'était grâce à sa voix qu'il s'était fait remarquer par Élisabeth à Saint-Pétersbourg. Elle avait exigé qu'on lui présente ce chanteur de talent dont la beauté et la virilité l'avaient aussitôt envoûtée. Devenu l'amant sans partage de la tsarine, Alexis était resté étranger aux coteries de la cour, discret, bienveillant. Comme il ne promettait rien, tous avaient renoncé à le solliciter.

Il neigeait abondamment et on ne pouvait circuler qu'en traîneau ou dans les rares rues dégagées. Les passants avaient fixé des patins de bois sous leurs semelles.

Paul avait décidé de célébrer Noël avec sa famille et quelques amis. Avec l'âge, les réunions trop formelles le fatiguaient. À plusieurs reprises Clara avait émis le souhait de revoir l'impératrice, mais Paul savait désormais la vanité de ses espoirs. Élisabeth ne serait disponible que pour le patriarche, les hauts dignitaires de l'Église, les princes et leurs familles. Ignorante de l'étiquette, Clara pourrait solliciter un entretien qui serait aimablement, mais fermement, refusé. À quarante ans, elle traversait une période difficile. L'agressivité de Sonia envers sa mère s'intensifiait. Quant à Paul, il s'isolait de plus en plus dans son atelier. Il avait entrepris l'écriture d'un triptyque destiné à un monastère de Kolomna. Un an de travail, un an de solitude heureuse. Sa sainte Claire était toujours en face de lui. Un halo du passé, une lumière qui ne s'éteindrait jamais. Si l'éternité existait, il souhaitait qu'elle ait le visage de cette femme.

Janvier fut particulièrement froid. L'impératrice cependant ne renonçait pas aux sorties en traîneau avec Alexis Razoumovski, tous deux enfouis sous une couverture de martre. Lorsque la tsarine revenait de ces longues promenades avec son amant, elle rayonnait.

En mars, il y eut un redoux inattendu et on apprit que l'impératrice allait regagner Saint-Pétersbourg. Une partie du voyage se ferait par la route en voiture posée sur des patins, une autre en traîneau. Une grande agitation régnait au Kremlin. La cour qui accompagnait l'impératrice avait d'importants besoins pour le voyage et tous les commerçants étaient surmenés. Les prix flambaient. Les manchons, les chapkas de loutre valaient de l'or, les peaux d'ours s'arrachaient. Confiseurs, pâtissiers préparaient des coffres entiers de biscuits secs, de pains d'épice, de sucreries diverses. Il n'y avait plus dans la ville un seul bocal de confiture ou de cornichons salés.

Puis Moscou retrouva sa torpeur de « ville provinciale ». Clara ne faisait plus aucune allusion aux deux esquisses qu'elle destinait à la tsarine, et Sonia loin de railler sa mère, l'observait avec une bienveillance nouvelle que Clara interpréta comme de la pitié. Mais, face à cette première faiblesse d'une mère qui ne baissait jamais la tête, la jeune fille éprouvait de la compassion bien plus que de la dérision. Elle aurait voulu lui parler avec gentillesse, mais que pouvait-elle dire ?

Voyant sa femme désespérée, Paul renoua avec d'anciens amis qui comme lui avaient un âge respectable. Il organisa chez lui de petites réceptions. La table était soignée, les vins venaient de France. Dans un premier temps, Clara sembla les apprécier, remit ses robes d'autrefois, soigna sa coiffure. Elle fut même sensible à la cour que lui fit un ancien architecte qui avait connu son heure de gloire. Il avait gardé de la séduction, et prenait plaisir à voir Clara s'animer en parlant. Il revint rendre visite à Paul de temps à autre dans son atelier. Tous deux évoquaient les arts dans lesquels les Français brillaient : musique, peinture, sculpture, littérature. Madame de Pompadour, la maîtresse de Louis XV, encourageait beaucoup les artistes en passant de multiples et ruineuses commandes aux ébénistes, aux manufactures de porcelaine, celle de Sèvres en particulier qui fournissait maintenant les plus riches boyards. Les peintres jouissaient eux aussi du soutien de la favorite. Lorsque la conversation évoquait la peinture, Clara semblait émerger de la zone obscure où elle s'était confinée. Paul observait que ses joues se coloraient, que son regard souvent plein d'indifférence s'animait. En vrac elle citait des noms de grandes familles bourgeoises ou aristocratiques qui possédaient des œuvres d'elle. Oui, dans les collections privées, elle côtoyait des peintures de Joseph-Marie Vien, de Greuze, des marines de Vernet. L'enthousiasme que Paul découvrait alors sur le visage, dans la voix de sa femme le décontenançait. Clara jouait-elle un rôle ? Débitait-elle un texte appris par cœur ? Son interlocuteur l'écoutait, à moitié admiratif, à moitié gêné. Clara avait-elle réellement connu tous ces maîtres qui faisaient l'admiration de l'Europe ? Cherchait-elle à l'impressionner lui tout particulièrement ? Si tout cela était vrai, pourquoi était-elle venue à Moscou ? Le prince de Condé ! Le duc de Brissac ! Madame de Pompadour ! L'architecte se doutait que Clara avait besoin d'exister, elle sollicitait son admiration et il était prêt à la lui déclarer.

Un soir où ils s'étaient réunis à huit pour le dîner, la conversation tomba à nouveau sur le goût de leur tsarine pour la peinture. Clara ne dit mot.

Soudain Sonia se leva, disparut de la salle à manger pour y revenir quelques minutes plus tard avec à la main les deux dessins exécutés par sa mère à l'intention de l'impératrice : Élisabeth à sa toilette et Élisabeth en cavalière. Chacun s'extasia en toute sincérité.

Mais Clara quitta aussitôt sa chaise, se dirigea vers le poêle et, sans hésiter, les jeta au feu.

27

Depuis une semaine Sonia était entre la vie et la mort. L'épidémie de petite vérole avait atteint des centaines de Moscovites, plus des trois quarts en étaient morts. Clara avait fait dresser un lit près de celui de sa fille, et la veillait jour et nuit en dépit des supplications de Paul, qui voulait la remplacer. Il ne comprenait pas ce dévouement absolu alors que la mésentente entre mère et fille lui gâchait la vie depuis des années. À quel âge Sonia s'était-elle détachée à ce point d'une mère qu'elle avait adorée ?

Seul la plupart du temps, Paul travaillait dans son atelier. Le triptyque était presque achevé, il en était fier. Dans son cercle de vieux amis, outre Ivan Pavlovitch l'architecte, il appréciait particulièrement la compagnie de Kolia Vladimovitch, veuf, bel homme encore et père d'une fille unique tout juste sortie de l'adolescence. Chargé à la cour de l'ordonnance des messages privés du défunt tsar, il n'avait pas amassé de fortune et il pensait à rejoindre ses terres avec Tania pour conserver ce qu'il lui restait de biens. Ses amis lui déconseillaient pourtant d'abandonner Moscou. Quel serait l'avenir de sa fille à la campagne ? Lui-même ne regretterait-il pas la compagnie des jolies femmes et des hommes cultivés ? Kolia réfutait tous les arguments qu'on lui présentait. Il y avait une société fort convenable dans les domaines environnant le sien. On prétendait que la vie y était plus gaie qu'à Moscou. Il possédait une terre nommée Samarakov, d'une certaine importance, qui faisait de lui un propriétaire aisé. Et la ville de Smolensk, qui n'était pas très éloignée, offrait toutes sortes de distractions. On vantait sa cathédrale, ses remparts, ses vieilles maisons aristocratiques, son quartier commerçant. Mais, une fois sur son domaine, Kolia n'en bougerait guère.

Paul laissait courir son imagination. Sa Sonia pouvait-elle mourir parce qu'il l'avait enfermée à Moscou ? Il avait isolé cette enfant solitaire, combative, secrète, mais avait-il eu le choix ? Aurait-il fallu qu'ils rejoignent tous l'Italie ? Mais Sonia ne s'intéressait pas au pays natal de sa mère et refusait d'apprendre l'italien. Comme une mauvaise pensée, comme un péché presque, Paul entrevit la raison pour laquelle son père avait tout quitté. Sa quête d'immensité, de silence, d'intemporalité, de déresponsabilisation. Lui avait eu ce courage.

Les médecins se montraient plus optimistes. La jeune fille avait une constitution solide, et repoussait la mort avec ce qui lui restait de forces. Clara, en revanche, dépérissait, ils craignaient tous qu'elle soit contaminée. Elle se plaignait de maux de tête, de vertiges, et ne s'alimentait presque plus.

Les pustules de Sonia commençaient à former des croûtes, elle n'avait plus de fièvre et ses paupières désenflaient, lui permettant de voir à nouveau ce qui l'entourait.

Inquiet de l'état de Clara, un médecin la fit isoler, prescrivit du sérum de cheval, des bains tièdes et, dès l'arrivée des premières pustules, le badigeonnage fréquent avec du camphre.

Les pustules devinrent si nombreuses qu'elles se chevauchaient, une évolution défavorable selon les médecins. Et la malade n'avait pas de force morale ni aucune capacité de résistance. On interdit à Paul d'approcher son épouse. La mort était probable, et il se devait à sa fille qui, elle, se rétablissait. Une vieille femme faisant office de garde-malade s'installa près de Clara, somnolant ou marmonnant des prières. Elle effleurait parfois ses croûtes avec de l'huile tiède, buvant force tasses de thé dans lesquelles elle trempait du kalatch[1].

À l'aube du troisième jour, alors que la garde dormait, Clara s'éteignit. Où trouver un prêtre catholique pour les obsèques ? Il n'y avait pas d'église, juste une chapelle où l'on disait la messe quand des diplomates de pays catholiques résidaient à Moscou. Ce fut Kolia qui dénicha un vieux prêtre polonais. Il accepta de bénir le cercueil et de réciter les prières des morts en latin devant le caveau.

Anéanti, Paul était incapable de la moindre décision. En dépit de son amour pour elle, il n'avait pas su rendre sa femme heureuse. Sa maladie, sa mort étaient un reproche. Elle était arrivée poussée par ses émotions, ses espoirs, une profonde foi en l'avenir. N'avait-elle pas participé à l'embellissement des appartements du tsar ? Mais elle n'avait pas bien mesuré la lutte féroce entre les artistes pour imposer leurs talents dans la nouvelle capitale. Au lieu de solliciter de riches aristocrates qui édifiaient de splendides demeures, elle avait plié bagage et gagné Paris où, sans doute parce qu'elle était jolie et avait un certain talent, on l'avait accueillie dans les cercles qui se piquaient de protéger les artistes. Nul n'ignorait les mœurs de ces salons parisiens. Un moment séduite, Clara avait fini par se lasser de tant de frivolité, et quand Paul lui avait fait parvenir une lettre d'amour la suppliant de gagner Moscou, elle avait saisi sa chance. Dans le vide moral qui l'engloutissait, cet appel lui avait semblé venir du ciel.

Rapidement, Paul comprit qu'il était incapable de demeurer seul avec Sonia pour finir son éducation et la lancer dans le monde afin de lui trouver un mari convenable.

La disparition de sa grande adversaire, sur laquelle elle avait focalisé tous les doutes qu'elle nourrissait sur elle-même, ses manques affectifs, son amour insatisfait pour un père qui semblait préférer ses Vierges et ses saints, tout cela faisait de Sonia

1. Pain blanc que l'on trouve à Moscou.

une adolescente frustrée. La variole avait laissé des cicatrices sur son visage et, sans être défigurée, elle avait perdu sa beauté. Paul savait qu'il devait prendre une décision la concernant, et il songea à son vieil ami Kolia, qui était décidé à se retirer dans ses terres avec sa fille Tania : il n'avait plus les moyens de mener un train de vie décent à Moscou. Tania, qui venait de célébrer ses seize ans, trouverait des amies parmi les familles de boyards des environs. Son éducation était achevée, elle aimait lire, broder, jouer du violon, monter à cheval. Que lui manquerait-il à Samarakov ?

Dès le lendemain, Paul se rendit chez son ami qui achevait son déjeuner. Un verre de cognac français l'aida à surmonter son embarras : Kolia prendrait-il Sonia avec lui à Samarakov ? Sa fille aurait une compagne et jouirait d'un changement de vie qui ne pouvait que lui être bénéfique. Lui ne pouvait quitter son atelier, il devait honorer plusieurs commandes dont une icône pour la cathédrale de l'Archange-Saint-Michel, une autre pour le monastère Saint-Joseph de Volokolamsk, et trois pour de jeunes mariés fortunés. Son existence de reclus n'était pas propice à l'épanouissement d'une adolescente taciturne.

Kolia acheva de déguster son verre de cognac en silence. Son visage restait serein.

– C'est en effet une excellente idée, mon ami, prononça-t-il enfin. Savoir Tania seule avec moi me causait du souci. Nous nous rendons service mutuellement, Sonia sera la bienvenue chez moi. Je lui trouverai une institutrice, la région ne manque pas de jeunes célibataires de bonne famille qui, faute de dot, n'ont pas trouvé d'époux. Et Tania lui apprendra le français, cette langue est de nos jours preuve de distinction. Notre tsarine le parle aussi bien que le russe.

Paul, qui redoutait le moment où il l'annoncerait à sa fille, fut abasourdi par l'absence de toute réaction hostile de sa part. Lui était-il si indifférent de le quitter, de quitter sa maison, les domestiques, sa ville ? Sonia le fixait sans un mot, sans sourire. Il aurait préféré une explosion de colère, un chapelet de protestations. Enfin elle s'éloigna pour regagner sa chambre et, en bas de l'escalier, se retourna :

– Tu seras mieux sans moi, papa.

Paul accompagna sa fille. Il avait loué une voiture pour être seul avec elle durant le voyage. Il eut le pressentiment qu'il s'écoulerait beaucoup de temps avant qu'il ne la revoie, et son cœur se serra. Il envoyait chez des quasi-étrangers sa fille, son unique enfant. Bien sûr, il aurait pu renoncer à ses icônes, louer une maison à la campagne. Ils auraient appris à mieux se connaître. Il avait envisagé cette solution avant d'y renoncer. Sonia ne serait pas heureuse en tête à tête avec un homme frustré, nostalgique.

Pendant le voyage Sonia montra un visage égal, une indifférence polie, et quand il évoquait Tania, sa future compagne, elle avait un petit sourire. Bienveillance ? Ironie ?

Il tenta alors de l'intéresser aux problèmes politiques que traversait la Russie. Leur pays allié à l'Autriche était en guerre contre la Prusse. Quel paradoxe alors que l'héritier du trône avait épousé une Allemande qui, convertie à l'orthodoxie, avait pris le nom de Catherine. Ce mariage sans amour, sans estime était voué à l'échec. La personnalité de Catherine écrasait celle de son mari.

– Existe-t-il des couples vraiment heureux ? avait interrogé Sonia.

– J'ai été heureux avec ta mère dans les premières années de notre mariage. Mais sans vouloir l'avouer, elle s'adaptait mal à la Russie. Son âme dépérissait.

Par deux fois, avant la naissance de Sonia, ils avaient été à Saint-Pétersbourg. Il voulait admirer avec elle le Palais d'Hiver, une merveille architecturale conçue par l'Italien Bartolomeo Rastrelli. Ensemble, ils avaient été au théâtre applaudir *Samira*, une pièce à succès de Soumarokov. Clara avait alors retrouvé sa gaieté. « Il y aura bientôt des théâtres modernes à Moscou », lui avait-il assuré. Des théâtres avaient ouvert en effet, mais trop tard. Clara s'était refermée sur elle-même. À peine avait-elle semblée intéressée par la création d'une Académie des arts à Saint-Pétersbourg. La Russie accueillait et promouvait enfin la peinture et la sculpture russes.

Kolia et Tania, arrivés depuis quelques jours à Samarakov, accueillirent Paul et Sonia dans le hall de la maison. La demeure était de bonne taille et des portes-fenêtres donnaient sur une campagne vallonnée et boisée. Autour de la maison, un jardinier avait planté des buissons qui fleurissaient à la fin du printemps et en été, quelques massifs de roses et de sauges. Des bois, un étang, un petit village s'apercevaient au loin. Paul trouva l'endroit idyllique. Sonia ne lui lâchait pas la main.

Kolia serra son ami dans ses bras, Tania fit une révérence à Paul et tendit la main à Sonia. C'était déjà une jeune fille épanouie dans une robe de coton parsemée de petits bouquets de roses, un châle de mousseline sur les épaules.

Ils traversèrent un salon, qui s'ouvrait à droite sur une vaste salle à manger. Au fond du salon se trouvait le fumoir qui jouxtait une bibliothèque.

– Fédor, remplis le samovar, apporte du vin frais. Sans traîner, s'il te plaît.

– Tout de suite, barine[1], tout de suite, s'exclama le vieil homme.

Et, tapant dans ses mains :

– Boris ! Monte les bagages dans les chambres. La malle bleue pour Son Excellence, la jaune pour la demoiselle. Et dis à Olga de ranger tout leur contenu soigneusement. Tu m'as entendu ? Soigneusement.

– Parfaitement, barine.

Paul accepta un verre de vin blanc. Les jeunes filles remplirent leurs tasses à thé au samovar. Une domestique disposa sur une table marquetée des tranches de brioche et des cerises.

1. Maître.

Un chat gris somnolait sur un des sofas recouverts de velours jaune d'or.

– Tu resteras bien une semaine, mon ami ?

Kolia leva son verre.

– Crois-moi, tu ne t'ennuieras pas.

Paul sourit, mais il avait décidé de ne pas s'attarder. Mieux valait pour Sonia qu'elle s'adapte le plus vite possible. Chaque jour passé rendrait la séparation plus difficile.

Ils dînèrent joyeusement. Paul souligna qu'au cours de leur voyage, ils avaient vu nombre de belles demeures mal entretenues.

– Beaucoup de boyards n'ont plus de fortune, expliqua Kolia. Ils survivent grâce à leurs serfs. Mais ils sont cultivés et agréables. Je les fréquenterai bien volontiers, et qui sait, ajouta-t-il en regardant les deux jeunes filles d'un œil pétillant, peut-être trouverons-nous quelques jeunes gens amusants ou intéressants bien aises d'avoir de la compagnie.

Tania, qui avait l'habitude des boutades de son père, se contenta de hausser les épaules tandis que Sonia rougit violemment.

Avant de reprendre la route deux jours plus tard, Paul accompagna les jeunes filles jusqu'à l'étang. De grands pins s'élevaient sur ses rives. La forêt s'étendait au loin.

Paul se félicitait de la bonne entente qui semblait s'être établie aussitôt entre Sonia et Tania. Ce début d'amitié le faisait repartir le cœur plus léger. Il avait promis de revenir pour Noël, pour Pâques, pour la fête de Sonia, et il tiendrait parole.

À la grande surprise de Kolia comme de Tania, Sonia sembla très vite s'adapter à sa nouvelle vie. Elle aimait marcher et sollicita d'apprendre à monter à cheval. Tania était une bonne cavalière, elles pourraient toutes deux faire de longues promenades ensemble. Peu loquace, la jeune fille répondait cependant volontiers aux questions. Non, elle ne regrettait pas Moscou. La vie chez les Dionous était austère, surtout depuis que sa mère avait sombré dans une langueur qui pour elle était de la lâcheté, une preuve de faiblesse. Elle n'en dirait jamais plus sur Clara. Une femme malade, pensait Kolia, insatisfaite, en deuil de ses utopies. Elle avait rendu Paul et Sonia malheureux, cela il le savait. Parce qu'elle leur échappait, parce que depuis longtemps elle s'était éloignée d'eux. Kolia avait fait la connaissance de Paul avant son mariage. Quel conte de fées, d'ailleurs, que cette union avec une jeune fille ramenée de Paris dans les bagages du puissant Menchikov…

Paul, qui avait été assez brillant et singulier pour intéresser le jeune tsar Pierre, Paul son ami, curieux de tout, assoiffé de beauté, inspiré, s'était assombri, pensait Kolia. Trop tôt vieilli, il s'était enfermé dans son atelier pour écrire des merveilles qui lui donnaient la chaleur, la lumière que sa femme lui refusait. Lui qui vivait au milieu du divin, des anges et des saints, il ne savait pas comment s'adresser à sa fille.

Et aujourd'hui Kolia, qui avait tant aimé les femmes, avait la responsabilité d'une toute jeune fille, secrète, effacée, au visage cruellement marqué par la maladie qui avait tué sa mère.

À Tania, il n'avait rien caché. Sa fille était comme beaucoup de jeunes filles russes gâtées par la vie : tyrannique et capricieuse, d'une ambition limitée à un mariage avec un homme séduisant et riche, mais elle avait bon cœur. Tenter d'offrir du bonheur à cette fille peu épargnée par la vie lui plaisait. De plus, avoir une amie dans cette grande maison au milieu de la campagne était une agréable perspective. Jusqu'au décès de sa mère, Tania avait eu une enfance heureuse, et quand elle avait dû assister à l'enterrement de celle qu'elle adorait, Tania avait perdu connaissance. Elle voulait mourir elle aussi. Mais la vie s'était imposée à nouveau avec les fêtes, les réceptions où les enfants étaient volontiers admis, la beauté de Saint-Pétersbourg, où avec son père elle passait de nombreux mois dans l'année.

Dès l'âge de quatorze ans, des jeunes gens avaient commencé à rechercher sa compagnie dans les réunions. Sans être très belle, elle avait de jolis yeux, un teint laiteux, une bouche sensuelle et, accentuée par le corset, sa taille d'une extrême finesse mettait en valeur une poitrine ronde bien prise dans le corsage, qui osait pour les grandes occasions un léger décolleté.

Les anciennes faveurs du tsar Pierre, la position de son père à la cour, avaient donné à Tania de jolies manières, une grande aisance. En dépit d'une fortune peu considérable, sa mère et elle étaient toujours vêtues avec goût et, à défaut de bijoux de prix, portaient des fleurs fraîches dans leurs cheveux que livrait chaque jour un horticulteur. Leurs parfums venaient de Paris.

Tous les deux ans, ils passaient l'été en famille à Samarakov, la propriété du grand-père de Kolia, un boyard qui avait été maréchal de la noblesse, un titre prestigieux. Il avait été riche mais, faute de savoir gérer sa fortune, avait dû vendre des serfs pour subsister. Le père de Kolia, officier, ne s'était jamais intéressé au domaine qui périclitait. C'était Kolia qui l'avait relevé dès son mariage avec Olga Alexandrovna dont la dot avait servi à rendre un peu de lustre à la maison, à faire fructifier les terres. Elle avait banni les meubles lourds, les draperies compliquées et poussiéreuses pour les remplacer par un mobilier léger à la française, des rideaux de coton bleus et jaunes, des tapis turcs aux couleurs vives couvrant les larges lattes de plancher en chêne. Pour chacune des six chambres, Olga avait opté pour des couleurs uniques. Il y avait la chambre bleue, la rose thé, la jaune, la rouge, la parme, et celle des maîtres d'un ivoire un peu jaune aux rideaux et au grand lit recouvert d'un vert tendre. Là, était accroché un miroir vénitien dont l'encadrement avait été sculpté de feuilles d'acanthe et de gerbes de blé. Le tapis des Gobelins mêlait des bouquets de couleur pastel. « Trop féminin », avait jugé alors Kolia. Mais après son veuvage, il n'avait rien ajouté, rien ôté.

En juillet, une grande excitation secoua la torpeur de l'été. Le comte Garlikov, dont la demeure se situait à une heure de voiture de Samarakov, donnait un bal pour les seize ans de sa fille cadette Tatiana. Le comte et la comtesse avaient cinq enfants. Les deux aînées s'étaient avantageusement mariées, et ils espéraient caser d'une manière aussi flatteuse les trois filles qu'il leur restait. Ils avaient donc convié dans leur domaine de Chakovsky la noblesse des environs. La date était fixée au 30 juillet.

28

À quatorze ans, Iannis avait déjà amassé suffisamment d'argent pour acquérir une modeste felouque qu'il barrait seul sur le Nil. Grand amateur de pêche, il rapportait en effet du poisson qu'il écoulait auprès de petits marchands du Caire. Les riverains gardaient leur pêche pour eux-mêmes ou leurs voisins. Simon, dont les affaires prenaient une certaine ampleur, n'avait guère le temps de prêter attention aux occupations de son fils. Il était néanmoins au courant de ses petits négoces et ne les lui interdisait pas. Qu'il eût si jeune le sens des affaires lui plaisait. La relève était assurée.

Les Grecs orthodoxes étaient majoritaires dans ce quartier de la ville recherché aussi par les Anglais et les Français. Les Européens s'intéressaient de plus en plus au passé architectural, artistique, culturel du pays des pharaons. On soupçonnait des trésors cachés. Certains Égyptiens leur vendaient à bon prix des statuettes, des bijoux arrachés aux sables.

Simon aimait Le Caire, où il retrouvait davantage qu'à Alexandrie la manière de vivre qu'il avait connue au Proche-Orient. Sa maison de commerce prospérait : il achetait café, savon, tabac aux producteurs et les revendait aux détaillants. Il avait même formé des apprentis, embauché de vieux fabricants égyptiens ayant fait faillite. La vente du café se développait dans tout l'Empire turc, comme au Yemen. Cela suffisait à Simon. L'ambition de se faire une place dans le marché européen attendrait.

Simon ne s'était pas remarié, mais jouissait d'une douce relation avec une Grecque de quarante ans, unie à un octogénaire. Il s'était attaché à elle parce qu'elle ne ressemblait en rien à Claude : simple, gaie et sensuelle, elle appréciait la bonne chère et les bons vins.

Dans le quartier Khan al-Khalili, sa demeure était dotée d'un jardin agréable bien que modeste, car le prix des terrains dans le centre-ville était devenu exorbitant. Cette acquisition confirmait sa réussite. Autour du patio central s'ouvraient les bureaux, la résidence privée et celle des domestiques. Cette cour était toujours encombrée de clients, de démarcheurs, de membres de la famille, de domestiques. Le projet de Simon était d'ouvrir un bureau indépendant. Il ferait alors raser une partie des bâtiments et construirait une maison dont il louerait les trois étages. Au Caire, investir dans l'immobilier était une garantie de gagner beaucoup d'argent à long terme.

Plusieurs fois par an, Simon se rendait dans le Delta, surtout au moment des récoltes en octobre et novembre. Iannis l'accompagnait. Les activités agricoles et commerciales intéressaient le jeune garçon, il émettait des avis souvent pertinents. Pourquoi le coton que son père produisait rapportait-il davantage que celui cultivé par les fellahs de Thèbes ? N'était-ce pas la même variété ? Simon lui expliquait que leur production était achetée à bas prix. Qu'y pouvait-il ? Lorsqu'on était pauvre, il était difficile d'être exigeant. « Tu vends bien tes poissons plus cher que les pêcheurs locaux ! » s'amusait-il. Iannis riait. Oui, mais il fournissait un service, il portait sa pêche aux marchands, ce qui leur évitait de suer sur les rives du Nil en attendant le retour des felouques.

Simon s'épanouissait dans le commerce. Il ne restait plus rien du jeune homme révolté qui se rongeait les poings à

Emmaüs, du cousin toisé avec condescendance par sa parenté de Beyrouth, ou encore de l'associé crédule que l'on pensait pouvoir rouler. Basée sur la terre, le commerce et l'immobilier, sa fortune était en sûreté.

Par devoir familial, père et fils vinrent passer un Noël avec Dimitria et sa famille. Myriam et Farid firent le voyage de Syrie pour se joindre à eux. De Beyrouth, devaient venir Clément, Selim, Odette et deux de leurs trois enfants. L'aîné était à Londres comme stagiaire dans une banque.

La réunion familiale à Emmaüs dans la belle maison Dionous, qui avait été ouverte par Dimitria et ses filles, fut un moment de bonheur et d'entente partagés. Après avoir reçu sa part d'héritage à la mort de sa mère, Dimitria avait enfin réalisé son rêve en créant un pensionnat pour jeunes filles chrétiennes. Son aînée était entrée dans les ordres et la deuxième, une jeune femme douée qui parlait trois langues et était férue de latin, avait accepté d'y enseigner. Les deux dernières finissaient leurs études. Le pope avait été consacré évêque primat. Accablé de responsabilités, chargé de dire la messe de Noël dans la cathédrale orthodoxe de Jérusalem, il s'était fait excuser.

Dès le premier repas pris en commun, une tablée de dix-sept personnes, et après de multiples verres d'arak ou de vin blanc, on évoqua bien sûr les grands-parents et arrière-grands-parents que la plupart n'avaient pas connus, mais dont la vie était devenue une légende : la fuite de Constantin et de Marie d'Alep sous la pression hostile des Turcs, leur installation à Damas, puis dans la plaine de la Ghouta, où les Dionous avaient commencé à jouir d'une certaine aisance. Puis on rappela les tragédies : l'enlèvement de Georges par les janissaires, le courage inouï qu'avait montré Grégory en se rendant à Constantinople pour retrouver son frère aîné, le drame du mariage de Maria, sa mort pathétique. Oui, les Dionous avaient traversé unis les désastres comme les moments heureux. Et aujourd'hui presque tous les descendants étaient fraternellement réunis, fiers de leur lignée, fiers de leur étonnante réussite à Beyrouth, en Palestine comme au Caire. Leur nom était considéré, respecté.

Après avoir dégusté une foule de hors-d'œuvre on servit des rougets grillés, des boulettes d'agneau accompagnées d'aubergines à la tomate, des kebabs, du foie frit au vinaigre. L'après-midi était déjà avancé quand les serviteurs disposèrent sur la table du méhallablé[1], des makrouds, des galettes aux dattes, des rissoles au sucre. Le café, noir, épais et très sucré, serait servi dans le jardin sous de grands pins où Zénaïde avait fait construire une terrasse dallée.

Tandis que les adolescents se regroupaient, les adultes optèrent tous pour une sieste. Clément, qui allait sur ses quatre-vingts ans, s'était fait excuser. Il souperait légèrement dans sa chambre.

Pour Simon qu'on avait toujours considéré comme un perdant, cette réunion familiale était une fabuleuse revanche. Bien sûr sa fortune n'était en rien comparable à celle de ses cousins de Beyrouth, mais il avait les pieds bien sur terre et progressait. Si la culture du coton ne l'enrichissait pas encore, Iannis en récolterait les fruits.

Selim, son cousin, qui autrefois le traitait avec un zeste de condescendance, lui témoignait aujourd'hui de la bienveillance. Même s'il tenait la banque pour une activité plus noble que le commerce, il s'intéressait aux activités de Simon, le questionnait sur la culture du café et l'extraordinaire essor des petits estaminets où l'on en consommait du matin au soir. La politique aussi le passionnait. Quelle était la position des mamelouks vis-à-vis des Ottomans ? On craignait, ne cachait pas Simon, une intervention militaire pour déposer les deux beys mamelouks. Ces derniers n'avaient pas la moindre chance de l'emporter et devraient se replier en haute Égypte.

1. Riz au lait, pistaches, amandes et fleur d'oranger.

Ces trois jours passés en famille allaient marquer les mémoires de tous. Quand se retrouveraient-ils ? Inhabitées, les deux maisons d'Emmaüs allaient être vendues, les meubles qui n'intéressaient personne seraient dispersés, et avec leur disparition s'effacerait peu à peu le souvenir de Manuel et Zénaïde.

L'avenir des Dionous était ailleurs, les deux cousins en étaient convaincus. Le long voyage depuis Constantinople avait un but. La famille gardait la vague mémoire, transmise de génération en génération, d'un ancêtre, qui s'était enfui vers la Russie, trois cent vingt ans plus tôt. Cette branche s'était peut-être éteinte. Leur grand-père évoquait souvent de célèbres peintures sur icônes. Pas de noms, des ombres, des nuages poussés par le vent d'est.

La séparation ne fut pas triste, on allait retrouver une vie agréable, des amis, et on se reverrait. Le prochain rendez-vous était fixé à Beyrouth dans la vaste demeure de Clément. Dans un an peut-être, à la grâce de Dieu.

Ce fut l'année suivante, à Beyrouth, que Clément, qui ne quittait plus son lit, conseilla à Iannis d'imiter son cousin et de passer quelque temps en Angleterre. Un commerçant spécialisé dans le tabac, et bientôt dans le coton, se devait d'avoir des relations étroites avec ses pairs britanniques qui tenaient ces marchés. Avec l'anglais, Iannis apprendrait les préceptes de base de l'exportation et les règles comptables. Son petit-fils, qui avait passé un an dans une banque de Londres, était revenu avec des connaissances susceptibles d'étendre encore leur influence. De plus, Clément savait de bonne source que la situation politique en Amérique était fragile. Les colons cherchaient à se dégager du joug anglais qui les étouffait. Les Anglais pouvant faire jouer la concurrence, l'activité commerciale en Égypte ne s'en trouverait que renforcée.

Iannis embarqua à bord de la frégate anglaise *Duke of Suffolk* six mois après avoir enterré Clément, le frère de son grand-père. Il venait d'avoir seize ans.

Simon regarda partir son fils le cœur serré. Celui qui lui reviendrait ne serait plus le même. Le gamin gouailleur, bonimenteur, plein d'imagination et d'aplomb aurait disparu. Iannis savait négocier, administrer, gérer, il avait appris que les lignes entre la parfaite droiture et le subterfuge étaient proches. Il savait tout ce que Manuel son père ne lui avait pas appris. Mais il aurait sans doute découvert lui aussi cette aptitude de l'esprit qui rend capable d'inventions, de grandes entreprises. Le sens du négoce, le courage, tout cela coulait dans le sang Dionous. Il lui avait lui-même fallu tant d'années pour en prendre conscience et en tirer une grande fierté.

Il avait réservé une confortable cabine pour son fils. Iannis prendrait ses repas avec le capitaine, qui parlait un peu d'arabe. Iannis était aussi capable de dire quelques mots en anglais. Ce serait le début de son instruction. Avant le départ de la frégate, Simon avait consulté la liste des passagers : une dame, qui avait été professeur d'anglais dans une école religieuse, un commerçant anglais qui rentrait chez lui, deux jeunes filles et leur mère qui, supportant mal la chaleur des étés égyptiens, regagnaient leur propriété dans le Gloucestershire. Des personnes honorables que son fils pourrait côtoyer en toute sécurité. À Gibraltar la frégate débarquerait deux jeunes Espagnols, des ouvriers sans doute embauchés par des bâtisseurs alexandrins.

29

Depuis le bal chez le comte Garlikov, la vie avait changé à Samarakov. Au cours de cette soirée fameuse, Tania avait rencontré un jeune officier affable, de belle allure, fils d'un boyard fortuné. Grégory et Tania s'étaient revus à Samarakov, et après une cour de quelques semaines, Grégory Ivanovitch Chernyski avait demandé à Kolia la main de sa fille. Le mariage était prévu pour l'automne, octobre étant encore un joli mois dans cette région de Russie. Paul avait promis à Sonia de faire le voyage pour assister aux noces. Elle n'avait pas revu son père depuis le Noël précédent : à Pâques, il s'était fait excuser, une mauvaise grippe le clouait au lit. Mais il n'était pas seul, ses vieux amis lui rendaient souvent visite, la plupart du temps avec quelques bonnes bouteilles.

Sonia était transformée, elle avait pris des rondeurs pleines de charme. Son visage restait profondément marqué par la variole, mais elle avait appris à sourire. Ses yeux alors s'allumaient et elle était presque jolie.

Le départ de Tania de Samarakov rendait son avenir incertain. Kolia avait demandé à la garder auprès de lui, il avait même prié la jeune fille, d'une voix plus timide qu'autoritaire, de rester. Rien ne changerait complètement, il était bon cavalier et serait heureux de chevaucher en sa compagnie. Il aimait la musique, la poésie, tout comme elle, et il était prêt à lui offrir un nouveau violon, un instrument de qualité, pour remplacer l'antique crincrin sur lequel elle jouait. Bien sûr, Dounia, son institutrice et professeur de musique, resterait à Samarakov. Il la savait très attachée à son élève. De plus, il était décent qu'une femme vive à ses côtés.

Sonia vécut la longue cérémonie de mariage de son amie submergée par des états d'âme incontrôlables, souvent contradictoires. La joie d'un côté, la tristesse et la jalousie de l'autre. Demoiselle d'honneur, Sonia avait choisi une robe de soie ivoire que laissait voir une veste de velours bleu clair fermée par des rubans d'un bleu myosotis s'ouvrant en basque sous la taille. Ses longs cheveux avaient été bouclés et rassemblés en un chignon que couvrait un carré de mousseline brodé de fleurs blanches.

L'église du village était modeste, mais l'iconostase instaurait une atmosphère plaisante qu'accentuaient les grands bouquets de fleurs.

L'élégante Tania n'avait pas voulu des traditionnelles couronnes en métal doré que les mariés échangeaient au cours de la cérémonie. Elle leur avait préféré de simples cercles de roses blanches. Les serfs, qui composaient le chœur, avaient des voix puissantes, poignantes qui exprimaient leur foi, mais aussi la mélancolie de l'âme russe. Après la messe, Kolia avait invité les habitants autour d'un buffet de viandes froides, de betteraves au vinaigre, de cornichons au sel, de gâteaux au miel, de puddings à la crème, de brioches aux fruits confits. La vodka coulerait à flots et le soir ceux qui tenaient encore debout danseraient.

L'heure du départ de Tania et de Grégory sonna. Une voiture attelée de deux chevaux les attendait devant la porte. Grégory devait rejoindre son régiment à Pétersbourg après un mois de vacances chez son oncle Garlikov. Il possédait dans la capitale une jolie maison héritée de sa marraine. Sa jeune femme y serait heureuse.

Avant de monter en voiture, Tania serra fort Sonia dans ses bras. Elle était restée longtemps enlacée à son père. La séparation était difficile pour l'un comme l'autre.

– Prends bien soin de papa, souffla la jeune mariée à Sonia, il n'a plus que toi.

Durant les premiers jours qui suivirent le départ de Tania, on pouvait presque palper la tristesse, la solitude de chacun. Quand Kolia quittait son bureau, c'était pour de longues chevauchées solitaires. Il rentrait tard, et le dîner partagé avec Sonia le déridait enfin. Elle lui parlait du jardin qu'il fallait préparer pour l'hiver, de ses leçons de violon avec Dounia Pétrovna. Elle souriait. Désormais, elle était bien meilleure que la chère institutrice mais pour rien au monde ne le lui avouerait. Elle répétait seule, longtemps, et en tirait de grandes joies. Kolia admirait cette toute jeune fille sensible et résolue. Orpheline de mère, loin de son père, elle avait appris à survivre.

Avec les premières neiges, Kolia lui proposa des promenades en traîneau. Elle fut émerveillée, un animal en fuite, une branche couverte de neige, les isbas des serfs dont les toits laissaient échapper de la fumée, tout la séduisait. Elle commençait en secret à écrire des poèmes. Avec le violon, ils lui offraient des évasions sans fin.

Paul arriva à Samarakov début janvier, quelques jours avant Noël. Sonia n'ignorait pas que se poserait la question de son retour à Moscou. Tout en vénérant son père, elle savait qu'elle ne le suivrait pas. Retrouver la vie d'avant lui était impossible. Si elle n'avait pas été heureuse alors, elle n'avait pas l'espoir de le devenir. Son père serait toujours enfermé dans son atelier, des Christs, des Vierges et des saints plein la tête et le cœur, et elle devrait supporter la ville bruyante, sale avec ses ivrognes, ses commères, ses boyards hautains dans leurs voitures conduites par des cochers agressifs.

On disait la tsarine Élisabeth malade. Depuis des années,

elle supportait stoïquement la douleur causée par des calculs rénaux. Alexis Razoumovski, qu'elle avait secrètement épousé, ne la quittait pas, mais son neveu attendait sa mort avec la plus vive impatience. Chacun devinait que la disparition de cette grande souveraine serait un désastre pour la Sainte Russie.

Paul apporterait des nouvelles plus fraîches. Il estimait la tsarine et sans nul doute projetait un voyage à Saint-Pétersbourg. Comment dans cette situation inciter sa fille à réintégrer le foyer ?

Sans pouvoir définir le lien qui l'unissait à Kolia, elle se sentait proche de lui, ils étaient heureux ensemble. Kolia lui racontait sa vie à la cour qu'il ne regrettait pas, avec toutes ses intrigues et petitesses. Les plus jeunes avaient des dents acérées pour déchirer ceux qui arrivaient en fin de carrière. Même la tsarine, d'un naturel bon et généreux, se plaisait parfois à terroriser son entourage. C'était un jeu pour elle, une source d'angoisse pour ses proches. Mais cette femme avait un sens aigu des intérêts de la Russie. On lui pardonnait tout.

Paul arriva à Samarakov sous une tempête de neige. Les chevaux avaient pu tirer la voiture posée sur des patins. Inquiet pour son ami, Kolia avait envoyé un léger traîneau pour parcourir les dernières verstes.

Sonia n'attendit pas que Paul se débarrasse de sa pelisse pour se jeter dans ses bras. La jeune fille n'avait pas pensé être aussi émue. Paul avait les cheveux blancs, le froid avait bleui ses lèvres et rougi son nez, mais les yeux brillaient toujours du même éclat, révélant la vivacité d'un homme qui marchait avec foi sur un chemin dont il était sûr.

Il retrouva en Sonia des expressions de Clara, son sourire était le même, et en serrant sa fille contre son cœur, c'est à sa femme qu'il pensait.

On dîna devant l'âtre du salon. Intimidée de côtoyer un artiste si réputé, Dounia Pétrovna n'ouvrait pas la bouche. Les convives, très gais, passaient du coq à l'âne.

Enfin, quand on servit les desserts, Kolia demanda à Sonia d'aller chercher son violon.

– Tu vas avoir une surprise, chuchota-t-il à Paul.

Après que sa fille eut exécuté l'*allegro* d'une sonate de Mozart en *do* mineur, son père resta sans voix, les larmes aux yeux.

– Quel talent, n'est-ce pas ? remarqua Kolia.

Dounia Pétrovna était pétrifiée. Comment son élève avait-elle atteint une technique qui écrasait la sienne ? Ensemble, elles jouaient une heure par jour. Sonia pratiquait donc le violon seule et longtemps ?

Kolia demanda du champagne, on devait trinquer à l'art de Sonia.

Durant la semaine qu'il passa à Samarakov, Paul apprit, mieux qu'en quatorze années de vie commune, à connaître sa fille. Il comprit alors que Clara la maintenait dans l'ombre parce qu'il n'y avait pas de place pour deux femmes de talent sous son toit. Chacun dans son univers, ils s'étaient côtoyés tous les trois sans jamais fusionner.

Celle qu'il avait parfois jugée comme une petite fille ingrate était maintenant une artiste douée. Kolia lui confia sous le sceau du secret que Sonia écrivait aussi des poèmes. Il avait eu la chance d'en lire un, une marque de confiance qui l'avait touché. Dans ce genre littéraire difficile, elle faisait preuve d'une sensibilité et d'une puissance verbale remarquables chez un être aussi jeune. Rien de mièvre, de sentimental, de fleuri. Une approche lucide de la vie, de l'amour, de la solitude.

Stupéfait et profondément ému, Paul ne voulut pas brusquer sa fille, sachant combien il était naïf et stérile d'interroger un artiste sur son art.

Serrée contre Kolia, Sonia fit ses adieux à Paul. Très clairement et avec émotion, elle avait signifié à son père qu'elle désirait rester à Samarakov. Désormais elle jouissait d'une vie sans troubles, sans violences, d'une vraie stabilité. Si elle changeait d'avis, ce serait plus tard, beaucoup plus tard.

Quelque temps après son départ, une lettre fut remise à Kolia. Dans l'enveloppe scellée, il y avait deux pages pour Sonia.

Kolia attendit le soir pour la lire à haute voix au coin du feu. Le menton posé sur ses mains, près de lui, Sonia écoutait avec fièvre.

« Mon ami… »

Suivait un compte rendu sur la vie à Moscou, son travail, la situation politique tendue.

« Vis tranquille chez toi avec ma Sonia. Les événements qui se préparent te parviendront bien assez vite. Prions Dieu qu'ils n'entraînent pas notre cher pays dans la tourmente.

Je sais que tu veilles sur Sonia comme sur ta fille. Pour cela, mon ami, je te bénis. »

Le mot adressé à Sonia était très affectueux. Paul était sûr qu'ils seraient bientôt réunis à moins qu'elle ne trouve à Samarakov un jeune homme séduisant. Dans ce cas, soit il les ferait venir à Moscou, soit il s'installerait chez eux avec ses planchettes, ses pinceaux et ses couleurs. Quoi qu'il en soit, étant donné son âge, il ne les encombrerait pas longtemps.

Kolia replia la lettre, tendit la main et s'empara de celle de Sonia.

– Tu es bien ici ?

La jeune fille rougit, c'était la première fois que leurs mains restaient soudées l'une à l'autre.

Un matin de février, Kolia annonça le départ de Dounia Pétrovna. Elle se sentait inutile désormais et, compte tenu de leur différence d'âge, ne pouvait prétendre à l'amitié de son élève. Elle allait rejoindre sa famille à Smolensk. Au début du printemps, elle trouverait une voiture qui desservait cette région. Sonia fut déconcertée. D'un côté il était vrai que Dounia Pétrovna n'avait plus rien à lui apprendre, de l'autre se retrouver seule avec Kolia et de simples domestiques la troublait. Fallait-il écrire à son père ? Tout en sachant parfaitement qu'elle devait le prévenir, Sonia n'en fit rien. Son père pourrait croire qu'ayant peur de Kolia elle l'appelait à son secours. Rien n'était plus faux. Elle avait pour le père de Tania une profonde affection. Cette affection n'était ni celle d'une fille pour son père, ni celle d'une invitée reconnaissante envers son hôte. Leurs quarante années de différence d'âge l'empêchaient de le considérer comme un ami. Heureusement elle serait tirée d'embarras par Tania qui allait venir pour l'été à Samarakov avec son petit garçon. Enceinte à nouveau, elle était heureuse de passer à la campagne ses trois derniers mois de grossesse.

La voiture publique qui desservait Smolensk s'arrêtait au cœur du village voisin. Kolia et Sonia avaient voulu y accompagner Dounia. En ce début du mois d'avril les grands froids avaient cessé, une partie du lac était dégagée de sa glace. Les pins étendaient leurs branches vertes sur lesquelles sautillaient des oiseaux.

À l'auberge on attendait la voiture. Ils burent du thé. Un grand feu brûlait dans l'âtre, rougissant les visages.

Enfin Dounia Pétrovna fut installée avec dans un panier des tranches de pain beurrées et des sucreries. Sonia l'embrassa. Rapidement, elle allait oublier cette vieille fille effacée, très cultivée cependant, qui à Smolensk n'avait d'autre avenir que de vieillir dans la maison de ses parents. L'affection que soudain Sonia lui témoignait était en quelque sorte une demande de pardon.

– Il va neiger, prédit Kolia. Rentrons vite à la maison.

Ces mots apaisèrent la jeune fille. « À la maison. » Elle se sentait chez elle en effet à Samarakov, en sécurité, heureuse.

Comme le vent s'était levé, charriant de gros nuages sombres, Kolia s'empara de la couverture en peau d'ours dans laquelle ils s'emmitouflèrent. Sonia sentit contre elle sa chaleur, et quand il passa un bras autour de ses épaules pour la rapprocher encore de lui, elle n'eut aucun mouvement de recul.

Ils restèrent silencieux. Toute parole était superflue.

Au printemps, ils faisaient le matin de longues promenades à cheval. L'après-midi Kolia lisait, Sonia jouait du violon ou écrivait un poème.

Un soir, après les fêtes de Pâques, elle apporta au salon le carnet où elle consignait ses vers. Le dîner achevé, elle se rapprocha de Kolia, s'assit à ses pieds sur un tabouret.

– Veux-tu que je te lise un ou deux poèmes ?

Le poêle à bois ronflait, les lampes diffusaient une lumière d'un jaune soyeux.

Kolia posa sa main sur les cheveux de la jeune fille et les caressa avec douceur.

– Jamais je n'ai connu de femme comme toi, tu es ensorcelante.

Sonia ferma les yeux. Elle aimait la caresse, savourait ces mots, les premiers compliments qu'elle ait reçus.

Tout se déroula ensuite avec évidence. Kolia prit Sonia sur ses genoux. Ce fut elle qui posa ses lèvres sur les siennes.

– Non, mon enfant, non, murmura-t-il.

Puis il la pressa contre lui avec une force qu'elle ne lui soupçonnait pas.

Le mois de mai fila comme un rêve. Sonia était amoureuse de cet homme de quarante ans son aîné. Kolia savait qu'il vivait un amour absurde, impossible et merveilleux. Il commettait une mauvaise action qui lui procurait un bonheur indescriptible : il trahissait Paul, Tania, et il n'en éprouvait aucun remords.

Ils passaient souvent les longues fins d'après-midi de printemps au bord du lac ou à cheval dans les sentiers forestiers. Tout semblait n'exister que pour leur plaisir, pour leur bonheur. L'attirance physique qu'ils éprouvaient l'un pour l'autre était si forte qu'il leur arrivait de faire l'amour dans une cabane de forestier ou même au sein d'une clairière. L'un comme l'autre devinaient que cette urgence naissait de la précarité de leur situation. Tania et son fils Boris allaient survenir d'un jour à l'autre, et il leur était impossible de penser à ce que cette arrivée signifiait.

Soudain Sonia comprit qu'elle devait partir rejoindre son père à Moscou, laisser seuls le grand-père, la mère et le petit garçon, une famille soudée. Tania devait donner naissance à son deuxième enfant au mois d'août. Quel rôle pouvait-elle jouer qui ne la fasse pas rougir ? Elle n'annoncerait à Kolia son départ que quelques jours après l'arrivée de Tania. La joie de revoir sa fille atténuerait la peine.

Depuis qu'elle avait pris sa décision, Sonia pleurait dès qu'elle se retrouvait seule, elle cognait des poings contre les murs de sa chambre, ne composait plus de poèmes, mais jouait longuement du violon. Elle avait pensé mourir, se laisser tomber dans l'étang, mais Paul et Kolia en éprouveraient sans doute une immense douleur. Elle n'avait pas le droit de les blesser, elle avait seulement celui de souffrir. Sa vie était maudite. Dès sa naissance, Dieu l'avait éprouvée.

Quelques jours avant l'arrivée de Tania, elle eut la certitude d'être enceinte, pour la deuxième fois elle n'avait pas eu de périodes. Ses seins gonflaient et devenaient douloureux. Elle se sentait vaguement nauséeuse le matin. Devait-elle se confier à Kolia ? Mais que pouvait-il faire ? L'épouser ? Père à soixante ans après avoir été deux fois grand-père, quelle absurdité. Et quand la noblesse du voisinage s'aviserait de compter sur ses doigts, Kolia serait déshonoré. Ainsi il aurait abusé d'une jeune fille, la fille qu'un de ses meilleurs amis lui avait confiée. L'aurait-il violée ? Dans cette campagne où le moindre ragot était commenté pendant des mois, cette grossesse serait un scandale. Nul ne leur ouvrirait plus sa porte. Et le comte Cernyski dont le fils, Grégory, avait épousé Tania ? La honte l'accablerait. Tania, quant à elle, serait scandalisée, blessée, affreusement déçue, et lui retirerait son amitié.

Ces terribles certitudes rendaient la décision de Sonia définitive.

Elle resterait quelques jours pour accueillir Tania, faire la connaissance de son petit garçon, puis annoncerait que Paul la rappelait à Moscou. Elle n'avait pas le droit de laisser son père aussi seul. Samarakov allait retentir chaque été du rire de deux enfants, davantage peut-être. Kolia serait un grand-père attentif, généreux, la noblesse des environs lui ferait fête. Et l'hiver, pourquoi n'irait-il pas à Saint-Pétersbourg chez ses enfants ?

Quant à elle, elle était sûre que son père lui ouvrirait les bras. Si elle avait un fils, la dynastie Dionous perdurerait. Elle le nommerait Théodore, un prénom byzantin, la racine et le rameau, quel symbole fort que ce don de Dieu. Même si la société la rejetait, jamais elle ne considérerait cet enfant autrement que comme un miracle.

30

L'adaptation à la vie anglaise fut difficile pour Iannis. Le climat, les paysages, les gens, tout le déroutait, et souvent le heurtait. Les adresses données par son cousin s'étaient révélées intéressantes. Certains de ses contacts résidaient à Londres, d'autres s'étaient installés dans le nord du pays où des usines venaient de se créer, ou encore dans le sud, à proximité des ports et de leurs entrepôts.

Iannis consacra plusieurs semaines à se familiariser avec la ville, un autre univers pour le jeune Cairote qu'il était. Dans une maison bourgeoise, il avait trouvé un appartement à louer, composé d'une chambre, d'un salon, d'une bibliothèque et d'un réduit pour Khalil, un jeune Turc qui lui servait de valet. Il l'avait rencontré presque mourant, abandonné par son équipage de crainte d'une épidémie à bord. À force de traîner dans la capitale anglaise, il avait découvert des quartiers sinistres, où il voulait emmener Iannis, qui s'extasiait sur la beauté et la propreté des rues de Londres.

– Pire qu'en Orient ? avait-il demandé.

– Bien pire, mon bey. En Orient au moins, on s'entraide entre pauvres. Ici on laisse les gens crever de faim, et leurs cadavres pourrissent dans les eaux de la Tamise. Qu'Allah leur pardonne !

Iannis avait un jugement plus nuancé. Ce qu'il voyait, ce qu'il apprenait dans le secteur bancaire l'intéressait à tous points de vue. La multiplicité des banques, à Londres comme en province, le stupéfiait. Elles recevaient des dépôts papier, monnaie émise par la Banque d'Angleterre qui ainsi devenait prêteur de dernier recours pour le système bancaire dans son ensemble. Iannis découvrait la dette publique payée grâce aux recettes fiscales, l'émission de titres de créance, tout un monde inconnu au Caire.

Mais le Proche-Orient, il en était sûr, rattraperait son retard afin que les échanges commerciaux soient actifs et fructueux. C'était dans ce secteur que son cousin mettait toutes ses ambitions.

Iannis comprit que l'Égypte avait ses chances avec l'exportation du tabac, et bientôt du coton, mais son pays ne pesait que peu face à l'Inde et aux États du sud de l'Amérique. Curieusement, le jeune homme découvrit que la modeste production familiale de savon avait un avenir commercial en Angleterre. Pour les Anglais, la propreté était une vertu essentielle et ils en utilisaient beaucoup, mais sa qualité ne valait pas celle des Égyptiens. Il fallait simplement innover sur les formes, les couleurs, les senteurs. Pour le tabac, en particulier celui d'Orient, la demande était forte et Iannis était résolu à la satisfaire.

La tête fourmillante de projets, et notamment du désir de développer en Égypte l'antique culture du lin, Iannis en oubliait de se mêler à la vie londonnienne.

Parfois il lui arrivait de rire seul chez lui. Il pensait à son petit commerce de poissons, à ses maigres trocs avec les habitants de son quartier cairote. Parfois il se laissait envahir par une grande nostalgie. Son père, sa maison, sa ville lui manquaient jusqu'à la souffrance. Si en Orient la vie sociale était facile et gaie, ici il semblait presque impossible de pénétrer les milieux commerçants, ou même tout simplement de lier connaissance avec ses voisins, qui se contentaient pour les hommes de soulever d'un doigt leur chapeau, pour les femmes de risquer un petit sourire pincé et un signe de tête. Un célibataire au teint mat, aux cheveux bouclés ne pouvait en dépit de ses vêtements élégants devenir un familier de maisons qui abritaient souvent des jeunes filles.

Simon envoyait régulièrement des nouvelles du Caire, qui mettaient plus d'un mois à lui parvenir. Le tabac, se réjouissait-il, se vendait bien, ainsi que la maigre récolte de coton que les Syriens et les Turcs appréciaient. Il accueillait avec chaleur les suggestions de son fils sur le savon et avait engagé un parfumeur, un jeune homme très inventif : on traçait au creux des savons des fleurs, des écussons médiévaux, des dauphins, et même des lettres arabes : Allah Akbar[1]. Des mosquées en avaient acheté plusieurs centaines. Les savons parfumés à la rose, au jasmin, à l'œillet se vendaient bien en Russie et dans toute l'Europe de l'Est. L'impératrice Catherine n'utilisait que le savon Dionous à la fleur d'oranger. Cette confidence ravit Iannis. Ainsi son père avait sur-le-champ adopté les conseils qu'il lui avait donnés six mois auparavant. C'était un encouragement, même si la vente en gros du tabac à Glasgow, ville qui avait le monopole de la distribution, demandait une organisation plus pointue : il s'agissait de transporter des caisses entières d'Alexandrie à Londres, de s'assurer de la bienveillance des douaniers, puis de faire remonter les cargaisons jusqu'en Écosse. L'investissement financier était important. Serait-il lucratif ? Iannis savait qu'il affrontait un autre monde. Là où l'Égypte balbutiait, la voix de l'Angleterre tonnait. Mais les Égyptiens pouvaient s'appuyer sur leur tempérament chaleureux, leur générosité, et sur un savoir-faire ancestral que renforçaient de multiples liens familiaux et amicaux. On se battait, certes, mais jamais seul.

Il fallut à Iannis plusieurs semaines pour nouer des liens avec quelques Anglais de son âge. La plupart jouissaient d'une aisance qui leur permettait de profiter sereinement de la vie, d'autres plus impécunieux travaillaient dès l'âge de quinze ans

1. Dieu est grand.

chez des commerçants, des notaires, des agents administratifs. Étranger au pays, à la ville, parlant mal l'anglais, Iannis n'appartenait à aucune de ces deux sociétés mais possédait cet art de s'adapter dans lequel les Moyens-Orientaux étaient rois : il passait avec la même aisance d'un groupe à l'autre, et en tirait beaucoup de satisfaction.

Les plus favorisés par la vie se moquaient de son ardeur à se familiariser avec des métiers dont ils n'avaient eux-mêmes pas la moindre connaissance, les plus pauvres ne cessaient de l'encourager. Rien ne tombait du ciel. Pour amasser un peu d'argent, il fallait de la vitalité, de la fougue et de la constance. Tous le voyaient comme un jeune Levantin instruit, mais pauvre, qui avait croupi des années dans un pays arriéré, occupé par des Turcs menaçants, et endormi sous un implacable soleil. L'Angleterre seule était un asile acceptable, et il devait songer à abandonner ses sables et ses dromadaires pour s'y installer.

Iannis se lia tout particulièrement avec un certain Benjamin Blake, qui étudiait vaguement l'archéologie à l'Université. Plus aventureux que ses amis, il avoua à Iannis son désir de connaître l'Égypte et son fascinant monde antique. Benjamin se fit fort d'apprendre à son nouvel ami l'escrime, l'équitation, le whist, trois activités sans lesquelles il n'y avait point de gentleman.

Mais, contrairement à la salle d'armes et au manège, le club de Benjamin lui fit comprendre que cette assemblée d'honorables gentilshommes ne recevait pas d'étrangers méditerranéens. À deux pas en revanche, se tenait un club prisé par les Indiens qui l'accepterait certainement.

– Mais mon ami est grec ! lança sèchement Benjamin.

– Vraiment, balbutia le portier, toutes mes excuses, monsieur. Voyez-vous, nos amis indiens et arabes ont leurs propres clubs. Mais bien sûr les Grecs, pères de notre civilisation, sont les bienvenus ici.

Jamais Iannis n'avait imaginé qu'il serait à peine toléré au sein d'une société occidentale. En Palestine et en Égypte, les Grecs orthodoxes tenaient le haut du pavé. Ils fréquentaient quelques Turcs riches et puissants, quasiment pas d'Arabes. Pourtant tous se côtoyaient avec civilité, s'associaient aux joies et deuils des familles. Pour les grandes fêtes, on partageait des pâtisseries. Rien de cela n'existait en Syrie, où chaque communauté restait repliée sur elle-même. Dans son enfance Iannis avait entendu parler de cette grand-tante maudite qui avait épousé un musulman. Aujourd'hui, nul n'allait se recueillir sur sa tombe. Comme seul souvenir, elle n'avait laissé que celui du scandale.

Malgré sa nostalgie de l'Égypte, Iannis s'adaptait petit à petit à Londres, à ses pubs, à sa vie nocturne, quand son père lui demanda davantage de précisions sur ces premiers métiers à filer mécaniques, les *spinning jenny* qui avaient fait leur apparition à Manchester. Iannis se résigna donc à gagner le Lancashire.

Il boucla ses bagages, prêt à prendre le lendemain le coche pour Manchester. Deux journées de route dans des conditions fastidieuses et une nuit dans une hôtellerie, où il devrait probablement partager ses quartiers avec un rustique marchand ou un étudiant sans le sou. Il avait fait réserver une chambre dans la maison d'une veuve désargentée de bonne réputation. Mais Iannis ne comptait pas s'attarder dans le Lancashire. Il jetterait un œil sur ces mirobolantes machines, capables d'abattre l'ouvrage de trente hommes, et verrait si elles pouvaient être rentables en Égypte en dépit d'une main-d'œuvre locale très bon marché. De plus mettre au chômage des ouvriers pour le seul bénéfice d'un patron lui semblait impossible dans un pays où la solidarité était une des bases de la civilisation. On pouvait certes s'enrichir, mais sans réduire les autres à la misère.

Quelle ne fut pas la surprise de Iannis quand il reçut la visite de Benjamin, originaire du nord de l'Angleterre. Ils avaient noué des liens de sympathie plus que de réelle amitié. Benjamin, qui avait étudié le grec et le latin, désirait retrouver un ami qui demeurait à Manchester pour lui parler d'une affaire d'importance qui pourrait également intéresser Iannis. Même après deux verres de whisky, il refusa d'en dire plus. Voulait-il l'accompagner ? Le voyage serait infiniment plus agréable qu'en diligence. Ils feraient étape chez le comte de Percimon, qui leur réserverait le meilleur accueil.

D'emblée Iannis accepta. C'était le ciel qui lui envoyait cette connaissance. Il allait sans retard annuler sa réservation dans le coche public.

Le trajet fut des plus agréables, mais en dépit de l'intimité que créait l'habitacle exigu, Benjamin refusa de révéler ses plans à Iannis.

Le temps fut ensoleillé tout le long de la route. Iannis découvrit des paysages charmants, de cossus petits villages si différents des pauvres agglomérations égyptiennes. Les paysans étaient bien vêtus, le bétail gras. La vue des troupeaux de moutons gardés par des chiens lui rappela Emmaüs et les efforts de sa grand-mère pour améliorer la race de ses moutons dont elle comptait vendre la laine à bon prix. Elle avait gagné son pari, et une partie de leur fortune devait à la perspicacité et la volonté de cette vieille dame entreprenante et obstinée.

Iannis pensait peu à ses grands-parents Dionous, à sa tante Dimitria maintenant âgée, et à ses cousines, toutes enlisées dans la vie monotone de Jérusalem. Le frère et la sœur avaient pris des chemins opposés, mais si Dimitria appelait son frère à l'aide, Simon viendrait aussitôt la soutenir.

Le château de son hôte impressionna Iannis. Benjamin lui avait dit que le riche comte de Percimon les attendait avec joie. Ils s'attarderaient peut-être deux ou trois jours à Brockfield, selon les circonstances. L'allée menant à la propriété était époustouflante. Des chênes centenaires bordaient cette route privée qui traversait des pâturages où broutaient des moutons, des prairies sillonnées de ruisseaux, des massifs géants de roses et de lavandes. Le printemps et l'été devaient être enchanteurs.

Deux valets en livrée bleu et beige ouvrirent la porte de la voiture et déplièrent le marchepied. Benjamin descendit le premier et, très à l'aise, s'avança vers son hôte, qui attendait en veste et bottes de chasse, deux setters roux à ses pieds.

– Bienvenue, gentlemen, lança le comte. Venez vous reposer et vous rafraîchir.

Benjamin présenta Iannis qui s'inclina. Pourquoi donc son ami tenait-il autant à l'amener dans ce fastueux château pour y rencontrer un homme qui n'était selon toute apparence ni un industriel ni un négociant, mais un gentleman farmer ?

– Lady Percimon, mon fils George et ma fille Regina vous attendent au salon.

Tout en remontant le hall d'entrée où s'alignaient des trophées de chasse, Iannis remarqua les coûteux tapis turcs et, dans des vitrines, des statuettes primitives, de délicates céramiques phéniciennes et de petits pichets en verre irisé. Il connaissait bien ces exemplaires de l'art du Levant, son oncle en avait rassemblé une admirable collection.

Le voyant s'arrêter un instant devant un bol en verre bleuté, le comte afficha un sourire satisfait.

– Je savais, monsieur, que nous allions nous entendre. Une merveille, n'est-ce pas ?

Iannis cacha sa surprise. Il était heureux de découvrir chez son hôte un goût pour les objets antiques si prisés par les chrétiens d'Orient.

La famille du comte fit à leurs hôtes le meilleur accueil. On servit du thé, des biscuits et des pâtes de fruits. Un grand feu crépitait dans la vaste cheminée. Les chiens s'étaient couchés devant l'âtre et sommeillaient. George avait à peu près l'âge de Benjamin et de Iannis, entre vingt et vingt-cinq ans. Il avait les yeux bleus, le teint rouge, des lèvres charnues. Sans être belle, Regina avait du charme. Vêtue avec simplicité, elle avait noué ses cheveux en chignon dont s'échappaient quelques boucles. Son visage mince, son nez pointu lui donnaient l'allure d'une gentille petite souris. Elle semblait toujours attendre l'autorisation de sa mère, une belle femme un peu plantureuse, pour prendre la parole.

Le dîner fut servi sans protocole. Après les desserts, les hommes se retirèrent dans le fumoir. Le comte semblait pressé de se trouver seul avec ses hôtes.

– Nous parlerons demain plus longuement, si vous le voulez bien, de la raison pour laquelle je tenais à vous rencontrer, déclara le comte en allumant une pipe.

Iannis reconnut aussitôt l'odeur de miel du tabac d'Orient.

– Vous prendrez bien un verre de cognac ? proposa-t-il. Il vient de France et il est plus âgé que moi.

Cet étrange accueil intriguait Iannis. Manifestement Benjamin ne voulait rien dévoiler.

Le comte et Benjamin avaient décidé de partir chasser tôt le lendemain. Iannis déclina leur invitation. Les règles de la chasse au faisan lui étaient étrangères, il risquait fort de commettre quelque bévue.

Ils se séparèrent de bonne heure. En quittant Iannis, lord Percimon l'informa qu'ils déjeuneraient tous les trois dans son salon privé. Le repas serait servi à midi trente, à leur retour.

Iannis fut surpris quand, le lendemain à huit heures, une servante frappa à sa porte et vint déposer sur la table de sa chambre un plateau où étaient posées une théière en argent et une tasse en porcelaine bleue.

– Le breakfast sera servi à partir de neuf heures dans la petite salle à manger, précisa-t-elle. Lady Percimon, sir George et lady Regina vous y attendront.

Il avait plu toute la nuit. La campagne, la veille si riante, était terne, triste. Iannis ouvrit une des fenêtres qui donnaient sur l'arrière du parc. Il pensa aux matins du Caire et une sourde nostalgie l'envahit. Là-bas il n'y avait pas de valets de pied, de thé servi au lit. Sur la table de la salle à manger étaient posés un samovar, des cassolettes qui gardaient le café chaud, de la purée de fèves, du houmous, du fromage blanc au thym, du miel, des petites galettes de pain, des jus de fruits. On se servait et nul n'attendait personne, sauf si un hôte logeait dans la maison. Mais on l'avait prévenu la veille qu'il n'y avait pas de formalités concernant le premier repas du jour. Comment devait-on se vêtir ? Il opta pour des culottes de drap beige, un gilet de la même couleur, une veste de velours noisette. À neuf heures moins le quart, un valet vint lui proposer de nouer sa cravate.

– Monsieur aurait dû m'attendre pour que je l'aide à s'habiller.

La voix était neutre. Iannis n'y décela aucune sympathie particulière.

– Mon ami est-il descendu ?

– Sir Benjamin est déjà parti chasser avec milord Percimon.

Après un petit déjeuner partagé avec les marques d'amitié voulues par la bienséance, Iannis décida de se promener dans le vaste parc. Mis à part une pinède, tout était décharné et, en cette saison, les grands chênes exhibaient leur ramure majestueuse, les peupliers se dressaient nus vers un ciel bas et gris. Après une demi-heure de marche, il trouva un vaste potager entouré d'un mur de brique. Il poussa la porte. Devant lui s'étendaient des plates-bandes à l'infini. On y cultivait des légumes dont il ignorait pour la plupart le nom mais qu'il put identifier grâce aux planchettes piquées par le jardinier. Quels goûts pouvaient avoir ces légumes inconnus ? En sortant du potager, il découvrit un autre édifice, une grande verrière. Il en avait vu à Londres, on les visitait comme des musées pour admirer des plantes tropicales, des fleurs tout juste arrivées du bout du monde. Il y faisait bon, des tuyaux d'eau tiède chauffés par un énorme poêle en faïence quadrillaient les serres. L'Europe l'étonnait par l'argent que l'on investissait pour le bien-être des habitants comme pour la prospérité du pays, avec des machines nouvelles qui amélioraient les conditions de travail des ouvriers quand elles ne les remplaçaient pas, mais aussi toutes sortes de luxes qui lui semblaient superflus, l'horticulture en particulier, cette passion des Anglais. Soudain Iannis s'immobilisa. Au fond de l'allée centrale sablée, une femme aux yeux immenses et fixes, aux cheveux ondulés, les mains croisées sur son ventre que couvrait une longue tunique plissée à partir des genoux, le dévisageait. Elle était presque enfouie sous des plantes géantes dont Iannis ignorait le nom. Cette statue venait du Proche-Orient, il en avait la certitude. Une reine ? Une déesse ? Mais ni syrienne ni égyptienne. Ses grands yeux semblaient lui poser une énigme. À pas lents Iannis avança. Que faisait ici cette inestimable œuvre d'art ? Il ressentit un malaise. Que fabriquait-il là ? Il tourna les talons et regagna à grands pas le château.

Le déjeuner fut simple. Du saumon en croûte, des faisans agrémentés d'une sauce aux champignons et de chou braisé, des tartelettes aux pommes et du fromage de Chester accompagné d'un verre de porto. Le comte interrogea longuement Iannis sur ce qui l'avait frappé ou impressionné en Angleterre. Le jeune homme cita Londres, ses parcs, ses monuments, ses belles demeures particulières, le dynamisme des habitants, leur élégance dans les quartiers aisés, puis leur imagination, leur ténacité, leur esprit d'entreprise. Leur amour des arts aussi.

À cet instant le comte l'interrompit.

– Mon jeune ami, j'apprécie ce que vous venez de dire. Là est la raison de votre présence en mon logis. Voulez-vous me suivre, Benjamin et vous ?

Ses deux hôtes dans son sillage, lord Percimon remonta un long couloir, gravit un petit escalier bordé par une rampe et recouvert de velours cramoisi pour déboucher sur une porte à double battant. Le comte introduisit dans la serrure une clef qu'il avait tirée de son gilet.

– Voilà mon paradis, annonça-t-il, un large sourire aux lèvres. C'est ici que je voudrais passer mon éternité.

Deux fenêtres donnant sur l'arrière du château diffusaient une clarté douce, accentuant l'étrangeté des lieux. Devant lui, dans des vitrines ou alignés sur des étagères, Iannis vit des bustes, des statuettes, des panneaux où étaient sculptés des lions, des archers debout sur un char tenant les rênes de trois chevaux, des barques à la proue courbe et pointue, où étaient assis des rameurs, une sculpture d'ivoire représentant une biche aux prises avec un léopard, des statues reproduisant d'étranges animaux au très long cou, d'autres des taureaux sur des plaques de céramique bleue. Iannis s'approcha de la plus belle de ces pièces : une lionne transpercée de quatre flèches. On voyait les taches de sang, on savait que l'animal agonisait, mais les griffes restaient ouvertes comme pour s'agripper à la vie.

– Splendide, n'est-ce pas ? souffla derrière lui lord Percimon. Et voyez cela.

Il désigna un fragment de pierre où était sculpté un saisissant cavalier barbu, lancé au grand galop, la corde de son arc tendue.

– Irakien ? hasarda Iannis.

– Vous y êtes, mon ami. Babylonien.

Alistair contemplait une magnifique tête de cheval en marbre.

– Vous êtes des jeunes gens de goût, prononça d'une voix joyeuse leur hôte, et c'est pour cela que je suis honoré de vous avoir chez moi. Honoré et intéressé.

Ils regagnèrent la bibliothèque sans échanger un mot. Pour Iannis le choc était intense.

– Un verre de cognac, peut-être ? proposa lord Percimon.

Lorsqu'ils furent assis tous trois devant la cheminée, le maître des lieux observa Iannis avec intensité.

– Avez-vous noté quelque chose dans ma collection, une absence ?

– Des exemplaires de l'art grec, peut-être. Il me semble que votre collection se concentre sur Babylone et la Phénicie que par ailleurs je connais assez bien.

– Êtes-vous originaire du Liban ?

– Mes ancêtres étaient byzantins, milord, grecs orthodoxes, je suis né en Palestine et vis désormais au Caire.

– Bien, bien, nota le comte penché sur son verre.

Puis il se redressa.

– Je vais aller droit au but. Je cherche désespérément quelqu'un qui achèterait pour moi des pièces exceptionnelles de l'art égyptien. Je veux dire des bas-reliefs, des peintures, des statues intactes, de dieux ou de déesses. Je donnerais une fortune pour posséder la déesse Sekhmet à tête de lionne si ses yeux de jade n'ont pas été altérés.

Iannis cacha sa surprise.

– Je crois, milord, qu'il n'en existe plus que quelques exemplaires, dont un dans un petit temple au bord du Nil.

Un profond malaise l'envahit. Qu'allait lui demander son hôte ? Il était venu en Angleterre pour apprendre l'art de filer du coton, trouver de nouveaux marchés pour le tabac égyptien et les savons qu'appréciaient les femmes riches. Et on lui parlait d'acheter des antiquités ?

– Bien sûr, poursuivit lord Percimon qui devinait le trouble de Iannis, je ne vous demande pas de rechercher et de me vendre ces pièces vous-même. Mais, étant égyptien et de surcroît habitant au Caire, vous avez certainement quelques connaissances qui pourraient se montrer intéressées. Je paierai cher ce qui est rare et l'intermédiaire ne sera pas oublié. Je peux en outre vous mettre en contact avec le plus gros importateur anglais de tabac d'Orient.

Stupéfait, Iannis lâcha :

– Votre Seigneurie me laisserait-elle réfléchir jusqu'à demain ?

– Jusqu'à ce soir, mon ami, demain je pars pour Londres.

Iannis passa l'après-midi dans une grande nervosité. Beaucoup d'argent, avait précisé lord Percimon. Arracher ces œuvres à leur terre, les marchander, les voir partir pour l'Angleterre lui semblait honteux. Jamais un Dionous ne pourrait consentir à ce genre de trafic. Mais il avait quelques amis sans fortune, des passionnés d'archéologie, qui lors de fouilles avaient trouvé des scarabées, des statuettes, des têtes sans corps au regard énigmatique, des croix de vie. Ceux-ci pourraient accueillir la proposition de lord Percimon comme une manne venue du ciel. Ils gagneraient sur tous les tableaux : d'un côté ils auraient enfin les moyens de mener des fouilles plus ambitieuses, voire de mettre à l'abri ce que les anciens artistes égyptiens avaient créé de meilleur, de l'autre ils s'enrichiraient. C'était sous cet angle qu'il fallait voir les choses s'il devait conclure ce gros marché du tabac.

– Je suis prêt à vous aider, milord, affirma-t-il le soir même. Et je puis compter sur Votre Seigneurie pour rencontrer ce négociant en tabac, n'est-ce pas ? Je serai de retour à Londres dans trois ou quatre jours.

31

– Père, père !

Hors d'haleine, Sonia fit irruption dans l'atelier où Paul disposait une première couche de peinture sur un drapé. Il écrivait l'icône de saint Théodore destinée à son petit-fils.

Sonia avait accouché un mois plus tôt sans problème. Paul avait pris dans ses bras ce petit Dionous envoyé par le ciel. Ni Sonia ni Paul n'avaient évoqué le passé. La page était tournée.

– Y a-t-il un tremblement de terre ?

– Pire, papa ! Le patriarcat de Constantinople a été saccagé, la plupart des prêtres tués, et le patriarche crucifié.

Sonia se signa par trois fois, elle avait les larmes aux yeux.

Paul lâcha son pinceau et tomba à genoux. En crucifiant le patriarche de Constantinople, les Turcs martyrisaient à nouveau les orthodoxes.

Sonia s'empara de la main de son père.

Leurs retrouvailles dans ces circonstances difficiles avaient été presque miraculeuses. Paul lui avait simplement ouvert les bras. Tout était de sa faute et il avait supplié sa fille de lui pardonner.

Cette intimité soudaine avec un père jusqu'alors plutôt froid et lointain comblait la jeune femme. Elle avait tout pour s'entendre avec Paul. Clara était la seule responsable de ce qui semblait avoir été une mésentente. Et cependant Sonia savait que sa mère était morte en la soignant. Peut-être était-ce de sa faute si elle avait été incapable d'établir une relation filiale affectueuse.

De retour à Moscou, elle avait acheté des cahiers, composé des poèmes, travaillé son violon, et puis Théo était né. La famille était ressuscitée de ses cendres.

– Allons dîner, proposa Paul, je sais qu'Olga a fait le pâté de canard que tu apprécies.

Paul s'aidait désormais d'une canne pour marcher et perdait un peu l'ouïe, mais Dieu avait préservé ses yeux pour qu'il puisse continuer à écrire ses icônes.

Sonia allaitait Théo, mais une solide Ukrainienne s'en occupait la journée. Le petit Douchka[1] avait les cheveux blonds et bouclés, un visage rond, des yeux noirs un peu en amande, héritage sans doute de sa grand-mère tatare, « un vrai Russe », se réjouissait son grand-père.

La fête de Pâques, tardive cette année, approchait. Paul avait invité quelques proches, des amis que sa fille appréciait, tous cultivés et férus d'art. Deux poèmes de Sonia avaient été publiés par *La Gazette de Moscou*, et elle en avait reçu beaucoup de compliments. Le patronyme des Dionous, disait un des articles, est synonyme de grâce et de noblesse. Depuis des générations, il est l'honneur de la Russie.

Paul se demandait pourquoi Dieu le récompensait ainsi à la fin de sa vie. Sans doute avait-il eu l'arrogance de se croire assez fort pour se passer du bonheur. Mais, même submergé par le chagrin et par un constant sentiment de culpabilité, sa volonté n'avait jamais failli. Si le dessein divin était qu'il se consacre à Sa gloire en écrivant des icônes, il n'avait jamais cherché à s'y dérober.

Sonia avait décoré de branchages les fenêtres de leur maison, disposé dans un panier des œufs teints de toutes les

1. Surnom de Théodore.

couleurs pour les distribuer aux enfants. Autour du cou de leurs trois poules, elle avait noué des rubans bleus et rouges.

Après le long hiver, les rues de la ville retrouvaient toute leur gaieté. On décorait les églises, des pâtissiers ambulants proposaient toutes sortes de friandises, même les popes, si austères dans leurs vêtements noirs, avaient l'air joyeux.

La maternité avait embelli Sonia, adouci ses traits, donné une expression plus tendre à son regard. Les cicatrices laissées par la petite vérole n'étaient plus aussi visibles, et son sourire, rare quand elle était enfant ou jeune fille, avait un grand charme.

Ces derniers jours de carême, on se rendait à l'église, on priait pour la tsarine Catherine, afin qu'elle rende la paix à la Russie en signant un traité avec les Turcs, dans ses frontières mêmes, et en anéantissant la révolte du cosaque Pougatchev. Ce dernier se faisait passer par le défunt époux de la tsarine, dont elle s'était débarrassée sans que nul y trouve à redire. Et à présent, disait-on, le voilà qui marchait sur Moscou. Mais tant de rumeurs couraient que chacun continuait à mener ses propres affaires sans trop se préoccuper de l'avenir. Moscou était devenue une ville de province : c'était à Pétersbourg que les ambitions, jalousies, rivalités naissaient, triomphaient ou s'évanouissaient.

Le mercredi de la semaine sainte dans l'après-midi, Sonia entendit frapper à leur porte. Un coup d'œil par la fenêtre lui fit découvrir une confortable voiture tirée par quatre chevaux noirs. La servante et le valet s'étaient précipités vers la porte d'entrée.

– Comte Kolia Vladimovitch Baishkov, se présenta le visiteur. Pouvez-vous m'annoncer à votre maître ?

Le valet accourut à l'atelier tandis que Sonia, le cœur battant, s'était adossée au mur de sa chambre. Kolia chez eux ? Comment ? Pourquoi ?

Paul serra son ami dans ses bras.

– Restes-tu coucher ? Je te donnerai une adresse pour ta voiture et les chevaux.

– Hélas, je ne peux pas. Je dois être à Samarakov demain pour préparer l'arrivée de Tania, son mari et leurs deux enfants. Ils vont prolonger les fêtes de Pâques à la campagne jusqu'à l'été.

Grâce au poêle en faïence qui ronflait, il faisait bon dans le salon. Paul fit apporter du thé, des biscuits, des fruits.

– Tu fuis donc à nouveau Pétersbourg ?

Kolia eut un large sourire.

– Ma fille savait, en m'offrant son hospitalité, que je ne demeurerais chez elle que durant l'hiver. Qu'un rayon de soleil revienne, et je me réjouis de retrouver mon nid… Et Sonia ? s'enquit-il soudain.

– Elle va venir, mon ami. Il n'y a pas de jour où elle ne prie pour toi.

– Ta fille m'a quitté bien brusquement. J'ai eu longtemps beaucoup de peine de lui avoir déplu, d'avoir mal agi envers elle.

Paul garda le silence. Comment lui annoncer la vérité ? Devait-il parler avant que Sonia se joigne à eux ?

– Mon ami, mon cher ami, dit Paul en regardant Kolia avec franchise, Sonia a eu voici trois mois un petit garçon, Théodore. Que Dieu bénisse cet enfant qui fait notre joie. Il est né ici après Noël.

Kolia pâlit. Ses mains tremblaient tant qu'il dut poser sa tasse sur une table.

– Janvier… Alors elle était enceinte quand elle m'a quitté en juillet ?

– Oui, mais Sonia refusait de te mettre devant le fait accompli. Tu étais grand-père, en paix dans ton domaine. Elle savait qu'elle n'y avait pas sa place, Tania t'aurait sévèrement jugé, elle aurait peut-être coupé tout lien avec toi, te séparant à jamais de tes petits-enfants.

– Sers-moi un verre de vodka, s'il te plaît, balbutia Kolia.

Ce que lui apprenait Paul était-il vrai, ou faisait-il un cauchemar ?

– Puis-je le voir ? demanda-t-il après avoir vidé d'un trait son verre. Puis-je voir l'enfant ?

– Théodore a trois mois et me ressemble.

Kolia gardait les mains serrées l'une contre l'autre, la tête baissée.

– Comment n'ai-je pu prévoir cela ? murmura-t-il enfin.

Au même moment, Sonia pénétra dans la salle. Très pâle, elle parvint à sourire.

– Mon ami, quelle belle surprise !

Kolia se leva et la serra dans ses bras.

– Tu ne me considères donc pas comme le diable ?

– Tu es mon meilleur ami, souffla Sonia d'une voix douce. Père t'a tout dit, n'est-ce pas ?

Kolia pleurait, et ces larmes sur le visage marqué par l'âge d'un homme pour lequel elle avait éprouvé beaucoup de tendresse l'émurent profondément.

– Tout est bien, Kolia, murmura-t-elle, tout a un sens. Douchka en est la preuve. D'une petite sauvageonne, tu as fait de moi une femme qui a des projets, des ambitions, des désirs, une mère fière de son enfant et de ses origines.

Tendrement elle entoura le vieil homme de ses bras.

– Veux-tu être le parrain de Douchka ? Nous viendrons l'été te voir à Samarakov. Il aimera tes terres comme je les ai aimées. Nous voulions attendre la fin de l'hiver pour le faire baptiser, nous patienterons jusqu'à l'été, n'est-ce pas ? Et si je faisais monter une bouteille de champagne ? Tu dîneras bien avec nous, mon ami. À la fortune du pot, bien sûr. Ma cuisinière ignore tout de la gastronomie française que tu dois apprécier à Pétersbourg.

Ce qui avait paru un obstacle insurmontable à Sonia s'était finalement révélé facile. Kolia promit que Tania ne saurait rien. La naissance de l'enfant pourrait s'expliquer par le décès dramatique d'un fiancé peu de temps avant le mariage. Paul lui-même avait insisté pour faire revenir sa fille à Moscou.

La neige fondait, la boue couvrant les rues disparaissait, « Christos Annesti ! », Christ est ressuscité. Tout semblait joyeux. On oubliait la guerre, l'alliance de la France avec l'Autriche, Potemkine allait arracher la Crimée aux Tatars, construire un port d'une importance stratégique majeure pour le pays. La Sainte Russie restait sous la protection de Dieu.

Désormais, le nom de Sonia Dionous était connu dans les cercles littéraires. On appréciait son talent de poétesse et on estimait la femme. Nul n'aurait songé à lui reprocher d'être la mère d'un enfant né hors mariage. Ce genre de calomnie, qui pouvait déshonorer une bourgeoise, était hors de propos vis-à-vis de cette femme talentueuse. Et n'était-elle pas issue d'une longue lignée d'artistes ? Aucun amateur d'icônes ne pouvait ignorer le nom de Dionous.

En juin, un éditeur moscovite lui fit signer un contrat pour ses œuvres passées et à venir. Beaucoup la pressaient de s'installer à Pétersbourg où vivait l'élite intellectuelle russe. Mais Sonia s'y refusait catégoriquement. Elle élèverait son enfant dans la maison où elle avait grandi. Paul était désormais un vieux monsieur, ses doigts étaient moins agiles, il se voûtait, marchait à petits pas. Les icônes qu'il s'acharnait à écrire ne le satisfaisaient pas, et il brûlait la plupart d'entre elles.

Mais son petit-fils faisait sa joie. Il le voyait grandir avec fierté. Théodore était un bel enfant, il avait hérité du caractère secret de sa mère. Il écoutait plus qu'il ne parlait, mais déjà aimait s'exprimer en dessinant. Son grand-père lui avait offert une toile vierge qu'il avait couverte de peinture rouge et bleue avant de mélanger les couleurs avec ses doigts. Longtemps, l'enfant était resté pensif en contemplant son œuvre. La magie de la peinture s'imposait à lui.

Alors que Théodore venait d'avoir treize ans, Sonia ne put différer un voyage à Pétersbourg pour une réunion très importante des plus grands écrivains et poètes russes.

La veille de son départ, prise d'un mauvais pressentiment, Sonia fut sur le point d'annuler son voyage. Paul la pressa de saisir cette superbe opportunité de se mêler à l'élite littéraire russe. Certes, vu son grand âge il n'était pas bien portant, mais il souffrait sans doute d'une de ces mauvaises grippes qui surgissaient souvent au printemps. Son vieux serviteur Piotr veillerait sur lui nuit et jour.

Douchka prenait des cours de dessin à l'Académie des beaux-arts et terminait son cycle scolaire. Élève moyen, il était surtout intéressé par l'histoire de la Russie et de l'Europe, ainsi que par la géographie. Les troubles politiques l'avaient laissé dubitatif. Fallait-il se réjouir de détruire la société ? Pour la remplacer par quoi ? Comme la plupart des jeunes Russes, il souhaitait que son pays se donne une constitution, mais avait vénéré la tsarine qui avait rendu à l'immense empire tout son lustre et son prestige. Devant les icônes de son grand-père, Théodore restait perplexe. Pouvait-on parler d'art face à ces Christs, ces Vierges, ces saints figés dans l'éternité ? Et cependant ils fascinaient, ils offraient au monde matériel souvent mesquin et vénal une dimension spirituelle. À travers ces icônes, il savait que, d'une certaine manière, il communiquait non seulement avec son grand-père, mais aussi avec des générations de Dionous. Chaque « écrivain » y avait laissé un peu de son âme.

Sonia finalement prit la route, avec la bénédiction de son père. Il avait tant à lui dire qu'il préféra prendre son visage entre ses mains pour la baiser au front. Elle comprenait.

Après le départ de sa mère, Théodore vit avec consternation l'état de son dedouschka[1] se détériorer. Les poumons étaient maintenant pris et, en dépit des tisanes et sirops administrés par les médecins, la toux ne cessait ni de jour ni de nuit. Son valet avait disposé un matelas pour dormir dans la chambre de son maître. Théodore accourait à son chevet dès qu'il rentrait de l'école.

1. Grand-père.

L'état du vieil homme se détériorant jour après jour, Théodore prit le parti d'écrire à sa mère. À Pétersbourg, elle se sentait épanouie, heureuse dans un monde qui était le sien. Le mois de mai s'achevait. Paul ne quittait plus son lit, mais son état restait stationnaire. Les médecins avouaient ne pas pouvoir lui administrer d'autres remèdes. Il fallait prier.

Kolia allait regagner Samarakov pour y passer la belle saison jusqu'aux premiers jours d'octobre. Tania, son mari et ses enfants l'y rejoindraient en juillet.

Chaque été, Sonia et Douchka s'installaient dans une annexe de Samarakov. Sonia aimait ce mois passé avec une compagne qu'elle connaissait et appréciait. Théodore dessinait des paysages, parcourait les bois, canotait sur le lac. Il s'entendait par ailleurs très bien avec les enfants de Tania. « Une famille heureuse », pensait Kolia avec émotion.

Le valet, la servante et Douchka furent surpris quand le surlendemain du départ de la lettre à Pétersbourg, au matin, Paul réclama l'icône de sainte Claire, celle qui était pendue au mur depuis des années. On la décrocha, il la prit, la baisa et la posa sur sa poitrine.

– Sonia va-t-elle revenir ?

Théodore le rassura. D'ici quelques jours, elle serait à son chevet.

Paul sombra dans l'inconscience. Il respirait avec peine, par saccades. On avait beau lui essuyer le front, les joues avec un linge imprégné d'eau de rose, lui retaper ses oreillers, lui arranger sa couverture, il ne semblait sensible à rien.

Il mourut dans la nuit. En entendant les râles de son maître, le valet avait aussitôt prévenu Théodore. Tous deux prirent les mains du défunt, ces mains magiques qui avaient écrit tant de chefs-d'œuvre. Paul avait-il eu beaucoup de bonheur durant sa vie ? Comme il était trop tard pour prévenir un prêtre, Théodore traça un signe de croix sur le front du mort.

Aucune réponse ne venant de Saint-Pétersbourg, il fallut prévoir les obsèques à la cathédrale de la Dormition. Devant l'iconostase où l'on pouvait admirer quatre œuvres des Dionous, le cercueil en sapin était recouvert d'un drapeau tricolore où l'aigle à deux têtes couronnées étendait ses ailes. Dans le blason central, saint Georges terrassait le dragon, c'était une reproduction de la célèbre icône de Paul. L'évêque en personne officiait, entouré de six prêtres. Théodore se tenait droit au premier rang dans les volutes d'encens. Il avait réclamé la fermeture du cercueil. Aucunes autres lèvres que celles de Sonia ne devaient se poser sur son front.

Ce ne fut que deux semaines après les obsèques que la voiture louée par Sonia s'immobilisa devant la maison. La lettre de Théodore ne lui était jamais parvenue.

Toute la journée, elle resta enfermée dans la chambre de son père, puis elle se rendit au cimetière. Elle ne resterait pas trois semaines à Moscou comme l'exigeaient les rites orthodoxes afin de faire sur la tombe d'ultimes prières. Douchka et elle allaient se réfugier à Samarakov aussi longtemps qu'il le faudrait pour apaiser leur chagrin. Là-bas elle reverrait Kolia, également mal portant, mais aussi Tania et ses enfants de quinze et seize ans.

La maison mise à sa disposition chez celui qu'elle nommait son « cher parrain » était assez grande pour que son fils et elle disposent de confortables quartiers privés. Elle arriverait pour la fenaison, quand l'air embaumait et que l'on entendait les vieilles chansons du folklore russe. Bien traités, les cinquante serfs montraient un attachement sincère à leur maître.

En août, ce fut au tour de Kolia de se sentir proche de sa fin. En dépit de douleurs persistantes, il continuait cependant à sortir tous les jours, appuyé sur une canne.

Un matin, il fit chercher Théodore, et pria le jeune homme de l'accompagner pour une promenade. Après une centaine de pas dans l'allée menant vers l'entrée du domaine, Théodore sentit la main de son parrain peser sur son épaule. Il s'immobilisa pour lui faire face.

– Je ne veux pas mourir, mon enfant, avec un secret qui me brise le cœur.

Il était si pâle que Théodore le fit asseoir sur un banc ombragé par deux tilleuls.

– Ton grand-père, ta mère, chuchota-t-il, se sont toujours tus, et ils ont eu raison. Mais tu es presque un homme et tu as le droit de savoir que je suis ton père. Ne dis rien, je t'en supplie, et ne pense pas trop de mal de moi. Si ma conduite a été blâmable, mon cœur ne l'était pas.

Théodore resta pétrifié. S'il avait difficilement accepté que sa mère lui cache le nom de son père, il aurait aujourd'hui préféré ne pas savoir, afin de ne pas juger.

– La maison où vous habitez, poursuivit Kolia, vous appartient désormais, à ta mère et toi, avec dix serfs pour entretenir les bois, l'étang, les prairies, cultiver le potager, élever quelques bêtes. Tu es ici chez toi. Et maintenant ramène-moi à la maison, je veux que nous dînions tous ensemble. Ma famille est mon ultime bonheur. Je te bénis. Ta vie sera à la hauteur de deux héritages privilégiés. Prends soin de ta mère. Sonia est une femme exceptionnelle. Elle m'a tant donné !

32

Les temps changeaient vite au Caire. Simon et son fils vivaient désormais dans le quartier élégant d'Al-Azbakiya, tandis que leur centre de négoce et de transit demeurait à Boulaq. Mais la vieille ville restait la même, avec ses dédales, ses ruelles souvent malodorantes, ses passages secrets, ses belles maisons dissimulées derrière de hauts murs. Près des mosquées principales s'ouvraient de petits jardins fréquentés surtout à la tombée du jour, tandis que dans la matinée on se promenait dans les nombreux marchés, eux-mêmes divisés en quartiers selon l'activité commerciale. Compte tenu du prix des maisons dans les beaux quartiers, les marchands vivaient dans de gros bâtiments aménagés en appartements. Sur les galeries qui longeaient chaque étage, les femmes cuisinaient, lavaient leur linge, et surtout s'informaient de tous les commérages du quartier. La cour centrale appartenait aux hommes. Ils y recevaient durant la journée et de jeunes garçons couraient dans les boutiques voisines pour rapporter du thé, du café, des sirops.

À force d'obligeances diverses et de cadeaux, Simon avait réussi à obtenir la faveur de Mourad Bey, un mamelouk que Constantinople avait voulu chasser, mais qui était revenu en force un an plus tard avec Ibrahim Bey. Tous deux partageaient le pouvoir. Sa bienveillance alliée aux efforts couronnés de succès de Iannis en Angleterre donnait aux Dionous une place prépondérante dans le conditionnement et l'exportation du tabac vers la France, l'Italie, et surtout l'Angleterre. Là-bas des associés recevaient la marchandise, la vérifiaient avant de l'expédier à Glasgow.

Quatre ans plus tôt, Iannis, de retour au Caire muni d'un contrat d'association avec le plus gros négociant en tabac anglais, avait déniché au Fayoum un Égyptien intéressé par l'archéologie qui, appâté par les rétributions que lord Percimon lui faisait miroiter, commençait à rassembler grâce à son propre réseau des œuvres antiques de qualité. Deux statuettes intactes représentant des pêcheurs jetant leurs filets, une statue d'Annubis avaient déjà été remises au comte de Percimon qui, enchanté, promettait de plus grosses gratifications pour de nouveaux envois de cette qualité. Il voulait Sekhmet, la déesse à tête de lionne, aux yeux de jade. Celui qui la découvrirait, avait-il juré, serait à l'abri du besoin jusqu'à la fin de ses jours.

Pas plus Simon que Iannis ne réprouvaient ce négoce. En France comme en Angleterre, les plus belles œuvres égyptiennes seraient à l'abri des pilleurs ou des ignorants qui se servaient de pierres sculptées pour construire leurs maisons. Eux-mêmes, comme beaucoup d'Égyptiens appartenant à l'élite, préféraient l'art français ou italien, ou en ce qui concernait le mobilier, des pièces syriennes d'exception.

En vieillissant et en s'enrichissant, Simon était devenu aussi autoritaire que son père. Il exigeait que Iannis occupât un appartement dans la grande demeure qui faisait sa fierté.

Au Caire on pressentait que la situation politique allait changer. L'Angleterre et la France s'intéressaient aux pays du Levant. Sous le moindre prétexte, comme la protection des chrétiens d'Orient, ils n'hésiteraient pas à intervenir. Après l'exécution de leur roi et de leur reine, les Français vivaient une période de grands désordres mais le pays faisait souffler sur l'Europe entière un vent de liberté, qui en Égypte conduisait à remettre en question l'autorité ottomane. La Sublime Porte ne parvenait pas à se débarrasser du pouvoir mamelouk, lui-même corrompu et sans réelle autorité. Le pays se donnait au plus offrant.

Iannis Dionous jouissait d'une grande réputation. Plus ferme, plus audacieux que son père, il avait amélioré les espèces de tabac et, se gardant de posséder des terres, achetait en exclusivité les récoltes. Simon vieillissait, il aimait paresser dans son jardin en dégustant du café ou en fumant son narguilé.

À Beyrouth, Clément était mort très âgé, laissant une fortune importante à ses enfants, Selim et Myriam, laquelle possédait déjà en bien propre des terrains syriens. Selim avait ouvert deux succursales de sa banque, l'une à Alep, l'autre à Tripoli. Chacun de ses deux fils en avait la charge.

Les deux beys égyptiens Ibrahim et Mourad avaient mis en sécurité leur argent à la banque Dionous de Beyrouth. Sa réputation d'intégrité s'étendait dans tout le Proche-Orient, et on chuchotait même que le Grand Sultan, en proie à d'incessantes difficultés financières, l'avait approchée pour un emprunt. Trouver une banque qui prêtait à dix pour cent d'intérêt était exceptionnel. Simon lui-même confiait à son cousin l'essentiel de ses confortables revenus. Un jour viendrait où il pourrait enfin acquérir les précieux terrains du Delta, et songer à nouveau au coton. Iannis en récolterait les fruits. En attendant, ses terres palestiniennes bien gérées offraient un supplément de revenus non négligeable.

Iannis songeait de plus en plus à investir dans l'immobilier. Certes, le centre du Caire avait atteint des prix élevés, mais la ville rejoindrait bientôt une zone jusqu'alors sous-estimée. On démolirait les cabanes, on éloignerait les fellahs et l'on construirait des maisons de rapport.

Ce fut lors d'un séjour à Alexandrie où il s'était rendu pour la récolte du coton que Iannis rencontra Alexandra, la fille d'un officier de marine anglais. Sa passable connaissance de la langue, le fait qu'il était allé en Angleterre, où il s'était lié avec lord Percimon, dont le père d'Alexandra était un cousin au deuxième degré, les avaient aussitôt rapprochés. L'officier de marine commandait la petite escadre anglaise qui mouillait au large d'Alexandrie. On parlait d'un possible débarquement français, mais l'Angleterre veillait.

– Venez à la maison, proposa un jour Alexandra, vous y découvrirez des pièces dignes de notre cousin Percimon.

Chez lord Ashcroft s'alignaient côte à côte un buste d'Ankhésenamon, fille d'Akhénaton et de Néfertiti, ainsi qu'une statue en pied d'Isis et Osiris en lapis-lazuli. La déesse portait le soleil entre deux cornes arquées. Des fresques très colorées représentaient des oies et des canards nageant au milieu de roseaux. Enfin, posée sur une stèle, une fascinante tête de lionne aux yeux de jade.

– Sekhmet ! s'exclama Iannis. On la recherche depuis des années. Lord Percimon donnerait une fortune pour l'avoir.

– Eh bien, mon père la lui offrira de votre part et de la mienne. Il mérite d'être le gardien de cette merveille.

– C'est un cadeau sans prix.

– Pensez-vous ! Cette tête de lionne a été rachetée à un fellah de Gizeh contre un gilet brodé et une canne à pommeau d'ivoire.

Iannis ne parvint pas à sourire, les propos d'Alexandra lui serraient le cœur.

Ils regagnèrent le salon, où une domestique apportait une théière. Avec cette grâce naturelle des Anglaises qui fascinait le jeune homme, Alexandra en servit deux tasses. Ses boucles ramassées au-dessus de sa tête étaient maintenues par une bande de soie vert d'eau. Quelques-unes, couleur châtain doré – l'ancienne blondeur de l'enfance –, s'échappaient du ruban pour encadrer son visage. Sa robe en mousseline blanche, à la mode européenne, flottait mollement le long de son corps en soulignant des seins menus.

Profondément levantin, Iannis s'étonnait d'une telle audace. Les femmes européennes se moquaient-elles des hommes ? Il aurait voulu faire tomber ce léger vêtement et serrer Alexandra contre lui. Soudain il pensa à Claude, sa mère si fière de ses falbalas, nœuds, dentelles et pompons. La Révolution française avait bouleversé la société.

– Une de nos frégates va bientôt faire voile pour l'Angleterre. Ce que vous venez de voir sera à bord. Une semaine après son arrivée à bon port, la terrible Sekhmet envoûtera ce cher lord Percimon.

– Grâce à lui, avoua Iannis, mon commerce de tabac a pris beaucoup d'ampleur.

– Pas de conversation sérieuse, protesta la jeune fille. Dites-moi plutôt où vous êtes né, où vous avez grandi.

Iannis évoqua brièvement son enfance en Palestine, puis les années à Alexandrie avant de devenir un vrai Cairote.

– Vous vous considérez comme égyptien ?

– Absolument. Un Égyptien orthodoxe. Ce pays regroupe de multiples religions. Vous-même êtes membre de l'Église d'Angleterre, n'est-ce pas ? Vous rencontrez ici des catholiques grecs, des sunnites, des chiites, et bien sûr des coptes, les premiers chrétiens d'Égypte.

Au Caire, on parlait beaucoup des janissaires qui, faute d'être payés, étaient devenus commerçants, tailleurs, cordonniers, mamelouks aussi. On prédisait la fin proche de leur pouvoir exercé durant des siècles. Leur seule et dernière richesse était l'achat et la revente d'esclaves circassiens. Et la rumeur ne cessait d'enfler : pour arrêter l'Angleterre dans sa route vers les Indes, la France se préparait à conquérir l'Égypte. Monsieur de Talleyrand avait évoqué cette éventualité, déjà envisagée par le duc de Choiseul. Charles Mogallon, consul de France au Caire, se gardait bien de donner la moindre opinion. On colportait tant de ragots dans cette ville ! Et Bonaparte, le nouvel homme fort sans lequel rien ne se décidait, n'était-il pas en Italie ? On le disait occupé à préparer un plan en vue de l'invasion non de l'Égypte, mais de l'Angleterre.

Les chrétiens d'Égypte, et parmi eux principalement ceux qui détenaient des biens, ne savaient pas si une possible arrivée des Français jouerait ou non en leur faveur. Certes, ils partageaient la même religion, mais les affaires restaient les affaires. Une occupation militaire pourrait ne pas être opportune. Tous désiraient la paix, conserver un statu quo finalement léger à supporter avec les Ottomans, et surtout sauvegarder le profitable marché anglais.

Simon était circonspect. Si les Français envahissaient Le Caire, ils se dirigeraient très probablement ensuite vers le nord pour faire pression sur la Turquie. Mieux valait alors ne pas bouger. Mais la flotte anglaise était très présente en Méditerranée, et Bonaparte allait rentrer à Paris après sa victorieuse campagne italienne. Qui pouvait savoir ce qu'il projetait ?

Au printemps, Alexandra annonça à Iannis son proche départ pour l'Angleterre. Son père regagnait pour une année Portsmouth et elle l'accompagnerait. Elle se réjouissait de revoir sa famille, ses nombreux cousins. La jeune fille était devenue une amie à laquelle Iannis s'était beaucoup attaché. Mais ce départ était sans doute une bonne chose. Quel avenir un Levantin orthodoxe pouvait-il espérer avec une jeune aristocrate anglaise fidèle à l'Église d'Angleterre ?

Après son départ, Iannis décida de rejoindre Le Caire. Rien ne bougeait à Alexandrie et, en dépit de ses efforts, la récolte de coton restait maigre, couvrant à peine le salaire de ses ouvriers, le transport, la mise en ballots. Mais pour rien au monde le jeune homme n'aurait renoncé. Quitte à passer pour un utopiste, il croyait en l'avenir du coton égyptien.

Au Caire il trouva une lettre de ses cousins les invitant, son père et lui, à Beyrouth pour célébrer le mariage du fils aîné de Selim, Farouk, qui dirigeait la succursale d'Alep. Il épousait

Sophie Agantalakis, Dieu soit loué d'une très estimée famille orthodoxe. Myriam et Farid viendraient de Syrie avec leurs deux filles. Toute la famille serait réunie. En dépit d'une mauvaise santé, Dimitria serait présente.

Simon hésitait à faire le déplacement, mais son amour pour sa famille l'emporta sur la raison. Il souffrait des deux genoux et se déplaçait avec peine, et une maladie du foie lui imposait un régime strict. Mais que diable, le doyen des Dionous ne pouvait pas déclarer forfait. Et il était curieux de se rendre avec Selim à la Banque ottomane respectée par tous les négociants égyptiens, même si les chrétiens faisaient davantage confiance aux Dionous.

Iannis prit toutes les précautions possibles pour le voyage, une confortable voiture, un valet dévoué à son père, des couvertures, des oreillers, du tabac, des douceurs. Ils couvriraient plus de trois cents miles en une semaine si tout allait bien.

Lors de l'étape à Jérusalem, Simon et Iannis trouvèrent le pope et Dimitria bien vieillis. Une fois de plus, le religieux déclara qu'il lui était impossible de se rendre à Beyrouth, vu ses responsabilités, et Dimitria seule fut du voyage. Elle avait grossi, ses cheveux blancs étaient hâtivement noués en chignon sur lequel elle avait disposé un carré de dentelle jaunie. Elle n'avait pas cédé à la mode européenne, et portait toujours une tunique longue et ample serrée à la taille par une jolie ceinture qu'elle annonça fièrement avoir été brodée par une de ses petites-filles. Pour tout bagage, elle emportait un sac de cuir fendillé par les années.

L'accueil de leurs cousins beyrouthins fut si chaleureux que le vieux Simon se mit à pleurer de joie. Il avait supporté le voyage tant bien que mal, soutenu moralement par la perspective de revoir son cousin, ses petits-neveux et sa sœur, même si cette dernière l'irritait en priant du matin au soir. La famille Dionous était extrêmement attachée à la foi orthodoxe, mais leur piété se manifestait de façon plus ou moins appuyée.

Deux jours avant la cérémonie, la maison ressemblait à une ruche. Odette, la mère du marié, levée depuis l'aube, courait des cuisines au salon, du salon au jardin, du jardin à l'église. Dix femmes s'activaient aux cuisines, le jardinier ratissait, plantait, élaguait. Après la messe on déjeunerait dehors, trois buffets seraient disposés sur la pelouse, un de mets libanais, un autre de cuisine française, le troisième de plats grecs pour honorer la mère patrie.

Le choix de l'icône bénite que l'on remettrait au jeune ménage avait été laissé à Selim. On lui avait à ce propos signalé qu'en Russie une famille Dionous écrivait des icônes depuis plusieurs générations, qu'elle était très respectée. Cela l'avait fait sourire. Qui pouvaient être ces Dionous russes ? Finalement il avait opté pour une Vierge qui, un doigt sur la bouche, réclamait le silence : l'Enfant Jésus dormait dans ses bras.

Selon la coutume, le mariage aurait dû se dérouler chez la mariée à Alep, mais la famille de Sophie était peu nombreuse alors que déplacer la tribu Dionous aurait été une affaire d'État. De plus, du Caire à Alep, la route était beaucoup trop longue pour Simon dont la présence était indispensable.

La fiancée était brune avec les beaux yeux noirs en amande des femmes du Proche-Orient. Sa mère avait adopté une tenue à la mode française édulcorée, une robe fluide certes, mais dans des tissus opaques, le décolleté caché sous un châle croisé fermé par une broche.

Mais pour le mariage, la mère avait voulu pour sa fille une robe de princesse droite comme la mode l'exigeait, en satin entièrement brodé de petites fleurs, le décolleté couvert par une mousseline piquetée de fils d'or, une traîne arrondie qu'allaient tenir les deux demoiselles d'honneur, de jeunes Alépines vêtues de soie irisée. Un voile retenu par des roses blanches couvrait la tête, les épaules et le dos de la mariée. De longs gants de fin chevreau rejoignaient les manches ballon de la robe, bordées par la dentelle qui soulignait le corsage. Avec l'éclat de ses yeux noirs, Sophie était ravissante. Le marié était en culotte blanche, chaussures à boucles, gilet et veste de satin bleu galonnés d'une tresse dorée.

Les portes de l'église ouvertes à double battant, les futurs mariés y pénétrèrent portant chacun un cierge, suivis par les garçons et les demoiselles d'honneur, et toute la famille par ordre de préséance.

La cérémonie commença par l'échange des anneaux, puis vint le couronnement des époux. Au-dessus de la tête de Farouk et de Sophie furent tenues selon la coutume des couronnes dorées. Leurs poignets étaient liés l'un à l'autre.

La cérémonie s'achevait, les deux coupes de vin avaient été bues, l'autel contourné par trois fois par les nouveaux époux. Restait la vénération des icônes avant la sortie au milieu des chants religieux grecs de la chorale.

L'après-midi fut parfait. On l'évoqua dans toute la ville pendant plusieurs jours : des vins français et grecs, une abondance de plats plus recherchés les uns que les autres, des femmes merveilleusement parées, des hommes charmeurs et charmants. Un immense succès pour les Dionous.

Iannis devait rester un ou deux mois à Beyrouth. Il voulait prendre conseil auprès de son cousin pour des investissements et lui soumettre sa comptabilité. Par ailleurs, il était heureux de profiter de l'hospitalité de Selim et d'Odette, qui savaient mieux que personne organiser mille distractions. Simon, quant à lui, demanda à regagner sans attendre Le Caire. Sa maison, sa gouvernante, ses domestiques lui manquaient. Même traité comme un roi, il ne se sentait pas chez lui. Iannis fit mille recommandations au valet et au cocher. Et Dimitria accompagnerait son frère jusqu'à Jérusalem.

– Que veux-tu, avoua-t-il en soupirant à Iannis, je dois encore supporter Dimitria pour quelque temps ! Avec tous ses discours édifiants, elle m'ennuie.

Mais Iannis savait combien son père était attaché à Dimitria.

L'Empire ottoman amorçait son inéluctable déclin, laissant libre cours aux ambitions syriennes et palestiniennes, Beyrouth restait calme. Seule l'autorité de la famille Chehab avait maintenu une cohésion dans ce pays peuplé de druzes, de sunnites, de chiites, de maronites et d'orthodoxes. Peu de temps auparavant les Russes avaient bombardé la ville sans susciter de réaction de la part des Ottomans. Mais Beyrouth jouissait d'une position de plus en plus stratégique. Les Russes tenaient à y demeurer, et le portrait de la Grande Catherine avait durant son règne surplombé la porte principale de la ville. Tout homme passant cette porte devait incliner la tête.

Mais la roue avait encore tourné. Obligés de quitter Beyrouth, les Russes avaient laissé la place aux Bosniaques. Débarrassée du gouvernement Chehab, la ville était maintenant entre les mains des druzes qui, en rétablissant la paix, avaient fait revenir tous les commerçants européens réfugiés à Tripoli.

Dans ces eaux tumultueuses, les Dionous étaient parvenus à maintenir leur barque à flot. Quels qu'ils fussent, les gouvernements avaient tous besoin d'argent, et ceux qui n'en manquaient pas recevaient de précieuses informations pour en amasser plus encore.

D'Alexandrie, Iannis reçut une lettre. Alexandra avait passé quelques jours chez lord Percimon, qui avait été éperdu de reconnaissance en recevant sa lionne aux yeux de jade.

À la fin du printemps et en été, précisait-elle, on s'amuse beaucoup dans la campagne anglaise : pique-niques, bals, chasses à courre. Elle ne parvenait pas à faire un lien entre ses deux pays. Et pourtant l'un comme l'autre la séduisaient.

Lord Percimon l'avait intéressée à l'archéologie égyptienne, et elle éprouvait un malaise en pensant à l'éternité d'où l'on avait arraché ces pièces remarquables. De retour en Égypte à l'automne, elle demanderait à Iannis de lui faire remonter le

Nil jusqu'à Assouan. Comment avait-elle pu vivre deux ans à Alexandrie sans avoir eu cette curiosité ?

À la fin de la lettre, elle n'exprimait aucune affection particulière. Elle signait juste : « Ton amie Alexandra ».

On approchait de la fin du siècle. En France, Bonaparte ne cachait plus ses ambitions, et une expédition en Égypte semblait de plus en plus probable. Les Anglais réunissaient une partie de leur flotte en Méditerranée. Plusieurs officiers s'étaient installés à Alexandrie pour nouer des liens diplomatiques avec l'Égypte.

À l'automne 1797, Iannis eut la grande joie d'avoir des nouvelles d'Alexandra. Après presque deux années d'absence, son père et elle étaient de retour à Alexandrie. Elle se proposait de venir prochainement au Caire en dépit de toutes ces histoires courant sur les appétits du petit général corse.

Les Dionous offrirent volontiers l'hospitalité à la jeune Anglaise. Iannis la trouva changée : elle avait gardé son insouciance, son rire clair, son charme, mais sa volonté s'était affirmée. Elle avait beaucoup lu sur l'Égypte ancienne et demanda fermement à Iannis de l'escorter le long du Nil. Sa femme de chambre servirait de chaperon. Elle ferait des croquis, interrogerait quelques paysans locaux par son intermédiaire. On prétendait que Bonaparte se ferait accompagner par des archéologues, des scientifiques. Si c'était le cas, elle les rencontrerait et pourrait tenir une conversation susceptible de retenir leur attention. Iannis ne put refuser.

Ces trois semaines virent revenir les deux jeunes gens main dans la main, visiblement très amoureux. Alexandra avait avec elle un cahier couvert de notes, des feuilles à dessin dans un portefeuille de cuir où elle avait ébauché de nombreuses esquisses.

En juin, alors qu'il était certain que la flotte française s'apprêtait à lever l'ancre à Toulon, Iannis apprit à son père qu'Alexandra et lui avaient décidé de se marier.

– Elle n'est pas orthodoxe, avait objecté Simon. Il faut qu'elle se convertisse.

– Mais maman n'était-elle pas maronite ?

– Son entêtement à ne pas se convertir a probablement miné notre union, mon fils. J'ai beaucoup contrarié ma famille, et en ai payé le prix. Ne m'imite pas. Ne lance pas trop de défis en même temps.

Alors que la flotte française, et son bateau amiral l'*Orient* à bord duquel se trouvait Napoléon Bonaparte, approchait d'Alexandrie, Alexandra accepta le baptême suivi d'un mariage orthodoxe, et l'on put célébrer la cérémonie dans l'intimité familiale. Vu la menace de la flotte française, la ville était sens dessus dessous.

Du Caire la population apprit qu'à peine débarqué le général corse s'était présenté comme un serviteur d'Allah et du sultan ottoman. Son but était de libérer l'Égypte du pouvoir mamelouk qui avait dominé le pays depuis plus de cinq cents ans.

Simon et Iannis n'en croyaient pas un mot. Ses véritables desseins étaient la conquête de nouvelles terres pour servir l'économie de la France, et surtout contrecarrer le commerce anglais avec les Indes ainsi que leur volonté d'asseoir leur pouvoir au Proche-Orient grâce à leur puissante Compagnie des Indes. Au Caire on ne savait que penser, mais Alexandra avait chapitré Simon et Iannis sur la fausseté des ambitions philanthropiques de l'envahisseur français. Bonaparte se prenait-il pour Alexandre le Grand ? Les mamelouks étaient sur le pied de guerre et pouvaient compter sur une population hostile à Bonaparte, à l'exception des grands commerçants que le général corse avait proclamé vouloir aider.

Hélas, Alexandra n'ignorait pas la puissance des armées britanniques comme françaises. Quelles chances avaient ces cohortes disparates face à elles ?

33

La Grande Catherine était morte depuis plus d'un an, et la Russie pleurait encore cette femme qui avait eu tant à cœur la grandeur de son pays. Son fils et successeur, Paul Pétrovitch, avait réussi à mécontenter l'ensemble du peuple. Sa seconde épouse, qui lui avait donné trois fils, Alexandre, Constantin et Nicolas, avait bien tenté de le rapprocher des coutumes russes, mais avait dû renoncer ; le tsar ne songeait qu'à marcher sur les traces de son père, dont la fierté et l'ambition étaient d'imiter en tout la Prusse. Désireux de soulager les serfs et le clergé rural, il était néanmoins un fanatique adversaire de la Révolution française et avait salué avec enthousiasme l'accession au pouvoir de Bonaparte, ennemi comme lui de l'Angleterre. Le mécontentement, l'hostilité même enflait chez les boyards comme chez les paysans, les premiers honteux de voir l'armée russe réduite à une pâle copie de l'armée prussienne, les seconds trop attachés à leurs traditions ancestrales pour accepter de les voir fouler aux pieds. On craignait partout que le drame qui avait abouti à l'élimination physique de son père ne se reproduise.

Paul reposait depuis deux ans dans le petit cimetière orthodoxe où avait été inhumée Clara. Douchka avait maintenant vingt-trois ans. Il était grand, mince avec un sourire éclatant qui accentuait l'amande de ses yeux mordorés. Sa grâce naturelle l'avait déjà fait remarquer par de nombreuses jeunes filles dans les maisons mi-bourgeoises, mi-artistes où sa mère et lui étaient souvent invités. Il en riait, mais Sonia savait que son fils était aussi solitaire qu'elle.

Après un hiver très rude, Théodore annonça un soir à sa mère qu'il allait s'installer jusqu'à l'automne à Samarakov, dans leur maison. Depuis la mort de Kolia, la demeure principale et l'essentiel des terres appartenaient à Tania et sa famille. Elle y venait tous les étés, mais ne s'y attardait jamais plus de deux mois. Du même âge que Théodore, ses enfants étaient davantage attirés par ceux des boyards des environs que par ce garçon un peu sauvage qui n'aimait ni chasser ni danser.

Étonnée de cette décision, Sonia ne répondit rien. Son fils l'abandonnerait donc pour plusieurs mois ? Elle-même n'avait pas l'intention de quitter Moscou avant la fin juin. Elle écrivait, avait autour d'elle un cercle de bons amis, et par toquade s'était mise à apprendre l'italien, la langue de sa mère, dans laquelle elle avait pourtant toujours refusé de s'exprimer.

– Ne peut-on partir ensemble dans deux mois ? finit-elle par suggérer.

– J'ai à cœur de m'y installer aussitôt que possible. Et j'ai une grande faveur à te demander. Je voudrais emporter cinq ou six icônes parmi mes préférées, en particulier celle de sainte Claire que grand-père vénérait.

Sonia ne put cacher sa sidération. En dépit des longues heures passées dans l'atelier de son grand-père, Théodore n'avait fait qu'esquisser quelques croquis sans tenir le moindre compte des règles qui contraignaient l'expression de cet art sacré. Jamais elle-même ne s'y était essayée. Et cependant elle avait la conviction que les Dionous laisseraient un grand nom dans l'écriture des icônes. Douchka se sentait-il tenu de relever la tradition familiale ? Sans lui et son arrivée extraordinaire au monde, le nom Dionous se serait éteint à la fin du XVIIIe siècle. Mais tout avait un sens : sa mésentente avec sa mère, la mort de celle-ci qui lui avait brisé le cœur sans qu'elle ne veuille ni ne puisse l'exprimer, son exil à Samarakov, sa tendresse pour Kolia, sa grossesse, son retour à Moscou, la naissance de Théodore, un Dionous. Tout cela formait une chaîne. Douchka avait son rôle à jouer dans la saga familiale.

– Tu sais bien, mon fils, que je ne te garderai pas contraint et forcé à Moscou. Quant aux icônes, j'imagine le soin que tu en prendras. Elles sont uniques et n'ont pas de prix, celle de sainte Claire en particulier.

Théodore allait prendre une voiture publique qui s'arrêtait à vingt minutes de distance à pied de Samarakov. Sans doute côtoierait-il des ivrognes, des bavards, des femmes revêches, mais tout lui était égal. Seul dans la maison, il lui faudrait un certain temps pour prendre possession des lieux, s'imprégner du silence, parcourir les bois et les champs où les serfs devaient s'activer à couper le foin. Mai était doux avec des senteurs déjà estivales. Là-bas, il trouverait sur le lac des canards revenus du sud pour se reproduire, des faons dans le bois. Le vieux jardin de plaisance abandonné et désormais en friche abonderait en fleurs sauvages, églantiers, plantes grimpantes. Les serfs cueillaient les poires, les pommes, les coings, les mûres, les airelles. À coups de serpette, ils se frayaient un chemin dans les hautes herbes et les broussailles, exaltant les parfums de la sauge et de la verveine.

Théodore n'avait aucun plan précis, aucun projet, mais il allait acheter du papier à dessin, des toiles, des couleurs, des fusains. Si ce matériel ne l'inspirait pas, il ne se contraindrait pas. Écrire des icônes ? Plus tard, peut-être.

Avec grand soin, il avait enveloppé dans du molleton ses trois icônes préférées.

La tension était palpable dans le pays, et Douchka la ressentit dès son départ de Moscou. Le tsar était d'un tempérament guerrier et la Russie se retrouvait à nouveau sur les champs de bataille. Plutôt que de laisser aux femmes les travaux des champs, les serfs se mutinaient, désertaient facilement. Leur haine pour Paul était d'autant plus vive qu'il avait commencé son règne en se proclamant l'ami du peuple et du bas clergé. Un fourbe, un menteur.

Nul n'ignorait les rumeurs insinuant qu'il ne serait pas le fils du défunt tsar Pierre, mais celui du premier amant de l'impératrice, le comte Saltykov. Et sa foi orthodoxe était sujette à caution, on disait qu'il penchait en faveur des hérésies allemandes. Lui, le Père de la Sainte Russie !

Par la fenêtre de la voiture, Théodore voyait des hommes âgés, des enfants, des paysans vêtus de chemises sales et usées, souvent pieds nus, qui fauchaient les prés de boyards que la plupart ne connaissaient même pas. Ils s'arrêtaient au passage de la voiture, s'essuyaient le front avec un pan de leur chemise, ne souriaient pas. Seuls les enfants agitaient la main, tentaient de courir derrière l'attelage. Lorsque Théodore leur jeta quelques friandises, il constata que son geste engendrait de sanglantes batailles. Les garçons les plus combatifs faisaient le vide autour d'eux à coups de poing et de pied. Quand il entendit des fillettes, des garçonnets hurler, il se jura de ne plus recommencer.

Beaucoup de jeunes Russes, dont Théodore, commençaient alors à douter du droit qu'avaient les boyards de posséder des serfs. Mais la plupart se contentaient de dénoncer le servage dans des articles, des écrits. Peu étaient prêts à se battre pour réformer ce système ancestral. Certes, la France, l'Angleterre, l'Allemagne créaient des industries, modernisaient les moyens de production, mais les tentatives pour sortir la Russie de sa léthargie primitive ne restaient que des soubresauts.

Mille fois Théodore avait songé à cette lâcheté de la classe noble et bourgeoise. D'où venait-il lui-même ? Il était un bâtard, son arrière-grand-père s'était exilé en Sibérie, avait forniqué avec une femme tatare illettrée avant de se faire massacrer par un ours. Son grand-père n'avait fait que rêver. Rêver d'épouser une jeune Italienne, rêver de la rendre heureuse, rêver d'anges, de Vierges et de saints auréolés d'or. Son père était un vieux boyard solitaire avide d'être aimé, sa mère une idéaliste elle aussi, mais une grande artiste qui, en dépit de son apparence fragile, avait prouvé sa force de caractère. Et lui ? Gâté par son grand-père et sa mère, il était un rêveur aussi. Il savait qu'il y avait en lui de la bonté, ainsi qu'une grande violence, de la compassion et de l'égoïsme, de l'inertie, mais aussi une impatience à faire quelque chose de sa vie. S'il lui arrivait d'aimer, ce serait avec passion. Mais pourquoi aimer ?

Lorsque Théodore poussa la porte de la maison que Kolia leur avait léguée, ses doutes et ses angoisses se dissipèrent. Une profonde joie l'envahit, il était chez lui, bien plus que dans la maison et l'atelier de son grand-père, dont la présence était indélébile.

Théodore accrocha à un mur de sa chambre la Vierge de Miséricorde qui lui ouvrait les bras. Malgré ses maladresses, cette icône restait pour lui la plus belle, la plus émouvante. Sainte Claire était le chef-d'œuvre de son père. C'était une Claire idéalisée, une femme parfaite, solitaire, que nul n'avait su aimer. Il la posa sur sa table de chevet.

Le premier jour, Douchka parcourut les terres, s'arrêta dans le village des moujiks où de pauvres isbas se pressaient autour d'une petite église. Dans les cours poussiéreuses, des poules picoraient. Tête nue, la chevelure broussailleuse, la barbe hirsute, les hommes s'inclinaient devant lui. Sous leurs fichus fleuris, leurs jupes de toile souvent brodées, les femmes étaient plus avenantes. Des enfants à moitié nus jouaient. Il découvrit aussi un vieux habillé de loques assis sur un banc. On le posait là le matin pour le rentrer le soir. Un enfant, accroupi à même le sol, le veillait, le regard absent. Un bras squelettique laissait deviner une malformation.

En revenant de cette promenade, Théodore resta pensif. Ce n'était pas tant la misère, la crasse qui le choquaient, mais le fait que la plupart des boyards n'attachaient aucune importance à leurs serfs. Seule comptait la conscience de la misère. Et c'était non pas à la charité, mais à l'éveil des nantis qu'il fallait se consacrer. Que ces misérables cessent d'être des chiffres abstraits, des « âmes », qu'ils aient enfin une réalité physique.

Il ne dormit pas cette nuit-là, agité par tant d'émotions contraires. Il allait peindre certes, mais pas des saints en extase. Il représenterait avec réalisme et crudité la misère de ces hommes, ces femmes, ces enfants, tous des chrétiens.

À l'aube, alors que le vent semait des gouttes de pluie sur le toit, il se leva, avala un bol de café, mangea un petit pain, puis fit atteler un cheval à la carriole qui servait à l'entretien de leur propriété, une voiture découverte aux bancs de cuir lacéré par l'usage. Une capote ramassée à l'arrière pouvait se rabattre en cas d'intempéries. Le cheval était de bonne race, sa mère le lui avait offert trois années auparavant. Il allait se rendre à la ville, acheter ou commander ce qui lui semblait une nécessité absolue : de quoi peindre la réalité de la misère.

Désormais Douchka ne voyait plus le dénuement le plus abject comme un sujet de dégoût, de douleur morale, mais comme une source d'inspiration qui le galvanisait. Il allait étaler aux yeux de tous ce qu'on refusait de voir, irriter les boyards, animer les consciences assoupies, jeter au visage de l'Église les visages émaciés des popes de campagne. Les riches le haïraient, les pauvres verraient en lui un témoin de toutes les injustices subies depuis toujours.

De sa course il rapporta un chevalet, quatre toiles, des pinceaux, du vernis et même une boîte de couleurs dénichée chez un marchand de curiosités. Sa grand-mère Clara avait-elle éprouvé la même excitation en acquérant ses premières toiles, ses premières couleurs ? Mais son arrière-grand-père italien était peintre, elle avait dû grandir dans un atelier encombré de brosses, de pinceaux, parmi les odeurs de vernis et de diluants.

Douchka savait qu'il allait peindre ce vieillard abandonné sur un banc contre une pauvre isba et surveillé par un demi-idiot. Cette vision ne l'avait pas quitté. Il songeait au passé de ce vieux moujik demeuré serf toute sa vie, une possession, à l'avenir de cet enfant condamné à vivre de la charité publique, battu sûrement, humilié, chargé des travaux les plus rebutants avant de périr de froid au bord d'un chemin. Le fond de la toile serait gris-bleu, les hardes du vieillard et celles de l'enfant verdâtres. Le vieux porterait de grosses galoches, le petit serait pieds nus. Derrière eux, l'isba brun et noir serait précédée d'un porche étroit sur lequel sécherait du linge, des chaussettes rapiécées. Il hésita à figurer dans le lointain une paysanne tirant un cheval par la bride, mais y renonça. Il fallait centrer le tableau sur les deux personnages et sur eux seuls.

L'excitation l'empêcha de dormir une partie de la nuit. Il se réveilla tard. Aussitôt la servante apporta du thé et un petit pain, ouvrit la fenêtre. Il faisait doux, l'air embaumait le foin coupé.

Maintenant il devait installer un atelier. Il choisit une chambre du deuxième étage donnant sur la façade nord, d'où l'on apercevait l'étang, le petit bois de pins.

Dans la pièce, un divan, deux chaises et une table. Elle avait probablement été la chambre d'une institutrice ou d'une dame de compagnie. En jetant quelques coussins sur le divan, il aurait un canapé très acceptable pour se reposer et fumer la pipe. Pour le déjeuner, il descendrait à la salle à manger, à moins qu'on lui monte du thé, des petits pâtés et des fruits.

Après de longues hésitations, Théodore décida de placer un chien de l'autre côté du banc, non pas un chien pelé, mais un animal bien nourri qui servirait de repoussoir.

Il lui fallut plusieurs jours pour esquisser les silhouettes. Il se remémora les œuvres de sa grand-mère et convint que la technique du dessin lui échappait. Il lui fallait des pinceaux beaucoup plus fins. Il devrait retourner bientôt en ville chez le droguiste.

À plusieurs reprises il avait tenté, lors de promenades, de converser avec les serfs qu'il croisait. Les hommes avaient aussitôt ôté leurs bonnets, les femmes esquissé une révérence. Sa présence semblait les gêner, presque les fâcher, et tous ne répondaient que par de courtes phrases où le terme « Votre

Seigneurie » revenait souvent. Il renonça, se contentant désormais d'un signe de tête.

Mais des images s'imprimaient dans sa mémoire. Une femme portant un fichu fleuri, une jupe de toile grossière, des enfants en train de faner pieds nus ou juchés sur des meules de foin, leurs cheveux en broussaille couvrant une partie de leurs visages, deux hommes encore jeunes qui liaient des bottes de foin. Ils gardaient leurs croix de baptême en argent autour du cou. Leurs gestes maladroits indiquaient qu'ils étaient déjà à moitié ivres en plein après-midi. Tout autant que le labeur, une nourriture chiche, la vodka usait les paysans. À quarante ans, ils étaient des vieillards.

En ville, Théodore avisa sur le trottoir une femme dont les vêtements, aussi usés que voyants, et le chapeau couvert de plumes indiquaient la profession. Assez mince encore, elle devait être jeune. Tant de filles se vendaient pour nourrir un père ivrogne, de jeunes frères et sœurs. Soudain, intentionnellement ou par maladresse, la fille laissa tomber son ombrelle. Théodore se baissa pour la ramasser. Elle se retourna. Il fut frappé par la fraîcheur de son visage. Elle devait être novice dans ce métier. Le sourire forcé, les clins d'œil étaient absents. Par miracle, il restait encore de l'enfance en elle. Elle remercia et voulut reprendre son chemin. Sans réfléchir, Théodore l'arrêta.

– Comment t'appelles-tu ?

– Elena, et si tu viens chez moi, ce sera deux roubles.

Désemparé, Théodore répondit :

– Je ne peux aujourd'hui, un autre jour, peut-être.

– Tu me sembles bien timoré, mon bonhomme. J'habite au numéro 3 de la ruelle Potier. Je me lève tard, ne viens pas avant midi. Je te répète que ce sera deux roubles.

Elle lui tourna le dos et reprit sa marche. Le jeune homme voyait se balancer son ombrelle, le bas de sa jupe sur l'ourlet de laquelle elle avait cousu une vieille dentelle pour en cacher l'usure, le châle en fausse soie jeté sur les épaules. Les trois plumes rouges du chapeau caressées par la brise avaient un charme triste, la séduction d'un luxe évanoui. Il resta un long moment immobile avant de regagner sa carriole. Il allait peindre cette fille, ses piteux atours, son expression à la fois candide et effrontée. Face à elle, un gros homme rougeaud tendrait deux roubles avec un sourire salace. C'était cela aussi la Russie. Mais dans une petite ville comme celle-ci où tout le monde se connaissait, le déshonneur était plus grand encore. Dans moins de dix ans, ravagée par l'alcool et les maladies vénériennes, cette malheureuse s'éteindrait dans un hospice ou dans un misérable garni.

Le vieillard, l'enfant infirme, la prostituée avaient fait naître une sorte d'obsession dans l'esprit de Théodore. Il sentit qu'il devait se changer les idées, se divertir, retrouver des jeunes de son âge qui aimaient rire et danser. Invité par un voisin qui connaissait bien sa mère, il demanda à son domestique de lui servir de cocher. Sonia pour ses visites avait acquis une voiture légère et élégante.

Au pied de l'escalier de la belle demeure des Chaloukine, deux valets conduisaient les invités dans le vestibule où les attendait un maître d'hôtel.

Beaucoup de monde se pressait déjà dans le salon, des visages connus et inconnus de Théodore. Dans un coin près d'une des trois fenêtres s'étaient rassemblés les jeunes, tandis que les plus âgés faisaient cercle autour du piano.

– Comme tu as changé, Théodore ! s'écria la maîtresse de maison en lui serrant les mains. Ta chère maman me manque. Une femme d'un tel talent ! Mais je sais qu'elle arrive au mois de juillet, n'est-ce pas ?

Sans attendre une réponse, elle l'entraîna vers le groupe des jeunes gens. Et Douchka regrettait déjà le silence de son atelier. À Moscou la maison familiale était calme. Sa mère écrivait, il lisait, dessinait ou rêvait.

On le salua de tous côtés. La plupart des jeunes gens lui étaient familiers. Du secret de sa naissance, ils ne connaissaient que la version officielle : sa mère était tombée amoureuse d'un jeune homme venu en visite. Rapidement fiancés, ils devaient se marier quand il avait été renversé par une voiture et était mort quelques semaines plus tard. Sonia était enceinte. Le malheur de la jeune fille faisait pardonner son péché et son remarquable talent interdisait de la qualifier de « fille-mère ». En rien entaché, le nom des Dionous jouissait du même respect.

Parmi les jeunes invités, Théodore reconnut une charmante personne au regard pétillant vêtue avec une élégante simplicité.

– Alyona Alexandrovna ? interrogea-t-il.

La jeune fille esquissa une révérence en riant.

– Et je suppose que vous êtes Théodore Pavlovitch Dionous. Vous avez donc quitté Moscou pour nos campagnes ? On dit que vous êtes là pour peindre. Un autre Dionous bientôt célèbre ?

Théodore était embarrassé. On ne lui avait pas appris à être léger. Or, ces jeunes gens connaissaient tous les codes de la vie mondaine. Quelle sottise d'avoir accepté cette invitation, pensa-t-il. Il eut envie de faire appeler son cocher et de partir. Mais Alyona le prit par le bras.

– Maman va être ravie de vous revoir, elle aime et admire votre mère.

Finalement Théodore resta jusqu'à la tombée de la nuit. Il était troublé, un peu mécontent de lui-même. La gaieté de l'assemblée l'avait gagné, et durant quelques heures il avait oublié qu'il faisait partie de ces privilégiés qui buvaient du champagne, tandis que la faneuse terrassée de fatigue s'écroulait sur son lit, et qu'Elena arpentait le trottoir en y traînant le bas de sa jupe ourlée d'une misérable dentelle.

Mais il avait tout de même passé un agréable moment, et avait été jusqu'à prier quelques-uns d'entre eux, dont Alyona, de venir lui rendre visite à Samarakov.

Le lendemain, il passa la matinée au lit. Était-il un utopiste, ou pire un hypocrite qui plaignait les misérables tout en se gorgeant des avantages octroyés par la naissance et la richesse ? Sa jeunesse était-elle une excuse ? Une étape passagère ? Il ne savait plus que penser.

L'après-midi, Théodore marcha des heures. Il allait achever son tableau en y travaillant jour après jour. Et cependant, au lieu du vieillard tassé sur son banc, il ne voyait que les visages d'Alyona et d'Elena. L'une pétillante, acidulée, sûre d'elle, l'autre qui aurait dû être la plus aguicheuse, et qui, tout au contraire, affichait une effronterie cynique et triste. Il devait les revoir toutes les deux.

Le tableau était achevé. Sa mélancolie poignante allait lui valoir du mépris ou susciter des rires sarcastiques. N'y avait-il pas assez de belles choses à peindre dans la nature ? De jolies jeunes filles, des enfants, de fiers cavaliers ? Quand on pensait à ses ancêtres, aux précieuses saintes icônes qu'ils avaient écrites depuis des générations, aux poèmes de sa mère, à sa virtuosité au violon !

Théodore décida de ne pas montrer sa toile. Il n'avait ni le talent ni l'assurance pour affronter les critiques. Ce désir d'exposer la sordide misère du peuple n'appartenait encore qu'à lui seul.

Il n'avait pas oublié l'invitation qu'il avait lancée chez les Chaloukine, et espérait que nul n'y avait prêté attention. Hélas, quelques jours plus tard, une voiture et deux cavaliers s'arrêtèrent devant son porche. Alyona avait amené sa sœur Darya, de quatre ans son aînée, et prié deux amis de les accompagner. Ils connaissaient Théodore depuis plusieurs années, mais ne s'étaient jamais senti d'affinités avec ce jeune homme trop sérieux, un peu ennuyeux.

Surpris, Douchka installa ses visiteurs dans le salon meublé modestement, selon les goûts très simples de Sonia, et fit servir du thé.

Alyona fit le tour de la pièce, s'immobilisant fréquemment.

– Mon très cher ami, je vais devoir revenir pour mettre ton refuge au goût du jour. On se croirait dans le parloir d'un monastère.

Tous s'esclaffèrent, et Théodore sourit. Il ne décelait aucune méchanceté dans leur gaieté.

– Nous montrerais-tu tes tableaux ? interrogea Vladimir, un jeune homme destiné à devenir avocat et qui allait partir faire ses études à Saint-Pétersbourg.

– Je n'en ai pas encore exécuté.

Le thé servi, Théodore proposa une promenade jusqu'à l'étang. Tout naturellement il se trouva à côté d'Alyona, qui familièrement glissa son bras sous le sien.

– Je m'inquiète de ta solitude, Douchka. Ta mère va-t-elle bientôt te rejoindre ?

– Bien sûr.

– Et vous nous rendrez visite ?

Le ton était léger, mais Théodore y discerna une crainte de la réponse.

– À l'évidence, répondit-il en serrant le bras de la jeune fille.

Son contact lui procurait une sensation d'extrême bien-être. Reviendrait-elle rafraîchir leur vieux salon négligé ? Accepterait-elle de faire avec lui un tour en barque sur l'étang ? Ou disputer une partie d'échecs ? Il ne songeait qu'à des activités les laissant seuls l'un avec l'autre.

Après le départ de ses amis, Théodore gagna son atelier. À nouveau un malaise l'envahit. Qui était-il ? Que voulait-il vraiment ? Était-il prêt à s'engager politiquement, avec tous les risques que ces positions comportaient ? Certes, le tsar Paul était méprisable, et il savait que beaucoup souhaitaient son élimination pure et simple au profit de son fils Alexandre. Mais de là à se mêler aux comploteurs…

Alyona revint en effet avec sa sœur, toutes deux chargées de coussins, de châles, de vases, d'un samovar en argent. En une journée, le salon était devenu chaleureux, plein de gaieté. Les icônes avaient été placées sur une commode, et de petites bougies disposées devant chacune d'entre elles. Seule, l'icône de sainte Claire demeurait dans la chambre du jeune homme, à côté de son lit.

Avant leur départ, Théodore servit une des rares bouteilles de champagne remisées à la cave. La servante apporta des brioches aux fruits confits, des petits gâteaux au miel. Théodore se sentit joyeux avec un féroce appétit de vivre.

Mais, le surlendemain, il fit seller son cheval pour se rendre chez Elena. L'envie de la revoir le taraudait sans répit. Avait-elle encore cette candeur dont il croyait se souvenir ? Cette insolence affectée, cette démarche qu'elle voulait envoûtante, mais qui ressemblait davantage à une leçon mal apprise ?

Il fut chez elle à midi précis. Théodore avait grimpé les deux étages d'un mauvais escalier imprégné de relents de cuisine grasse et d'urine. L'immeuble ne semblait abriter que des garnis bon marché accueillant des filles des rues ou des couples déchus par l'alcool.

– Tiens, te voilà, dit-elle en le toisant, sans paraître étonnée de le revoir. J'espère que tu n'as pas oublié tes deux roubles.

Théodore reprit la route deux heures plus tard, aussi grisé qu'infiniment triste. Après l'amour, Elena lui avait livré quelques souvenirs tous plus navrants les uns que les autres. Une enfance misérable, des coups, un beau-père lubrique, et à quinze ans la rue comme seul moyen de gagner sa vie. Elle ne savait rien faire d'autre.

Avant de la quitter, Théodore était allé acheter des petits pâtés et ils avaient pris du thé servi sur un plateau éculé par la logeuse qui demeurait au rez-de-chaussée. Le jeune homme avait alors retrouvé le sourire sans artifice dont il avait gardé le souvenir, les quelques traces d'enfance qu'Elena avait conservées.

– Je reviendrai, avait-il promis.

Il avait voulu l'embrasser, mais elle l'avait repoussé.

Désormais il travailla sur deux toiles en même temps, l'une représentant une réunion mondaine où les personnages étaient juste esquissés, des hommes en veste de velours croisée et col cassé, la cravate savamment enroulée autour du cou, le pantalon très droit, les chaussures rutilantes, des femmes à la mode de Paris exhibant des poitrines plus ou moins opulentes, arborant des bijoux précieux. Et, parmi cette foule anonyme, il placerait Alyona près d'une fenêtre dans un rayon de soleil caressant ses cheveux blonds, son teint laiteux, une robe de linon blanche nouée sous la poitrine par un ruban bleu ciel. Sur l'autre toile, une fille des rues marchait en détournant légèrement la tête. On voyait sur sa robe rouge les raccommodages, le châle était jauni mais le chapeau de paille laissait apercevoir un profil pur, un nez un peu retroussé, les commissures d'une bouche sensuelle. Le dessin frappait par le contraste entre ce profil espiègle et les hardes qui se voulaient aguicheuses de la prostituée.

Sur l'une et l'autre toile, Théodore travaillait avec ardeur.

Un jour, il trouva Elena au lit, fiévreuse. Elle avait le teint blafard et des cernes sous les yeux.

– Ça passera, dit-elle seulement en apercevant Douchka.

Il la força à boire un peu de thé, à manger quelques bouchées de pain. Puis soudain tout lui parut évident.

– Je te ramène chez moi, déclara-t-il d'une voix assurée. Tu as besoin de soins et de repos. Mais sois sûre que je ne t'enferme pas. Quand tu seras remise, tu partiras.

Sonia allait arriver d'un jour à l'autre. Que dirait-elle en voyant Elena installée chez elle ? Théodore l'espérait assez libre d'esprit pour l'accepter. Mais Alyona ? « J'irai chez elle, décida-t-il, et si elle s'entête à venir, je demanderai à Elena de rester dans sa chambre. Rien n'est insurmontable. »

34

La nouvelle de l'arrivée de Bonaparte dans le port d'Alexandrie suscita le plus grand affolement. La population turque était tout particulièrement alarmée. Les beys allaient enrôler leurs ressortissants dans l'armée, mais elle n'était guère de taille à repousser la flotte française qu'on disait composée de quarante mille hommes de troupe et dix mille marins. Il était évident que Bonaparte ne trouverait pas d'opposants sérieux. À Constantinople le pacha était loin, et depuis longtemps sans pouvoir réel sur l'Égypte. Les commerçants et l'élite de la ville, quant à eux, espéraient beaucoup des Français, qui allaient les débarrasser à tout jamais du pouvoir mamelouk avec ses taxes abusives, son administration tatillonne. Chaque fois qu'ils avaient besoin d'argent, ce qui était fréquent, les beys pressuraient les négociants.

Le 30 juin, alors qu'on discernait à l'horizon les voiles de l'armada française, Iannis et Alexandra partirent précipitamment pour Le Caire avec leurs jumeaux, Alexia et Antoine, qu'elle venait de mettre au monde.

Ce n'était pas par crainte des Français que Iannis voulait quitter Alexandrie, mais pour fuir la soldatesque qui allait se répandre dans la ville, toujours malvenue en dépit de la stricte discipline imposée à ses troupes par Bonaparte. Et qui pouvait dire si Constantinople n'avait pas déjà signé un accord avec Londres pour anéantir les ambitions du petit Corse ?

Si une bataille navale avait lieu, ce serait à Alexandrie, et contre les Anglais. Sur terre, l'armée mamelouke choisirait sans doute le désert au sud du Caire, au pied des pyramides.

À peine arrivés dans leur maison cairote, les deux jeunes mariés apprirent le débarquement en chaloupes des quarante mille soldats français. Les eaux étant peu profondes, la flotte allait sans doute devoir mouiller à Aboukir.

Les nouvelles se succédaient. Alexandrie s'était rendue, Bonaparte avait pris possession de la ville, mais il n'y avait eu aucun pillage, aucune profanation des mosquées. Les coptes et les commerçants, la plupart d'origine grecque ou levantine, avaient accueilli le général corse avec une dignité qui dissimulait à peine leur sympathie. Et la déclaration solennelle de Bonaparte pressant ses soldats à respecter l'islam, ses coutumes, tous les aspects du mode de vie des musulmans avait rassuré la population.

Un certain général Desaix avait déjà traversé le désert : il était à Damanhur et serait sans nul doute au Caire dès le surlendemain. Une flottille remonterait le Nil pour ravitailler ses troupes.

Cette nouvelle inquiétait Iannis, les mamelouks n'allaient-ils pas tenter d'arrêter les Français en livrant bataille près du Caire ? Leurs bateaux étaient ancrés au nord de la capitale, prêts à défendre son accès.

– Ils se battront, soupira Alexandra, mais leur espoir de vaincre Bonaparte est mince.

La ville s'organisait déjà pour accueillir le vainqueur. Iannis avait discrètement fait savoir que des hôtes, pour peu qu'ils se conduisent d'une manière civilisée, seraient tolérés chez lui.

Ce que tout le monde pressentait au Caire survint. Les chaloupes canonnières des mamelouks furent coulées et ils perdirent six cents hommes, la plupart recrutés de force. Les beys Mourad et Ibrahim prirent la fuite. Mais les mamelouks se regroupèrent non loin des pyramides à Gizeh, visiblement sûrs de défaire Bonaparte et son armée déjà affaiblis par la chaleur intense de juillet. Les mamelouks connaissaient le terrain, ils étaient habitués aux conditions climatiques et avaient des alliés parmi la population.

Iannis fut un des premiers Cairotes à décider de se rendre dans le camp français à Gizeh pour obtenir un entretien avec Bonaparte. Il avait des propositions concrètes à soumettre aux Français et avait demandé à un interprète de l'accompagner. Le Caire serait un excellent quartier général pour les gradés français, dont les chrétiens égyptiens garantiraient la sécurité. Le semblant de vie sociale qui reprendrait à l'arrivée de l'état-major français serait favorable aux affaires, et donc au bien-être des Égyptiens jusqu'alors asservis par les mamelouks. Il fallait juste attendre l'issue de la bataille qui était imminente.

Les nouvelles du combat parvinrent très vite au Caire. La lutte avait été sanglante : tout d'abord offensifs, les mamelouks, voyant les leurs massacrés, avaient tenté en vain de reculer. Rattrapés, le carnage avait été affreux.

Bonaparte et ses généraux s'installèrent au Caire, ainsi que les scientifiques et les archéologues qui l'accompagnaient. La grande maison Dionous ouvrit ses portes au général Kléber et à l'ingénieur Devilliers, passionné d'égyptologie.

Iannis savait que le pays allait enfin entrer dans une ère nouvelle, s'ouvrir au monde moderne. Dans ce pays-là, il avait sa place.

Avec Bonaparte qui avait établi ses quartiers généraux dans le palais d'un riche Cairote, Alfie Bey, une tornade sembla souffler sur l'antique cité. Les soldats français nettoyèrent les rues, traquèrent les animaux errants, occupèrent les cafés qui n'avaient jamais fait d'aussi bonnes affaires, tandis que Bonaparte jetait les fondements d'une ville moderne, qui rassemblerait les Égyptiens influents. Il avait en outre l'intention de fonder un institut d'art et de sciences, de créer une imprimerie, de publier deux journaux, l'un en arabe, l'autre en français. Les décrets et impôts divers se succédaient pour financer toutes ces initiatives.

Membre du Diwan, responsable de la construction de nombreux bâtiments administratifs, Iannis ne tarissait pas d'éloges sur les Français. Alexandra refrénait ses ardeurs. Bonaparte commettait l'erreur de se comporter comme un pharaon, se laissait appeler Ali Bonaparte ou Bonaparte Bey. Par des amis anglais, elle avait appris que la flotte de son roi, commandée par Horatio Nelson, approchait d'Aboukir. Mais à quoi bon alarmer son mari et leurs hôtes français ?

Le soir, toutes les conversations tournaient autour des miracles promis : une grande bibliothèque, un laboratoire de chimie, un jardin botanique, un observatoire, un musée d'antiquités. Ce dernier attirait particulièrement l'attention de la jeune femme. L'ingénieur Devilliers s'enthousiasmait des merveilles laissées par les pharaons dans la ville de Karnak et les alentours de Louxor. Alexandra, qui avait jusqu'alors vu d'un bon œil le départ de pièces rares pour l'Angleterre, reconnaissait maintenant avoir eu tort. La création de ce musée était un projet capital. Devilliers voulait remonter le Nil ? Pourquoi ne l'accompagnerait-elle pas ?

Iannis fut difficile à convaincre : le pays n'était pas sûr, la guerre pouvait s'étendre, et qui pourrait la remplacer auprès d'Alexia et d'Antoine ? Mais Alexandra avait réponse à tout. Sa décision était prise. Pourquoi devrait-elle plier sa vie à ce qui intéressait Iannis, le commerce, l'agriculture, l'immobilier ? Ayant épousé une Anglaise, Iannis devait accepter que sa femme s'affranchisse de la soumission orientale.

Après beaucoup d'hésitations, Devilliers accepta la compagnie de cette femme décidée qui avait quelques connaissances sur l'art égyptien, et surtout parlait passablement la langue des fellahs. Ils seraient accompagnés de six Égyptiens dont elle répondait personnellement.

Après avoir descendu le Nil en felouque jusqu'à Assouan, ils acquerraient sur place des ânes et des dromadaires. Que Devilliers se rassure, ils n'auraient aucun souci d'argent.

En ce début d'août, il faisait particulièrement chaud, et les volets du salon étaient fermés. Alexandra et son époux lisaient l'un et l'autre quand un voisin et collaborateur de Iannis à Alexandrie se fit annoncer. Il avait fait la route jusqu'au Caire dans des conditions difficiles. L'armée française avait réquisitionné fourrage et nourriture. S'il n'avait pas eu quelques provisions dans sa voiture, il serait mort de faim. Mais il avait récolté grâce à ses conversations avec quelques botanistes français des renseignements intéressants qu'il voulait communiquer de toute urgence. Le delta du Nil leur semblait très favorable à la culture du riz et, sur les terres moins humides, du fourrage. Le développement inéluctable d'Alexandrie et du Caire allait multiplier le nombre des chevaux nécessaires aux différents transports. Il y avait là de l'argent à gagner. Voyant la conversation s'orienter vers les affaires, Alexandra se retira.

– Mieux vaut que ta charmante femme ne nous écoute pas, chuchota alors Kassim. La bataille d'Aboukir a été un désastre pour les Français, un triomphe pour les Anglais. Or je n'ignore pas que tu tiens à être en bons termes avec ces derniers, qui pensent à s'installer chez nous pour un certain temps. La collision des deux flottes a été titanesque. Un déluge de feu a fait flamboyer la mer, on a entendu des cris, le choc des coques. Les mâts s'abattaient comme des brindilles, le navire amiral *Orient* a été soufflé par une explosion spectaculaire. Les Anglais et les Français comptaient chacun treize navires de ligne, plus quatre frégates pour les Français : seules deux d'entre elles ainsi que deux navires de ligne sont parvenus à s'échapper. Bonaparte était pris au piège comme un rat. L'amiral de Brueys, qui avait amené le général sur la côte égyptienne, a été tué durant le combat, et Horatio Nelson, blessé. Le carnage du côté français a été épouvantable. Les Égyptiens ont ramassé pendant plusieurs jours des corps déchiquetés rejetés sur les plages voisines. Des courriers partis pour Constantinople ont annoncé la bonne nouvelle au sultan qui a fait décorer Nelson.

– Mais il ne lèvera pas le petit doigt pour ses sujets égyptiens !

Kassim se mit à rire.

– Qui se débrouillent très bien seuls. Crois-tu qu'on acceptera une administration française ? Nous, peut-être, mais les pachas des environs, les beys, les fellahs ? Certainement pas. Quoi qu'il en soit, l'hostilité des populations, la chaleur, les épidémies viendront à bout de ces soldats qui se prennent pour d'indomptables guerriers. Mais, compte tenu de tous les savants qui les accompagnent, nous avons à gagner beaucoup, rien à perdre.

Pour célébrer l'anniversaire de la République française, le vainqueur fit édifier un cirque doté de cent cinq colonnes, sur chacune desquelles flottait le drapeau d'un département français. Aucune ne portait les couleurs turques. Un arc de triomphe ouvrait sur cet amphithéâtre où sept autels avaient été érigés, portant les noms des soldats morts à Alexandrie et Gizeh.

Interloqué, Iannis découvrit ce qui, à l'évidence, enorgueillissait les Français. Ne percevaient-ils pas combien cette parade du vainqueur était humiliante pour le peuple égyptien ? Mais sa stupéfaction fut plus grande encore lorsque Bonaparte prononça son discours : « Depuis l'Anglais, célèbre dans les arts et le commerce, jusqu'au hideux et féroce Bédouin, vous fixez les regards du monde. Soldats, votre destinée est grandiose ! »

Cette morgue était-elle destinée à ceux qui s'étaient réjouis du désastre d'Aboukir un mois et demi plus tôt ?

En jupe de caraco de toile, chapeau de paille et bottines qui lui couvraient les chevilles, Alexandra était prête à partir avec Devilliers, un cartographe, six Égyptiens, deux dromadaires et quatre baudets pour remonter le Nil en suivant la rive afin de repérer et dessiner tous les temples mineurs, qui n'avaient pas encore été répertoriés. La jeune femme était pleine d'enthousiasme. Elle avait promis à Iannis de ne pas être absente plus d'un mois, et avait confié ses deux enfants à la tendresse de leur père et de leur nourrice. Antoine et Alexia grandissaient sans problème, l'une était blonde comme sa mère, l'autre avait la chevelure brune et bouclée de son père. On leur parlait en anglais et en arabe. Iannis avait compris que sa culture grecque, mis à part la religion, appartenait au passé. Mais il restait un Levantin, au même titre que ses cousins du Liban.

Deux semaines après le départ d'Alexandra, des troubles sérieux perturbèrent la ville. Bonaparte s'était installé comme un pacha dans le centre du Caire, dont il avait fait restaurer les portes afin que les habitants ne puissent trouver des alliés parmi les Bédouins. Avec une énergie hors du commun, il organisait la vie civile et militaire, la Justice, la Police sans tenir compte des usages et coutumes locaux. Le Caire devait se moderniser, lui Bonaparte incarnait la modernité.

À l'aube du 21 octobre, la foule des Cairotes se rassembla autour de la demeure du vieux Cadi Ibrahim Ehctem-Efendi, exigeant que quelques-uns des leurs soient reçus. Ce qu'ils voulaient ? L'abolition de la taxe sur les propriétés. Le sol appartenait aux Égyptiens, le général français n'avait aucun droit de se l'approprier. Deux officiers vinrent parlementer, le chef du budget Dupuy et Sulkowski, aide de camp de Bonaparte, tentèrent d'apaiser la foule. Ils furent menacés.

Des cheiks et des imams survinrent pour exciter le peuple davantage encore. La foule se rua vers les portes de la ville pour barrer l'accès aux troupes françaises. Tous les Français rencontrés sur leur chemin furent égorgés, parfois décapités. La vue du sang ne savait qu'attiser les fureurs.

– Ils ne nous feront aucun mal, assura Iannis aux serviteurs qui s'affolaient. Nous sommes tous des Égyptiens comme eux. Fermez les portes, et ne vous montrez pas.

En réalité, Iannis était fou d'inquiétude. Les Anglais tenaient le delta et avaient sûrement l'intention de se porter vers Le Caire. En haute Égypte, Mourad Bey était tout-puissant. Autour du Caire, les généraux Menou et Dugua se trouvaient sur la défensive face à des paysans qui faisaient cause commune avec les révoltés de la ville : les Français étaient des infidèles décidés à anéantir l'Égypte, à se répandre sur leur terre ancestrale, comme une nuée de sauterelles prêtes à tout dévorer.

Il fallait attendre la réaction de Bonaparte, dont nul n'avait oublié lors du débarquement les paroles louangeuses sur l'islam, Mahomet et les mahométans.

Iannis apprit bientôt que l'armée française, tirant derrière elle des dizaines de canons, encerclait la ville. Affolés, les rebelles s'étaient tous regroupés dans la grande mosquée. Le statu quo était insupportable.

– Va rôder autour de la mosquée, demanda Iannis à son cocher. Reste calme, contente-toi de soutirer des nouvelles.

Deux heures plus tard, le cocher revint hors d'haleine. La mosquée était cernée par les canons de Bonaparte. Le bruit assourdissant d'une canonnade résonna peu après.

– Mon Dieu, murmura Iannis en se signant, Bonaparte va faire un massacre. Tous ces pauvres gens réfugiés dans leur mosquée !

La canonnade dura environ une demi-heure. La fumée qui envahissait les ruelles obligeait les passants à rabattre un pan de leur turban sur leur visage. Femmes et enfants se claquemuraient dans les maisons. Les hommes avançaient prudemment vers les belligérants. La mosquée avait été éventrée et, par les ouvertures béantes, l'armée française se ruait à l'intérieur pour massacrer les Égyptiens à coups de baïonnette.

– Que personne ne sorte d'ici, ordonna Iannis. N'ouvrez la porte à quiconque, et surtout pas aux Français.

Bonaparte fit placarder des proclamations sur les murs de la vieille ville avant la tombée de la nuit. Elles étaient rédigées en arabe. « Cessez de fonder vos espérances sur les beys Ibrahim et Mourad. Mettez plutôt votre confiance en celui qui dispose à son gré de vos terres et de vos personnes. »

Quelques jours plus tard, les Cairotes virent doubler leurs impôts. Un Diwan militaire était créé, composé de soixante membres.

– La Palestine nous soutient, assura Iannis à ses collaborateurs. Bonaparte, qui est à Suez pour retrouver l'ancien canal des pharaons, va traverser la mer Rouge. La guerre avec le sultan sera alors inévitable.

Alors que Bonaparte partait assiéger Jaffa avec près de dix mille hommes de troupe, huit cents cavaliers, trois cent quatre-vingt-cinq artilleurs, trois cent quarante hommes de génie, quatre-vingts hommes et leurs dromadaires, Alexandra revint au Caire. La jeune femme était enthousiaste. La moyenne et haute Égypte recelait des trésors archéologiques inestimables qu'il fallait mettre au plus vite en sécurité pour éviter les pillages. Une caravane de mulets allait partir dès le lendemain sur les sites gardés par des hommes armés.

Apaisé, Iannis croyait en l'avenir. Les Français partis, une présence anglaise ne lui serait pas défavorable. On savait au Caire que les Anglais, alliés aux Ottomans, bloquaient les rivages méditerranéens, et que tous se tenaient prêts à des offensives militaires terrestres. Nuit et jour, des bougies brûlaient devant les icônes des Dionous. Ne les avaient-elles pas tous protégés depuis plus de quatre cents ans ?

35

Théodore se sentait à la dérive. Après un court séjour à Samarakov, où Elena était passée de sa chambre au salon, elle s'était déclarée à moitié morte d'ennui et avait regagné la ville.

Un mois plus tard, elle était de retour. On l'avait battue, elle avait un œil à moitié fermé, la lèvre inférieure éclatée et des bleus sur tout le corps.

– Sauve-moi, l'implora-t-elle, je ne suis qu'à toi maintenant.

Mais durant son absence, les liens du jeune homme et d'Alyona s'étaient resserrés. Toujours accompagnée de sa sœur ou de quelque ami, elle arrivait à Samarakov, et il lui rendait volontiers ses visites. Le décalage entre sa vie quotidienne et ses convictions sociales ne lui causait plus le même embarras. Le bonheur nivelait tout.

Le retour d'Elena l'angoissait. Comment refuser son appui à cette malheureuse ? Mais il réalisait aussi que la jeune femme espérait tout autre chose qu'une amitié bienveillante. Dès le premier soir à Samarakov, elle se glissa dans son lit, et il fut incapable de protester.

Une certaine routine s'installa. Ils faisaient l'amour et se parlaient à peine.

La nouvelle de l'assassinat du tsar Paul Ier et l'avènement de son fils aîné Alexandre la laissèrent indifférente, alors que Théodore exultait.

Lors d'une visite chez les parents d'Alyona, il en parla avec feu à son amie, curieuse de tout, ouverte aux idées nouvelles, mais réticente à la violence. Si l'assassinat du tsar Paul servait les intérêts de la Russie, cet acte restait moralement répréhensible. Le peuple russe n'était que trop enclin à la violence.

Un après-midi, Théodore montra à Alyona sa première œuvre. Immobile, silencieuse, elle la contempla longuement.

– Trop misérabiliste, jugea-t-elle enfin, trop brutale pour l'esprit, trop agressive. Qui voudrait posséder une œuvre pareille ? Avoir sous les yeux ce misérable vieux et cet enfant idiot ? Si tu veux qu'on les voie, place-les parmi un groupe attrayant, dans une scène villageoise, derrière des hommes attablés à boire, des filles aux tabliers fleuris. Bien que discret, le contraste n'en sera que plus frappant.

Le retour d'Elena à Samarakov, sa détermination à y rester, leur liaison changeaient ses projets : épouser Alyona, l'emmener à Moscou, peindre dans l'atelier de ses ancêtres, prendre soin de sa mère vieillissante. Et il avait un plan ambitieux, travailler à un grand tableau représentant la sortie d'une cérémonie de mariage à la cathédrale de la Dormition au Kremlin. En gros plan les mariés, derrière eux la famille vêtue de ses plus beaux atours. Autour, une foule de gens à l'air joyeux, et dans la pénombre, à même le sol devant le porche, des estropiés, des enfants faméliques la main tendue. Il se souvenait des réflexions d'Alyona : faire naître les émotions plutôt que les imposer.

Dès que Douchka décidait de s'absenter, Elena pleurait, se lamentait, l'accusait de vouloir l'abandonner, la jeter à la rue. Pour rendre visite à Alyona, il devait ignorer ces reproches qui d'abord l'avaient mis mal à l'aise, et maintenant l'exaspéraient. Par faiblesse ou par honte, il avait omis d'avouer à Alyona qu'une femme logeait chez lui. Sans doute aurait-il pu prétendre qu'elle n'était qu'une invitée de passage, une pauvre fille recueillie par charité, mais il lui était impossible de mentir ainsi, et il avait préféré se taire.

Ce fut un jour où le ciel était gris qu'Alyona arriva à cheval, seule, à Samarakov. En route, elle avait cueilli des fleurs sauvages pour les offrir à Douchka. Avertie de l'arrivée d'un visiteur, Elena sortit sur le perron. Elle avait flairé la présence d'une autre femme dans la vie de son amant et était décidée à l'écraser. Bien vêtue, souriante, elle avait l'attitude d'une maîtresse de maison prête à recevoir son hôte.

– Vous venez pour Théodore, lança-t-elle d'un ton suave. Il est dans son atelier. Je ne pense pas qu'il veuille être dérangé.

Son accent rocailleux, son sourire un peu canaille clouèrent Alyona sur place. Ainsi Douchka avait une double vie. Et avec quel genre de créature !

Elle jeta le bouquet à terre et partit au galop.

Prévenu par son valet, Théodore se lança à sa poursuite. Il ne la rattrapa que près de la demeure de ses parents, s'empara des rênes et tenta une explication. Elle rit méchamment et, devant son insistance, ses déclarations d'amour, lui cravacha les épaules.

Douchka écrivit. Elle ne répondit pas.

En juillet, Sonia découvrit Elena installée chez eux. Elle passa l'été à ignorer cette femme vulgaire et bornée, ne lui adressant pas un mot, pas un regard.

Un soir où elle lisait un de ses derniers poèmes à son fils, Elena éclata d'un rire sarcastique, incontrôlable. Sans commentaire, Sonia se leva et monta dans sa chambre. L'explication avec son fils se déroula calmement. Cette fille n'avait pas sa place à Samarakov. Ils partageaient au lit des heures enivrantes ? Ce n'était pas son affaire. Si ces moments lui étaient indispensables, qu'il installe Elena dans une des nombreuses dépendances de la propriété, la plus éloignée possible de leur demeure.

Quelques semaines plus tard, constatant qu'Elena était toujours là, elle tapa sur la table.

– C'est elle ou moi, Théodore. Ne crois pas que je la juge ou la méprise, mais sa place n'est pas ici. Tu as voulu la tirer de sa déchéance ? C'était une bonne action, maintenant elle t'attire le mépris de nos amis.

– Arrête, maman.

– Ne rêve pas, mon fils. Laisse-moi te parler franchement. Tu es bon, mais tu es un rêveur, un utopiste. Tu veux secourir ton prochain, mais tu te laisses humilier sans broncher. Jusqu'où cette absurdité, cet aveuglement te mèneront-ils ? Elena peut avoir un enfant…

Affectueusement Sonia posa sa main sur celle de son fils.

– Tu es faible, comme l'ont été beaucoup de Dionous avant toi. C'est souvent le lot des artistes. Les décisions te sont difficiles à prendre.

– Que me conseilles-tu, maman ? demanda-t-il enfin.

– Installe cette fille en ville, fais-la embaucher chez une couturière, des tisseurs, des brodeuses, qu'importe, pourvu qu'elle apprenne un métier.

– Elle retournera à la rue.

Sonia ne put s'empêcher de sourire.

– Ce sera son choix. Ta responsabilité à toi est de lui faire comprendre que, même éloignée d'ici, tu ne l'abandonneras pas. Donne-lui un peu d'argent, trouve-lui un logement décent, pourquoi pas chez une femme honnête, avisée, qui pourrait être une bonne conseillère.

Douchka gardait la tête baissée. Sa mère avait raison. Si difficile soit-elle, une décision s'imposait. Alyona restait la femme qu'il aimait. L'avait-elle attendu ? Soudain Elena perdit tout attrait. Sans Alyona, pourrait-il peindre ce tableau auquel il pensait depuis si longtemps ? Derrière le Christ était toujours tapi le diable.

Sonia dévisageait son fils. Elle devinait toutes ses anxiétés, les comprenait.

– Pars pour quelques jours, mon fils. Je me charge de faire entendre raison à Elena et de l'installer confortablement en ville. Dans un atelier quel qu'il soit, elle aura des compagnes, des distractions qui manquent ici. Dans quelques mois, elle aura trouvé un amoureux.

Théodore savait quelles terribles épreuves sa mère avait dû surmonter. L'adversité que devrait affronter Elena ne serait pas comparable à celle que Sonia avait connue et dont elle avait triomphé.

Il serra très fort la main de sa mère. Il allait écrire le jour même à Alyona, et dès le lendemain partirait à Moscou. Là-bas il reverrait quelques amis artistes, des compagnons de lutte politique aussi mais les plus modérés d'entre eux, ceux qui, sans rejeter le tsar, exigeaient la création d'une assemblée d'élus, l'abolition du servage.

Tard ce soir-là, devant la cheminée du salon, il relut la lettre qui partirait dès le lendemain chez les Garlikov.

« Alyona, mon amour,

Je viens de rompre définitivement une vie que j'avais acceptée par faiblesse et lâcheté. Tu peux ou non me pardonner. Je n'ai aucune excuse à présenter. Je me voulais un libérateur, et conviens que je ne suis qu'un utopiste. Bonté et perspicacité ne sont pas sœurs. Ma faute envers toi est immense, je le mesure pleinement, et ne sais si à nouveau tu accepteras de me tendre la main. Je n'ignore pas qu'en dépit de nombreux prétendants, tu n'es pas fiancée. Peut-être pourrais-tu m'aimer à nouveau ?

Je retourne à Moscou où j'attendrai ta réponse avec anxiété. Je veux que tu sois ma femme, la mère de mes enfants. »

La réponse d'Alyona ne parvint à Théodore qu'au bout d'un mois. La jeune fille avait pris son temps pour réfléchir avant d'écrire.

« Ma sœur est mariée et vit à Saint-Pétersbourg. Nous allons nous y rendre, mes parents, mon frère et moi, pour faire la connaissance de son premier bébé, Victor Dimitrovitch. Comme tu le sais, nous avons gardé une maison à Moscou. Nous nous y arrêterons quelques jours. Je te ferai parvenir un billet. Tu viendras nous voir. »

Deux semaines plus tard, Théodore recevait une lettre de sa mère. Elle avait installé Elena chez une logeuse de bonne réputation et payé trois mois de loyer. Mais, dès la semaine suivante, elle avait appris qu'Elena avait disparu sans le moindre préavis. La logeuse proposait de rembourser deux mois de loyer, ce que Sonia avait refusé. « Je prie, mon fils, pour cette malheureuse et prépare mon départ pour Moscou. Ma joie est grande de te revoir. »

Désormais, Théodore regardait vers l'avenir. Le vieil atelier familial le voyait travailler tous les jours au tableau représentant la noce à la Dormition de la Vierge. Et il avait rejoint un groupe qui se démenait pour l'ouverture de nouvelles universités. Seule l'éducation changerait la société, il en était convaincu.

À la fin du mois de septembre, il reçut un mot d'Alyona l'invitant à prendre le thé chez ses parents.

Au comble de la nervosité à cette perspective, Théodore fumait la pipe dans son atelier quand son domestique lui annonça une visite.

Délaissant ses pinceaux, Douchka se lava les mains et gagna sans hâte le salon. Là, il crut défaillir. Alyona se tenait debout devant une fenêtre et se retourna lorsqu'elle entendit la porte s'ouvrir.

– Bonjour, Douchka.

Combien de temps leur fallut-il pour se retrouver dans les bras l'un de l'autre ? Cinq secondes, cinq minutes ? Ni l'un ni l'autre n'aurait été capable de le dire.

Dès que Sonia fut de retour à Moscou, juste avant le départ d'Alyona pour Pétersbourg, Théodore demanda sa main à son père. Que lui répondrait-il ? Sa vie avec Elena était connue de tous autour de Samarakov, et les jugements étaient sévères. Sa jeunesse, sa naïveté étaient les seules excuses qu'on aurait pu lui trouver. Mais autant de mois de concubinage indiquaient une volonté de braver les siens, d'humilier sa famille.

On reçut Théodore avec une froide amabilité. Toute la famille était réunie au salon, la comtesse Nastasia en robe de velours grenat, une chemise en linon plissé glissée dans le corsage, son mari le comte Garlikov en veste courte et pantalon de gabardine, et bien sûr, assise devant un piano le buste raide, les yeux brillants, Alyona dans une robe de mousseline vert d'eau qui laissait entrevoir sa menue poitrine et mettait en valeur son cou gracieux.

On servit le thé tout en causant des dernières nouvelles qui circulaient à Moscou : Michel Speranski, très proche du tsar Alexandre, pourrait être nommé secrétaire d'État, du fait de ses hautes capacités de gestionnaire ; le projet d'annexer la Finlande paraissait en revanche insensé à nombre de Russes.

Enfin, le comte Garlikov fit un léger signe, et Alyona se retira. Au moment de refermer la porte, ses yeux croisèrent ceux de Douchka.

Lorsqu'ils furent tous les trois, le comte se tourna vers Théodore. Son visage était serein, sans sévérité excessive, la comtesse Nastasia Philipovna avait posé sur ses genoux son ouvrage de broderie. Un calme intimidant régnait dans ce salon meublé à l'ancienne, aux lourds rideaux de velours vert mousse.

– Mon ami, prononça le comte d'une voix ferme, vous êtes ici pour me demander la main de ma fille Alyona, n'est-ce pas ?

Théodore inclina la tête, la gorge serrée. Il ne pouvait prononcer un mot.

– Comme tout un chacun, poursuivit le comte, les bruits vous concernant me sont parvenus. Ils ne sont pas favorables.

Ce concubinage avec une demoiselle de petite vertu n'a que trop duré.

– Oui, comte, balbutia Théodore, mais…

– Pas de mais, s'il vous plaît. Vous avez fait preuve d'un caractère méprisable, et avez jeté sur votre mère un déshonneur qu'elle ne méritait pas. Sachez que j'ai pour elle une immense estime.

– J'ai montré une grande faiblesse, protesta Douchka, mais n'ai pas à être accusé de déchéance.

– Vraiment ? Je ne vois pas comment un homme qui n'a aucune force d'âme pourrait faire le bonheur de ma fille.

Comme piqué par la pointe d'une épée, le jeune homme se redressa.

– Et cependant, comte, telle est mon intention. Rendre heureuse mademoiselle votre fille serait l'objectif et la raison d'être de mon existence.

La comtesse tendit le bras et posa sa main sur celle de son mari. Théodore devina en elle une alliée.

– Sachez que je ne m'accorde aucune excuse, sinon celle de ma jeunesse et de ma solitude. J'ai mal agi et me suis confessé. « Il n'y a pas de péché impardonnable aux yeux de Dieu. »

– Dieu n'est pas la société russe, objecta le comte.

– Mais Il a pardonné, intervint Nastasia d'une voix douce, l'opinion du monde ne compte pas.

– Nos enfants vivront dans le monde, ma chérie, pas au paradis.

– Que celui qui n'a jamais péché jette à Théodore la première pierre, mon ami.

Ses yeux rencontrèrent ceux du comte, qui, embarrassé, baissa la tête.

– Je vais réfléchir, dit-il enfin en se levant. Donnez-moi un jour ou deux. J'admire beaucoup votre mère, qui a su surmonter avec courage et même panache la mort d'un fiancé dont elle était enceinte. Je respecte votre famille et serais heureux que ma fille porte votre nom si vénéré dans les lieux saints de

Russie. Nous allons parler de votre projet en famille et je vous ferai savoir ma décision finale.

Théodore se leva, les jambes tremblantes. Ses mains étaient glacées.

– Comte, dit-il, sachez seulement que j'aime Alyona.

Se levant à son tour, la comtesse Nastasia lui prit les deux mains.

– Comme vous avez froid, mon cher Théodore. Laissez votre cœur vous réchauffer.

Le lendemain, tôt dans la matinée, un billet d'Alyona lui parvint.

« Maman est en train de plaider ta cause avec ténacité. Je sens que papa est à moitié convaincu. Quant à moi, je l'ai supplié à genoux. Il m'aime, il fléchira.

Devant la cathédrale de la Dormition, il y a une petite place et un banc. J'y serai ce soir à six heures. »

La bienséance empêchait tout contact physique en public entre les deux jeunes gens, mais d'être seulement l'un près de l'autre les rendait heureux.

– Ce sera oui, affirma Alyona.

– Alors tu es ma fiancée ?

– Je le suis. Papa te fera parvenir un billet demain.

À pas lents, Théodore rentra chez lui. Cette journée d'attente allait être un supplice. Tout en étant conscient qu'il vaudrait mieux patienter, il allait le soir même parler à sa mère. Après la peine qu'il lui avait infligée, elle avait droit à ce bonheur.

36

« Napoléon n'est plus qu'à quelques jours de Moscou ! » La rumeur enflait, passait de bouche en bouche. La plupart des hommes et jeunes gens de la ville avaient rejoint l'armée sous les ordres du général Koutouzov, unanimement respecté. Ceux qui étaient restés, les vieillards, les femmes, les enfants et quelques étrangers, vivaient dans la plus grande inquiétude. Les autres fuyaient, il fallait entasser le strict nécessaire dans les voitures, les charrettes, les brouettes, tout ce qui avait des roues, et s'échapper de la ville.

En hâte, Théodore, Alyona et leurs gens de maison avaient serré dans des coffres les icônes les plus précieuses, les biens auxquels ils tenaient particulièrement. Percluse de rhumatismes, Sonia ne pouvait pas faire grand-chose, mais elle avait classé ses manuscrits, empaqueté son violon. À Samarakov ils possédaient certes quelques effets, mais il fallait prévoir des pelisses, des bonnets, des bottes fourrées au cas où ils devraient y passer l'hiver. Le chaos dans les rues de Moscou était invraisemblable. Il fallait laisser en permanence quelqu'un près des chevaux attelés pour qu'ils ne se fassent pas voler. Avec pitié Sonia voyait des vieux tirer de pauvres charrettes, où s'empilaient chaises, matelas, tables, coffres, tout leur maigre bien. Où allaient-ils se réfugier ? Dans quelque village auprès de parents encore asservis ? Les riches étaient déjà partis, emportant ce qu'ils possédaient de plus précieux après avoir abandonné leurs demeures à la garde de quelques domestiques.

– On dit que le Corse va s'installer dans le palais du tsar au Kremlin.

– On raconte aussi qu'il va obliger tout le monde à se convertir au catholicisme.

– Il a besoin de soldats. Nos garçons vont devoir porter l'uniforme français !

D'une porte à l'autre, les pires rumeurs circulaient. L'automne était doux, il était impossible d'imaginer que de tels cataclysmes puissent incessamment s'abattre sur la ville.

Théodore avait emballé les souvenirs qu'il tenait de son grand-père, ses pinceaux, ses palettes de couleurs, le bois sur lequel il s'apprêtait à écrire des icônes avant d'être emporté par la mort. Ses propres tableaux étaient à Samarakov. Mais il n'avait plus la liberté d'esprit de décider s'il voulait ou non persévérer dans l'expression artistique, qui lui semblait la seule utile au peuple. Avec Elena, il avait gravement péché. Croyant la sauver, il l'avait humiliée et définitivement détruite. Où était-elle aujourd'hui ? Avait-elle espéré qu'il l'épouserait ? Mais l'un comme l'autre savaient que seule la nuit les guettait. Pour elle l'ignorance, la superstition et la jalousie, pour lui la pitié, ou le mépris et la honte. Il resterait le barine, et elle ne pourrait jamais se hausser jusqu'à lui. Toutes les idées humanistes de ses amis moscovites dépendaient en réalité des décisions d'un empereur qui se disait philanthrope. Mais Théodore n'ignorait pas que l'émancipation des serfs était une décision complexe qui entraînerait un ensemble de réformes. Tout en Russie reposait sur le servage. Seuls de profonds changements dans l'administration pouvaient secouer cette institution séculaire. Avec les plus extrémistes de ses amis, il lui arrivait de prononcer le mot « révolution ». Imiter la France ? Mais pour quels résultats ? Pour avoir un ogre comme Napoléon qui niait le droit des peuples ?

Avec Alyona, il parlait peu de ces idéaux qu'il savait impossibles à atteindre. Les parents de sa femme étaient des boyards, ils possédaient des serfs depuis toujours, et lui-même acceptait que ceux-ci mettent en valeur ses terres de Samarakov. Que valait-il avec ses belles idées ?

Les Dionous se mirent en route alors qu'on apprenait la défaite de l'armée russe à Borodino, défaite qui n'avait tenu qu'à un cheveu et qui laissait la route de Moscou ouverte aux cinq cent mille soldats français. Désormais, à l'affolement succédait la panique.

Après avoir couché dans de méchantes auberges, les Dionous arrivèrent à Samarakov trois jours plus tard. Il semblait que Napoléon, ses armées, les dévastations commises sur leur passage, la boucherie de Borodino n'étaient qu'illusions. La maison était bien entretenue, le potager cultivé. Dans le verger, les fruits avaient été cueillis.

Le valet et le cocher accueillirent les fugitifs. On déchargea les voitures. Sonia voulut tout de suite mettre les icônes en lieu sûr. Pour le reste, on avait le temps.

Alyona demanda au cocher de prendre un des chevaux et d'aller rassurer son père et sa mère. Elle irait leur rendre visite aussitôt que possible.

Tout paraissait irréel en ces lieux préservés : le calme, la beauté de la nature, l'empressement des serviteurs après la cohue, les cris, les gémissements, les invectives. Cette nuit-là, Théodore et Alyona firent longuement l'amour. Il n'était pas au pouvoir de Napoléon de voler le bonheur des jeunes Russes.

Quelques jours plus tard, on apprit à Samarakov par un des derniers fuyards que Moscou était en feu. L'incendie ravageait des quartiers entiers de la ville, ôtant aux envahisseurs français logements et nourriture.

Sonia sanglota. Leur maison, l'atelier de son père, n'étaient plus. L'histoire d'une famille était réduite en cendres.

Napoléon organisait la prompte retraite de son armée, désormais privée de ravitaillement, de fourrage pour les chevaux.

La catastrophe était totale. Français comme Russes étaient désespérés, les uns parce que la victoire leur échappait, les autres parce que le feu avait détruit une ville prospère, des œuvres d'art, une cité grouillante de vie depuis le Moyen Âge.

Des réfugiés continuaient à affluer à Samarakov. Sonia avait fait équiper des granges, restaurer sommairement des isbas abandonnées, et avait dirigé quelques familles vers les granges appartenant à Tania.

Les Français en déroute, chacun espérait pouvoir bientôt regagner Moscou, rebâtir la ville, lui rendre vie.

À Samarakov, on vivait dans l'attente de nouvelles, colportées de village en village. Le général Koutouzov avait contraint l'armée française à se replier par le chemin emprunté lors de son avance sur Moscou. Elle n'y trouvait plus ni nourriture ni fourrage, tout avait été réquisitionné. Et les cosaques harcelaient les fugitifs, augmentant un nombre de morts déjà considérable.

Puis arriva la terrible nouvelle. Un courrier de Pétersbourg écrit un mois plus tôt. Le mari de Tania était mort sur le champ de bataille de Borodino. Veuve avec deux enfants, elle écrivit à Sonia qu'elle n'irait plus à Samarakov. La grande maison lui appartenait désormais, et revivrait grâce à elle, à son demi-frère Douchka et leurs futurs enfants. Un courrier était parti pour officialiser le don. Tania annonçait qu'elle se retirerait à Novgorod dans sa belle-famille.

Sonia se retrouvait maîtresse d'un vaste domaine, de centaines de serfs, et surtout de cette demeure où elle conservait les plus beaux souvenirs de sa vie. C'était une immense joie, mais aussi une émotion brutale. Tania sortant de sa vie, Kolia n'était plus qu'à elle seule, lui, sa maison, ses meubles, les objets qu'il aimait. Ces biens si précieux pour elle appartiendraient plus tard à son fils.

Elle ne reviendrait pas à Moscou. C'était à Samarakov qu'elle achèverait sa vie. Mais Douchka et Alyona devaient penser à leur avenir. Pétersbourg ? Théodore pourrait y être reconnu comme peintre, Alyona, entourée de sa famille, y élèverait leurs enfants. Et l'été les réunirait tous.

Quand les mauvais jours d'hiver arrivèrent, Théodore retrouva l'envie, l'urgence même de peindre. Il allait exécuter un tableau représentant les combattants russes à Borodino. Parmi eux figurerait un officier, un bel homme frappé par un éclat d'obus, son beau-frère Grégory. Il offrirait cette œuvre à Tania. Et il voulait aussi réfléchir à l'avenir de « ses » serfs. Cent cinquante maintenant formaient une vingtaine de familles élargies aux grands-parents, parents, enfants mariés et célibataires, bambins et nourrissons. Ces familles partageaient des isbas de taille modeste, consistant en une pièce commune munie d'un poêle qui chauffait la maison et sur lequel on cuisait les repas, ainsi que de trois chambres au maximum. Les vieux dormaient avec les enfants, les adultes, qui travaillaient les terres de l'aube à la nuit, disposaient d'une chambre par couple. Chacun possédait un manteau chaud pour l'hiver, deux blouses, deux pantalons, des chaussures en écorce de bouleau tressée pour l'été, à moins de marcher pieds nus, des bottes pour l'hiver. Et les isbas formaient un village autour de l'église, où régnait un pope souvent ignorant, superstitieux, mais tout-puissant.

Souvent les conversations vespérales de Sonia, de son fils et de sa belle-fille évoquaient les conséquences d'une abolition du servage. Tous étaient conscients que cette décision entraînerait un bouleversement de l'ordre social. Décidé à agir seul, Théodore était résolu à rendre ceux du domaine propriétaires de leur maison et d'une parcelle de terrain environnant. Ils devraient toujours la moitié de leurs récoltes au barine, mais élèveraient librement porcs, poules et oies. S'ils parvenaient à économiser un peu d'argent, ils pourraient racheter leur liberté.

– Ils seront déçus, affirmait Alyona. Chez nous, ils ont toujours quelque chose dans leur assiette. Toi, Douchka, tu es philanthrope et humaniste parce que tu as vécu la plupart du temps dans ta jolie maison de Moscou sans manquer de rien.

Tu es un artiste, les contraintes de la vie quotidienne te sont étrangères.

– Tu réprouves donc toute libéralité ?

Alyona hochait la tête.

– Il faut des limites, nous en avons tous. Mais que les serfs puissent posséder peu à peu un champ, un pâturage ne me semble pas hors limite. Si tu brides trop les humains, tu leur offres comme refuge la ruse, le mensonge et la violence.

– Beaucoup ont des talents que nous ignorons, intervenait Sonia. Les Russes ont une aptitude étonnante à s'adapter. Travaillant un jour la terre, pieds nus, ils peuvent le lendemain servir le thé chez les maîtres en prenant exemple sur les autres serviteurs. Trois jours plus tard, ce même serf sera cravaté, souliers cirés, barbe coupée et cheveux peignés. Un mois après, il sera un excellent cuisinier et, pour distraire ses maîtres, jouera de la balalaïka ou du violon.

Tout le monde riait. La famille était regroupée devant l'âtre. Au printemps Douchka et Alyona gagneraient Pétersbourg où la jeune femme accoucherait de leur premier enfant. Théodore achevait son tableau, et l'offrirait à Tania pour son anniversaire en juin. Début juillet, ils regagneraient Samarakov avec le bébé pour le présenter à Sonia. Ils régleraient alors définitivement le statut de leurs serfs. Ces derniers seraient libres, possesseurs d'une surface suffisante de terre pour les nourrir, mais paieraient une rente annuelle au propriétaire. S'ils voulaient s'établir ailleurs, ils devraient rembourser le prix estimé de la terre dont ils avaient joui.

Les Dionous s'étaient installés dans la grande maison. Ce changement de vie leur offrait davantage de liberté. Théodore avait son atelier, Sonia, trois pièces en enfilade où elle était seule et tranquille pour écrire des poèmes, composer de la musique, lire ou travailler à quelque ouvrage d'aiguille. Un serf et sa femme avaient été embauchés comme domestiques et donnaient raison à la théorie de Sonia sur l'adaptabilité des Russes :

ils étaient très à l'aise dans leur nouveau métier, l'un à la cuisine, l'autre à l'entretien de la maison.

Les dernières nouvelles reçues à Samarakov faisaient état de l'anéantissement de la Grande Armée de Napoléon, trois cent cinquante mille morts de froid, de faim, de maladies ou massacrés par des attaques-surprises de cosaques. Les deux cent mille chevaux avaient été dévorés : leurs sabots ferrés les empêchaient de progresser sur les chemins glacés et ils avaient été abattus. Le long de la route, on trouvait des charrettes renversées, des pièces d'artillerie, des casques, des épées, des pistolets. Les corps avaient été ensevelis par les soldats français ou par des paysans pieux et compatissants. Les Russes pour leur part avaient perdu cent cinquante mille hommes, et autant de blessés gisaient dans des hôpitaux de fortune. Lorsque les neiges fondraient à Pâques, quelles horreurs supplémentaires découvrirait-on ?

Sans trop de chagrin, Sonia vit partir ses enfants pour Pétersbourg. Ils seraient de retour quatre mois plus tard avec un bébé. Dans cette demeure qu'elle chérissait, elle ne serait pas malheureuse. Une pièce allait être consacrée aux icônes sauvées du feu. Elle les accrocherait elle-même et les entourerait d'une forêt de bougies. Celle de Clara resterait dans sa chambre, une Vierge lumineuse au regard infiniment triste.

37

Un corps expéditionnaire anglais avait débarqué en Égypte quelques années plus tôt. Il avait été plutôt bien accueilli. Tirant des leçons de l'expédition de Bonaparte, les Anglais n'étaient pas arrivés en vainqueurs, prêts à bouleverser les coutumes du pays. Et la diplomatie britannique savait qu'une alliance avec le Grand Sultan était une nécessité pour s'implanter durablement. En Égypte, l'homme qui s'imposait était Méhémet Ali, un esprit puissant, moderne, un diplomate à la volonté de fer. Installée à Alexandrie entre le port et la ville, sa maison était entourée d'un jardin et meublée à la turque et à l'européenne. Iannis et Alexandra le tenaient en grande estime.

Alexandra était devenue une égyptologue réputée. Elle s'efforçait d'empêcher la vente au plus offrant des trésors que ses équipes et elle découvraient. Elle désirait que ces œuvres soient mises en sûreté au tout nouveau musée Napoléon et au British Museum, puis restituées à l'Égypte lorsque le pays se serait doté d'un musée. La tâche n'était pas facile mais la jeune femme savait qu'elle se battait pour une bonne cause. Que les Anglais et les Français puissent refuser de les rendre à l'Égypte était pour elle impensable.

Alexia et Antoine étaient de charmants bambins, Antoine avec ses cheveux bruns et bouclés, ses yeux bleus, son nez grec, tandis que sa sœur avait hérité d'une chevelure blond-roux, d'un regard mordoré, dans une figure piquée de taches de rousseur. Les officiers anglais, leurs femmes et leurs enfants adoptèrent cette famille anglo-égyptienne comme l'une des leurs.

Le Caire renaissait de ses ruines. On rebâtissait en dépit d'un Trésor vide. Le prix du blé avait flambé. Le sorgho se vendait avantageusement ainsi que le fourrage. Iannis mesurait bien pourtant que le véritable essor de sa fortune ne pouvait être immédiat. Son destin et celui de sa famille étaient liés à l'ascension de Méhémet Pacha et à la stabilité du régime.

Levé tôt, Iannis aimait déambuler dans les ruelles du Caire, la plupart jonchées de détritus et malodorantes, mais il percevait l'âme de cette cité qu'il préférait à Alexandrie. Il passait devant le palais Alfie Bey, où avait logé Bonaparte, mais qui depuis était retombé dans sa torpeur.

Quelques scientifiques français étaient restés dans le quartier Nasiriyah, et un institut français avait été fondé dans le palais Hassan-al-Khasif. Depuis que Champollion avait découvert la clef ouvrant le mystère des hiéroglyphes, le palais rassemblait des égyptologues venus de toute l'Europe, et particulièrement de France et d'Angleterre. Alexandra y avait donné quelques conférences bien accueillies.

Iannis rentrait avant le déjeuner et se consacrait alors à ses affaires. Avec beaucoup de ténacité, il avait obtenu sa part dans le commerce du blé dont les Anglais voulaient l'exclusivité. En octobre, trente navires venus de Grande-Bretagne avaient accosté à Alexandrie pour charger soixante-douze mille hectolitres de grain. Méhémet Ali ne pouvait les en empêcher. Il avait besoin de l'argent anglais, et se serait-il rebellé que les Anglais lui auraient serré le cou. Sans protester, les occupants payaient cent francs les deux hectolitres. Avec les stocks de blé qu'il détenait, Iannis voyait avec satisfaction les prix grimper. Il prospérait aussi avec la vente du fourrage, les Anglais venaient acheter tous les chevaux de selle disponibles. Il fallait les parquer à Alexandrie en attendant que les bêtes puissent embarquer pour l'Espagne. Après l'intervention de la famille d'Alexandra, les navires anglais ne quittaient plus Portsmouth à vide. Dans leurs soutes étaient empilés armes, munitions et toutes sortes d'objets manufacturés qui se vendaient cher aux Égyptiens.

En 1815 Iannis et Alexandra décidèrent de construire une villa à Alexandrie dans le quartier est. Antoine et Alexia, devenus des adolescents très prisés dans la communauté cairote comme celle d'Alexandrie, leurs parents devaient ouvrir avec faste leurs portes à ceux qui formaient leur société.

Méhémet Ali avait pratiquement anéanti les mamelouks, désormais incapables de jouer le moindre rôle politique. Mais ils restaient de bons soldats, et le vice-roi savait en tirer parti. L'Arabie, tombée sous la doctrine wahhabite, allait être muselée. Médine avait été prise en 1812, La Mecque et Taïf étaient tombées l'année suivante. Signée deux ans plus tard, la paix asseyait le pouvoir absolu du vice-roi d'Égypte, il reprenait en main les rênes de son État naissant, et fit en 1815 une entrée triomphale au Caire. Il conclut par la suite avec les Anglais un traité commercial et politique très avantageux pour lui.

Un vent favorable poussait les Dionous, et ils surent tirer parti de leur chance. Pour asseoir sa réussite, il fallait donner une bonne impression. Outre la maison d'Alexandrie, Iannis avait réalisé son projet d'édifier des bureaux au Caire, indépendants de sa résidence, en faisant abattre les bâtiments vétustes qui l'entouraient pour l'agrandir considérablement. La « maison » Dionous était connue dans tout Le Caire. On y accédait malheureusement par de sordides ruelles, la ville n'ayant aucun boulevard, aucune avenue pour mettre en valeur ses splendides mosquées. Les voitures modernes circulaient avec la plus grande difficulté et ne pouvaient se frayer un passage qu'en harcelant, injuriant, fouettant même les piétons qui obstruaient le chemin.

Quelques années plus tard, ce fut chez un cousin du pacha qu'Alexia fit la rencontre de Rayan, un Syrien récemment installé au Caire avec sa femme. D'une santé fragile, cette dernière fréquentait peu la société cairote, mais Rayan s'y était vite taillé une place prépondérante. Bijoutier de luxe, il importait des modèles de Paris et de Rome, et faisait travailler des artisans égyptiens. Constantinople était son principal marché, mais il avait d'actifs revendeurs à Alep et Damas. Avec la prise de pouvoir de Méhémet Ali, une société plus riche et élégante se formait au Caire, qui s'arrachait ses créations ou importations.

Rayan avait du charme et le savait, il aimait les femmes et elles lui prêtaient attention. Catholique, il se vantait de l'ancienneté de sa famille déjà influente avant que le pays soit islamisé.

Alexia, sa jolie silhouette, son élégance, son rire clair, ses cheveux blond vénitien le séduisirent aussitôt. Certes, il était marié et la jeune fille appartenait à une famille influente en Égypte, mais quelques paroles flatteuses n'étaient pas pour déplaire à une jolie femme.

Chez les parents d'Alexia, l'ambiance était à l'euphorie. Un Français, un certain Jumel, avait découvert par hasard, dans un jardin de la banlieue du Caire appartenant à Maho Bey, un cotonnier offrant des fibres supérieures en qualité à celles du delta. Ayant appris la nouvelle de la bouche d'un ami, Iannis retira aussitôt une grosse liasse de billets à sa banque, partit pour Alexandrie et se précipita chez le fonctionnaire en charge du cadastre. Il évoqua aussitôt la somme qu'il mettrait sur la table en cas d'accord rapide avec quiconque désirait vendre sa parcelle de terre. Vu le montant de l'offre, l'affaire, qui avait traîné des années, fut conclue en moins d'une semaine. Iannis possédait maintenant de quoi envisager en grand la culture du coton.

Dès le mois de décembre, il ensemencerait une modeste parcelle et recueillerait les graines l'été suivant. Dans cinq ans au plus, toutes ses terres produiraient un coton de grande qualité.

Alexandra décida un nouveau voyage en Angleterre. Le British Museum attendait des pièces qu'elle avait découvertes. Elle en profiterait pour pousser jusqu'à Birmingham et Manchester, et convaincrait les grandes industries textiles d'expérimenter dans les trois prochaines années le coton égyptien, plus fin, plus soyeux que celui acheté aux États sud-américains. Grâce à son père et à ses relations, elle serait reçue et écoutée. Et Iannis lui avait appris les bases de l'art de la négociation. La meilleure arme de persuasion était l'intérêt que son interlocuteur pourrait avoir dans la conclusion d'une affaire. Les aristocrates anglais qu'elle connaissait ne se bouchaient jamais les oreilles au tintement de l'or. Seule la noblesse française se pinçait encore le nez au mot « commerce ». Ces malheureux végéteraient dans leurs châteaux en ruine.

Iannis persuada sa femme d'emmener leurs enfants. Antoine avait besoin de mettre les pieds dans une usine, quant à Alexia, elle semblait infatuée d'un Syrien séduisant et marié. Mieux valait l'éloigner pendant quelques mois. L'ensorceleur aurait alors trouvé une autre proie.

Lui-même, durant l'absence de sa famille, irait séjourner chez ses parents à Beyrouth. Le monde changeait. Napoléon venait de mourir à Sainte-Hélène. Les traces qu'il avait laissées en Égypte étaient profondes et durables. La découverte de la pierre de Rosette avait passionné Alexandra. L'égyptologie prenait un visage bien différent. Elle avait hâte d'examiner elle-même cette pierre noire conservée au British Museum.

Beyrouth était en plein développement, le port actif, les nouvelles constructions proliféraient, des quartiers jusqu'alors inhabités se lotissaient de villas. On ouvrait des commerces. Les rues devenaient rectilignes, des places publiques offraient des bancs pour le repos des passants. De nouvelles écoles voyaient le jour dans tous les quartiers.

– Pourquoi ne prends-tu pas en main le commerce de la soie ? demanda un soir Farouk à Iannis.

Celui-ci éclata de rire.

– J'ai le tabac, le savon, le fourrage, un peu de riz, le sorgho, bientôt le coton me forcera à me débarrasser des petites productions. La soie ? Je vieillis, mon cher cousin, et mon fils n'est pas encore prêt à la relève.

Durant ces longues discussions dans le parc en fumant et buvant du thé ou du cognac, le destin des uns et des autres prenait un sens. La longue marche en avant des Dionous, leur fidélité à leurs terres, à leurs racines, à leur foi avaient porté leurs fruits. De cet épanouissement, ils tiraient une grande fierté.

La ruelle que remontait à petits pas leur grand-mère abritait maintenant les demeures de familles liées les unes aux autres. Un jour, plaisantait Farouk, elle serait baptisée « rue Dionous ».

Le dimanche, la famille au grand complet se rendait à la cathédrale orthodoxe Saint-Georges. L'iconostase était d'un or doux comme une coulée de miel. Debout, les fidèles se pressaient les uns contre les autres. Ils étaient parents, ils étaient amis. Là on pleurait ensemble les morts, on se réjouissait des mariages et des baptêmes, on s'entraidait dans l'infortune. Aucune famille dans le besoin n'était abandonnée, aucun orphelin privé d'éducation.

De Londres, une lettre inquiétante parvint à Iannis. Une épidémie de choléra y faisait rage. Sa femme et leurs enfants s'étaient réfugiés dans le Hampshire sur les terres de son beau-père. Antoine allait faire un stage dans la plus grande filature de Manchester. Il apprendrait les processus du tissage des toiles de coton, depuis la réception des balles jusqu'à la confection des serviettes, mouchoirs, draps, chemises et jupons. On attendait déjà avec impatience les premières importations venues d'Égypte.

De Beyrouth, Iannis se rendit à Jérusalem, à Damas et à Alep. À Jérusalem, il revit ses cousines, les filles de Dimitria. Elle-même était désormais une très vieille dame et son mari le pope était mort. Le lien qui les unissait restait fort en dépit de l'absence et du silence. Iannis apprit avec satisfaction que leurs terres agricoles palestiniennes léguées par Zenaïdé prospéraient.

De retour au Caire, il fut aussitôt informé de la conquête menée par Méhémet Ali au Sud. Cette violence alarmait les commerçants du Caire. Comment l'Angleterre allait-elle réagir ? Laisserait-elle Méhémet Ali toucher à l'Abyssinie, une nation chrétienne ?

Le Soudan conquis, rien ne semblait pouvoir arrêter les troupes égyptiennes en quête d'or et d'esclaves. S'il savait respecter les limites imposées, Méhémet Ali n'ignorait pas qu'il pouvait compter sur le soutien des Anglais.

Une lettre d'Alexandra annonça son retour. Elle espérait voir Iannis sur le quai du port d'Alexandrie désormais apte à accueillir de plus gros vaisseaux. Les projets de construction pour la ville avançaient avec la lenteur usuelle, mais n'étaient certes pas encalminés, et la villa Dionous, avec sa terrasse cernée d'arcades, son jardin où foisonnaient plantes grasses, palmiers, lauriers, ifs, était presque achevée.

À peine Iannis reconnut-il sa fille lorsqu'elle descendit du canot et sauta sur le quai. Alexia ressemblait maintenant à une jeune Anglaise. La robe aux manches ballon très marquées se resserrait sur les avant-bras, la jupe gonflée par un jupon laissait voir les chevilles, et elle portait un chapeau de paille noué sous le menton par un large ruban rouge. Mais, redevenant soudain la jeune Égyptienne pleine de spontanéité, elle sauta au cou de son père.

Alexandra était toujours aussi belle. Vieillir lui allait bien, même si de fines rides entouraient maintenant le coin de ses yeux et de ses lèvres. Un marin l'aida à descendre de la chaloupe et elle fut dans les bras de son mari.

Ils avaient tant à se dire. On allait s'installer sommairement dans la villa, ce qui ravit mère et fille. Seul manquait Antoine qui ne rentrerait que quelques mois plus tard. Leur fils n'avait guère changé, précisa Alexandra : toujours élégant, il se piquait maintenant d'être un parfait gentleman.

Iannis avait hâte de revoir Antoine. La mémoire commençait à lui faire défaut, il oubliait des mots importants, des dates. Il était temps pour lui de lever le pied, de laisser à son fils des responsabilités. La vieillesse arrivait, il le sentait à son besoin de courtes siestes, à sa forme physique qui diminuait, à un embonpoint qu'il ne parvenait plus à maîtriser.

Leur nouveau quartier était un vaste chantier où se côtoyaient les squelettes de maisons cossues comme d'habitations rudimentaires, où vivraient entassés grands-parents, enfants et petits-enfants qui joueraient pieds nus dans la poussière. Dans la journée des centaines d'ouvriers s'activaient, édifiaient murs et toitures tandis que les artisans sculptaient des bas-reliefs, des rosaces, des têtes de sphinx. Les rues en terre battue devenaient des bourbiers à la moindre pluie, heureusement rare.

En dépit de la frayeur causée par l'épidémie de choléra, le voyage en Angleterre avait été un succès. Invités à un week-end de chasse chez le père d'Alexandra, de gros industriels s'étaient intéressés au coton égyptien pour fournir leurs usines de Manchester et de Glasgow. Alexandra avait promis d'envoyer promptement des échantillons.

Le lendemain, Iannis fut stupéfait de voir se présenter le sulfureux Rayan Arfouche. Il était à Alexandrie pour prendre livraison de montres de gousset anglaises très prisées des riches Égyptiens et qui avaient voyagé précisément avec madame et mademoiselle Dionous. Ni Iannis ni Alexandra ne crurent au hasard. Alexia lui avait sûrement écrit.

On fit entrer le visiteur au salon avec maintes excuses pour la simplicité du mobilier. Assise sur un canapé turc, Alexia dissimulait mal sa joie, mais pour ménager ses parents prenait peu la parole. On évoqua Le Caire, Méhémet Ali qui, avec ses ambitieuses réformes, pourrait être le sauveur de l'Égypte, on mentionna aussi des amis communs, l'essor extraordinaire qu'avait connu l'égyptologie grâce au déchiffrage des hiéroglyphes par Champollion. Fascinée par la ténacité du savant français, Alexandra avoua avoir vu la pierre noire au British Museum. Il fallait de toute urgence créer au Caire un musée des Antiquités, projet déjà formé par Bonaparte.

Alors qu'ils raccompagnaient leur visiteur à la porte, Alexia prit soudain la parole.

– Nous avons prévu une promenade en felouque pour demain et pique-niquerons sur une plage. Vous joindriez-vous à nous ?

Iannis serra les dents.

– Avec madame votre épouse, bien entendu.

– Merci, mais Maria est restée au Caire.

Alexandra comme Iannis savaient qu'ils n'avaient plus rien à objecter.

Rayan accepta avec joie l'invitation sans percevoir un instant la contrariété de ses hôtes.

Alexia avait revêtu une robe de mousseline ivoire aux manches ballon plissées, semblables à des bulles d'écume. Elle avait jeté sur ses épaules un châle de soie rose vif assorti aux rubans de son chapeau. Bien que fâché, Iannis ne put s'empêcher de lui faire un compliment. Sa fille était ravissante. Quel diable l'avait jetée dans les pattes de ce Syrien encombré d'une famille ?

À la fin de la journée, Iannis dut reconnaître que Rayan jouait très habilement son jeu : tantôt enjôleur, tantôt indifférent, ne se consacrant plus qu'à Alexandra, quitte à laisser la jeune fille dans un grand désarroi. Contrairement à ce qu'anticipait Iannis, il parlait peu de lui, ne se vantait pas, n'évoquait pas les bienfaits que lui procurait sa fortune. Était-ce le fruit d'une bonne éducation ou un plan pour qu'Alexia ait envie de l'impliquer davantage dans sa vie ? À moins, et c'était le plus probable, qu'ils se soient vus seuls avant le départ de sa fille pour l'Angleterre et qu'elle connaisse déjà ses exceptionnelles qualités. Aurait-il pu alors avoir eu l'audace de la caresser, de l'embrasser ? Cet individu ne mettrait plus les pieds chez eux, et il demanderait à Alexandra de surveiller sa fille de près.

Mais sa femme devait repartir sous peu pour la vallée des Rois, à la recherche de la tombe du grand pharaon Ramsès II. Sa sépulture originale avait été pillée dans l'Antiquité, mais la momie avait été transportée et cachée par les prêtres. Où ? On l'ignorait encore. C'était un défi captivant.

Iannis et Alexia, sous l'étroite surveillance de sa gouvernante, seraient alors au Caire. Être responsable de sa fille inquiétait Iannis. Il n'avait guère de temps à lui consacrer. En dépit de ses petites défaillances physiques, il continuait à se rendre à son bureau dès le début de la matinée, et ne regagnait sa maison qu'au milieu de l'après-midi pour la sieste. Si Antoine décrochait un contrat avec ces grandes manufactures de Manchester et de Glasgow, près de la totalité du commerce du coton avec l'Angleterre lui appartiendrait.

Alexia pourrait alors prétendre à un très beau mariage. Un Grec ? Pourquoi pas un Syrien s'il était le rejeton d'une grande famille chrétienne ?

Souvent Iannis songeait à son enfance, au petit commerce de poissons du Nil qu'il avait mis sur pied et qui prospérait gentiment, à sa grand-mère qui clamait que, hormis la terre, nulle possession n'était à l'abri d'un revers.

De la terre il en possédait, mais elle ne lui rapportait que peu.

Assise devant le secrétaire de sa chambre, Alexia réfléchissait. Écrire un mot à Rayan était peut-être trop audacieux. Elle lui avait posté de courtes missives d'Angleterre, toutes insignifiantes, mais les quelques nouvelles qu'elle envoyait prouvaient à son admirateur qu'elle ne l'oubliait pas. Sa présence dès son arrivée à Alexandrie révélait son vif désir de la revoir.

L'attirance qu'ils avaient l'un pour l'autre avait été immédiate, mais Rayan était marié et elle ne cessait de soulever cet obstacle avant de décider d'une relation plus intime. Il se moquait de cette soi-disant barrière. Marié ? L'était-il vraiment ? Voilà des années que sa femme et lui ne partageaient plus le même lit. Maria avait une santé fragile et elle souffrait toujours de quelque chose. Après trois accouchements laborieux, elle avait décidé de rapports « fraternels ». Il avait accepté cette situation, mais restait frustré.

– J'obtiendrai le divorce, promettait-il.

– Tu es maronite, on ne divorce pas chez vous.

Alexia avait peur. Peur de s'aventurer sur un terrain où elle pouvait s'enliser. Mais Rayan était si tendre, il prononçait des mots si enivrants, il montrait une telle constance dans ses déclarations d'amour ! Comment ne pas rêver ? Les garçons de son âge n'offraient aucun intérêt. Superficiels, vaniteux, ils ne pensaient qu'à évincer leur voisin pour triompher auprès des filles.

Dès le retour d'Alexia au Caire, Rayan organisa avec soin leurs futurs rendez-vous secrets, dans une boutique de fanfreluches française dont il connaissait la propriétaire. Derrière le magasin, elle avait arrangé un coquet petit salon où les clientes pouvaient essayer les babioles vendues dix fois plus cher qu'à Paris : châles, plumes, rubans, verroterie, parfums « parisiens », mules d'intérieur ornées de pompons en duvet.

Rayan faisait son affaire de la gouvernante d'Alexia. On l'enverrait livrer les commandes de clientes moyennant rémunération. Madame Hortense, la propriétaire du magasin, et Alexia prendraient le thé ensemble, et la jeune vendeuse se chargerait des éventuelles clientes.

Cette perspective de passer quelques moments seule avec Rayan bouleversait Alexia. Avait-elle raison d'accepter ces rencontres ? Ou était-elle inconsciente ? Au Caire, tout le monde croyait Rayan très proche de la famille qu'il avait fondée : il plaignait sa femme, mais passait de longs moments avec elle à la réconforter. Et ses enfants lui étaient très attachés. Ces convictions étaient à l'inverse de ce qu'il lui affirmait. Même le jour de son mariage, lui avait-il certifié, il n'avait pas éprouvé d'amour. Ce sentiment magnifique, il le découvrait avec elle, Alexia.

La jeune fille passa plusieurs jours déchirée entre sa conscience, sa foi chrétienne qui lui interdisait de se trouver seule avec un homme, et la confiance qu'elle éprouvait à son égard.

Enfin il fixa un jour, une heure. C'était le lendemain du départ d'Alexandra pour la vallée des Rois. Rien de plus facile que de berner sa gouvernante. Tout le monde avait confiance en madame Hortense. Elle avait reçu des coupons de tissu de soie en provenance de Lyon et voulait les montrer à Alexia, « juste pour le plaisir des yeux ». Ce serait pour elle un agréable moment. Et le magasin de madame Hortense était à cinq minutes à pied.

Après ce premier rendez-vous, Alexia fut happée dans une spirale qu'elle ne maîtrisait plus. Elle avait refusé d'être sa maîtresse mais était follement amoureuse, et ne vivait plus que pour ces rencontres. C'était toujours lui qui les décidait, et il lui arrivait de les annuler quelques heures auparavant. Elle se disait alors qu'il se plaisait à l'humilier, et le détestait.

Madame Hortense commença à s'affoler quand un après-midi, au bout d'une heure passée avec Rayan dans son petit salon, Alexia surgit le corsage déboutonné, les cheveux épars, les jambes nues. Si elle était prise dans un scandale, l'influence des Dionous au Caire la ferait chasser d'Égypte. Elle aida Alexia à remettre de l'ordre dans sa tenue et ordonna fermement à Rayan de ne plus venir chez elle. S'il avait l'audace de se représenter, elle ferait aussitôt prévenir Iannis Dionous. Rayan lui avait ri au nez. Elle jouait les entremetteuses en fournissant un boudoir privé à une jeune fille pour ses rendez-vous galants, et poussait ensuite des hauts cris ! Voulait-elle qu'il lui donne plus d'argent ?

Alexia courut jusque chez elle, incapable de réfléchir. Elle s'enferma dans sa chambre et éclata en sanglots. Sa mère rentrait le lendemain. Antoine serait de retour certainement pour la Pâques orthodoxe. Se prétendant souffrante, elle refusa de descendre pour le dîner en dépit des supplications de sa gouvernante.

Le lendemain matin, une fillette lui remit un billet. Le message était dénué de la tendresse dont elle avait tant besoin : ils allaient cesser leurs rencontres. Par ailleurs, il s'était livré à un examen attentif de sa conduite. Certes, il avait mal agi envers elle. Le sentiment qui les rapprochait n'était-il pas plutôt de l'amitié ? C'était presque une certitude. Et s'ils devaient se revoir, ce lien chaleureux ne serait-il pas beaucoup plus facile à imposer ? Il serait à ses côtés pour toujours, il le lui promettait. Elle était une jeune personne exceptionnelle et méritait tout le bonheur du monde.

Stupéfaite, Alexia n'eut pas une larme, elle était pétrifiée.

On fêta le retour d'Alexandra. Alexia réussit à faire bonne figure. Faire semblant ? Pourquoi pas ? Tout lui était indifférent.

38

Une terrible inondation avait noyé plusieurs quartiers de Saint-Pétersbourg, les dégâts étaient immenses. Privée de toit, la population couchait dans des abris de fortune. Théodore et Alyona, parents d'un garçonnet de deux ans, avaient décidé d'un commun accord de laisser leur maison à une famille amie et de rejoindre Samarakov. Bien que très discrète sur sa santé dans ses lettres, il était évident que Sonia ne se portait pas bien.

Ils quittèrent Saint-Pétersbourg avec le pressentiment qu'une page de leur vie était en train de se tourner. Cette ville brillante, gaie, presque irréelle au milieu de l'eau offrait désormais un spectacle désolant. Si les pauvres gens bénissaient leur « Petit Père », le tsar, qui avait fait procéder à une distribution gratuite de kasha, de soupe et de pain, les esprits libéraux, les intellectuels méprisaient cette fausse générosité masquant une indifférence envers les souffrances de son peuple. Le tsar s'était-il montré une seule fois dans les quartiers envahis par les eaux ? Avait-il décrété une remise des impôts ?

Douchka emportait dans ses malles plusieurs tableaux. Ses œuvres étaient prisées à Pétersbourg, il avait trouvé un style nouveau qui démodait le maniérisme du XVIe siècle. Certains s'étonnaient qu'un Dionous puisse tourner le dos à l'art sacré des icônes. Pour Douchka, ses ancêtres avaient donné le meilleur d'eux-mêmes. Lui, le seul descendant, devait désormais exprimer différemment ses convictions. La Révolution française avait contribué à échauffer les esprits. L'absolutisme tsariste ne serait pas éternel. Les intellectuels avaient beaucoup cru en Alexandre Ier, mais il hésitait, reculait, tergiversait. Les serfs étaient toujours asservis, même si on leur reconnaissait des droits. On ne pouvait plus séparer les familles, on devait les traiter « chrétiennement ». Mais le fossé entre boyards et moujiks demeurait infranchissable. La classe moyenne, qui ne cessait de prendre de l'ampleur, ne possédait pas de serfs. On tolérait une survivance médiévale sous la pression des nobles eux-mêmes soutenus par le tsar. La sainte Église connaissait la même division entre le clergé pour les riches et les misérables popes pour les campagnes.

Alyona avait adopté les idées progressistes de son mari et elle était en froid avec sa famille. Son frère avait même refusé d'être le parrain du petit Grégory, sous prétexte que cette cérémonie ne signifiait rien pour sa sœur, que son enfant serait élevé hors de l'Église orthodoxe. « Juger le tsar, c'est se rebeller contre son père, juger nos popes, c'est se rebeller contre Dieu. » Les jeunes parents avaient alors choisi à sa place un petit propriétaire terrien voisin, très attaché à la famille Dionous. Théodore lui avait offert une icône écrite par son grand-père qui trônait au-dessus de sa cheminée. Une bougie l'éclairait tous les soirs.

Le jour du deuxième anniversaire de Grégory, Alyona annonça à sa belle-mère qu'elle était à nouveau enceinte. Ce fut la dernière joie de Sonia dont la santé déclinait rapidement. Elle avait tout préparé pour son enterrement. Sa tombe serait à côté de celle de Kolia. Elle voulait une cérémonie simple, avait vu le pope, choisi les chants. Arrivée petite fille apeurée, elle partirait barinia de Samarakov, en paix avec elle-même, son fils et son petit-fils.

Alyona, qui montrait des dispositions musicales, hériterait de son violon et Douchka avait promis qu'il veillerait aux réimpressions de ses poèmes.

Sonia mourut juste avant l'été, quand les prairies étaient

encore couvertes de fleurs sauvages. On cueillait les premières cerises et surveillait la maturité des fraises. Le petit Grégory, Grischa, déposa une rose sur la tombe de sa grand-mère. C'était une belle journée annonçant déjà les lumières dorées de juillet.

Théodore acheva peu après ce que l'on considéra comme son œuvre maîtresse : une scène de marché très colorée. Les femmes portaient des fichus et des bas brodés, les hommes d'amples blouses serrées à la taille par une ceinture de cuir ou de coton. Des petites filles arboraient des couronnes de fleurs, d'autres avaient la tête enserrée dans un foulard aux couleurs vives. Les étals proposaient toutes sortes de fruits, de légumes, des porcelets. Des chiens se faufilaient entre les jambes des flâneurs. Dans un coin de la toile, on découvrait un cul-de-jatte assis sur une planchette, un chien léchant ses moignons. Sur sa poitrine, une croix de fer, et sur sa tête, un bonnet qui avait autrefois dû être en fourrure. Deux femmes se tenaient par le bras et riaient en passant devant lui. Le regard du malheureux était vitreux, absent. Il tendait une sébile, à côté de laquelle se trouvait une affichette : « Blessé à Borodino au service de ma patrie. Ayez pitié de moi. »

À l'automne, déjà alourdie par sa grossesse, Alyona faisait de longues promenades avec Grischa que sa nourrice tirait dans une charrette. L'air était frais. Les premières feuilles mortes crissaient sous les pas avec les glands des chênes. La jeune femme aimait passer par le village où ses anciens serfs, désormais propriétaires de leur maison et d'un lopin de terre, l'accueillaient chaleureusement, lui offraient le thé, des bonbons au miel pour Grégory. On l'appelait toujours « barinia », les vieux lui baisaient les mains. Elle les retirait en souriant, les bénissait.

Ni Alyona ni la gouvernante ne le virent arriver. Sa tunique marron, son pantalon poussiéreux le fondaient dans le paysage. Ce ne fut que lorsqu'il fut à peu de distance qu'elles purent le détailler : un homme d'un certain âge aux cheveux broussailleux, à la longue barbe grise, au visage buriné, aux yeux perçants. Trop près maintenant, il dévisageait Alyona. Effrayé, Grischa se mit à pleurer et sa gouvernante le prit dans ses bras. Autour d'eux les villageois avaient reculé, isolant Alyona, la gouvernante et l'enfant. Tous étaient pétrifiés. Pas hostiles mais curieux, sans la moindre volonté d'intervenir.

Alyona parvint avec peine à cacher sa frayeur. Ce paysan rebutant n'allait sans doute pas la violenter. Le silence s'installa. Enfin l'homme regarda Alyona droit dans les yeux.

– Comment osez-vous vous présenter dans un village que votre famille a réduit pendant des siècles en esclavage ?

Il fallait répondre vite, trouver une parade.

– Vous êtes libres désormais, grâce à la bienveillance de mon mari qui croit au progrès de l'humanité.

Un rire sarcastique lui répondit.

– Libres ! Parce que Théodore Dionous nous a octroyé la propriété de nos pauvres isbas, parce qu'il y a joint un lopin de terre ? On prétend que les rapaces ont un regard aigu, voilà qui dément cette affirmation. Vous, les boyards, n'écoutez rien, ne voyez rien. Nous laisser ces terres que nous cultivons depuis des siècles n'est pas un don, c'est simplement rendre ce que vous avez volé au peuple ! Le peuple, petite mère, vous méprise. Le jour où on vous écrasera n'est pas aussi loin que vous le croyez.

Et, joignant le geste à la parole, l'homme tira un long couteau de sa blouse.

– Vous êtes une vermine, petite mère, vous, votre enfant et celui que vous portez. Si je n'étais pas chrétien, je le tirerais de votre ventre et l'écraserais.

Il y eut un léger murmure dans le cercle qui entourait Alyona, mais personne ne bougea.

– Le peuple est exaspéré, il va s'unir du nord au sud, de l'est à l'ouest pour pendre le tsar et le remplacer par un homme juste et intègre.

– Mon mari, balbutia Alyona, a tout à fait conscience des droits du peuple russe. Ses convictions lui ont attiré des ennemis.

– Quelles convictions ? tonna l'homme. Vous, les maîtres, déciderez toujours de notre sort ? Il aime la justice ? Eh bien, qu'il l'applique, qu'il nous donne à tous les terres de Samarakov qui, seules, nous permettront de survivre. S'il refuse, nous les prendrons par la force, et mettrons le feu à la belle demeure du vieux débauché qui a engrossé votre belle-mère.

Alyona ne put retenir ses larmes. Elle avait peur, mais il fallait qu'elle rassemble ses dernières forces, et s'éloigne d'un pas aussi paisible que possible.

Enfin une femme se détacha du groupe des paysans, une matrone au fichu brodé de croix.

– Tais-toi, Igor. Notre petite mère est bonne. Théodore Dionous a fait pour nous un geste qui ici est exceptionnel. Il t'a donné une main, et tu veux le bras. Surveille tes paroles teigneuses. Dieu t'entend.

– Oui, approuvèrent en chœur les autres.

– Rentrez chez vous, dit la paysanne, et ne châtiez pas Igor trop rudement. Depuis le jour de sa naissance, ses idées lui ont fermé le cœur et tourneboulé la tête.

Atterré, Théodore écouta le récit haché de sa femme. Était-il possible, après tout ce qu'il avait fait pour ses serfs, qu'on les haïsse à ce point ?

Alyona monta se coucher, elle ne tenait plus sur ses jambes. La voix tonnante, les menaces, le couteau, sa volonté de nuire la hantaient. Elle voyait ce fou enfoncer son couteau dans son ventre pour l'ouvrir et en arracher l'enfant.

Une forte fièvre la prit durant la nuit. Douchka pensa appeler un médecin. Mais le plus proche n'arriverait pas avant le lendemain matin. Il demanda à une servante de faire bouillir de l'eau, de préparer une tisane de gruau d'avoine, un flacon de vodka pour humidifier le front et les tempes de la malade. Ses connaissances médicales n'allaient pas au-delà.

À l'aube, il vit avec horreur les draps qui se tachaient de sang. Alyona allait accoucher d'un enfant prématuré.

– File au village, ordonna-t-il, et reviens avec l'accoucheuse.

L'accoucheuse était en colère.

– Voilà, dit-elle, ce dont les hommes sont capables avec leur grossièreté et leur violence envers les femmes !

Inconsciente, Alyona râlait.

– Il faut faire sortir ce petiot le plus vite possible. Ranimer la barinia avec de l'eau froide, de l'alcool, n'importe quoi. Elle doit m'aider.

Enfin Alyona ouvrit les yeux.

– Poussez, barinia, poussez, ordonna la femme, le plus fort que vous pourrez, vous devez sauver la vie de votre enfant.

À ce dernier mot, Alyona reprit ses esprits. Elle hurla de douleur.

– Très bien, se réjouit la paysanne, criez, ma tourterelle, mal d'enfant n'est pas mortel.

Théodore fut chassé de la chambre. Les hurlements de sa femme le firent fuir vers son atelier.

– Donnez-moi des chiffons propres, du beurre frais, ordonna l'accoucheuse à la servante, et une pincette à feu. Je vais en envelopper les extrémités et tirer ce malheureux enfant hors de là. Il n'est pas loin, mais sa mère n'a plus de forces.

Une boucherie, pensa la servante terrifiée, qui néanmoins se précipita pour obéir.

Alyona avait perdu connaissance lorsque s'élevèrent les premiers vagissements du nouveau-né, des cris faibles semblables à des miaulements. C'était une petite fille bien formée, mais d'une taille inférieure à celle d'un enfant né à terme.

– Il faut envelopper ce bébé immédiatement dans des couvertures douces et chaudes, et trouvez par tous les moyens dans le village voisin une mère qui vient d'accoucher. Chez nous, il n'y en a pas.

D'un geste autoritaire, elle fit signe à la servante de décamper.
– Et fais atteler une voiture, fulmina l'accoucheuse. À pied tu ne seras pas de retour avant la nuit. Allez, va, fainéante !

Pendant que la nourrice et la petite Valentina, qui avait hérité du prénom de la marraine d'Alyona, étaient installées dans deux pièces ensoleillées et calmes de Samarakov, Douchka restait prostré au chevet de sa femme. Blafarde, Alyona était inerte, mais sa poitrine se soulevait doucement. On avait changé les draps ensanglantés, on avait vêtu l'accouchée d'une robe de nuit de mousseline. Elle ressemblait à la princesse endormie d'un conte de fées. Les circonstances de la tragédie avaient complètement défait Théodore. Lui, le premier boyard de la région à avoir libéré ses serfs, à les avoir rendus propriétaires de leur demeure et de huit feddans de terre, à avoir aboli tout droit seigneurial, était tenu pour un voleur, un ennemi du peuple ? Fallait-il qu'il soit jugé trop proche du peuple aux yeux des boyards, aussi profiteur que les siens aux yeux de ses anciens serfs ? Il s'était battu pour changer des coutumes, des idées rétrogrades. Était-ce sa récompense ? Voir mourir sa femme ? Ses rares amis conservateurs l'avaient souvent prévenu. Ceux à qui tu veux faire du bien te haïssent. Nous, les Russes, ne connaissons que l'autorité. La bienveillance est considérée comme un manque d'énergie. Le maître, le barine doit montrer de la fermeté, c'est ainsi.

Mais, même après le drame, Théodore savait que ses idées de réforme ne changeraient pas. Les boyards avaient une dette, et c'était à lui, Théodore Dionous, descendant d'une longue lignée d'artistes qui ne possédaient pas de terres, de commencer à la régler.

Un médecin était arrivé à Samarakov, il était pessimiste. La parturiente avait beaucoup saigné, et une partie du placenta n'avait pas été expulsée. En outre, les rudes méthodes de l'accoucheuse, si elles avaient sans doute sauvé la vie de l'enfant, avaient mis la mère à mal. Il pouvait tenter un abcès de fixation, mais c'était sans doute déjà trop tard.

Après trente-six heures où l'on crut le nourrisson mourant, Valentina se décida à lutter pour vivre et téta sa nourrice. Tout le monde en pleura de joie. Grischa fut même autorisé à faire la connaissance de sa petite sœur. Cramponné à la main de sa gouvernante, il resta devant le berceau le visage fermé.

Alyona mourut dans la nuit où Valentina reprenait vie. Pendant vingt-quatre heures, Théodore s'enferma dans sa chambre, refusant de boire ou de manger. Il n'en sortit que pour suivre méthodiquement les dispositions prévues pour les obsèques.

La vie reprit peu à peu son cours à Samarakov. Avec le temps, la gouvernante Svetlana devint une mère pour Grischa et Valentina.

L'année qui suivit la mort d'Alyona, Théodore ne mit plus les pieds dans son atelier. Il passait ses journées à faire de longues marches en évitant les villages, à écrire un ouvrage politique qu'il comptait faire circuler, à profiter de ses enfants. Grégory allait avoir trois ans et Tina commençait tout juste à marcher. Grégory ressemblait à sa maman, et Douchka ne pouvait le voir sans penser à elle.

Svetlana avait fait ranger dans des coffres les robes d'Alyona pour les donner à de pauvres Moscovites, les femmes de la région n'ayant pas l'utilité de ces tenues. Il ne fallait pas effacer la trace de la jeune femme, mais empêcher Douchka de la retrouver à chaque instant.

Enfin, un beau matin de mai, alors que ses enfants jouaient dans le jardin, il resta longtemps immobile, comme absent. Puis, d'un pas décidé, il se rendit dans son atelier. L'esquisse d'un garçonnet portant sur son dos un faisceau de branchages prit forme inconsciemment. Un fils de serf qui gardait dans les yeux la lumière de l'enfance, l'espièglerie, l'illusion de la liberté. Derrière cheminait son père, le dos cassé par la charge qui l'écrasait. Aucun rêve ne subsistait dans son regard éteint.

C'est cela qu'il voulait peindre, l'enfance des pauvres encore préservée par l'amour de leurs parents, leur force vitale, leur désir de bonheur, et à côté, devant eux, leur avenir en tant que serfs dans la Russie du XIXe siècle.

Ses enfants Grischa et Tina ne devaient pas grandir dans un monde fermé. Il les ramènerait à Moscou pour leur éducation, acquerrait une maison et y aménagerait un atelier. Il devait se tourner vers l'avenir. À Moscou, ses enfants seraient invités dans des familles d'intellectuels alors qu'à Samarakov leurs seules fréquentations seraient les enfants de boyards des environs. Samarakov resterait le lieu enchanteur de leurs étés, pas le domaine clos qui façonnerait leur vie. Il s'était fixé comme délai les huit ans de Grischa, Tina aurait alors six ans et pourrait rejoindre une institution de qualité pour l'instruction des filles.

À son regret, Grégory ne montrait guère d'intérêt pour le dessin, lui préférant le grec ancien dont il savait déjà l'alphabet. Un jeune homme contraint d'arrêter ses études à Moscou, faute d'argent, et ayant regagné le domicile familial dans la ville voisine venait tous les jours lui donner des leçons. Svetlana apprenait à Valentina la broderie, des rudiments de piano, et lui lisait souvent les poèmes de sa grand-mère. Mais la petite aimait surtout monter à cheval. Son père lui avait offert un poney qu'elle avait nommé Pourh[1]. À cinq ans, elle était déjà intrépide et lançait souvent sa petite monture au galop pour la plus grande frayeur de Svetlana.

Au printemps, Théodore commença à penser sérieusement à ses projets. Il allait se rendre à Moscou pour dénicher une maison et mettre en vente ses tableaux. Le dernier représentait une

---

1. Ourson en russe.

fillette assise au bord d'une rivière en train de tresser une couronne de fleurs sauvages, tandis que des serfs, pieds nus ou en galoches éventrées, tiraient attachés à des cordes une lourde barge chargée de sable. Tous avaient les yeux baissés et on ne pouvait percevoir l'expression de leur visage. Ils étaient arrimés aux cordages comme des bêtes, les jambes pliées par l'effort, le dos cassé. Ce que l'on admirait était le ravissant visage de l'enfant, ses cheveux blonds, son regard attentif sur sa tâche.

Sur un autre tableau, moins grand, une ronde d'enfants vêtus de blouses et tabliers, les filles parées de fichus fleuris, les garçons de culottes bouffantes et de bonnets en feutre. Une joie pure se dégageait du groupe. Ils dansaient devant des isbas abandonnées. Les toits étaient crevés, les vitres brisées, les portes arrachées. On apercevait des rats devant ce qui avait été des resserres. Et sur un panneau on lisait : « Choléra. Passants, éloignez-vous. »

Théodore était revenu optimiste. Moscou avait été très vite rebâtie, les ruelles sombres et insalubres avaient disparu. Les belles maisons de pierre qui avaient échappé au feu étaient désormais entourées d'isbas aux portes et volets peints de couleurs vives. Les commerçants avaient rouvert boutique. On respirait mieux dans la ville reconstruite.

La date de départ de Samarakov était presque arrêtée. Octobre ? Début novembre au plus tard. En septembre, il fallait surveiller la récolte des pommes et l'engrangement des dernières céréales, l'abattage des arbres morts, les coupes de bois.

Acclimater Grischa et Valentina à la vie urbaine serait un défi, pour Tina principalement. Les enfants vivaient libres à Samarakov, se baignaient dans le lac, construisaient des cabanes dans la forêt, se roulaient dans les foins coupés. Chacun possédait un chien qu'il devrait abandonner à la garde de l'intendant, c'était pour eux un grand chagrin.

Alors qu'on allait servir le dîner, un cavalier monté sur une haridelle vint remettre un billet « à monsieur Dionous, et en mains propres », clama-t-il.

Théodore le rejoignit en bas de l'escalier, s'empara du message et donna six roubles au messager qui gardait son bonnet à la main.

– Que Dieu te bénisse, barine.

Soucieux, Douchka déplia la lettre.

« Théodore,

Voilà presque dix années que tu m'as jetée hors de ta vie. Chaque jour a précipité ma déchéance, tué mes illusions, sapé mes efforts pour mener une existence honnête. Aujourd'hui je suis dans la misère, malade avec un enfant sur les bras, une fille qui a aujourd'hui cinq ans et que j'ai dû laisser à l'orphelinat des pauvres. Un avenir semblable au mien l'attend.

Je suis abandonnée de tous. Cet appel est ma dernière chance. Si tu ne me tends pas la main, dans un mois au plus tard je serai morte.

Je sais que tu crains Dieu. Ne suis-je pas une de Ses créatures, tout comme toi ? Tu auras à rendre compte devant Son tribunal de ta décision si celle-ci est d'ignorer ma requête désespérée. Te souviens-tu, Douchka, de l'Évangile : "J'étais seule, j'étais malade, et tu m'as ignorée" ? »

Théodore froissa rageusement la lettre. Elena n'avait pas changé. Manipulatrice, impitoyable, implacable. Il la connaissait si bien. Pouvait-il se débarrasser d'elle encore une fois en lui donnant de l'argent, en lui promettant de veiller à l'éducation de sa fille ? En avait-elle une seulement ? N'était-ce pas une perfidie supplémentaire pour le prendre à la gorge ?

Il dîna peu et se retira dans sa chambre. À peine pouvait-il rassembler ses pensées. À qui demander conseil ? Au pope ? Mais comme il ne fréquentait pas les offices religieux, il n'avait aucun lien avec lui.

Et si Elena se tuait ? Il porterait le poids de sa faute jusqu'à la fin de ses jours. L'emmener à Moscou ? C'était hors de question.

Elena avait été sa croix, et il était responsable de ce supplice. Il avait été lâche, sensuel, passif. Il fallait payer aujourd'hui cette cruauté involontaire due à sa veulerie. Jamais il n'avait eu envers elle le moindre sentiment amoureux. Mais de la pitié. Comment la société pouvait-elle rejeter une femme si jeune, presque une enfant, seule au monde ? Pouvait-il prétendre avoir des convictions progressistes s'il ignorait sa déchéance ? Il avait fini par être dépassé par la situation. Il l'avait désirée et elle s'était incrustée à Samarakov, lui mettant à dos ses relations, éloignant Alyona qui avait dû porter sur lui un jugement implacable.

Délivré d'elle, heureux, marié, père, il avait connu la douleur du veuvage et commençait à renaître à la vie, quand Elena surgissait à nouveau comme un mauvais génie. Il ignorait où elle habitait. Elle n'avait pas mis d'adresse sur le billet qu'elle lui adressait, afin qu'il ne puisse mener le jeu.

L'angoisse le tint éveillé une partie de la nuit. Il eut même des pensées abjectes comme de la faire éliminer.

Au petit matin, il pria devant l'icône de sainte Claire, celle que son grand-père vénérait. Cette femme, sa grand-mère, avait été elle aussi malheureuse, révoltée. Un sort jeté sur les Dionous ?

Il décida de profiter de cette belle journée de fin d'été pour s'occuper et s'interdire de penser. Une solution finirait par s'imposer.

Elena arriva le surlendemain dans une méchante voiture de louage : deux banquettes en bois se faisaient vis-à-vis où avaient pris place des paysans revenant à leur village, des marchands, leurs fruits et légumes dans des paniers posés à leurs pieds, des poules ou des canards encagés.

Svetlana revenait de promenade avec les deux enfants quand Elena sauta à terre. Cette femme, elle le sentit, était l'incarnation du malheur.

– Théodore Dionous est-il là ? demanda Elena d'une voix un peu rauque.

Très maigre, elle portait une vieille robe qui avait dû se prétendre à la mode, mais qui n'était plus qu'un assemblage de chiffons tachés, mille fois raccommodés. Ses cheveux d'un blond sale étaient rassemblés en chignon d'où pendaient des mèches de longueurs différentes.

– Attendez, ordonna la gouvernante.

Il fallait éloigner les enfants au plus vite.

39

Un instant, Alexia songea à se rendre au domicile de Rayan pour lui lancer des reproches acides en face de sa femme. Mais ce serait abject, indigne, elle ne devait pas s'abaisser ainsi. Elle décida de lui écrire, mais il fallait trouver des mots qui ne semblent pas dictés par l'hystérie d'une femme abandonnée.

Il lui fallait attendre quelques jours, se calmer. Il était hors de question qu'elle se confie à sa mère. En Angleterre, les jeunes filles semblaient insensibles à l'amour avant le mariage. C'est ce qu'on lui avait laissé entendre quand elle avait évoqué ses sentiments pour lui. Il ne fallait pas confondre les princes charmants des contes de fées avec la réalité. Et son prince était marié, père de famille.

Chez les Dionous, la vie avait repris un rythme presque normal. On attendait Antoine d'un jour à l'autre avec une extrême impatience. Iannis devait revoir son fils tant que sa tête restait à peu près claire. Il avait tant de choses à lui dire. C'était un lourd héritage qu'il allait lui confier. De son côté, Alexandra avait décidé de ne plus quitter son mari. Jamais il n'avait eu autant besoin d'elle. Sa mémoire disparaissait inexorablement.

Et Alexia lui causait de vifs soucis. Comme une niaise, elle était tombée dans les filets d'un homme connu dans toute l'Égypte pour être un séducteur. Rien n'avait pu la convaincre, Alexia était certaine qu'il divorcerait pour l'épouser.

Comme pour raviver ses plaies, la jeune fille continuait à passer devant la boutique de madame Hortense avant de faire demi-tour.

Un matin d'avril, quelques jours avant Pâques, alors qu'elle marchait, Alexia sentit une main se poser sur son épaule. Elle se retourna : Rayan lui faisait face.

– Je t'en supplie, dit-il d'une voix douce, ne me fuis pas. Nous devons parler.

– Parler de quoi ? interrogea Alexia d'une voix tremblante.

À peine tenait-elle sur ses jambes.

– De la lettre que je t'ai écrite. J'ai obéi à un instant de folie, que je ne me pardonnerai jamais.

De toutes ses forces, la jeune fille tentait de retenir ses larmes mais sa voix trahissait son émotion.

– Elle m'a fait beaucoup de mal, Rayan. Maintenant, laisse-moi, n'en parlons plus.

– Nous devons le faire, ma chérie. Il y a un petit café à deux pas d'ici. Installons-nous-y pour quelques minutes.

– Les femmes ne vont pas au café.

Rayan éclata de rire.

– Tu n'as pas changé, ma colombe. Toujours « il ne faut pas », « je ne dois pas ». Mais calme-toi, je connais le patron, il nous installera dans un coin tranquille.

Une force plus grande que sa volonté la poussa à suivre Rayan. Que lui voulait-il ?

À peine assis dans un coin sombre, il lui prit les mains.

– Je n'arrête pas de penser à toi, Alexia. J'ai été fou et je l'ai payé très cher. Me pardonnerais-tu ? Je te veux heureuse.

– En m'épousant ?

– Pourquoi pas ? Je me ferai orthodoxe, et nous pourrions être unis à l'Église.

Les mains d'Alexia tremblaient.

– As-tu parlé à ta femme ?

– Pas encore, mais je te jure qu'elle connaîtra ma décision irrévocable après les fêtes de Pâques.

– Mais mes parents ? objecta Alexia.

L'idée même de leur parler de Rayan la paniquait.

– On ne leur dira rien, on se mariera en secret. Après, tu verras, les choses s'arrangeront.

Rayan porta à ses lèvres les deux mains d'Alexia.

– Je t'adore.

Brusquement la jeune fille se leva.

– Ce que tu me proposes est insensé.

– C'est insensé d'être ma femme ? Cela n'a pas de signification pour toi ? Retrouvons-nous demain ici à la même heure. Tu me feras part de ta décision. Si tu le veux, je deviendrai orthodoxe la semaine prochaine. Un pope prononcera un jugement de divorce et nous mariera.

Le jour suivant, Alexia resta chez elle. Tout était si confus. Pourquoi avait-il écrit qu'elle n'était plus qu'une amie si c'était pour la demander en mariage deux semaines plus tard ?

Iannis et Alexandra avaient accepté de se rendre chez des amis grecs qui habitaient au bord du Nil. Alexia déclina l'invitation. Elle était comme une feuille que le premier souffle de vent pouvait emporter.

Le lendemain matin, Alexandra vint embrasser sa fille alors qu'une femme de chambre lui brossait les cheveux devant une coiffeuse française offerte par Iannis.

– Vous avez passé une bonne soirée, maman ?

– Les Lysias reçoivent à la perfection. Il y avait un Français, le comte de Marcellus, qui veut écrire un livre sur son voyage en Orient, Mohamed bey Lazagleou, un proche du pacha – un homme étonnant, et à ma grand joie, anglophile –, quelques Arméniens, et figure-toi, Rayan et sa femme, qui semblait tout à fait rétablie. Ton père et moi les avons évités, je me suis réjouie que tu ne nous aies pas accompagnés.

Alexia crut défaillir. Une colère froide l'envahit.

– Il ne vit plus avec sa femme.

– Ils sortent ensemble en tout cas, et paraissent en excellents termes. Et maintenant, pardonne-moi, ma chérie, je dois préparer l'arrivée de notre Antoine. Il devrait être à la maison ce soir. Peux-tu l'imaginer !

Alexia prit sa résolution. Le soir même, devant son frère, elle raconterait tout à ses parents. Il ne s'agissait pas de vengeance, mais de justice.

Dans la matinée elle reçut un billet.

« Ce que tes parents ont vu, ma chérie, n'a aucun sens. Une apparence mondaine. La vérité est dans mon cœur. Tu la connais. Viens demain au café, je t'y attendrai le cœur battant. Nous pourrons ensuite aller chez un ami. Là je prouverai à ma jolie fiancée combien je l'aime. »

Antoine arriva en fin d'après-midi. Iannis, Alexandra et Alexia pleuraient en le serrant dans leurs bras. On ouvrit une bouteille de champagne. Antoine avait forci, était plus large d'épaules, ses cheveux bouclés étaient coupés court et il portait un collier de barbe. Ses vêtements provenaient des meilleurs faiseurs londoniens.

– Victoire ! clama-t-il en levant sa coupe de champagne. Le marché anglais nous est acquis ! Papa, tu peux être fier de moi.

Il avait parlé en anglais, s'excusa.

– Vous savez, six mois passés là-bas me donnent des habitudes. Mais notre langue française est toujours là, ainsi que mon médiocre arabe.

Il tapa un doigt sur sa tête.

– Ma sœur, tu es plus belle que jamais.

Antoine fut assailli de questions par sa mère, Iannis restait plus réservé.

– Nous parlerons de tout ça demain matin au bureau, mon fils.

Alexia se taisait. Allait-elle avoir le courage de tout avouer à sa famille ? Comment réagiraient-ils ? L'enfermerait-on dans un couvent ? La marierait-on avec le premier venu pourvu qu'il fût d'une bonne famille et riche ? Devait-elle laisser passer quelques jours ? Mais si elle optait pour le silence, jamais elle n'aurait plus le courage de parler et Rayan serait vainqueur.

Le dîner fut joyeux. Antoine était fêté par tous, heureux d'être de retour chez lui après un long voyage très favorable aux intérêts de sa famille. La cuisinière avait préparé son gâteau préféré, celui aux amandes et à la crème parfumée à la fleur d'oranger.

– Et ici ? interrogea-t-il à la fin du repas. Quoi de neuf ? Le succès pour maman, j'en suis sûr, et pour notre petite Alexia ? Amoureuse ?

Il avait remarqué les trous de mémoire de son père, ses hésitations, mais voulait garder la conversation joyeuse.

– Quant à moi, poursuivit-il, n'ayant trouvé aucune jeune fille anglaise orthodoxe, je reviens aussi libre que je suis parti.

Alexia se leva.

– Ce que je vais vous dire est extrêmement pénible pour moi, mais je manquerais à l'honneur de notre famille si je me taisais.

D'une voix qu'elle n'aurait jamais cru pouvoir maîtriser, Alexia parla. La stupeur empêchait chacun de s'exprimer. Enfin ce fut Antoine qui interrogea sa sœur.

– Quand espère-t-il te revoir ?

Demain au café Youssef, dans la rue des Tisseurs.

Maîtrisant mal sa colère, Antoine demanda à un serviteur d'apporter immédiatement du papier, de l'encre et une plume.

– Écris, ordonna-t-il à sa sœur.

Toute trace de bonne humeur avait disparu de son visage, ses yeux avaient un éclat d'acier.

Alexia se laissa tomber sur une chaise, trempa la plume dans l'encrier.

« Je ne pourrai te rejoindre demain au café. Quelqu'un de confiance viendra te chercher de bonne heure pour t'amener chez

une amie qui nous attend. N'hésite pas, tu as mérité ce rendez-vous. »

– Ne signe pas, ordonna Antoine.

Il relut la lettre, la plia, appela leur maître d'hôtel égyptien.

– Fais porter ce pli à l'instant chez Rayan Arfouche.

Alexia passa une nuit affreuse. Pourquoi Antoine convoquait-il Rayan ? Où allait-il le rencontrer ? Pour un duel ? Non, cette pratique n'avait pas lieu en Égypte. Une simple altercation sans doute, où il lui cracherait son mépris au visage. Rayan avait beaucoup d'amour-propre. Riposterait-il ? Se battraient-ils ?

Alexia fut surprise et rassurée en voyant son frère le lendemain matin au petit déjeuner. Comment l'interroger ? Sans doute avait-elle paniqué pour rien. Quelqu'un avait dû emmener Rayan dans un coin perdu loin du Caire avant de l'abandonner après une simple correction. Berné, humilié, Rayan la haïrait. Une cruelle mais inéluctable fatalité.

Pendant le déjeuner, Antoine se mêla à la conversation, mais celle-ci languissait. Un malaise persistait. Il fallut qu'Alexandra rappelle à son mari qu'il devait avoir une longue conversation avec son fils au bureau. Antoine devait au plus vite être au courant de ses affaires. Le matin même, Iannis lui avait demandé le nom d'un ami qu'il connaissait depuis vingt ans. Grâce à un bras droit extrêmement capable, il n'y avait eu aucune erreur commise dans la gestion des affaires. En octobre se ferait une nouvelle récolte de coton. Les terrains avaient été ensemencés, les grains stockés pour un avenir que Iannis voyait toujours plus ambitieux. La production de tabac était déjà vendue, et la manufacture de savons tournait à fond, employant cinquante Égyptiens, hommes et femmes. Iannis se détournait peu à peu du commerce du sorgho et du fourrage, moins rentables. D'assez bonnes nouvelles arrivaient de Palestine, figues et olives se vendaient bien, mais le pays était sans cesse sous la menace de quelque violence. On craignait les Kurdes, les Syriens musulmans, les Ottomans, quand en Égypte Méhémet Ali faisait régner paix et prospérité. Ce petit marchand de tabac macédonien avait érigé un empire avec ses universités, son école de chimie, de physique, une école des Ponts et Chaussées, une des Mines, une autre de géographie.

Les écoles musulmanes et chrétiennes prospéraient au Caire. Un Français, Joseph Sève, que les Dionous estimaient beaucoup, était à la tête de ces fondations. Désormais l'élite cairote s'exprimait en français.

La médecine avait aussi fait un prodigieux bond en avant avec l'arrivée du docteur Clot, français lui aussi, qui venait de fonder une école déjà réputée.

Ce fut après le déjeuner que la bombe explosa. Iannis, comme chaque jour, lisait le journal. Soudain il poussa une exclamation.

– Écoutez : « On a retrouvé hier sur une berge du Nil le corps du célèbre bijoutier Rayan Arfouche. La piste d'un assassinat est privilégiée, par étranglement sans doute. On commence une enquête. Tous ses proches seront questionnés. »

Antoine était livide, Alexia éclata en sanglots. Iannis et Alexandra s'observaient, cherchant une réponse dans les yeux l'un de l'autre. Enfin, d'une voix à peine perceptible, Iannis murmura :

– Tu l'as fait étrangler, mon fils ?

Les Dionous furent interrogés. Nul n'ignorait les liens qui unissaient Rayan à leur fille Alexia. Madame Hortense avait parlé, un tenancier de café, qui se disait ami de Rayan, s'était rendu de lui-même à la police pour cracher ce qu'il savait.

Alexandra tenait sa fille enfermée dans sa chambre. En aucun cas, elle ne devait être mêlée à ce scandale. La riposte de Iannis fut immédiate. Il se rendit chez le pacha, sollicita une entrevue qui lui fut accordée. Les Dionous étaient généreux, ils payaient leurs impôts, avaient fondé un hôpital et deux écoles. Tout le monde les estimait au Caire, alors que la réputation de Rayan Arfouche était équivoque, salie par des histoires de femmes. Beaucoup désiraient le voir disparaître. Antoine pas plus qu'un autre. L'affaire fut enterrée, et la veuve priée de regagner la Syrie avec ses trois enfants.

Mais cette décharge d'énergie, son désespoir, sa colère avaient abîmé les dernières forces de Iannis. Il ne quitta plus sa demeure.

Antoine se rendait au bureau tous les jours, accompagné par le bras droit de son père. Il s'était rapidement impliqué dans ses affaires. En accord avec son fils, Alexandra avait quitté Le Caire pour Beyrouth. Elle allait rendre visite à ses cousins en compagnie d'Alexia. Elle leur apprendrait le drame qu'ils avaient traversé et persuaderait sa fille de vivre un an ou deux chez eux. La famille libanaise veillerait sur elle. Le temps passerait. Elle oublierait.

40

Chaque jour, Théodore guettait le courrier, mais la voiture de poste s'arrêtait peu à Samarakov. Les rares missives venaient plutôt de Valentina. Grégory se contentait de respecter les convenances dues par un fils à son père. À dix-huit ans il venait de rejoindre le collège des Sciences, et louait un appartement meublé. Tina et Svetlana résidaient à Moscou dans la maison qu'il n'avait jamais occupée, mais où les deux femmes semblaient beaucoup se plaire.

Qu'il pleuve, qu'il vente ou qu'il neige, à trois heures Douchka se postait sur le perron face à l'allée menant à l'entrée du domaine. Parfois, il recevait une lettre d'un ancien ami qui le tenait informé du résultat de leurs engagements. L'abolition du servage, que le tsar le veuille ou non, allait être décrétée. Dans un an, dans cinq ans, peu importait, c'était un chemin sans retour. Le livre de Gogol, *Les Âmes mortes*, avait ébranlé les consciences. La littérature devenait un champ de bataille politique, elle s'imprégnait d'une idéologie culturelle. Le plus puissant des jeunes écrivains était Fédor Dostoïevski. Malgré tout, la société russe continuait à végéter dans la résignation et l'attachement à l'Église orthodoxe.

Quelques années plus tard, le nouveau tsar Alexandre II avait décidé de secouer l'inertie de son père Nicolas. Il œuvrait à la modernisation de la Russie, tout en gardant intact son pouvoir absolu. Quel défi impossible, il fallait une révolution.

Théodore reposait ce genre de lettres sur son bureau. Il était las, se sentait inutile, incapable de bouleverser sa situation actuelle pour regagner Moscou. Il n'éprouvait aucun amour pour Elena, pourtant, après toutes ces années, elle le retenait par la sensualité. Comme une araignée, elle avait tissé sa toile autour de lui, et lui avait injecté le poison du plaisir et du ressentiment.

Ses anciens amis voulaient lutter contre le servage ? Contre l'autocratie ? Mais que faisaient-ils d'autre que de dénoncer ces réalités ? Lui avait libéré ses serfs. Étaient-ils plus heureux ? La plupart poursuivaient leur existence ancestrale. Quelques-uns étaient partis s'installer en ville et espéraient trouver un travail mieux rémunéré.

Quant aux révolutionnaires, ils n'étaient qu'une poignée de nobles ruinés, d'officiers et de fonctionnaires subalternes, d'autres qui, comme lui, avaient voulu échapper au pittoresque pour peindre la réalité russe. Il était fier de ses tableaux. Des marchands d'art de Moscou et de Pétersbourg le suppliaient de continuer à peindre. S'il devait le faire, ce serait pour montrer un homme enchaîné devant lequel dansait une femme outrageusement maquillée. Leurs regards à tous deux auraient quelque chose d'égaré. Le servage, c'était cela aussi. Il avait tout perdu, volontairement.

Parfois il se demandait si l'atavisme Dionous n'était pas trop lourd à porter : sa lignée n'avait su que produire des génies, des mystiques adulés et marginalisés, des solitaires, avec leur lot de malheurs et d'utopies. Mais chacun d'entre eux avait su exprimer sa personnalité à travers l'art.

Dans ses lettres, Valentina lui apprenait qu'elle suivait une école d'art, avait des amies, mais ne fréquentait pas les cercles mondains où par ailleurs elle n'était pas invitée. Des vieux amis de son père, il ne restait qu'une comédienne qui ne semblait pas en odeur de sainteté, mais qu'elle respectait et admirait : Vera

Petrovna Rakitine. Elle lui avouait avoir connu Douchka lorsqu'il avait quinze ans, avant son soudain départ pour Samarakov. Elle n'était à l'époque qu'une toute jeune fille qui avait la tête pleine de rêves et était tombée amoureuse de lui.

Grischa venait presque tous les dimanches déjeuner chez sa sœur. Il était grand et beau, fier de sa moustache couleur des blés. L'après-midi, les jeunes gens se promenaient ensemble, évoquant rarement le passé, et jamais Elena que tous deux haïssaient. Par Svetlana qui était l'épistolière la plus fidèle, Douchka savait que les enfants la surnommaient Baba Yaga. Il en souriait. Comment était-il parvenu à cette indifférence ? Et pourtant il aimait passionnément Samarakov, s'intéressait beaucoup à ses enfants. Mais ils étaient loin. Quand l'absence ne sublime pas les sentiments, elle les émousse.

La lettre de Grégory lui tomba des mains. Son fils annonçait son arrivée prochaine avec Valentina et son fiancé, un élève des Beaux-Arts qui se destinait à la sculpture, un garçon de qualité dont la famille, bien que sans fortune, jouissait d'une excellente réputation.

« *Nous arriverons au début du mois de juin,* précisait-il, *nous pourrons tous ensemble célébrer mes vingt et un ans et mon diplôme universitaire. Donc, fin avril au plus tard, la sorcière doit enfourcher son balai et déguerpir. Samarakov appartient aux Dionous. Et s'il le faut, je ferai valoir les droits de la famille par la force. Cette décision, mon père, est prise pour notre bien à tous. D'ici une semaine, je lui enverrai une lettre, et j'ai demandé à notre intendant de ne pas vous quitter. Installez-vous dans la maison annexe, et surtout ne communiquez pas avec elle. Ceci est le souhait le plus aimant qu'émettent vos enfants. Tout le personnel de Samarakov saura que, s'il vous arrive le moindre ennui, elle et elle seule sera tenue pour responsable. Je ne vous le cache pas, je vais la menacer. Cette femme est veule, lâche et stupide, jamais elle n'osera m'affronter.* »

Assis, Théodore prit sa tête entre ses mains et pleura. À l'irritation de voir son fils prendre le contrôle de sa vie se mêlait une soudaine lucidité. Son attitude envers Elena était si trouble. D'un côté, il la détestait pour avoir pris la place d'Alyona, de l'autre, ses caresses lui donnaient l'illusion d'être un homme désirable, d'être capable de jouir. Qu'avaient-ils d'autre en commun ? Rien. Ce constat était un sentiment d'échec, la ruine d'une illusion. En la secourant la première fois, il avait donné une réalité à ses convictions : les êtres humains étant égaux, seule la chance avait servi les uns et desservi les autres, le hasard de la naissance, la filiation. Elena était courageuse, mais sa route n'avait d'autre issue qu'un métier de servante ou d'ouvrière. Elle n'avait pas choisi sa vie, et ne pouvait espérer d'autre avenir que l'hôpital et une mort prématurée. Il avait sincèrement voulu lui donner sa chance et il avait perdu. Quand elle s'était présentée à Samarakov après la mort d'Alyona, il aurait dû la jeter dehors, mais il n'en avait pas eu le courage. Il avait même fait parvenir à l'orphelinat une somme d'argent destinée à l'éducation de la fillette et à lui procurer une petite dot. En offrant cette somme à l'établissement, il avait exigé que l'enfant apprenne un métier honorable – couturière, cuisinière ou blanchisseuse.

De quoi ces gestes l'affranchissaient-ils ? D'être un bâtard comme beaucoup de ces miséreux ? D'avoir choisi une autre manière de peindre que celle de la longue tradition familiale ? D'avoir en quelque sorte trahi ses ancêtres ? D'avoir jeté Alyona en pâture à des êtres qu'il avait surestimés ?

Face à un père escamoté, une mère prestigieuse, il n'avait pu obtenir confiance en lui-même qu'en peignant. Les succès qu'il avait remportés à Pétersbourg comme à Moscou étaient bien loin. Ce qui demeurait présent et éternel en lui était le souvenir de sa mère et de sa femme.

Comment ces retrouvailles avec les enfants allaient-elles se passer ? Il avait quitté un garçonnet et allait découvrir un homme, ainsi qu'une fille qui allait fonder une famille. Mais auparavant, il fallait absorber une pilule bien amère. Il devait, ordonnait son fils, s'installer dans la maison où il avait passé sa jeunesse, libre alors, la tête pleine de rêves, et ne pas en souffler mot à Elena. Comment s'y prendre ? Grischa avait parlé d'écrire sa lettre dans moins d'une semaine, il devait donc déménager petit à petit ce à quoi il tenait dans cette maison, et qu'il offrirait en cadeau de mariage à Valentina.

Deux jours avant l'arrivée probable de la lettre fatidique, il annoncerait à Elena qu'il s'absenterait quelques jours. Sans autre explication. Il attendrait l'arrivée de ses enfants chez un des boyards des environs avec lequel il avait conservé des liens sinon d'amitié, du moins de sympathie. Vladimir son domestique saurait où le joindre.

Imaginer les cris, les larmes, les menaces, la violence même d'Elena lui était insoutenable. Lâche il avait été, lâche il allait se montrer.

Ce ne fut que dix jours plus tard qu'il reçut la visite de Vladimir. Ses enfants venaient d'arriver à Samarakov et l'attendaient avec la plus grande impatience.

– Et madame Elena ? balbutia-t-il.

– Vous ne la reverrez plus.

Théodore comprit qu'il ne devait pas chercher à en savoir davantage. D'autant que son ami lui avait longuement parlé. Comme bien des hommes, Douchka avait supporté l'insupportable. Pourquoi croyait-il que lui-même était resté célibataire ? Ne savait-il donc pas que sous leurs châles et leurs coiffes de dentelle, avec leurs doux sourires et leurs gestes gracieux, maintes femmes étaient dominatrices et cruelles ? À peine la bague au doigt, elles tâtaient le terrain. Si le sol était meuble, elles comprenaient qu'elles étaient en position de force et usaient de tous les pouvoirs qu'octroie la tyrannie. Lui, Douchka, faisait hélas partie de cette catégorie. Alyona et lui avaient trouvé un bel équilibre, c'était un cadeau de Dieu. Mais par malheur il s'était retrouvé sans famille, sans proche ami pour lui ouvrir les yeux. Comme un animal blessé, il s'était tapi dans sa tanière. Et Elena en avait profité.

Le silence de Théodore était éloquent pour son ami.

– Et tu as même arrêté de peindre.

– Je n'avais plus d'âme.

– Une âme morte, plaisanta son ami. Eh bien, notre bon tsar les a ressuscitées. Tu vas, toi aussi, renaître à la vie, et je demande à être le parrain du premier enfant de Valentina. Marie-la à Samarakov. Laisse entrer à nouveau le soleil dans ton domaine.

Les retrouvailles bouleversèrent tant Douchka qu'il dut s'aliter. Grischa était un bel homme. Grand et mince, mais sans fragilité, doté du menton volontaire de sa grand-mère, allié à la douceur et la détermination du regard de son grand-père Kolia. Valentina était plus jolie que belle avec ses traits fins, ses beaux yeux mordorés soulignés d'épais sourcils, sa grande bouche et son menton un peu mou. Elle avait la taille fine, de jolies mains, beaucoup de grâce. Son fiancé Piotr avait des cheveux raides tombant à hauteur des épaules, un visage mince, des yeux très noirs, un sourire un peu crispé. Ses mains étaient celles d'un sculpteur, larges et fortes, mais les doigts étaient longs, les ongles taillés au carré.

Le lendemain Théodore fut sur pied et ils purent tous entreprendre une longue promenade dans ce jardin qui leur était si cher. Grâce au jardinier, le petit potager de Valentina avait survécu et produisait des fraises, des groseilles, les arbres fruitiers étaient chargés de poires et de pommes encore vertes. Les vieux chiens reconnurent aussitôt leurs maîtres, et se précipitèrent à leur rencontre.

Svetlana s'était installée chez une de ses sœurs qui habitait près de Moscou, pour y jouir d'un repos bien mérité. Régulièrement elle venait rendre visite à ses petits et avait béni les fiancés.

Le soir on but du champagne, de la vodka. Personne n'évoqua le fantôme d'Elena. Pire que d'être assassinée, elle avait été effacée. Théodore avait mis un cadenas à la chambre de sa maîtresse. Jamais plus elle n'y pénétrerait.

Les préparatifs pour le mariage de Piotr et de Tina se concrétisaient. La cérémonie était fixée pour la mi-juillet. Les parents de Piotr, ses deux sœurs viendraient à Samarakov et resteraient une dizaine de jours. À cette saison on pourrait cueillir des brassées de fleurs, les disposer dans toute la maison en bouquets. Svetlana allait faire le voyage pour voir « son bébé », sa chère Valentina, dans une robe de mariée confectionnée à Moscou par une couturière française. Piotr refusait de porter l'habit et serait en costume de fête russe, celui que tous les mariés arboraient dans les villages : une ample blouse écrue ceinturée d'un foulard rouge, un pantalon large resserré sous les genoux, des bottes en cuir d'agneau. Théodore avait choisi de rester en costume européen. Il mènerait sa fille à l'autel en veste ajustée gris fer courte devant et à longues basques, avec un gilet de soie carmin, comme la ceinture de son gendre, une cravate de mousseline nouée autour du cou.

Pour les noces de la fille du barine, le pope, un nouvel arrivé, avait sorti des placards de la sacristie une précieuse chasuble brodée, vieille de deux cents ans que son prédécesseur n'avait jamais osé revêtir.

Ce fut une journée parfaite. Valentina était rose de bonheur, et la belle tenue de Grégory avait impressionné les invités, de l'aïeule à la fillette.

Le souper se prolongea fort tard, le champagne, la vodka, les vins grecs et allemands coulèrent à flots. À minuit les jeunes mariés rejoignirent « l'annexe », celle de l'enfance de leur père, le reste des invités logeant dans la grande demeure au porche entouré de colonnettes.

Il faisait à peine jour quand Douchka sentit qu'on lui touchait l'épaule. Il se redressa. Embarrassé, un des jardiniers, le vieil Anatole, se tenait à côté du lit, son bonnet à la main.

– Barine, j'ai une mauvaise nouvelle pour vous.

– Un des enfants ? s'écria Douchka.

Il avait sauté hors de son lit, passé une robe de chambre.

– Non, barine, Dieu soit loué. Mais ce matin, en faisant ma tournée derrière l'annexe, j'ai cru distinguer une tache dans le lac. Je me suis avancé avec un bâton et j'ai tiré un corps sur la rive. C'était celui de madame Elena.

Théodore se laissa tomber sur le lit. Elena était revenue en cachette et, pour le punir de son bonheur, avait mis fin à ses jours pendant que tous festoyaient à Samarakov. C'était un coup de poignard.

– Où est le corps ? balbutia-t-il.

– Je l'ai mis dans une brouette et porté chez moi pour ne pas créer de scandale, barine. Vous savez combien ici les mauvaises langues donnent cours aux pires malveillances.

– Rentre chez toi, mon cher Anatole. Je m'habille et j'arrive. On ne parlera qu'au pope. Je ne veux à aucun prix perturber ma famille.

Le jardinier recula d'un pas. Comme les autres serviteurs et les habitants du village, il méprisait cette femme qui déshonorait son maître et faisait horreur à Dieu Lui-même.

– Toute souffrance a un terme, barine.

Elena fut couchée dans un cercueil en bois de pin confectionné par Anatole et son fils. Dans la mort, elle avait trouvé une sérénité qui rappelait sa beauté d'autrefois. On avait posé un châle sur ses épaules, une croix sur sa poitrine. Théodore regarda une dernière fois ces mains, cette bouche qui avaient su si bien l'envoûter.

Après d'âpres discussions et une généreuse donation à

l'église, le pope accepta d'ensevelir la suicidée dans un coin reculé du cimetière et de réciter quelques prières. Trop jeune pour être indulgent envers les grands pécheurs, il ne voyait aucun salut pour cette femme. Mais refuser de prier n'était-il pas également un péché ?

Le lendemain, prétextant un marchand de tableaux qui le pressait d'exécuter la commande d'un riche client, Théodore partit pour Moscou. Ses enfants lui permettaient-ils d'installer un atelier dans la remise ?

Valentina, Grégory et le reste des invités furent trop stupéfaits pour argumenter. N'était-il pas chez lui à Moscou ? Svetlana consentit à reprendre du service pour veiller sur lui. Elle n'avait pas ouvert la bouche, mais Théodore était sûr qu'elle savait.

41

Antoine dirigeait de main de maître les affaires de son père. Le pacha Saïd poursuivait la même politique tolérante et ouverte sur l'Occident que son père Méhémet Ali. Il encourageait le négoce qui l'enrichissait, et n'avait fait aucune objection à l'achat de vastes terres autour du Caire par les Dionous. Le prix du coton ne cessait de monter, et Antoine avait pu consolider ses liens avec l'Angleterre, dont la demande croissait sans cesse. Des troubles avaient surgi dans le sud des États-Unis. L'esclavage était de plus en plus critiqué par les États du Nord.

Veillé par Alexandra, Iannis ne quittait plus sa maison. Facile, doux, mais terrassé par de subites crises de colère, il était redevenu un enfant. L'après-midi il aimait être dans son jardin, sous la treille ou devant la pelouse selon la saison. Parfois il se souvenait d'Alexia, demandait de ses nouvelles. Où était-elle ? Alexandra lui réexpliquait d'une voix tranquille qu'elle était chez ses cousins à Beyrouth, heureuse. Elle fréquentait un jeune Libanais de bonne famille.

– Orthodoxe ? l'interrompait Iannis.

– Oui, assurait Alexandra, tu peux être tranquille. Et par ailleurs on ne parle même pas de fiançailles.

– Il n'est pas marié au moins ? insistait Iannis.

– Il est célibataire, le cadet d'une famille aisée vivant dans la même rue que les deux branches Dionous.

Satisfait, Iannis souriait.

Les Dionous étaient à l'avant-garde de la modernité en Orient : couteaux, cuillères, fourchettes n'avaient plus de secrets pour eux, et ils étaient en vermeil pour les réceptions. Leur service de porcelaine venait de la manufacture de Sèvres. L'art de la table occidental se généralisait au Caire comme à Beyrouth, au détriment des coutumes turques. Même la gastronomie s'était métamorphosée avec l'arrivée de cuisiniers français et italiens. On voyait désormais sur les tables jambon, salamis, macaronis et fromages français. Ces mets marquaient un statut social, comme les vêtements à l'européenne. Les « nannys » des enfants venaient d'Angleterre ou de France. Chez les Dionous, aussi bien à Beyrouth qu'au Caire, tout le monde parlait français dès l'enfance avec ce qu'il fallait d'arabe pour se débrouiller auprès des autochtones. Seul Antoine le parlait bien, la quantité des affaires qu'il traitait avec l'Orient l'exigeait.

Poussés par les Anglais, les Kurdes avaient massacré des familles entières de chrétiens en Syrie. Il y avait également eu des tueries à Beyrouth, et surtout à Deïr-el-Qamar et Saïda. Alarmés, les Dionous cherchaient par tous les moyens à en savoir davantage. D'un côté arrivaient de bonnes nouvelles : à Beyrouth, tout le monde était sain et sauf ; de l'autre, des nouvelles déchirantes : en Syrie, la descendance Dionous qui s'y était enracinée avait été égorgée, la plus jeune victime avait trois mois. D'un commun accord, les héritiers des Dionous de Palestine, d'Égypte et du Liban décidèrent de donner les terres des défunts au clergé orthodoxe. Les vendre aurait signifié « obtenir le prix du sang ». Cette tragédie témoignait clairement de l'impuissance collective des Européens, leur acceptation d'actes isolés pour servir des intérêts particuliers, attisés par les rivalités entre pays, surtout entre la France et l'Angleterre. Toute confiance en la Turquie s'était à jamais évanouie.

– La France va intervenir, assura Antoine à sa mère, le

peuple a confiance en elle. On dit que des troupes vont débarquer incessamment en Syrie et au Liban.

Alexandra ne répondit pas. Elle haïssait la complicité anglaise, mais ne critiquait jamais ouvertement son pays. Le Proche-Orient n'était plus qu'une partie d'échecs qui se poursuivait depuis des siècles entre les puissances européennes.

À Beyrouth, la population chrétienne attendait avec impatience les soldats français. Ce geste de la France était le seul qui puisse les consoler des horreurs subies. Les chrétiens fuyant Damas étaient accueillis à Beyrouth même si les plaies y étaient encore ouvertes : huit mille chrétiens avaient péri en Syrie. L'exode était pitoyable. Des familles entières marchaient parfois pieds nus, des mères portaient leurs bébés dans des châles noués autour de leur poitrine, les vieux s'appuyaient sur des cannes. Ânes, mulets peinaient sous les fardeaux, les hommes traînaient des charrettes où s'entassaient des enfants.

– Ils sont plus de mille à Beyrouth, lut Antoine.

Il reposa le journal. Cette journée de la fin d'octobre était très belle, il ferait doux jusqu'en janvier.

Il avait fait transférer une somme importante à la banque de ses cousins libanais afin de construire des abris pour les réfugiés, de leur distribuer des vivres, de les vêtir. Sa sœur Alexia, mariée et mère d'un garçon, avait accueilli dans sa maison près du port un jeune ménage syrien qui avait deux fillettes. Son mari avait promis de leur trouver un logement dès que possible, mais leurs protégés s'entêtaient à vouloir regagner Damas dès le calme revenu.

– Si les chrétiens abdiquent, expliquaient-ils, c'en est fini de la Syrie chrétienne. Ce pays fut le nôtre depuis l'évangélisation des premiers disciples du Christ.

Un an plus tard, l'euphorie régnait en Égypte. Les commandes de coton égyptien à destination de l'Angleterre bondissaient grâce à la guerre civile aux États-Unis qui rendait incertaines leurs livraisons en Angleterre. Les Dionous étaient prêts à prendre la relève.

Iannis ne put voir l'aboutissement de ses rêves et de ceux de sa mère. Il s'était éteint paisiblement dans son sommeil. Depuis plusieurs mois il ne reconnaissait plus aucun membre de sa famille, sauf parfois, fugitivement, Alexandra.

Elle se contentait désormais d'un rôle d'intendante, elle n'avait plus la force d'entreprendre des expéditions en haute Égypte. Des archéologues français, anglais, allemands accomplissaient un travail remarquable. On la consultait souvent pour dater une pièce, l'identifier. La mort de Iannis ouvrait, elle ne l'ignorait pas, le dernier chapitre de sa vie. Elle savait Alexia heureuse, et espérait voir enfin Antoine se marier et lui présenter son premier petit-enfant Dionous. Mais il ne semblait pas former de projets matrimoniaux. Plus encore que son père, les affaires l'accaparaient. Et pourtant ils étaient riches, qu'ambitionnait-il de plus ? Sa famille à elle s'était éteinte dans la pauvreté en Angleterre, ruinée par l'entretien de leurs domaines, le train de vie qu'ils avaient essayé de maintenir coûte que coûte. Ses derniers parents travaillaient dans des bureaux à Londres pour de modestes salaires.

Et lord Percimon avait été foudroyé par une crise cardiaque aux pieds de la déesse lionne Sekhmet arrachée à un petit temple près de Louxor. On avait parlé de malédiction. Alexandra en avait souri : ce n'était pas les dieux qui condamnaient les hommes, mais leur insatiable soif de pouvoir et de richesses.

Le rêve de creuser un canal reliant la mer Rouge à la Méditerranée par le détroit de Suez devenait une réalité. La Compagnie du canal de Suez s'employait à rassembler des fonds pour cette gigantesque entreprise, et les souscripteurs étaient nombreux. Un Français, Ferdinand de Lesseps, avait pris la direction du projet en accord avec le khédive, qui détiendrait quarante-quatre pour cent des actions, le reste était vendu à des particuliers français ou anglais. Contrairement à une autre grande famille orthodoxe d'origine syrienne qui possédait des terres immenses le long du Nil plantées de coton et d'arbres fruitiers, les Dionous se tinrent en retrait. Les différends entre la France, l'Angleterre et l'Égypte ne cessaient de créer des problèmes.

Malgré les apparences, Antoine avait déjà choisi sa future épouse. Tessa Zenallah n'avait que vingt ans, il lui fallait donc convaincre ses parents que leur grande différence d'âge était sans importance pour elle. Quel meilleur parti pour leur fille pouvaient-ils espérer ?

Le temps venu, on ne parlerait plus au Caire que de ce futur mariage, un événement. Tessa était ravissante, grande et mince jusqu'à la maigreur. Elle portait avec une parfaite élégance les robes venues de Paris. Éduquée par des préceptrices françaises, elle avait de l'instruction et de jolies manières. Son père, proche du roi d'Arabie, avait été nommé « émir », et on s'adressait à elle en mentionnant son titre d'émira[1]. Les jeunes gens du Caire enviaient aujourd'hui Antoine, cet homme mûr qui avait su ravir une telle beauté. Seuls ses proches savaient que sa désinvolture, son élégance parfaite masquaient une implacable volonté et une certaine brutalité.

Depuis la violente élimination de Rayan, Alexandra s'était mise à craindre son fils. Sous son aspect de gentleman anglais, c'était un vrai Oriental. S'il avait joui de toutes ses facultés, Iannis aurait-il agi de même ? Sans doute. Et son père, et le père de son père également. Préserver l'honneur des jeunes filles de la famille était dans leur sang. Une fois mariées, elles se débrouillaient avec leur mari et leur conscience. Elle-même avait eu une courte aventure avec un archéologue anglais, le temps d'un chantier de fouilles, puis chacun était reparti chez soi. Elle n'en gardait ni remords ni regrets. L'homme de sa vie

1. Princesse.

était Iannis, avec ses sautes d'humeur, son inébranlable attachement aux siens et un dévouement sans limite pour ses amis.

Antoine habitait toujours la maison familiale. Elle le voyait à l'heure des repas. Ils devisaient des événements nationaux et internationaux, des uns et des autres, mais jamais d'Alexia. Il avait refusé d'assister au mariage de sa sœur, non par hostilité, mais parce qu'il craignait que sa présence ne gâche ce jour de fête.

Toutes les semaines, Alexandra recevait des nouvelles de sa fille, qui ne cessait de répéter que tout allait bien et qu'elle était heureuse. Mais Alexandra savait qu'une blessure la déchirait toujours. Comment Rayan était-il mort ? Avait-il pensé à elle alors qu'on l'exécutait ? L'avait-il maudite pour avoir abusé de sa confiance ? Était-ce elle qui, en se confiant à sa famille, avait signé son arrêt de mort ? Mais quelle autre conduite aurait-elle pu adopter ?

En juin, Alexandra décida de se rendre avec Antoine à Beyrouth. Ils logeraient chez les petits-enfants de Clément, le frère de Manuel. Les Dionous libanais avaient ouvert des succursales de leur banque, non seulement en Égypte, mais aussi en Syrie et en Turquie. Ils revenaient en conquérants dans la ville qui avait chassé leurs ancêtres à coups de sabre.

Avant de quitter Le Caire pour Alexandrie puis Beyrouth, Antoine insista pour faire une visite « officielle » aux Zenallah, durant laquelle on évoquerait solennellement les fiançailles. La réponse au billet adressé par Alexandra fut immédiate. Les Zenallah et Tessa les attendaient pour un dîner informel.

Alexandra sourit en repliant le carton. Rien ne pouvait être informel chez eux. Ils avaient un maître d'hôtel indien, des valets de pied, des cuisinières, deux cochers, d'innombrables jardiniers qui prenaient soin de leur féerique jardin à l'anglaise sur les rives du Nil.

Passé la grille d'entrée, la voiture des Dionous attelée de

deux chevaux suivit une large allée bordée de palmiers, au bout de laquelle surgissait la résidence avec ses arcades au premier étage. Un double escalier menait à la porte d'entrée.

– Quel honneur de vous recevoir, lança Kamal Zenallah depuis le seuil. Une grande archéologue, un homme dont on vante partout les mérites !

Quoique les deux familles se connaissent depuis longtemps, l'émir Kamal Zenallah tenait au cérémonial, mais l'homme était chaleureux, amical. Intelligent et habile, il avait su jouer un rôle politique tout en faisant fructifier ses affaires.

Sa femme l'émira Karima se tenait derrière lui. Vêtue d'une robe en soie émeraude aux manches longues, le décolleté dissimulé par un fichu de dentelle, elle était encore belle, mais n'avait pas la grâce de sa fille.

La nuit tombait. La lueur des flambeaux, portés sur chaque marche de l'escalier par des valets vêtus de blanc ceinturés de rouge et coiffés de chéchias rouges, vacillait dans la brise vespérale. Le frère de l'émira et sa femme étaient présents, ainsi que la marraine de Tessa, une veuve un peu sèche à la peau olivâtre. Très attachée à sa filleule et sans enfants, elle en avait fait son héritière. « Avec de bons canaux d'irrigation, l'or ne déborde jamais », plaisantait Kamal.

Le dîner fut joyeux. Alexandra avait l'impression de passer un week-end chez un lord anglais. Elle appréciait les Zenallah, Iannis les estimait beaucoup, et la communauté grecque orthodoxe d'Égypte leur vouait un infini respect.

Au dessert, lorsque l'on servit le champagne, Antoine se leva. Au nom de son père, « hélas décédé », il demanda pour lui-même la main de Tessa.

Les Zenallah sourirent, la marraine pour une fois se dérida.

– Qu'en penses-tu, ma fille ? interrogea Kamal.

Tessa n'était pas du genre à rougir, ni à baisser les yeux.

– Je souhaite de tout cœur être la femme d'Antoine.

– Alors, déclara Kamal en levant sa coupe, la décision est

prise. On vous fiancera devant les saintes icônes en présence d'un pope.

– Laissez-moi le temps de préparer le mariage, ajouta Karima. Un mois ? Cela vous convient ? Antoine, tu es désormais chez toi ici. Viens quand il te plaira.

Elle se leva, serra Alexandra puis Antoine dans ses bras. Alexandra pensa à Iannis. Quand il montait, enfant, son petit commerce de poissons du Nil, aurait-il pu rêver à un jour pareil ?

On prit le thé et le café dans la bibliothèque, qui comptait de rares éditions françaises, anglaises et italiennes.

La conversation tomba bien sûr sur le déroulement des travaux du nouveau canal. La Grande-Bretagne et l'Empire ottoman avaient eu raison d'interrompre le chantier pour embaucher, non pas des esclaves, mais des ouvriers étrangers. Le Moyen Âge était mort, on vivait une époque de mécanisation sans précédent.

– On travaille déjà, affirma Kamal, à l'embellissement du Caire pour accueillir l'empereur et l'impératrice des Français, et bien d'autres personnalités. Un opéra, un musée d'égyptologie, un petit palais sur l'île de Guézireh. L'architecte autrichien Julius Franz est déjà sur place, je l'ai croisé hier. Il projette une construction néoclassique, une riche décoration intérieure, un parc planté d'essences rares, un lac artificiel. Et les rues vont être pavées, des places créées. Peut-on imaginer notre vieille ville devenir une cité occidentale ?

– Alexandrie n'échappe pas à cette fièvre, vous le savez, ajouta Antoine. Figurez-vous qu'on veut même moderniser Gablary[1] ! Pour assainir les maisons de ces pauvres gens après l'épidémie de choléra, on a brûlé leur mobilier, matelas et couvertures compris. Où vont aller ces malheureux ? On peut à peine circuler dans notre rue Rosette où s'accumulent les pavés

1. Quartier pauvre d'Alexandrie.

dont la pose traîne. Le port n'a plus assez de quais pour répondre à l'augmentation du trafic maritime.

– N'est-ce pas dû au développement massif de la culture du coton ? nota Kamal. Alexandrie est devenue la capitale du roi coton. On ne peut tolérer une ville sale, sans égouts, sans éclairage. Mais avec les caisses vides du Trésor, où allons-nous ? Dieu seul le sait.

42

Théodore s'était définitivement installé à Moscou. Il jouissait dans la maison familiale d'un petit appartement, et la remise lui servait d'atelier. Désormais il n'exécutait plus que des tableaux représentant la nature, parfois violente avec un orage, un incendie, parfois apaisée avec un champ couvert de fleurs sauvages, une rivière serpentant entre des joncs et des sous-bois ensoleillés. À Saint-Pétersbourg, une veuve issue de la noblesse veillait sur son renom et le grondait de s'être éloigné du style qui avait fait son succès. Il avait été si innovant !

Des collectionneurs d'Europe occidentale s'intéressaient à lui. Théodore laissait sa riche mécène s'activer, rêver aussi. Mais comment vendre un artiste sans connaître le fond de son âme ? Vera Alexandrovna comtesse Koubachov ignorait tout d'une vie partagée entre les ténèbres et la lumière, sa pureté et ses indignités.

Chez lui, tout sentiment était orienté vers la douleur. Douleur d'avoir jusqu'à l'adolescence ignoré qui était son père, douleur d'être un privilégié. Douleur d'éprouver un plaisir intense à peindre une déchéance qu'il aurait connue ?

L'engouement de certains amateurs d'art pour un tableau, tout en se désintéressant du peintre, le laissait perplexe. La comtesse Koubachov le pressait de renoncer à sa période noire, mais elle ne soupçonnait pas les souffrances qu'il avait subies. Elle le conjurait de venir passer quelques semaines à Pétersbourg. S'il s'y rendait, il savait qu'il y retrouverait d'anciens camarades de lutte politique, mais c'était trop tard. Le flambeau, il l'avait passé à ses enfants. Tous seraient réunis pour Noël. Ils se rendraient à la messe de Noël, ce serait une fête de famille, fête que son grand-père et sa mère n'avaient jamais vraiment prisée. Lui, pour qui autrefois la seule religion était le socialisme, revenait pas à pas vers la foi de ses ancêtres. Plusieurs icônes écrites par les Dionous étaient alignées entourées de bougies sur une console du salon, d'autres étaient accrochées dans sa chambre au-dessus de son lit.

Grischa allait bientôt rejoindre un laboratoire de recherche sur l'atome à Vienne. Tina était éblouie par les sculptures de Piotr qu'elle comparait à celles des grands maîtres de la Renaissance, même si la quasi-totalité de ses œuvres ne trouvait pas d'acheteurs.

La Russie relevait enfin la tête après la guerre de Crimée et multipliait les succès. La plupart des articles du Traité de Paris[1] étaient effacés sans combats. Le tsar avait aboli le servage, pratiquait une politique favorisant le commerce et l'essor des premières industries. Mais, en dépit de la prospérité de son pays et de l'absence de conflits meurtriers qui décimaient la population, il était de plus en plus contesté. Plus que sa personne, c'était la tsarine, son contrôle absolu du pouvoir qui étaient rejetés. Des protestations s'organisaient, les groupuscules qui, jusqu'alors, se réunissaient les uns chez les autres ou dans des cafés jouissaient désormais de plus vastes locaux grâce à la générosité de certains boyards et bourgeois progressistes.

Grischa allait quitter la Russie pour un an au moins. Tina ne voulait pas d'enfant tant que les revenus du ménage restaient aussi médiocres. Mais elle croyait dans le génie de son mari. La notoriété allait venir, et avec elle l'aisance financière. La fortune familiale était Samarakov, qu'ils ne vendraient jamais, et la mai-

1. Traité qui avait mis fin à la guerre de Crimée.

son de Moscou, où elle demeurait avec son mari, son père et Svetlana. Cette demeure était intouchable aussi longtemps que Théodore vivrait.

Celui-ci savait que sa fille avait hérité de ses utopies. Piotr avait du talent, certes, mais aucun génie. Ils vivoteraient avec des commandes venant de l'administration ou de casernes qui exhibaient les bustes d'obscurs serviteurs de l'État, d'officiers dont les noms seraient vite oubliés.

Théodore restait parfois des heures entières dans son atelier sans toucher un pinceau, contemplant ses dernières œuvres. Celles qui n'enthousiasmaient pas la comtesse Koubachov, un sous-bois, une vieille isba dans la campagne, une scène de moissons... Il avait conscience de la banalité de ces thèmes, mais il lui semblait y introduire quelque chose de neuf dans la lumière, dans la suggestion d'émotions. Il ne lui était plus possible de revenir aux sujets évoquant la déchéance et la misère. Les serfs étaient libres, leur pauvreté persistait, mais au moins pouvaient-ils envisager une vie meilleure pour leurs enfants.

Puisqu'il refusait de se rendre à Saint-Pétersbourg, la comtesse Koubachov finit par s'installer chez des parents moscovites. Elle contempla longuement sans mot dire les derniers tableaux de Théodore avant de s'extasier devant les icônes. Pourquoi ne lui avait-il jamais parlé de ces chefs-d'œuvre ?

– Ces icônes appartiennent à mes ancêtres, se contenta-t-il de répondre. Depuis des siècles, ils ont été maîtres dans cet art, et rares sont les églises ou couvents qui n'abritent pas au moins une de leurs œuvres.

– Vous y êtes-vous essayé ?

– Vaguement. Sans espoir.

Devant une tasse de thé et une assiette de biscuits, la comtesse s'enquit de la famille de Théodore. Elle voulut absolument découvrir les sculptures de son gendre Piotr. Disposait-il d'un atelier ?

– Ma fille Valentina vous le fera visiter. Piotr n'est pas un mondain. Il préférera ne pas être présent.

– Et votre fils, a-t-il hérité des dons familiaux ?

Douchka secoua la tête. Qu'un Dionous puisse préférer la science à l'art l'avait décontenancé, et même peiné. Mais lui-même s'était écarté de l'écriture des icônes à laquelle ses ancêtres avaient consacré leur vie. Si les icônes Dionous avaient enrichi le patrimoine artistique et religieux de la Russie, Grischa offrirait peut-être à son pays d'autres motifs de fierté.

– Venez demain matin, chère comtesse, nous nous rendrons ensuite dans l'atelier de Piotr avec Valentina, mais…

Théodore n'acheva pas sa phrase. Cette grande connaisseuse de l'art russe ne pouvait qu'être déçue. Loin d'éprouver l'admiration que Tina vouait à son mari, il trouvait les œuvres de Piotr conventionnelles, académiques, et dans ce genre, très imparfaites. Lui, au moins, avait osé s'aventurer sur un terrain difficile, peu ou mal exploité. Il laisserait, prétendait la comtesse, un grand nom dans l'histoire de la peinture russe.

Soupçonnait-elle, cette riche aristocrate qui voyageait de Moscou à Paris, de Paris à Vienne, qu'ils n'avaient tous deux que peu de points communs ? Aurait-elle connu sa vie qu'elle le considérerait avec horreur ! Le talent excusait-il la lâcheté, même la cruauté ?

Parfois il était tenté de s'enfermer dans un couvent mais sa foi était encore trop chancelante. Il appréciait les signes extérieurs de la religion : les églises, les fresques, les chasubles des prêtres, les calices richement ornés, l'encens, les chants surtout, presque partout sublimes. Mais comment convenir que le Dieu des pauvres, des malades, des opprimés puisse être en réalité si loin d'eux ?

Valentina ne prononça pas un mot tout en cheminant avec son père et la comtesse vers l'atelier de Piotr, qui, selon les prévisions de Théodore, s'était éclipsé. Tina espérait qu'il n'était pas allé se réfugier dans un des cabarets qui pullulaient dans ce quartier d'artistes. Il en revenait toujours d'humeur maussade, et elle s'efforçait de ne lui faire aucun reproche. Il lui avait fallu peu de temps pour comprendre que son mari souffrait dans son orgueil de s'être allié à une prestigieuse famille d'artistes. Comment être digne des Dionous ? Mais elle avait en lui une foi inébranlable.

La comtesse fit à pas lents le tour de l'atelier, s'attardant parfois devant un buste, un couple enlacé qui attirait l'œil au milieu d'autres sculptures terriblement ordinaires. Quelques détails cependant donnaient aux œuvres une touche d'originalité. Les généraux, les ministres n'avaient pas la poitrine surchargée de médailles. Leur effigie était dépouillée, sévère et dégageait une certaine élégance. Mais l'artiste, faute d'amateurs, n'avait manifestement pu s'accomplir. L'âge ne ferait qu'accentuer la platitude de son œuvre. En son âme et conscience, elle ne pouvait rien faire pour lui. Tina le comprit, car son expression s'assombrit.

Père et fille n'échangèrent pas un mot sur cette visite. Tina se contenta de demander :

– T'a-t-elle convaincu de te remettre vraiment à la peinture, de cesser d'étouffer ton talent ? Pourquoi cela ? Pour te punir ? Pour te faire pardonner d'avoir humilié maman ?

La comtesse Koubachov avait réussi l'impossible : rendre de l'énergie à Théodore. Il avait le génie de faire coexister sur une même toile la fraîcheur, la pureté et la déchéance la plus sordide. On aimait ou pas ses toiles, mais personne n'y était indifférent, lui avait-elle répété.

Au déjeuner, à table, Théodore comprit que Tina, en dépit de sa volonté de ne pas heurter son mari, n'avait pu lui dissimuler tout à fait l'indifférence de la célèbre muse des arts russes. Durant tout le repas, Piotr garda le silence, puis, au dessert, il repoussa sa chaise et sortit. Valentina le suivit. Atterré, Théodore entendit les éclats d'une dispute, la voix tremblante de sa fille, celle exaspérée de son gendre suivie du claquement de la porte d'entrée.

Tina regagna la table familiale en larmes. Tout était de la faute de son père. Comment avait-il osé proposer à la comtesse de visiter l'atelier de Piotr ? Théodore se défendit, Valentina était parfaitement au courant de cette démarche, et ne s'y était pas opposée. D'ailleurs, pourquoi accorder une telle importance au jugement de la comtesse ? Elle n'avait pas émis la moindre critique !

– Son silence assassinait l'œuvre de Piotr, prononça-t-elle d'une voix coupante.

Théodore se fâcha.

– Assassiner ! Pourquoi emploies-tu des mots si violents, ma fille ? Elle n'a porté aucun jugement négatif.

– J'ai très bien interprété son silence, père.

De nouveau elle avait les larmes aux yeux.

– Je rentre. Il doit m'attendre dans notre appartement. Je saurai le rendre indifférent au jugement de cette affreuse comtesse. Lui et elle n'ont rien en commun. Ce n'est qu'une mondaine superficielle et gâtée, alors que Piotr est un artiste novateur bien au-dessus d'elle.

Théodore se garda bien de remarquer qu'elle passait pour une des meilleures spécialistes de l'art russe. Son renom était grand chez les marchands d'art.

Une fois seul, Théodore se souvint qu'il avait promis à la comtesse de lui rendre visite avant son départ le lendemain pour Pétersbourg. Il se rendrait chez elle à pied à la tombée du jour. L'air frais lui ferait du bien.

Comme à l'accoutumée, Vera Alexandrovna l'accueillit avec chaleur, fit servir du thé et des liqueurs. Elle quittait Moscou avec la promesse d'un tableau magistral. Bien sûr, il viendrait en personne le lui présenter à Saint-Pétersbourg. Elle lui ferait rencontrer un homme extraordinaire qui possédait une galerie de peinture connue dans tout l'Occident. Une œuvre « à l'ancienne » de Théodore Dionous, elle ne nourrissait aucun doute, allait capter son attention. En exécutant une toile par an, il vivrait largement. Son fils Grischa pouvait avoir besoin d'une aide financière, n'est-ce pas ? Elle ne dit pas un mot sur Tina ni sur son mari. Tous deux étaient condamnés à son indifférence.

Chez lui, Théodore trouva sa fille au bord de la crise de nerfs. Piotr n'était pas rentré. Sans doute noyait-il son amertume dans un cabaret. Il fallait le retrouver avant qu'on le ramasse sur un trottoir.

Avec stupeur, Douchka comprit que ce qu'il croyait une supposition était une réalité déjà ancienne. Valentina, sa petite Tina, lui cachait qu'elle souffrait, qu'elle passait des heures à attendre un mari qui se moquait d'elle.

– Dors dans ton ancienne chambre, ma chérie. Svetlana va te préparer une tisane de sauge. Je vais le chercher et le ramener en le tirant par les cheveux s'il le faut. Demain tu le retrouveras repentant.

Les ruelles du quartier populaire de Moscou ne comptaient pas de réverbères. Seules les lanternes des innombrables cabarets diffusaient une lumière jaune qui permettait de s'orienter. De temps à autre, il fallait enjamber le corps d'un ivrogne étendu sur les pavés. Théodore allait renoncer quand, dans une taverne empestant l'alcool et le tabac, il découvrit son gendre affalé sur une table.

Apercevant son beau-père, Piotr leva la tête.

– Vous venez me donner des leçons, père ? Je n'en ai rien à faire. Foutez le camp !

Sa tête retomba sur la table.

Douchka discerna dans un coin deux gaillards qui fumaient. Moyennant dix roubles, il parvint à les convaincre d'empoigner Piotr sous les bras et de le ramener chez lui.

Soudain il entendit une voix joyeuse.

– Par tous les saints du ciel, Douchka !

Il se retourna. Venait d'entrer un homme de son âge correctement vêtu.

– Tu ne me reconnais pas ? Dimitri Vladimirovitch.

Théodore sursauta. Cet homme prêchait une révolution dure, et autrefois Théodore avait partagé ses théories.

– Que fais-tu là ? questionna-t-il.

– Je viens chercher mon fils qui s'est malencontreusement enivré ici. Et toi ?

– Mon gendre, balbutia Douchka.

Dimitri semblait ne rien perdre de sa fermeté.

– Tu permets ?

Son ami de jeunesse s'installa à côté de Piotr dont la tête était toujours collée à la table.

En quelques mots, les deux hommes résumèrent leur passé. Douchka raconta son installation à la campagne, son mariage, la naissance de ses deux enfants, son veuvage. Il ne prononça pas un mot sur Elena.

De son côté, Dimitri s'étendit sur son action en faveur de changements radicaux politiques et sociaux. Les camarades restaient déterminés et, en dépit de nombreuses arrestations et des emprisonnements, non seulement le mouvement se perpétuait, mais il prenait de l'ampleur. Avec la création des premières industries, les révolutionnaires incitaient les ouvriers à se regrouper et à agir. Accepteraient-ils encore de travailler douze heures par jour pour une misérable paye ? Au moins le paysan avait son champ et quelques bêtes, tandis qu'eux croupissaient dans des logements insalubres où les familles s'entassaient parfois dans une seule pièce. Sa voix se fit moqueuse.

– Tout le monde n'a pas la chance d'avoir des dons d'artiste hérités de ses ancêtres, une maison de campagne. Notre improbable rencontre a une signification, Douchka, poursuivit-il avec feu. Demain avec les camarades, nous manifesterons devant les murs du Kremlin pour le socialisme, et par conséquent le renouveau de l'humanité. Tous seront fiers de te compter parmi nous. Seras-tu des nôtres ?

Devant son gendre affalé sur la table, Théodore ne savait que répondre.

– Peut-être, prononça-t-il enfin d'un ton hésitant.

– Alors à demain neuf heures, camarade.

Il serra Théodore dans ses bras, son haleine chargée de relents d'alcool.

Que venait faire Dimitri dans ce bouge ? Et lui-même ? Pourquoi n'était-il pas déjà dehors à traîner son gendre derrière lui ?

Enfin, Piotr gisait sur son lit. Théodore rabattit la couverture et sortit en laissant allumée la lampe à pétrole. Selon toute vraisemblance, il ne bougerait pas jusqu'au matin. Tina ne regagnerait l'appartement conjugal que lorsqu'il se serait assuré qu'elle y était attendue. Le rassemblement au Kremlin ? Il avait le temps d'y songer.

Au petit matin, Piotr vint lui-même chercher sa femme, et la supplia de lui pardonner.

Les deux époux tombèrent dans les bras l'un de l'autre, et Théodore comprit qu'ils répétaient une scène cent fois jouée. Tina pleurait, Piotr lui baisait fébrilement les mains, jurant sur la mémoire de tous ses ancêtres qu'il ne la rendrait plus jamais malheureuse. Un timide sourire naissait sur les lèvres de Tina. Le rideau allait une fois encore tomber.

Quand Théodore arriva, les protestataires étaient déjà nombreux. Le soleil plongeait dans de petits nuages pour aussitôt réapparaître. Il faisait doux, mais une averse n'était pas loin. Il pleuvait souvent en milieu de journée avant les premières chaleurs de l'été. Théodore songea qu'il allait bientôt rejoindre Samarakov avec Svetlana, Piotr et Tina. Le couple investirait l'annexe, où son gendre pourrait utiliser son ancien atelier. Lui-même s'était aménagé un vaste atelier au dernier étage de la gentilhommière, plein nord. Il allait commencer les esquisses de son projet sur la bataille de Borodino. Ce tableau l'occuperait tout l'été. Peindre, faire de longues promenades, profiter de la présence de sa fille étaient des espérances de bonheur. « Samarakov dans deux semaines », pensa-t-il.

Soudain, des hommes armés de fusils et de baïonnettes surgirent en face, marchant de leur pas lent et régulier de soldats.

– Ils osent ! protestèrent plusieurs voix.

Il n'était pas question de reculer. Cette manœuvre était une simple mesure d'intimidation.

Serrés les uns contre les autres, les manifestants injuriaient les soldats qui, impassibles, poursuivaient leur progression.

– Dispersez-vous ! ordonna une voix qui était sans doute celle du capitaine.

Théodore recula. Il allait se frayer un chemin parmi ceux qui l'entouraient et rentrer chez lui.

– Dispersez-vous immédiatement ! hurla la même voix. Ou je donne l'ordre de tirer !

Personne ne bougea. Les mâchoires des camarades se crispèrent, les poings se fermèrent.

– Bande d'assassins, accusa Dimitri Vladimirovitch, nous sommes désarmés !

– Libérez les prisonniers politiques ! hurlèrent plusieurs. Assez de tyrannie !

À la première salve, le groupe se disloqua. Théodore ressentit une vive douleur à la poitrine. Il vit les visages d'Alyona et d'Elena se rapprocher, se fondre l'un dans l'autre, puis ce fut le silence, la nuit.

Le cercueil avait été déposé dans la cathédrale de la Dormition par une autorisation exceptionnelle due au nom des Dionous. Il fallut attendre une semaine l'arrivée de la comtesse Koubachov et de Grischa, prévenu par un courrier spécial. Il venait d'accourir de Vienne épuisé, bouleversé.

Tina sanglotait. Piotr, pour une fois, s'était vêtu à l'européenne et avait taillé sa barbe. Svetlana, qui avait servi de mère à Tina, savait que la mort de Théodore annonçait la sienne. Leurs vies avaient été si longtemps enlacées.

Le gouverneur avait interdit que l'évêque célèbre les

obsèques d'un révolutionnaire. Un simple pope ferait l'affaire. Et on avait fait entendre à Grégory que le tsar se montrait fort clément et que les Dionous devaient lui en être reconnaissants.

Au cimetière, Théodore rejoignait ses grands-parents. Sa mère était inhumée à Samarakov. Selon la tradition familiale, on posa une icône de la Vierge sur le cercueil.

Le petit groupe se rassembla ensuite dans la maison, où Valentina avait fait préparer du thé et du vin. Là, enfin, Grischa laissa libre cours à son chagrin et pleura. La comtesse le prit dans ses bras. Ce jeune homme ressemblait à son père, il en avait la force et la fragilité. Son goût pour les sciences le sauverait-il des mêmes errances ? Amie de longue date des Dionous, elle se considérait comme responsable de la famille. Tina devait quitter Piotr, qui ne lui apporterait que déconvenues et larmes. Elle n'avait pas hérité du génie de son père, mais dessinait gentiment et pourrait gagner sa vie en peignant des ombrelles, des éventails, des boîtes à bijoux que les élégantes étaient prêtes à payer cher. Elle garderait la maison Dionous en cohabitation avec son frère, si ce dernier décidait de rester à Moscou. Svetlana, bien qu'âgée, dirigerait les domestiques. Elle-même s'attarderait. Pourquoi se hâterait-elle de regagner Pétersbourg ? Hormis son propre chagrin, elle se sentit coupable de n'être pas intervenue plus tôt pour inciter Théodore à renouer avec son véritable génie. L'exceptionnel éclat de la dynastie Dionous était devenu simple veilleuse.

La rupture entre Piotr et Valentina suscita un déchaînement de reproches et de larmes, des menaces. Mille fois Tina fut sur le point de renoncer à abandonner un homme qu'elle jurait aimer encore. Elle en voulait à la comtesse, à Svetlana et même à son frère, qui n'était intervenu que pour signifier à Piotr que cette union avait été une erreur. Elle en était consciente, il en était persuadé. Piotr lui avait jeté un fragment de marbre à la tête qu'il avait pu esquiver avant d'empoigner par sa blouse son beau-frère et de le plaquer contre un mur de l'atelier.

– Je vais me venger ! avait hurlé Piotr.

À ce récit, Tina eut une crise de nerfs et on la coucha.

Jour après jour, constatant le silence de Piotr, chacun avait pu mieux respirer. La comtesse et Grischa étaient allés refleurir la tombe de Théodore, puis flâner le long de la Moskova. Le laboratoire qui dépendait de l'université de Vienne fermait l'été, et le jeune homme avait trois longs mois devant lui pour remettre de l'ordre dans les affaires de son père, tenir compagnie à sa sœur et, il ne voulait pas se l'avouer, savourer la présence de Vera Koubachov. Elle était mince, élégante, raffinée, encore très belle. Ayant hérité de la fortune de son père, elle s'était mise à voyager, avait rencontré des artistes et s'était prise de passion pour la peinture. Avec les moyens dont elle disposait et ses relations, elle pouvait organiser des expositions, convaincre des galeries de promouvoir ses protégés. À Pétersbourg, son influence dans le monde artistique était grande et son titre lui ouvrait toutes les portes de l'aristocratie.

Grischa avait pensé qu'ils n'avaient aucun point commun : l'âge – la comtesse était de treize ans son aînée –, la condition sociale – elle appartenait à une très vieille noblesse –, leurs goûts – elle était tournée vers le monde, lui vivait dans le silence d'un laboratoire où il cohabitait avec d'autres chercheurs. Puis s'était imposé à lui l'idée que l'intelligence n'avait pas de frontières, qu'ils avaient mille choses à partager, des curiosités communes, des aspirations semblables.

À son étonnement, Tina n'émettait aucune remarque ironique. Elle aimait les accompagner au bord de la Moskova au bras de Svetlana, dont la marche laborieuse laissait un espace entre elles et le couple que formaient son frère et Vera.

Il jaillit de derrière un mur et se jeta sur Tina. Son visage était gris, sa barbe souillée, il tenait un couteau à la main. Tina poussa un hurlement, Grischa se retourna, mais avant qu'il ait pu réagir, Svetlana se jeta devant la jeune femme. Tina qu'elle avait sauvée à la naissance était son enfant. Grischa fondit sur Piotr quand celui-ci enfonçait son couteau dans la poitrine de la vieille gouvernante. Il sembla alors que les promeneurs s'étaient immobilisés, que les nuages ne couraient plus dans le ciel, que les oiseaux ne chantaient plus. Tout était immobile, silencieux, figé dans un temps disparu.

Piotr fut condamné à vingt ans de bagne en Sibérie, mais pour les Dionous il était déjà rayé du monde des vivants, même si Tina gardait jalousement dans sa chambre deux de ses sculptures, l'une d'un Éros ailé, l'autre censée la représenter, idéalisée comme une Vierge d'icône : un regard et un sourire.

Grischa n'ignorait pas qu'ils s'écrivaient. Lorsqu'elle recevait une lettre, Tina s'enfermait dans sa chambre, mais face à son frère et à Vera, elle n'évoquait jamais celui qui restait son mari devant Dieu. La comtesse en déduisait qu'elle tenait malgré tout encore à lui. Jamais Valentina ne pardonnerait l'assassinat de Svetlana, sa mère adoptive, inhumée dans le caveau familial, mais elle ne pouvait le haïr. L'étudiant qui la courtisait, le fiancé, le jeune mari restait intact dans sa mémoire. L'autre Piotr, le violent, l'alcoolique, l'ombrageux, le sculpteur mésestimé, l'artiste humilié, n'avait plus guère de réalité.

À Samarakov, Vera osa enfin en parler à Tina. Ne devait-elle pas divorcer ? Tant qu'elle restait mariée, elle n'avait guère d'avenir. Lorsqu'il reviendrait dans vingt ans, Piotr serait un homme usé, et elle une femme mûre avec sa vie derrière elle. Tina se contenta de hocher la tête.

– Pourquoi un divorce ? interrogea-t-elle. Je ne me remarierai jamais.

– Tu ne veux pas d'enfants ?

– Et toi, chère Vera, en souhaitez-vous, Grischa et toi ? répliqua-t-elle à une Vera interdite.

Le soir même, Grischa ouvrit une bouteille de champagne. Vera et lui allaient se marier en toute discrétion à la fin de l'été.

Puis Tina et lui vendraient leur maison de Moscou, et tous s'installeraient à Pétersbourg. Grischa rejoindrait l'équipe des scientifiques de l'université et, grâce à ses innombrables relations, Vera promettait à Tina d'atteindre vite une certaine renommée mondaine. Quel opprobre y avait-il à vendre ses délicates aquarelles, à se faire admirer, à être fêtée ?

Pour les Dionous, quitter Moscou était un renoncement. Là avaient vécu leurs ancêtres, là avaient été écrites des icônes vénérables. Mais l'heure du changement avait sonné. Et Tina devait absolument couper les liens qui la reliaient encore à un Piotr mythique. Ce silence mènerait inéluctablement à l'oubli. Moyennant une somme d'argent discrètement proposée au prisonnier, le divorce serait prononcé. Piotr pourrait connaître un quotidien moins difficile, et Tina se tourner vers l'avenir.

L'amour de Vera avait transformé Grischa. Le jeune homme peu loquace, peu attiré par ses semblables, s'était découvert un intérêt véritable pour les arts, un désir de dresser avec Vera le catalogue des œuvres de ses ancêtres. Il découvrit, grâce à Vera, la littérature russe moderne. Tolstoï l'enthousiasma. Et lui qui s'était persuadé que la science ne pouvait s'embarrasser de sentiments, était profondément amoureux. Aimante et parfois maternelle, Vera prenait fugitivement la place de cette mère qu'il avait si peu connue.

À la fin de l'été, la terrible décision de vendre Samarakov, trop éloigné de Pétersbourg, fut prise. Vera possédait à une heure de la capitale une belle maison de campagne. En ville, ils habiteraient le palais Koubachov situé dans le quartier élégant où demeuraient les grandes familles.

Saint-Pétersbourg fascina Grégory et Valentina. Il leur fallut plusieurs semaines pour découvrir la ville à pied ou dans la voiture de Vera qui les mena jusqu'à Tsarskoïe Selo, où le tsar avait sa résidence d'été.

La différence d'âge entre Vera et Grischa déconcertait un peu leur entourage, mais on les recevait partout. Tous se réjouissaient que la brillante Vera ait suscité l'amour d'un homme au nom estimé.

Grâce aux importantes relations de son épouse, Grischa avait été nommé professeur de sciences à l'université, un poste que personne n'obtenait à son âge. Mais il en avait les qualifications. Il avait clairement laissé entendre à sa femme qu'il refusait de vivre dans l'oisiveté ou de se mêler de politique. Le mot seul lui faisait horreur. De son père, personne ne parlait. Grischa connaissait la cause de ce silence, mais le monde dans lequel il vivait rendait insignifiante cette hypocrisie. Dans la science, il n'y avait pas de place pour le Bien et le Mal.

Nicolas naquit début mai, avant que Vera ait pu rejoindre sa maison de campagne. Il fallait remettre ce bref voyage à l'été, fin juillet peut-être si le nourrisson se portait bien. Tina s'était aussitôt éprise de ce bébé aux beaux yeux mordorés. Sa vie semblait prendre un nouveau départ. Piotr continuait d'écrire et un domestique demeuré à Moscou avait accepté de lui réexpédier ses lettres. Dans chacune d'elles, il implorait son pardon, lui jurait qu'il l'aimait. Il s'était amendé, tourné vers Dieu. Tout au bout du tunnel, il y avait de la lumière, elle devait y croire.

La vie en Sibérie était dure, mais il était convenablement nourri après les douze heures de labeur par tous les temps. Les dimanches étant libres, il allait à la messe, jouait aux cartes avec ses codétenus, ne buvait plus d'alcool. Dans des morceaux de bois, il sculptait des animaux que les surveillants eux-mêmes admiraient beaucoup. Leur bienveillance lui valait des petites douceurs comme du pain d'épice, du miel, un peu plus de sucre pour le thé servi le matin avant le travail et le soir après le souper.

Après la lecture de ses lettres, Tina restait longtemps songeuse. Elle essayait de l'imaginer. Dans le salon bleu ciel et ivoire de Vera, vêtue d'une robe du soir à la jupe évasée, au corsage ajusté, elle devinait des étendues neigeuses à l'infini, des isbas regroupées en villages où vivaient les bagnards. Comment Piotr pouvait-il se retrouver là-bas ? Tout était si irréel. Quelques mois plus tôt, elle avait pensé le rejoindre. Les femmes de détenus pouvaient être logées dans les villages voisins, où elles exerçaient de petits métiers pour secourir ceux qu'elles aimaient. Mais depuis la naissance de Nicolas, elle n'y pensait plus.

Vera était partie à Paris pour organiser une exposition à Pétersbourg de quelques peintres se rattachant au mouvement impressionniste. Des galeries avaient déjà accepté de prêter des toiles. Elle se rendrait ensuite à Londres, où on lui avait promis deux Turner et un Constable. Deux tableaux de Théodore feraient partie de l'exposition.

Le petit Nicolas restait fragile et nécessitait tous les soins de la gouvernante française qui avait été engagée. Tina acceptait enfin thés et bals, et elle s'y amusait.

Un matin où Nicolas lui avait souri, une étrange angoisse lui serra la gorge, lui faisant monter les larmes aux yeux. Sur le ciel bleu se découpait la silhouette de grands mélèzes, des peupliers blancs aux feuilles argentées, à ses pieds les deux King Charles de Vera batifolaient. La vie était belle, douce, odorante, lumineuse. Pourquoi n'aurait-elle pas elle aussi un enfant ? Était-il si difficile d'oublier un condamné ?

43

Les Dionous de Beyrouth au grand complet allaient se déplacer au Caire pour le mariage d'Antoine et de Tessa. Les fêtes seraient fastueuses, elles donneraient lieu à des moments de fraternité, d'émotion, de tendresse, des moments aussi où chacun pourrait afficher sa réussite, et donc sa générosité. Auprès des Zenallah, les Dionous savaient se mettre en valeur, prouvant à cette influente famille que ce mariage n'était pas une mésalliance. Avec tous les travaux entrepris par le khédive, la ville était sens dessus dessous. L'économie était florissante et la construction du canal apportait d'importantes sources de gain.

Souvent les fiancés, escortés par les Zenallah, se promenaient au bord du Nil. Ils s'arrêtaient en face de Guézireh [1] pour observer les ouvriers bâtir un palais destiné aux dignitaires étrangers qui ne manqueraient pas d'affluer lors des cérémonies d'ouverture du canal. À l'est de l'île, on apercevait le district de Boulaq et, derrière, la forêt des minarets du Caire. Au sud, des prés verdoyants s'étendaient le long du fleuve, souvent propriétés de l'émir Zenallah.

1. Île en arabe.

Tous se félicitaient de cette renaissance du Caire. Un train reliait depuis peu la capitale à Alexandrie. Beaucoup d'invités l'emprunteraient pour le mariage, qui aurait lieu à l'église Saint-Georges, dans la vieille ville. On collectait des fonds pour restaurer cet édifice du Xe siècle aux superbes icônes. On disait que deux d'entre elles avaient été écrites à Moscou par une famille qui avait fui Constantinople.

De Russie, on savait qu'une opposition révolutionnaire s'organisait. L'océan de pauvres, paysans et ouvriers, grondait. Le soulèvement polonais avait radicalisé toute une génération. Mais cet empire du froid était si lointain, si différent de la réalité au Caire, où les hiérarchies sociales n'étaient pas contestées.

– Il ne faut pas trop se réjouir quand le volcan dort, assurait Antoine. Nous sommes en paix, que Dieu la préserve.

– Les Européens sont derrière nous, nota Kamal. Sais-tu quelles sommes ont été investies en Égypte ?

– Des prêts, mon cher futur beau-père, des prêts qu'il faudra rembourser alors que les caisses sont vides. Nous avons payé un lourd tribut aux Ottomans pour notre autonomie. Vous et moi consentons à avancer de l'argent, pas à le donner.

– Les finances de notre khédive sont un puits sans fond, ricana Kamal, désabusé. Un jour ou l'autre, une puissance étrangère viendra faire le ménage. Elle trouvera beaucoup d'or sous la poussière.

De Paris arrivaient pour le mariage d'énormes cartons remplis de robes, de chapeaux, de jupons et corsets, de rubans. Les crinolines exigeaient à elles seules un chargement complet. L'émira en avait commandé cinquante pour elle, sa famille et ses amies. Les costumes masculins venaient de Londres. Charles Frederick Worth en personne, le couturier le plus en vue de la Ville Lumière, allait s'assurer que la robe de la mariée serait parfaite. Depuis des mois, il travaillait sur différents modèles. Le choix se fixa finalement sur une robe en satin dont la moitié de la jupe était recouverte de dentelle au point de Venise, évasée mais sans volants, avec des manches longues, elles-mêmes doublées de dentelle à partir du coude, comme le voile long de six mètres et retenu par une tiare en diamants. Les robes des quatre demoiselles d'honneur, des cousines et des amies, avaient été commandées chez le même créateur. Leurs crinolines étaient moins volumineuses que celles des femmes mariées, et elles portaient toutes une couronne de fleurs. Chacune recevrait un fin bracelet clouté de petits diamants.

Alexia, son mari et leurs deux enfants s'étaient installés chez Antoine. Tout était pardonné. Elle, qui ne voulait pas être en reste et montrer qu'à Beyrouth les femmes étaient aussi élégantes qu'au Caire, avait voyagé avec cinq malles et dix cartons à chapeaux. Si les invités attachaient tant d'importance à leurs toilettes, qu'en serait-il pour l'inauguration du canal ?

Le khédive ne pouvant venir à la noce, il envoyait son bras droit, le vieux Nubar Pacha. Le lendemain aurait lieu une fête au palais. C'était un honneur pour l'émir, l'émira et les jeunes mariés, mais chacun se demandait comment la situation financière pourrait ne pas s'effondrer avec une dette de soixante-huit millions de livres qui entraînait des intérêts annuels de six millions de livres. À son peuple, aux grands commerçants surtout, Ismaïl Pacha avait emprunté par émission d'obligations vingt-cinq millions de livres. Les riches Égyptiens, pour la plupart chrétiens, avaient le contrôle des finances et, comme les banques, réalisaient d'énormes bénéfices. Un jour ou l'autre, le khédive devrait se séparer des actions qu'il détenait dans la banque du Canal de Suez : quarante-quatre pour cent de la société.

On parla du mariage Zenallah-Dionous pendant des semaines. Il y eut un feu d'artifice tiré depuis l'île de Guézireh et une distribution de nourriture pour les pauvres.

Les nouveaux mariés comptaient passer leurs vacances d'été

dans leur villa d'Alexandrie, rue Kassik, en face du palais du Mahdi. La vie y était très agréable, et la ville se modernisait à grands pas. On commençait à apprécier la plage, à l'abri de grands parasols.

Alexandra vivait désormais seule dans la maison familiale du Caire, mais elle songeait de plus en plus à gagner Beyrouth pour s'installer près de sa fille et de ses petits-enfants. Elle avait de mauvais pressentiments. Comment se terminerait cette course folle vers le pouvoir et l'argent ? Plus proche du peuple que son fils, elle entendait le mécontentement des pauvres, des oubliés. Un frémissement de nationalisme se faisait sentir face à la domination de grandes familles d'origine étrangère, la plupart chrétiennes, dont on dénonçait la mainmise sur un pays qui était le leur depuis plus de cinq mille ans.

À Beyrouth, les Dionous égyptiens avaient acquis une maison en surplomb du port dans une zone encore peu bâtie. La vue sur la montagne et sur la mer était exceptionnelle. Avec son toit plat, sa galerie à arcades, elle était simple et élégante, à l'image de sa propriétaire. Bien sûr, Alexandra rendrait visite pour les fêtes à Antoine et Tessa, qui comptaient avoir une nombreuse progéniture, mais là-haut, entre le ciel et la mer, elle se préparait à rejoindre Iannis. Elle avait tant à lui dire…

Tessa fut bientôt enceinte, mais elle ne différa pas pour autant les voyages prévus avec Antoine en Italie et en France. Une de ses tantes maternelles avait épousé un comte italien et vivait dans un palais en Ombrie. Les deux sœurs n'avaient cessé de correspondre, et la tante Gina avait envoyé en cadeau de mariage une bonbonnière en platine. Ensuite, ils séjourneraient à Cannes, un lieu de villégiature apprécié par l'aristocratie anglaise et russe. Antoine y avait des relations par sa mère. Ils seraient de retour au Caire deux mois avant la naissance.

Alexandra se plaisait à Beyrouth. Elle avait fondé une petite école pour les moins de huit ans, filles et garçons, auxquels elle apprenait à lire. Elle tentait de leur ouvrir l'esprit en leur parlant de l'Angleterre, de la France, de la Turquie, de l'Égypte, tous ces pays qui avaient leur propre culture et leur beauté. Un jour, certains d'entre eux s'y rendraient peut-être. Il leur faudrait alors regarder, écouter sans jamais juger.

Un matin, en se rendant à l'école, elle trébucha sur une pierre et tomba. Elle se fractura une hanche. Désormais, elle ne l'ignorait pas, il lui faudrait vivre sur une chaise longue, dépendre pour se déplacer d'une femme de chambre qui pousserait sa chaise à roues. Le temps s'étirait. Dans son inactivité, sa mémoire la portait vers le passé, vers Iannis, et Simon son beau-père.

Elle songeait aussi de plus en plus à sa propre arrivée avec son père à Alexandrie, revoyait la flotte anglaise, les pavillons des navires claquant dans le vent, et ressentait encore la fierté qu'elle éprouvait d'être anglaise. Penser à Londres, à ses parcs, aux propriétés de campagne, aux routes sinueuses bordées de murets de pierre, aux troupeaux de vaches lui faisait monter les larmes aux yeux. Son cœur était en Égypte, dans la vallée du Nil au milieu des splendeurs qui parlaient d'éternité, mais son âme était restée dans son pays d'enfance. C'était là-bas qu'elle voulait être inhumée, près de son père, de sa mère, de son frère Benjamin, celui dont on se moquait parce que ses enfants parlaient avec l'accent écossais de leur mère.

De nombreux bateaux faisaient le voyage de Beyrouth à Southampton. On avait affirmé à Alexandra que les petits-enfants de son frère Benjamin l'y attendraient. Elle fit part de sa décision à ses cousins libanais qui, sans pouvoir la comprendre, acceptèrent néanmoins de la laisser partir.

On la porta sur une civière. La cabine était grande et confortable. Par le hublot, Alexandra vit s'éloigner la côte libanaise et comprit qu'à ce moment précis, elle venait de mourir, Iannis à ses côtés.

Victor naquit en 1867. Un dimanche. Brun comme les Zenallah, il avait le nez droit, parfait, des anciens Grecs. Bien que la saison fût déjà chaude, Tessa décida d'éviter le séjour traditionnel à Alexandrie, que les interminables travaux rendaient inconfortable. Le travail harassant, la pauvreté rendaient souvent agressifs ceux qui aidaient les ouvriers grecs et italiens à la construction du canal. Des tribuns improvisés enflammaient le temps d'une journée ou deux une population excédée, épuisée. Puis la paix revenait, on songeait aux petites joies du quotidien. Le khédive avait déjà planifié de nombreuses fêtes pour l'inauguration tant attendue de ce projet pharaonique. La plus prestigieuse se déroulerait au palais enfin achevé, une bâtisse sobre et élégante en forme de U sur l'île de Guézireh. Au milieu de massifs, d'arbres, de buissons, de plantes, un lac ainsi qu'une grotte donnaient l'illusion d'un Petit Trianon. Un escalier permettrait aux invités arrivés par le fleuve de gagner la grille reliant les deux ailes du palais. On évoquait déjà un bal et un banquet. L'impératrice Eugénie avait assuré le khédive de sa présence, l'empereur, malade et inquiet de la situation toujours plus tendue avec la Prusse, s'était désisté.

Les Dionous seraient de toutes les réjouissances, et la seule crainte de Tessa était d'être à nouveau enceinte. Elle le fut, mais deux mois seulement avant le fantastique voyage de l'impératrice des Français en Égypte.

– Les bonnes nouvelles sont toujours les bienvenues, se réjouit Antoine à l'annonce de cette nouvelle grossesse.

Tessa ne le jugeait pas ainsi. Comment comparer alors son tour de taille à celui des femmes qui allaient faire assaut d'élégance ? Les Françaises particulièrement ? En Italie et à Cannes, elle avait été fêtée, complimentée. Cette ville l'avait tant séduite qu'elle avait souhaité y faire construire une villa. « Nous en louerons une plutôt, ma chérie, avait répliqué Antoine. Nous ne l'habiterons que quelques semaines par an, n'est-ce pas ? J'aime passer la fin de l'été à Alexandrie où je retrouve mes amis. »

Sous ses aspects de parfait gentilhomme, son mari avait une volonté inébranlable. Ce qu'il décidait était exécuté. Et elle sentait que pour mûrir, acquérir sa propre personnalité, elle avait besoin de lui. Son père et sa mère l'avaient toujours traitée en petite fille, rôle qu'elle avait adoré, mais dont elle ne se contentait plus.

Ce 17 novembre, le canal allait être ouvert par Ferdinand de Lesseps en présence de l'impératrice des Français, sa nièce issue de germain, de l'empereur François-Joseph d'Autriche, et de tout ce qui comptait en Égypte. Vingt ans de négociations, dix ans de travaux pour arriver à ce jour.

Dès la fin d'octobre, l'*Aigle*, le yacht de l'impératrice, avait mouillé à Alexandrie. Les escales s'étaient succédé à Venise, Athènes, Constantinople, où le sultan Abdulaziz l'avait accueillie en grande pompe au palais Beylerbeyi sur le Bosphore. Eugénie avait été éblouie par cette ville aux civilisations si diverses. On lui avait même fait visiter le harem, où de jeunes femmes enroulées dans des voiles multicolores pépiaient comme des oiseaux. Toute une vie dans une cage pour une éventuelle nuit avec le sultan. Elle avait eu pitié d'elles, en dépit des luxueux salons, des jardins où elles s'étiolaient. La visite de Sainte-Sophie l'avait émue, et dans son silence elle pensait à ces milliers de chrétiens qui y avaient été massacrés quatre cents ans plus tôt. Topkapi l'avait émerveillée, et elle avait décidé de prolonger de deux jours sa visite chez des hôtes aussi accueillants.

Le 22 octobre, Eugénie mit pied à terre à Alexandrie. Un train sur lequel flottaient des centaines de fanions, un wagon entier capitonné de velours et pourvu des derniers accessoires du confort moderne l'attendaient pour la conduire au palais de Guézireh. Son appartement était meublé à la française afin qu'elle ne se sente pas dépaysée. Dix serviteurs guettaient le moindre de ses ordres. Lors du banquet offert par le vice-roi le soir même, les Dionous et les Zenallah furent placés à la table d'honneur. Un concert, du champagne coulant à flots couronnèrent ce souper, où serviteurs et laquais s'activaient en livrées cramoisies.

Tessa séduisit les Français par son élégance, sa spontanéité et une bienveillance pleine de simplicité qui la distinguait de la plupart des dames d'honneur. Pour cet événement prestigieux, elle portait la tiare de diamants de son mariage ainsi qu'une parure de rubis qui mettaient en valeur sa beauté de brune. Un bal aurait lieu au palais lors du retour de l'impératrice d'Alexandrie et les jardins seraient illuminés par des feux de Bengale. Eugénie émit le désir de se rendre à Karnak, à Louxor, ainsi qu'aux Pyramides. Plutôt que de prendre le train, elle préféra s'y rendre par voie d'eau puis à dos de chameau. Le vice-roi lui prêta ses selles d'apparat, des harnachements dignes des Mille et Une Nuits.

En dépit des réticences d'Antoine qui craignait pour sa grossesse, Tessa fut du voyage. Elle s'était souvent déplacée aux alentours du Caire sur le dos de ces bêtes dressées pour la promenade des dames, et elle ne partageait nullement les craintes de son mari. Une messe catholique fut célébrée au pied de la Grande Pyramide.

Mais le 16 novembre il fallait être à Port-Saïd où l'*Aigle* était attendu par des milliers d'invités, pachas, beys, chefs de tribu et nomades.

Vêtue de soie tourterelle garnie de dentelle d'Alençon, coiffée d'un petit chapeau de feutre noir orné de deux plumes d'autruche, Eugénie, au bras de l'empereur François-Joseph, se rendit en calèche au pavillon d'honneur bâti face à la mer. Pour le repos de Leurs Majestés, la cérémonie religieuse n'aurait lieu que le lendemain.

De sa chambre, Tessa apercevait les vaisseaux garnis de lanternes vénitiennes courant le long des rambardes, grimpant jusqu'au sommet des mâts. La jeune femme savait qu'elle vivait sans doute là les heures les plus marquantes de sa vie.

Puis ce fut Ismaïlia, la ville majeure de l'isthme de Suez construite à l'européenne. Dès l'aube, la foule se pressait dans les rues pour guetter l'entrée des premiers navires dans le lac de Timsah à la tombée du soleil.

Debout à la proue de son yacht, Eugénie répondit aux ovations par des signes de la main, image vivante de la France éternelle. Sur les rives, escortant les bateaux, des cavaliers vêtus de pourpre, de vert émeraude, de bleu saphir lancèrent leurs montures au grand galop, des pur-sang d'Arabie d'une finesse et d'une rapidité exceptionnelles. Les Turcs brandissaient des sabres ciselés, jetaient des cris de joie, qui semblaient des cris de guerre.

Près du palais édifié en quelques mois sur la dune, s'étendait une véritable ville de tentes au milieu du désert. Tapis, lampes, lustres de cristal, mobilier de Paris ou de Damas, tableaux représentant des paysages égyptiens, étendards piqués au sommet des toits de cuivre décorés de versets du Coran et d'arabesques : ces tentes rivalisaient de luxe et de confort.

Infatigable, Eugénie demanda dès le lendemain de refaire une promenade à dos de chameau. Son excursion à Gizeh l'enchanta.

Le vice-roi ne savait plus où donner de la tête. Le même jour avait lieu le bal où il avait convié six cents invités, il savait que le contraste des costumes, des parures serait éblouissant. L'impératrice y ferait son entrée à son bras, derrière marcherait l'empereur d'Autriche.

Pour cette soirée hors du temps, Tessa avait revêtu une robe de soie irisée beige rosé au décolleté souligné de roses. Le bas de la jupe était agrémenté de volants de guipure qui se succédaient en vagues. Ses cheveux étaient retenus en un lourd chignon bas sur la nuque fixé par des épingles d'or, dégageant ses oreilles où pendaient des perles que son père lui avait offertes pour ses fiançailles. Antoine, en redingote noire et cravate de soie blanche, pensait que le destin l'avait comblé. Il était riche, avait une femme noble et ravissante, et des perspectives auxquelles il ne mettait aucune limite.

Une fois les hommes réunis au salamlek[1], le palais ouvrit grandes ses portes pour le banquet suivi d'un bal.

1. Salon réservé aux hommes.

En dépit de ces journées épuisantes, Tessa était radieuse. Élégante, elle avait quelques mots aimables pour chacun.

Elle aimait ce palais, confortable malgré sa grande taille. Elle admirait les proportions du salon, l'escalier majestueux longé de colonnes, les portes et fenêtres en ogive décorées de rideaux de soie brochée jaune et vert fané, la coexistence harmonieuse de ce que les arts arabes et européens avaient de plus raffiné.

– J'aimerais qu'il t'appartienne, murmura Antoine alors qu'ils s'étaient couchés, harassés, au milieu de la nuit.

Tessa rêvait. Ce palais à elle ? C'était une de ces utopies dont Antoine était friand. Et si son vœu se réalisait ? Elle comprenait maintenant pleinement les quelques mots que l'impératrice lui avait adressés :

– Votre pays est splendide, ma chère, mais il me semble avoir aperçu beaucoup de pauvres gens. Ne les oubliez pas.

44

Même traquée par le pouvoir, la jeunesse contestataire conservait, envers et contre tout, sa flamme rénovatrice. Ayant perdu tout espoir dans les mouvements nihilistes et les tentatives terroristes, elle avait pour principal objectif de se lier aux masses. Les ouvriers se voyaient distribuer des tracts en lien avec l'Association internationale des travailleurs, qui vouait une admiration sans bornes à la Commune de Paris. Outre les usines, les campagnes étaient sillonnées par des jeunes gens prêchant une « marche du peuple ».

À Pétersbourg, les rumeurs révolutionnaires arrivaient très atténuées. La vie y était légère et gaie. En réponse aux mouvements sociaux progressistes, on retrouvait avec émotion les vieilles coutumes russes, les danses des grands-parents et la musique du folklore.

Deux attentats contre la vie d'Alexandre II avaient été perpétrés. Père de sept enfants, le tsar s'était durci et ne trouvait de réconfort qu'auprès de deux de ses fils, et de la princesse Catherine Dolgorouki dont il avait déjà quatre enfants, tous reconnus. Mais pressentant que la Russie traditionnelle touchait à sa fin, la noblesse de Pétersbourg s'enivrait de dîners et de bals. À Moscou on avait édifié un Opéra, dont le faste écrasait celui de Paris. Une loge se louait jusqu'à quinze roubles, mais à Pétersbourg on prétendait que les artistes de

Moscou sacrifiaient la tradition à des effets faciles ! L'engouement des Russes pour les ballerines était extrême, rares étaient celles qui ne jouissaient pas d'un riche protecteur.

Tous les mardis, Vera donnait un grand dîner où se côtoyaient boyards, musiciens, auteurs et peintres. Grischa n'y assistait pas toujours, mais Tina avait pris goût à cette compagnie élégante, cultivée qui, le temps d'une soirée, l'aidait à oublier ses frustrations. Un pianiste, un violoniste et une chanteuse d'opéra terminaient la soirée. Le temps des Tsiganes était révolu. L'art russe s'imposait.

Parfois, l'hôtesse demandait de vieux chants traditionnels accompagnés de balalaïkas. Cette musique mélancolique émouvait les convives qui reprenaient en chœur, les larmes aux yeux : « Vive notre tsar ! Vive la Sainte Russie ! »

Dans l'air flottait l'odeur du caviar et des sauces élaborées du dîner. Des fleurs tropicales égayaient le grand salon où étaient rassemblées les chaises dorées recouvertes de velours incarnat. Des fontaines cascadaient dans des vasques de marbre. Sans cesse, des serviteurs présentaient des coupes de champagne.

Grégory avait du mal à s'habituer aux excès des boyards : même richissimes, les Russes pouvaient jeter par défi leurs pièces d'or dans la Neva, se ruiner pour une femme, au jeu ou dans des paris insensés. L'argent était à leur service, et l'inverse n'était pas vrai.

Souvent, aux réceptions de sa belle-sœur, Tina croisait un jeune officier, Sacha Vassiliévitch Borodine, cornette du feld-maréchal, un grade élevé au regard de son âge : il n'avait pas trente ans. Mais la noblesse de sa famille remontait aux tout premiers souverains. Quoique sans puissance de caste, les boyards conservaient une influence certaine sur les affaires de l'État. Mais leur fortune familiale, depuis l'émancipation des serfs, s'était émoussée. Beaucoup avaient dû accepter des mésalliances, afin de vivre selon leur rang. Vera était très riche et doterait sûrement sa belle-sœur avec générosité. À Pétersbourg, nul ne connaissait le passé de Valentina : elle était arrivée dans le sillage de sa nouvelle famille, et son charme lui avait aussitôt attiré la bienveillance de tous. Parfois elle disparaissait pendant plusieurs jours, à cause d'une santé fragile, expliquait Vera. En réalité, Tina, reprise d'un accès de mélancolie, s'enfermait dans sa chambre. Elle répondait de moins en moins aux lettres de Piotr. Il s'effaçait. Comment imaginer le pays où il vivait désormais ? Ses compagnons, son labeur constant ? Peu à peu, elle ne conservait dans sa mémoire que le jeune marié qui sculptait avec enthousiasme et lui faisait l'amour les yeux fermés.

Sacha lui présenta sa propre famille. Elle y fut accueillie avec chaleur. La comtesse Vera était une personnalité en vue et chacun savait que les Dionous appartenaient à une prestigieuse lignée d'artistes. La mère de Sacha montra même avec fierté à la visiteuse une icône écrite par son arrière-grand-père que sa famille possédait depuis plus de cent ans. Un trésor dont elle ne se séparerait jamais.

Un soir, le père de Sacha approcha Vera. Pourrait-on envisager des fiançailles entre son fils et sa belle-sœur ? La jeune femme leur plaisait et Sacha semblait éprouver un grand attachement pour elle.

Vera s'affola. Fallait-il avouer la réalité ? Piotr n'allait sûrement pas survivre en Sibérie. On l'enterrerait dans la fosse commune avec les autres bagnards. Le nom de Dionous ne serait jamais prononcé.

Grischa fut bouleversé. Mentir aux Borodine serait un crime puni par la loi, ainsi qu'un très grave péché. Pensait-elle à l'avenir de leur petit Nicolas ? À l'honneur de sa famille ?

Vera avait sa figure des mauvais jours.

– Alors à toi ou à Tina de parler aux parents de Sacha. Certainement pas à moi.

– J'irai voir le comte Borodine. Mais Tina ne pourra sans doute pas rester à Pétersbourg. On va la montrer du doigt. Non seulement elle est mariée, mais son époux est un assassin.

– Et où veux-tu que ta sœur aille ? À Moscou, où elle vivrait seule ? Je ne peux rien pour elle.

– Ma sœur m'accompagnera à Moscou.

– Et de quoi vivras-tu ? l'interrogea Vera d'un ton irrité.

Elle regretta aussitôt ses paroles. Grégory avait pâli.

– Il y a des universités là-bas. Trouver un poste d'enseignant ou intégrer un laboratoire de recherche ne me sera pas difficile. Je n'ai pas grandi dans une famille fortunée. Seules la richesse de cœur et l'intelligence m'importent.

Vera fut prise de panique. Grischa allait-il la quitter ?

– Mais tu reviendras vite, n'est-ce pas ? Pense à notre Nicolas.

– Il m'accompagnera. Grandir dans un palais à l'époque où nous vivons peut ruiner son avenir.

Depuis deux jours, Grischa et Vera se parlaient à peine. Grischa restait courtois, mais intraitable. Avant leur mariage, un ami avait mis Vera en garde contre le caractère incisif et égocentrique des Dionous. Elle n'en avait pas cru un mot.

Les femmes de chambre avaient terminé de remplir les malles, les cartons à chapeaux, les mallettes de voyage, écritoires, nécessaires de toilette et de beauté, sans oublier un coffret contenant un flacon de cristal rempli de vieux cognac pour réconforter la voyageuse. Tous ces bagages furent chargés dans une voiture qui suivrait celle de Vera, une élégante berline à ses armes tirée par quatre chevaux gris.

Avant de s'installer, elle serra Grischa et Nicolas dans ses bras.

Elle avait le cœur serré et faisait un effort surhumain pour ne pas pleurer. Ces deux hommes étaient les grands amours de sa vie. Celui qu'elle éprouvait pour Grégory était le fruit de celui ressenti pour son père, mélange de tendresse, d'admiration et de respect.

Mais Tina était un abcès qu'il faudrait crever un jour ou l'autre. La marier était impossible, la garder chez eux en vieille fille, très cruel. Le couvent ? Elle n'avait guère de piété. L'initier sans doute à la peinture, qu'elle puisse relever son propre défi. Le fait qu'elle soit sa belle-sœur lui ouvrirait bien des portes.

Grischa était lui aussi très ému. Cette femme, la mère de son petit Nicolas, il l'avait aimée. Belle, intelligente, hardie, qui pouvait résister à son charme ? Et ne faisait-elle pas partie de la famille ? Mais leur différence d'âge et de fortune, leurs goûts opposés, son autorité, son renom le reléguaient implacablement à la seconde place. Dans le monde, il restait avant tout le mari de la comtesse Koubachov. S'il avait été peintre, les choses auraient pu être différentes. Mais c'était un scientifique, et ses travaux n'intéressaient qu'une poignée de personnes à Pétersbourg. Cependant les progrès de la science dans toute l'Europe étaient considérables et dans les universités les jeunes gens étaient toujours plus nombreux à s'intéresser à ces disciplines. À Moscou, il trouverait des élèves de haut niveau et pourrait leur consacrer plus de temps. La gouvernante de Nicolas, très attachée à l'enfant, les suivrait.

Avril faisait alterner neige et soleil, les traîneaux circulaient encore, ainsi que les calèches montées sur patins. Grischa emmenait Nicolas évoluer sur la glace au milieu d'élégantes en manchons. La clarté des lampadaires transformait la brume en une aurore boréale, mais ce que l'enfant préférait était d'accompagner Darya, sa gouvernante, au marché Okhotny Riad. Là se pressaient, se heurtaient, se parlaient, s'apostrophaient les ménagères qui tâtaient volailles, viandes et fruits. Poules et porcelets donnaient de la voix dans leurs cages. Des marchands ambulants ceinturés de peaux de lapin, de canards et de faisans passaient d'un client à l'autre. Les verres de thé circulaient et les consommateurs laissaient un kopeck sur le plateau. Des vols serrés d'oiseaux traversaient le ciel.

Nicolas et Darya revenaient portant quelques victuailles légères, le reste des achats était confié à deux solides gaillards qui faisaient office de cocher et de valet.

La gouvernante avait ordre de fuir les rassemblements d'ouvriers ou d'étudiants. Aux questions du garçonnet, elle répondait invariablement : « Ce sont de pauvres poissons qui essaient de percer la glace. Ils ignorent combien elle est épaisse. » Le regard de l'enfant devenait triste.

Grischa savait qu'en juillet Vera insisterait pour les installer dans sa maison d'été. Mais la vie qu'elle y menait lui était désormais étrangère. Soupers, bals et thés mondains ne faisaient plus partie de son monde, et il souhaitait que Nicolas l'ignorât. Les réjouissances, la musique traditionnelle, les vieux chants russes qui serraient la gorge et le cœur relevaient du passé. Les nobles de Saint-Pétersbourg s'y accrochaient, mais pour combien de temps encore ?

Vera les retrouva à la fin du mois de juin. Elle serra Nicolas contre elle, puis Grischa. Un repas de fête avait été préparé en son honneur : des zakouskis, un koulibiac de saumon, du gibier et des glaces. Vera y toucha à peine, regardant intensément son mari, qui lui-même ne la quittait pas des yeux. Sans avoir échangé un mot, elle sut qu'il ne la suivrait pas à Saint-Pétersbourg, qu'elle resterait désormais seule dans son palais avec ses tableaux, ses meubles rares et ses objets précieux. Nicolas devait être élevé par son père et non par un précepteur... Il viendrait passer l'été avec elle, la question ne se posait pas. Rien n'était dit et tout était clair.

– Tina va ouvrir à Moscou une boutique consacrée à des objets d'art, annonça-t-elle en allant se coucher. Je lui ai beaucoup appris et elle a de qui tenir. Elle aura des clientes de qualité, côtoiera des artistes. Elle sera heureuse. Et si Piotr revient, elle pourra lui ouvrir les bras ou l'envoyer au diable. C'est la vie, n'est-ce pas ?

Le jour du départ de Vera pour Pétersbourg, Grischa eut le cœur serré. Il admirait cette femme hors du commun, il l'aimait encore peut-être, mais leurs racines, leur horizon étaient différents. Comment pourraient-ils vieillir ensemble ? Elle, une grande aristocrate, et lui, le fils d'un socialiste ? Ils se reverraient pour célébrer Pâques, quelques semaines durant l'été pour partager des moments de complicité, de chaude amitié.

À Moscou, Tina échapperait aux jugements perfides, aux soupçons.

À six ans, Nicolas, que l'on surnommait Nikkos, était un étrange petit garçon. En dépit de son jeune âge, il s'attardait dans l'atelier de son grand-père, orientait les icônes selon les rayons du soleil. En l'observant, Grischa songeait que la réalité et l'irréalité de la lumière ne faisaient qu'un dans sa jeune sensibilité. Il pouvait rester de longs moments à contempler un arbre, une fleur, un étal de fruits. Lorsque passait un nuage, il fronçait les sourcils, comme si l'ombre soudaine posait une interrogation.

Grégory l'avait mis dans une école francophone, Saint-Philippe-Néri, fondée par une certaine madame Destouches, une riche veuve qui s'était faite religieuse. Après l'ouverture de l'école de garçons, elle comptait en fonder une pour les filles.

Nicolas était un élève moyen, trop rêveur selon les professeurs. Mais il possédait un grand sens de l'observation, ce qui lui facilitait l'étude des sciences naturelles. Pieux, il insistait pour que chaque dimanche Grischa l'accompagne à l'église du Souvenir. Lorsqu'il communiait debout, les mains croisées sur sa poitrine, murmurant son prénom, il écoutait le pope prononcer : « Le serviteur de Dieu, Nicolas, a communié. » Et Grischa s'étonnait de voir son fils prier avec tant de dévotion, écouter avec ravissement les puissantes voix du chœur d'hommes qui résonnaient sous les voûtes.

Dès ses douze ans, Nicolas demanda à son père un chevalet, des pinceaux et des couleurs. Il prit possession de l'atelier de son grand-père. La poussière, les toiles d'araignée l'avaient envahi, et il fallut plusieurs jours de travail pour redonner à ce lieu son atmosphère d'antan.

Grégory était stupéfait. Se pouvait-il que son Nicolas se mette à peindre ? Il était presque certain que son fils ne pensait pas à écrire des icônes, pas selon l'antique tradition remontant, disaient certains, à saint Luc. L'icône, à l'encontre de la peinture, ne cherchait pas à flatter l'œil par la beauté des visages ou des couleurs, elle était un instrument de la Volonté Supérieure. Des cierges, de simples bougies chez les gens humbles, brûlaient devant elles. Elles étaient intemporelles, éternelles comme la lumière.

Un soir où père et fils étaient assis l'un près de l'autre devant le poêle à bois en faïence verte du salon, Grischa osa demander à son fils ce qu'il comptait peindre. Était-il inspiré par la longue lignée des Dionous ? Ou par son grand-père qui s'en était détaché ? Nicolas réfléchit longuement. Plus que la peinture, il était interpellé par le mystère de la lumière. Chaque pierre, chaque végétal, chaque être vivant n'était qu'une juxtaposition de points captant plus ou moins les rayons du soleil. La lumière ne tombait pas comme une chape, les teintes n'étaient pas amalgamées, mélangées. C'était cette recherche de la captation de la lumière qui l'intéressait. Mais il était encore trop jeune. À dix-huit ans il irait à Paris, où de grands artistes étaient interpellés par ce même phénomène. L'impressionnisme semblait dépassé.

Grischa fut ahuri par la connaissance de l'adolescent. Son fils se rendait souvent à la bibliothèque et y restait de longs moments. Y lisait-il principalement des ouvrages sur l'art pictural ? Était-il en correspondance avec Vera, qui avait tant soutenu le mouvement impressionniste ?

Le tsar Alexandre II était mort assassiné dans un attentat, laissant le trône à son fils Alexandre III Alexandrovitch Romanov. Dès son avènement, sous l'influence de son plus proche conseiller Constantin Pobiédonostsev, il détricota toutes les réformes entreprises par son père. Dur, entêté, il exaltait le pouvoir tsariste et n'acceptait aucune contestation.

Les mouvements réformistes devinrent alors révolutionnaires. Beaucoup d'anciens serfs travaillaient maintenant dans des usines, des fonderies, des ateliers de fabrication de clous, d'objets en plomb ou dans des tanneries. Onze heures par jour dans de terribles conditions pour un salaire dérisoire. Quinze roubles par mois pour un homme, dix pour une femme, sept pour un enfant. La plupart vivaient dans les ateliers ou s'entassaient à sept ou huit dans ce qu'on ne pouvait appeler une chambre : planches sur lesquelles étaient jetés de minces matelas, odeurs, vociférations, soupirs amoureux, disputes, tout était au public. L'alcool faisait des ravages, la nourriture peu variée – chou aigre, pain noir, bouillie de sarrasin, concombre au vinaigre – produisait des adolescents rachitiques que la moindre épidémie fauchait.

Mais, dans plusieurs usines, des patrons avaient ouvert des écoles, et les élèves possédant un peu d'instruction étaient la proie des révolutionnaires qui les poussaient à la grève, aux émeutes face aux licenciements. La lutte s'endurcissait. Les ligues d'ouvriers s'étendaient de ville en ville. Partout on prédisait la victoire finale du prolétariat.

Il existait des hôpitaux gratuits, des hospices pour les vieux travailleurs, des orphelinats, des maternités où les nourrissons abandonnés étaient allaités par une troupe de nourrices payées quinze kopecks par tétée. Toutes étaient des paysannes qui avaient abandonné leurs bébés au village. Sevré, l'enfant suivait sa nourrice et devenait ouvrier agricole, un sort plus enviable que celui de ses misérables géniteurs.

Grischa parlait à son fils de ces tensions, mais Nicolas, tout favorable qu'il fût aux doctrines libérales, excluait une révolution qui jetterait le pays dans les ténèbres. Et lorsqu'il prononçait le mot « ténèbres », son visage devenait presque douloureux. L'attentat qui avait coûté la vie au précédent tsar était une tache de sang.

Vera écrivait régulièrement. Depuis l'assassinat du tsar, la vie n'était plus la même à Pétersbourg. La gracieuse cité où l'on aimait rire et danser devenait une ville industrielle que la construction du chemin de fer rapprochait de Moscou. Le port prenait une très grande importance, et les promenades le long des quais avaient perdu tout leur charme depuis que les usines de métallurgie, de construction de machines s'y étaient implantées. Des cheminées se dressaient devant les villas. Quelques anciens jardins survivaient. La population avait doublé.

« *Nous sommes si nombreux,* écrivait Vera, *que les misérables côtoient ceux qui se sont scandaleusement enrichis. On ne sait plus qui sont les gens qui marchent dans nos rues. Nul ne les connaît : des professeurs, des docteurs, des directeurs d'usine, des commerçants ? On construit partout, et ma chère maison est cernée d'édifices qui se veulent baroques et ne sont qu'affreux. On appelle cela, je crois, Art nouveau. Je presse mon Nikkos d'aller à Paris. D'après ce que j'ai vu de ses premières œuvres, il devrait rencontrer des peintres comme Pissaro, Signac et Seurat. Ils lui apprendraient beaucoup.* »

Nicolas était au courant du mouvement dada, de ceux qui en étaient les maîtres, mais à vingt ans il lui semblait qu'il ne devait suivre que sa propre inspiration. Seurat avait-il appris d'autres peintres ce qui faisait son génie ? Comme lui, il avait compris qu'une forme, celle d'un arbre, d'une femme, d'un bouquet de fleurs, est une série de points de lumière juxtaposés. Le souffle de ces points crée la vie. Ses deux premières toiles n'étaient que des balbutiements et il n'avait pas voulu les montrer, sauf à ses parents. Il avait supplié sa mère de ne pas courir chez un marchand de tableaux.

Contrairement à ses parents, Nikkos était brun. Il avait le teint mat, les yeux mordorés des Dionous, était de taille moyenne. Un type d'homme rare en Russie, et qui séduisait les femmes. Mais il ne s'intéressait guère à elles.

De l'armoire de fer, il tira un jour l'icône miraculeuse vénérée dans sa famille depuis Constantinople. Sur l'argent ciselé qui recouvrait le bois apparaissaient la figure du Christ, ses mains. L'auréole n'avait pas été ternie par le temps. Nicolas resta longtemps stupéfait, cette icône était pure lumière.

Déjà à l'église il avait remarqué que les vitraux éclairés par le soleil flamboyaient, tandis que ceux exposés au nord étaient gris et ternes. La vie était-elle seulement la traversée d'une nef d'église ? Une marche de l'ombre vers la lumière ?

Il travaillait à une scène campagnarde. Sur la toile naissait par petites touches un paysage automnal : un étang entouré de hauts joncs et d'arbres. Aucune feuille n'avait la même couleur, pas plus que les reflets de la lumière sur l'eau. Les taches n'étaient ni opposées ni semblables. Il travaillait à cette toile depuis six mois et prévoyait encore un long moment avant de pouvoir l'estimer achevée. Son ambition était de restituer la tombée de la nuit, les dernières clartés du soleil. Et pour obtenir ce résultat, paradoxalement, il ne fallait pas marier les couleurs.

Grégory restait perplexe devant la peinture de son fils. Vera l'approuverait-elle ? Ils s'écrivaient régulièrement. Après trois mois à Paris, sa femme était de retour. Elle souffrait de rhumatismes, se rendait moins souvent aux expositions, au théâtre. Certes, elle était au courant du travail de son fils, mais y comprenait-elle quelque chose ? N'y verrait-elle pas seulement de la mosaïque ? Elle avait eu la chance d'obtenir une copie d'une toile de Seurat, *Un dimanche après-midi à l'île de la Grande Jatte*. Trop figée, avait-elle pensé, trop froide. Pouvait-on imaginer que cette foule ressente de la joie ? Était-ce l'état d'esprit de son Nikkos, une immobilité dans le temps, fermée au jaillissement du bonheur, de la grâce, de la beauté éphémère ? Exécutait-il en réalité des sortes d'icônes séculières ?

Après avoir reçu de son neveu un refus formel, Tina avait renoncé à exposer dans sa galerie un de ses dessins. Aucune de ses toiles, prétendait-il, n'était achevée. Les objets et meubles peints qu'elle proposait aux Moscovites se vendaient bien, mais les tensions sociales et politiques ralentissaient les investissements dans l'art. Seuls les romantiques comme Karl Brioullov, Alexandre Ivanov maintenaient des cotes élevées.

Le réalisme, dont son grand-père Théodore Dionous avait été un des pionniers, commençait à intéresser le public. On réclamait certaines de ses toiles, comme celles de Vassili Polenov ou Ilia Répine, à Pétersbourg, à Kiev et jusqu'en Allemagne.

Mais, en dépit de son étroite collaboration avec une femme très cultivée devenue son amie, Antonina Korovine, Tina songeait de plus en plus souvent à quitter la Russie. Moscou surtout, où elle avait traversé tant de tragédies. Depuis cinq ans, elle n'avait plus aucune nouvelle de Piotr. Une lettre du bagne lui avait appris qu'il s'était évadé avec deux compagnons. Tina était sûre que son mari était mort. Tué par le froid ? Par des bêtes sauvages ? D'autres bagnards en rupture de ban ? Elle ne le saurait jamais. Sa mémoire refusait de lui livrer les traits de son visage. Mais elle se souvenait de son dos revêtu d'une blouse noire devant un bloc de marbre qu'il s'apprêtait à sculpter. Le noir, le blanc, le rai de soleil tombant en biais dans l'atelier, une table sur laquelle étaient rangés ses outils, un parquet ciré, des soucis orangés qu'elle avait elle-même disposés dans un vase de terre cuite. Une image arrêtée, où Piotr restait figé à tout jamais.

Avec Antonina, elle allait partir en Hongrie. La Russie désormais lui faisait peur. Les défilés d'ouvriers tendant le poing, les étudiants braillant des slogans la terrorisaient. Elle revoyait le corps de son père, le sang, l'enterrement presque clandestin d'un « révolutionnaire ». Lui, un peintre dont on s'honorait aujourd'hui de posséder une toile !

Sur l'ordre du tsar, la police était brutale, la répression impitoyable, les exemplaires du *Manifeste du parti communiste* saisis et jetés au feu. L'Ukraine avait dû affronter une terrible famine. Jusqu'alors tranquilles, les paysans commençaient à prendre connaissance des tracts qu'on leur distribuait.

Grégory haussait les épaules. Sa sœur voulait se rendre en Hongrie ? Grand bien lui fasse ! Aucun pays n'allait être épargné par la tempête qui se levait. Les gouvernements autoritaires allaient tomber les uns après les autres. Ce n'était pas une élucubration mais une certitude scientifique.

Il fallait être Nikkos pour continuer à rêver.

45

L'Europe traversait une période sanglante. L'empereur Napoléon III avait perdu une guerre, il était détrôné et exilé. Les Français avaient choisi de vivre en république. Mais les grandes vagues de protestations sociales qui secouaient l'Europe n'avaient pas encore atteint l'Égypte.

La vie était douce entre Le Caire et les étés à Alexandrie. Souvent, lorsqu'elle passait devant le palais de Guézireh qui allait devenir un hôtel, Tessa soupirait. Elle y avait vécu des moments inoubliables.

Le khédive avait dû abdiquer au profit de son fils aîné Tawfiq. Les dettes considérables de son père Ismaïl Pacha, ses incessants besoins d'argent l'avaient contraint avant sa mort à brader le superbe palais de Guézireh à la Compagnie internationale des Grands Hôtels. Équipé de l'électricité, de canalisations d'égouts et même d'ascenseurs, l'hôtel attirait une clientèle internationale avide de découvrir les trésors passés et présents de l'Égypte. L'impératrice Eugénie avait dû elle aussi se séparer de sa résidence à Biarritz. Celle que l'on considérait autrefois comme une nouvelle Néfertiti n'était plus qu'une exilée sans importance.

Au Caire, les banques avaient gelé leurs prêts, mettant ainsi beaucoup d'employés au chômage. Mais les affaires d'Antoine prospéraient. Les récoltes de coton étaient abondantes et achetées au prix fort.

Un soir, où les Zenallah, les Dionous et leurs deux enfants Victor et Émilie s'étaient retrouvés pour le dîner, le patriarche réclama le silence. Les bombardements d'Alexandrie par les Anglais suivis d'un massacre des populations avaient duré dix heures. Le port et la place Mohamed-Ali étaient très endommagés. La situation était préoccupante. L'intervention anglaise dans le rachat des actions du canal de Suez les inquiétait tous.

Victor, qui allait célébrer ses quinze ans, espérait que son grand-père ne les retiendrait pas trop longtemps. Il avait rendez-vous au Sporting Club avec des amis amusants, légers, un peu tapageurs lorsqu'ils avaient bu. Ayant lui-même le sens de l'humour, la repartie facile, il se sentait chez lui.

Kamal se leva.

– Vous n'ignorez pas que le palais de Guézireh était en vente. Encore trois ou quatre ans, et il tombait en ruine. Je l'ai acheté.

Les convives poussèrent des cris de surprise.

– Je sais, poursuivit-il, que Tessa l'aimait tout particulièrement. Nous y vivrons en famille avec Victor, Émilie, et bientôt leurs enfants. Dites adieu au quartier de Fagallah. Nous emménagerons dès la fin des travaux, d'ici trois ou quatre mois.

Pour toute la famille, cette acquisition représentait la consécration suprême. Tous ensemble, les Zenallah et les Dionous allaient s'installer là où une impératrice avait établi ses quartiers égyptiens. Son appartement resterait fermé, sacré. Le souvenir d'une époque prestigieuse pour l'Égypte.

Les premiers jours, les nouveaux maîtres des lieux furent sidérés par l'énormité des structures intérieures, mais quand on eut installé les rideaux verts et jaunes des salons, que les vases et vasques débordèrent de fleurs, que le sol fut recouvert de tapis aux tons chauds, la famille commença à se sentir chez elle. Une aile était réservée aux Zenallah, une autre aux Dionous, et un grand appartement était attribué à Victor et Émilie. Ils pourraient y jouir d'une indépendance contrôlée. Les repas du soir se prendraient en commun.

Émilie était bonne cavalière, Victor habile joueur de tennis. En vain, il avait tenté de se mettre au cricket, mais il ne négligeait pas les matchs de polo.

Vivre au Caire était un paradis. L'extrême pauvreté, la misère même étaient hors de vue. Bien nourris, bien payés, les serviteurs étaient aimables, zélés.

Antoine savait qu'il avait atteint le sommet de sa carrière. Victor serait-il capable de lui succéder ? Tout était en place, il n'aurait qu'à gérer leurs biens. Tessa recevait avec grâce, mais fuyait les mondanités trop voyantes, où l'or était dépensé à pleines poignées. Avec son argent, elle avait fondé deux dispensaires, une école de filles ainsi qu'un magasin réservé aux pauvres où les denrées étaient vendues à moitié prix. « J'ai appris l'esprit Dionous », expliquait-elle en riant. Son père tout juste mort, sa mère choyée par tous vivait avec sa dame de compagnie et ses vieux serviteurs, certains chenus et courbés par les rhumatismes.

La modernisation de la ville avait séparé les quartiers et l'on ne voyait plus comme autrefois de belles villas entourées de modestes demeures, des charrettes à âne arrêtées devant des boutiques élégantes.

Dans un café sur le chemin que prenait Victor pour se rendre au bureau de son père, il avait conversé avec un Grec immigré de Turquie. Le jeune homme, qui vivait très pauvrement, captiva aussitôt Victor par les expériences qu'il avait vécues. Pour lui, les mots tennis, whisky pur malt ne signifiaient rien, tandis que Victor entendait pour la première fois parler d'un mouvement de révolte des ouvriers, des paysans pauvres, des exploités, des damnés de la terre. Avait-il vu dans quelles conditions travaillaient les fellahs ? Le jeune homme fut interloqué. Ce garçon était dangereux, de quoi rêvait-il au juste ?

– On se revoit ? demanda l'inconnu en lui serrant la main.

Victor eut la sensation d'avoir mis le doigt dans une sorte

de glue qui pouvait le prendre au piège. Remettre en cause son existence de privilégié ? Il n'en était pas question.

– Je viens chez toi. Où habites-tu ?

– Au palais de Guézireh.

– Ah, tu es un prince, mon ami ? Très bien. Mais tu sais que les princes seront tous détrônés un jour ou l'autre. Eh bien, au revoir, porte-toi bien.

En partant, il lui tendit un paquet enveloppé dans du papier journal.

– Si tu veux t'ouvrir au monde réel, mon pacha.

Victor déplia le papier. Le livre était en anglais, une traduction du *Manifeste du parti communiste* de Karl Marx. Il le fourra dans sa poche.

Le soir, il le montra à son père.

– Jette-moi ce torchon au feu, lança Antoine exaspéré. Je me demande comment on laisse entrer en Égypte de pareils ouvrages ! Notre société est paisible, prospère. Ce personnage n'y a pas sa place.

Il lui fallut de longues minutes pour retrouver le sourire.

– Je ne t'ai pas vu au bureau ce matin. Tu étais au club ?

À dix-sept ans, Émilie épousa un cousin de Beyrouth, dont le père entretenait un florissant commerce de la soie avec l'Europe. Il avait des bureaux à Beyrouth, à Damas et à Alexandrie. Ce mariage contentait les deux familles même si l'Église orthodoxe réprouvait les unions consanguines.

Le jour des noces célébrées dans l'intimité, l'émira revêtit pour la dernière fois une robe et une veste de crêpe de Chine gris perle de chez Jacques Doucet, coiffa un chapeau agrémenté d'aigrettes en agates. Cette grande dame, mémoire d'un prestigieux passé, s'éteignit doucement deux semaines plus tard.

Le jeune ménage s'installa dans le palais, en compagnie d'une nièce de l'émira qui peignait des portraits très estimés. Elle était veuve et avait deux garçons. « Quand Victor se mariera, plaisantait Antoine, il nous faudra acquérir le palais du vice-roi. »

Pendant les vacances traditionnelles des Dionous en Italie et sur la Côte d'Azur, dans la villa surplombant la Méditerranée, Émilie annonça sa grossesse. Ils allaient être neuf à Guézireh.

Au Caire, les grands travaux ne cessaient pas. Le ministre des Travaux publics Mubarak avait la vision d'une ville moderne. La plupart des constructions datant des Ottomans ou des mamelouks étaient abattues. Seules les mosquées étaient respectées. En accord avec lord Cromer, le gouverneur anglais, Mubarak voulait une cité percée de larges avenues, des places et des jardins publics. Les paysans qui accouraient au Caire dans l'espoir d'une meilleure vie s'entassaient dans la périphérie. Ces gens-là n'intéressaient pas le khédive Tawfiq. L'installation du musée des Antiquités égyptiennes à Boulaq en revanche lui donnait pleine satisfaction. L'immobilier flambait et les Dionous s'en réjouissaient. Ils avaient investi dans la Société anonyme des immeubles d'Égypte, une habile décision, mais ils ne pouvaient freiner en dépit de leur entregent le projet de lotissement de villas sur l'île de Guézireh.

Parfois Antoine songeait au livre que lui avait montré son fils. Ce Karl Marx… Et ses relations européennes partageaient avec lui une certaine crainte de l'avenir. La Russie connaissait des troubles de plus en plus fréquents, certains pays de l'Est aussi. En Angleterre, le parti travailliste prenait de l'ampleur. Mais l'Égypte résisterait à ces anarchistes. Quel intérêt aurait la population à se dresser contre ceux qui faisaient la richesse de leur pays ? Ces privilégiés n'étaient pas insensibles à la misère. Ils avaient financé des écoles, des hôpitaux, secouru de pauvres couvents, rétribuaient leurs serviteurs avec générosité.

Ce fut au cours de l'été que Victor fit la connaissance de Françoise. Lui qui dans sa famille passait pour être peu sentimental tomba aussitôt amoureux de cette jeune fille directe, intelligente, volontaire.

Ce jour-là, sûr de gagner une régate sur son voilier qu'il barrait avec un ami, Victor s'était vu coiffer sur la ligne d'arrivée par deux jeunes gens, une fille et un garçon. Lors de la remise de la coupe, il s'approcha du podium, curieux de voir de plus près cette jeune fille qui s'était révélée être une excellente barreuse, tandis que son frère s'occupait des winchs.

Les gagnants de la régate se tenaient côte à côte sur un podium dressé dans le Sporting Club. Le garçon portait un pantalon de toile blanche que l'eau de mer avait détrempé, la jeune fille une longue jupe de lin et une très légère veste sans col qui moulait ses formes. Son sourire radieux prouvait qu'elle n'en était pas gênée.

Victor s'avança et tendit la main.

– Je suis jaloux et plein d'admiration, mademoiselle. Vous venez de me donner une leçon d'humilité. C'est une expérience assez insolite pour moi. Je suis Victor Dionous.

La jeune fille tendit elle aussi la main.

– Françoise Potier.

– Française ?

– Du Havre, mais je vis maintenant avec ma famille à Port-Saïd.

Elle tendit la coupe à son frère.

– Avant les réjouissances je vais me changer. Ce sera plus décent.

Elle ne cessait de sourire, d'un sourire clair, dénué de vanité.

Victor la rejoignit lors du cocktail offert par le club. On se pressait, les concurrents anglais s'étaient regroupés, vexés de s'être fait battre par une femme, une Française qui plus est. Cette défaite était dure à avaler pour ceux qui s'estimaient être les meilleurs du monde. Et la seconde équipe gagnante était égyptienne !

– À Sa Majesté la reine Victoria ! clamèrent-ils tous d'une seule voix en levant leur coupe de champagne.

– À notre khédive Abbas Halmi, que Dieu lui accorde longue vie ! crièrent en retour les Égyptiens.

Françoise était revenue très élégante dans un tailleur de toile ivoire, dont la jupe laissait voir de jolies chaussures plates à brides. Elle avait libéré les nattes qui lui enserraient la tête pour rassembler ses cheveux blonds en chignon.

– À nos challengers égyptiens qui ont bien failli nous battre, mon frère et moi !

Ils trinquèrent.

– Êtes-vous pour longtemps à Alexandrie ?

– Quelques semaines. Port-Saïd n'est guère une ville où il fait bon passer ses vacances.

Des invités les séparèrent. Tous voulaient parler à cette audacieuse gagnante.

Comme la réception s'achevait, Victor parvint à la retrouver.

– Je vous invite à déjeuner demain au club. Ne refusez pas, vous avez à vous faire pardonner de m'avoir blessé dans mon orgueil de jeune mâle égyptien.

Ils rirent ensemble. Une certaine complicité les rapprochait déjà.

Une légère brise soufflait du nord, rafraîchissant la terrasse du restaurant. Victor, qui par décence avait choisi le Sporting Club où tout le monde le connaissait, avait commandé d'emblée une bouteille de Dom Pérignon.

– Pour vous et pour la France. Un magnifique pays que je connais un peu.

– Paris ?

– Non, la Côte d'Azur.

– Cela ne m'étonne pas, lança Françoise d'un ton moqueur, qu'iriez-vous faire dans le Nord ? Le Havre, imaginez-vous, est une jolie ville, un paradis pour les amateurs de voile.

Il était presque quatre heures lorsqu'ils sortirent de table. Françoise proposa une promenade le long de la corniche.

Côte à côte, ils marchèrent un long moment. Enfin Victor osa prendre sa main. Elle la lui laissa. Des passants les regardaient avec une réprobation qui semblait beaucoup amuser Françoise.

Ils se revirent trois jours plus tard au tennis club, où les femmes commençaient à être admises, quoiqu'elles fussent peu nombreuses. Les seules qui semblaient apprécier ce jeu étaient anglaises.

L'été s'avançait. Victor savait qu'il ne devait plus attendre. Cette jeune fille si différente de celles de sa famille était la femme avec laquelle il désirait vivre. Les Dionous accueillirent Françoise avec une courtoisie réservée. Cette Française leur semblait étrange, un peu désinvolte avec son tailleur noisette dont la veste serrait la taille et son panama orné d'un large ruban noir. Tessa et Émilie portaient pour cette occasion des robes droites de soie ou de linon, pour Tessa recouverte de fine dentelle, pour sa fille simplement souple, étroitement ceinturée pour mettre la taille en valeur. Les manches étaient longues et une petite lavallière entourait le col légèrement montant. Elles ne portaient pas de chapeau.

Françoise réussit à cacher sa sidération en entrant dans la villa tant les meubles et les tentures étaient luxueux.

Durant le déjeuner, chacun déclara tour à tour son amour pour la France. On l'interrogea sur la vie à Port-Saïd, sur ses parents, mais pas sur son goût pour le sport qui semblait laisser tout le monde indifférent.

Victor raccompagna la jeune fille chez elle. La villa de ses parents était moderne, de taille moyenne et entourée d'un joli jardin où s'épanouissaient bananiers, palmiers et aloès. Il fut accueilli avec chaleur, on lui proposa un verre qu'il accepta. René Potier lui confia son goût pour la saison d'été à Alexandrie. Victor pratiquait-il la voile depuis longtemps ?

– Mais ne comptez pas sur moi, mon cher, pour le polo,

avoua-t-il, d'abord je monte médiocrement à cheval, ensuite les Anglais n'admettront pas une *grenouille* au polo club.

– Voulez-vous partager notre dîner ? proposa Colette Potier. Il sera sans façon, car nous n'avons qu'une bonne pour nous servir.

Elle n'ignorait pas la richesse des Dionous et ne se serait pas offensée d'un refus.

Victor accepta. Cette manière de vivre le déroutait un peu. Aucun cérémonial, aucune préséance. La bonne adressait la parole à la maîtresse de maison. Et au milieu du repas, alors qu'on servait le poisson, Colette n'hésita pas à se lever pour rapporter quelques citrons de la cuisine.

Malicieuse et complice, Françoise adressait de petits sourires à Victor dont l'étonnement l'amusait. Elle avait éprouvé la même surprise lors de son déjeuner chez les Dionous. C'était le choc de deux mondes.

Pour la première fois, Victor se trouvait face à une femme qu'il admirait et Françoise appréciait ce garçon qui aurait pu être guindé et pédant, mais partageait son sens de l'humour et sa désinvolture. La perfection de son français l'étonnait mais cette langue, lui avait-il appris, était parlée en famille depuis sa tendre enfance. Il s'exprimait également bien en anglais, et correctement en arabe.

L'été touchait à sa fin. Françoise allait regagner Port-Saïd, et Victor Le Caire. Un soir où ils se promenaient sur la corniche, Victor ramassa une bague de pacotille sur le trottoir, un anneau de métal argenté où était sertie une pierre en verre. Françoise s'était arrêtée, ils étaient debout l'un en face de l'autre. Sans dire un mot, Victor s'empara de la main gauche de la jeune fille et passa la bague à son annulaire. Puis :

– Veux-tu être ma femme, Françoise ?

Le projet fut fraîchement accueilli par les deux familles. D'une seule voix les Dionous estimèrent que cette jeune Française, quoique charmante, n'était pas un bon choix. Victor pouvait prétendre à beaucoup, beaucoup mieux. Si les Françaises l'attiraient, il n'y avait pas une jeune fille de l'aristocratie qui refuserait d'intégrer la famille Dionous. Qu'ils restent bons amis et qu'on ne parle plus de ce projet déraisonnable.

Du côté Potier, on annonça avec froideur à Françoise qu'elle devait oublier Victor. Les grandes familles orthodoxes étaient repliées sur elles-mêmes et ne s'alliaient pas à n'importe qui. Réalisait-elle que la mère de Victor était une émira, une princesse, qu'ils étaient outrageusement riches et ne fréquentaient pas les petits ingénieurs de Port-Saïd, même si la construction du canal les avait fortement enrichis ? Par ailleurs, ils allaient quitter Alexandrie à la fin de la semaine. Le mieux serait que les deux jeunes gens ne se revoient plus.

Si Françoise encaissa le verdict avec un orgueil muet, Victor se révolta immédiatement. Il n'aurait d'autre épouse que Françoise, et si elle n'était pas acceptée au sein de sa famille, il ne se marierait jamais. La lignée des Dionous égyptiens s'éteindrait.

Aucun argument ne pouvait frapper Antoine davantage. Certes il avait des petits-fils par Émilie, mais ces enfants n'étaient pas des Dionous. Que leur lignée qui s'était tant battue pour prospérer puisse disparaître lui était inenvisageable.

– Est-elle orthodoxe au moins ? demanda-t-il. Si elle est catholique ou protestante, j'exige que vos enfants soient baptisés selon notre religion.

– Elle acceptera, assura Victor.

Et Françoise devait aussi accepter de vivre à Guézireh. Ils auraient leur propre appartement, mais le jeune homme ne croyait pas pouvoir être heureux loin de la demeure familiale. Ils se feraient des amis selon leur propre choix. Peu importaient leur fortune ou leurs titres. Françoise garderait la liberté de pratiquer la voile, le tennis, d'être elle-même. Il se réjouissait d'acquérir un bateau de croisière. La banque, le commerce, la gestion des biens Dionous ne seraient plus son unique horizon.

À l'aube du XXe siècle la société évoluait, d'extraordinaires découvertes étaient faites, un groupe de pionniers poussait toujours plus loin les prouesses techniques – engins volants, voitures automobiles, transmissions à distance.

Finalement les deux familles se soumirent à la volonté des tourtereaux. Le mariage serait célébré en toute simplicité et les enfants à naître recevraient le baptême orthodoxe. René Potier avait insisté pour que ses petits-enfants viennent souvent à Port-Saïd. Il ne voulait pas les voir grandir dans un environnement exclusivement princier. À Port-Saïd, ils ne trouveraient pas trente domestiques mais n'en seraient pas moins heureux.

Pour leur voyage de noces le jeune ménage partit longer les côtes libyennes avec trois marins sur une goélette de soixante pieds. Victor et Françoise barraient tour à tour. Le soleil avait blondi les cheveux de la jeune femme, elle était hâlée, son nez piqueté de taches de rousseur.

De retour à Guézireh, elle resta elle-même, fuyant les thés, les achats coûteux, les bavardages. Certes sa belle-mère et sa belle-sœur consacraient beaucoup de leur temps aux œuvres charitables, recevaient à merveille, savaient mettre leurs invités en valeur, relancer une conversation qui s'étiolait, mais jamais l'idée ne leur serait venue d'affronter la mer sur un bateau à voile autre que les paresseuses felouques qui glissaient sur le Nil avec leurs larges auvents pour abriter les passagers du soleil.

Quand Françoise annonça être enceinte, sa belle-mère pour la première fois oublia la froide accolade pour l'embrasser.

Constantin naquit le 1er janvier 1900. Un heureux présage, se réjouit la famille. Antoine ne pouvait cacher sa joie : la lignée Dionous d'Égypte se poursuivait. Il offrit à l'enfant une icône de grande valeur que l'on pendit au-dessus de son berceau et, le jour de son baptême, une croix orthodoxe en or que la famille possédait depuis plusieurs siècles.

La joie de vivre de Victor était si complète qu'il ne put résister au désir de Françoise de posséder une automobile pour aller plus commodément à Port-Saïd. Il choisit une De Dion-Bouton qu'il conduirait lui-même.

Le 3 mai, sur la route d'Alexandrie, une charrette tirée par un âne rétif se jeta devant la voiture. Le conducteur et sa passagère furent tués sur le coup.

Le petit Constantin qui était resté au Caire avec sa grand-mère paternelle avait fêté ses deux ans. Il marchait depuis plusieurs mois et prononçait distinctement quelques mots.

Sa tante Émilie l'adopta comme un troisième fils.

46

Nicolas II ne parvenait pas à tenir les rênes de son pays. Les mouvements révolutionnaires s'organisaient, s'amplifiaient et se répandaient dans les campagnes qui jusqu'alors n'avaient connu que Dieu et le tsar.

Tantôt trop clément, tantôt trop dur, le tsar perdait jour après jour le respect de ses sujets. Les paysans se moquaient quand un voyageur leur racontait que leur souverain était dominé par sa femme, une princesse allemande. En 1905, une révolte pacifique conduite par le pope Gapone fut réprimée dans le sang. Ce dimanche sanglant écœura tous les Russes. Ainsi le « Petit Père des peuples » massacrait ses enfants ? Mille d'entre eux avaient été abattus par la troupe aux ordres du grand-duc Serge. Le fossé ne cessait de se creuser entre Nicolas II et la Russie. L'assassinat du grand-duc ne semblait pas être une vengeance suffisante. Le tsarisme s'effondrait : battus par les Japonais, les Russes perdirent quatre-vingt-douze mille hommes sur le champ de bataille.

Nicolas Dionous ne sortait de son atelier que pour de courtes promenades au lever et au coucher du soleil, et de plus longues les jours de neige. Son projet de voyage à Paris devenait incertain. La paix avec le Japon avait bien été signée, mais les révoltes internes se multipliaient. Les marins du cuirassé *Potemkine* s'étaient mutinés, les officiers avaient été abattus, puis le navire de guerre s'était ravitaillé à Odessa avant de demander l'asile en Roumanie.

Cependant Nicolas brûlait d'envie de se rendre au salon d'automne de Paris. Ses toiles avaient gagné en maturité, il jouait avec la lumière comme les doigts d'un artiste sur un piano. Ses couleurs avaient de la force, les volumes étaient définis. Désormais il montrait l'œuvre de son grand-père avec fierté. Quant à Grégory, retiré de l'université, il vivait comme son fils en reclus. Lui qui avait voulu tout expliquer par la raison, ne comprenait plus ces violences, ce bouleversement, cette aspiration à quoi ? Une chute du tsar, une république, une constitution ? Mais ces jeunes exaltés, ces meneurs dévorés d'ambition, comme ce Lénine qui mettait en place une tactique révolutionnaire, le laissaient sceptique. Son séjour à Pétersbourg dans les premières années de son mariage l'avait certes détaché de l'aristocratie mais ce bouillonnement qui se déversait telle la lave d'un volcan pour engloutir mille cinq cents ans de tsarisme ne pouvait perdurer sans un retournement de situation qui priverait les hommes de toute liberté.

Grégory encouragea vivement Nikkos à se rendre à Paris. Le voyage en train était désormais facile. Une amie de Vera l'accueillerait. Il pourrait emporter dans ses bagages un tableau de petite taille et le proposer à la galerie avec laquelle Vera avait si longtemps collaboré. Lui ne quitterait plus Moscou. Manifester ? Mourir comme son père d'une balle dans la poitrine ? Il n'en était pas question. Ou le tsar faisait preuve de sagesse et parvenait à renoncer à tout autoritarisme, ou le régime tomberait comme un fruit mûr. Dieu ne choisissait plus ceux qui dirigeaient les pays. C'était l'ambition, le manque de scrupules, la chance, la diplomatie, l'art du mensonge qui ouvraient aujourd'hui les portes du pouvoir.

La veille du départ de Nicolas, Grégory lui tendit une petite icône représentant le Christ Pantocrator.

– Je l'ai écrite en secret pour toi, chuchota-t-il. Elle n'est pas très belle, mais j'ai beaucoup prié. Reviens-moi, tu es ma seule raison de vivre.

Il fallut plusieurs jours à Nicolas pour s'habituer à la vie parisienne. Ses hôtes possédaient un bel appartement boulevard Malesherbes où il disposait d'une chambre et d'une salle de bains. On l'avait accueilli à bras ouverts. N'était-il pas le fils de Vera, que tous les amateurs de peinture admiraient ? Elle avait été un des plus solides soutiens des impressionnistes, de Monet et d'un jeune peintre très contesté à son époque, Vincent Van Gogh.

Nicolas flâna au parc Monceau, déambula sur les berges de la Seine puis fit quelques incursions dans les galeries de tableaux. On ne connaissait pas son nom, mais il y était toujours reçu avec chaleur. Les Russes avaient une telle sensibilité, une telle imagination, et certains osaient dire une telle démesure !

Encouragé par son hôtesse Valentine Lamare, Nicolas apporta à un marchand d'art, rue du Faubourg-Saint-Honoré, le petit tableau qu'il avait glissé dans ses bagages. Le marchand l'examina longuement avant de prier Nicolas de le lui confier.

– Cela va dérouter mes clients, avoua-t-il, mais si nous autres galeristes ne prenons aucun risque, nous n'aurons plus qu'à devenir épiciers.

Décidé non seulement à prolonger son séjour, mais aussi à peindre, Nicolas loua un petit atelier dans le 14e arrondissement, une salle pourvue d'une immense baie vitrée sous les toits. Le précédent locataire y avait laissé un lit de sangle, une table et quatre chaises paillées.

La Russie et Moscou lui semblaient loin. Son père lui donnait régulièrement des nouvelles, et elles n'étaient pas bonnes. Le pays traversait une crise majeure. Toutes les grandes villes étaient infiltrées de réseaux révolutionnaires. Les grèves se succédaient. Plusieurs milliers d'ouvriers et d'employés avaient cessé le travail à Pétersbourg. Le tsar allait dissoudre la Douma.

À Paris, l'atmosphère était à la joie. Les spectacles d'opéra, les pièces de théâtre, les réceptions mondaines se multipliaient. Nicolas rencontra un Russe de son âge qui, comme lui, avait choisi la Ville Lumière. Il lui présenta ses propres amis, russes, anglais, français. Ces distractions tombaient à propos car, à sa grande déception, Nicolas parvenait difficilement à peindre.

– Est-ce le goût du public qui façonne les artistes ? Ou est-ce que ce sont eux qui créent le goût du jour ? demanda-t-il un soir.

– L'œuf et la poule, répondit en riant Michel, un de ses amis français.

Ils étaient tous à table, invités par un grand amateur d'art qui vivait rue de Rome. L'ambiance était au plaisir. Peintres et écrivains, tous des esprits très libres, tentaient de discerner cette période heureuse. Les artistes continuaient à étonner, dérouter, irriter ou ravir. Un certain Pablo Picasso avait exposé ses *Demoiselles d'Avignon* qui rompaient avec toutes les traditions de l'art.

Les amis de Nicolas étaient eux-mêmes divisés. Quelques-uns se récriaient : de tache en tache les artistes pointillistes ne finissaient-ils pas par composer des paysages abstraits en misant sur l'harmonie des couleurs qui les animaient ? Ne vivait-on pas désormais dans un monde en perpétuel mouvement ?

Marie-Cécile, un jeune écrivain, parlait aussi d'écriture plus sobre, de phrases plus courtes, d'ennuyeuses descriptions escamotées. Elle avait lu le *Manifeste du futurisme* et *Le reste est silence*, qui venait d'obtenir le prix Femina.

Après ces ouvrages, les romantiques vous tombaient des mains. Son premier livre avait obtenu un honorable succès. Elle y évoquait les voyages imaginaires d'une femme au foyer, et par petites touches un soleil sur une palmeraie, une chute d'eau dans une forêt tropicale. De rêves en rêves, beaucoup de femmes se construisaient une vie.

Après le dîner on allumait le gramophone pour danser la

valse, le tango, de joyeuses polkas. Nicolas prenait Marie-Cécile par la taille, il la sentait souple, consentante.

Durant un an les deux jeunes gens se retrouvèrent une fois par semaine pour se promener au Luxembourg, longer les quais, parcourir le parc de Saint-Cloud ou, par mauvais temps, assister à une séance de cinéma. *Arsène Lupin contre Sherlock Holmes* les avait amusés.

Peu à peu, la jeune fille remplissait l'imagination et le cœur de Nicolas. Il n'avait pas encore osé l'embrasser. D'une famille bourgeoise, catholique, Marie-Cécile n'était pas prête à briser les règles qui régissaient sa société. Les modestes privautés n'étaient permises qu'aux fiancés.

Devant ses toiles, Nicolas pensait à elle. Il aurait voulu la peindre à la manière des Flamands, mais en était-il capable ?

Les jours où il ne la voyait pas, il se rendait au bois de Boulogne. Là, le jeu des couleurs, les taches d'ombre et de lumière le fascinaient toujours, une feuille, une plaque de mousse le transportaient dans un monde qui échappait à la fixité, aux limites.

Son père ne le pressait pas de revenir, mais chaque lettre était plus nostalgique que la précédente. Il avait aménagé un laboratoire dans un coin de l'atelier et se livrait à quelques expérimentations. Mais sa vie était ralentie, ses rhumatismes rendaient tout déplacement difficile. Ses anciens camarades de faculté étaient morts ou handicapés.

Après plusieurs semaines où elle s'était montrée très anxieuse, Marie-Cécile avait retrouvé le sourire. Ses inquiétudes, Nicolas en était persuadé, venaient de l'écriture d'un nouveau roman qu'elle avouait être difficile. À maintes reprises, il l'avait interrogée sur son sujet, mais elle se contentait de répondre hâtivement : un homme, deux femmes qui l'aiment, l'une paisiblement, l'autre avec passion… « Et bien sûr, plaisantait Nicolas, l'homme, lâche comme ils le sont tous, ne dit mot. » Elle souriait. Que connaît-elle des hommes ? pensait-il.

Il la désirait ardemment et l'impossibilité de la caresser le frustrait. Un jour il ne put se taire.

– J'ai envie de toi.

Elle lui opposa un sourire tranquille. Qu'aurait-elle pu dire ?

Un matin, il osa se confier à son hôtesse, une femme ouverte, dénuée de la pudeur qui retenait tant de bourgeoises. Elle l'écouta et lui prit la main.

– Si vous l'aimez tant, pourquoi ne pas l'épouser ?

Il en resta un instant sidéré.

– Je suis russe, seul à Paris, sans fortune. Ses parents me jetteraient dehors.

– J'ai entendu dire que vous étiez d'une famille estimée à Moscou. Si ma très chère amie Vera a été fière de porter votre nom, pourquoi votre amie ne le serait-elle pas ? Jetez-vous à l'eau. Je parlerai à ses parents si vous m'y autorisez.

Un soir de juin, Nicolas se décida à inviter Marie-Cécile à dîner. Complice, son hôtesse avait officiellement organisé chez elle une réunion de quelques amis, où elle était supposée être conviée. Le jeune homme avait choisi un restaurant près du bois de Boulogne, *La Grande Cascade*, bien au-dessus de ses moyens, mais il était prêt à mourir de faim pendant un mois pour cette soirée qui le troublait au point d'avoir le cœur défaillant.

Il alla la chercher en fiacre. Elle était très élégante dans une robe kimono en soie grège et noire.

– Elle est de chez Poiret et appartient à maman, avoua-t-elle à Nicolas qui la complimentait.

La jeune fille était radieuse. Elle accepta une coupe de champagne. Après la première gorgée, elle leva la tête et fixa Nicolas droit dans les yeux.

– Un grand jour, déclara-t-elle.

Nicolas fut certain qu'elle avait un pressentiment, à moins que sa charmante hôtesse Valentine lui ait glissé quelques mots.

– Une raison particulière ? l'interrogea-t-il d'une voix taquine.

– L'issue heureuse d'une longue relation.

– Pas vraiment longue, ma chérie.

Le sourire de la jeune fille se figea soudain.

– Pourquoi cette remarque ? Qu'en sais-tu ?

– Parce que j'ai l'impression de t'aimer depuis toujours et que j'ai l'espoir d'être aimé en retour.

Marie-Cécile reposa son verre en fronçant les sourcils, comme si elle cherchait désespérément une réponse.

– Non, non, balbutia-t-elle, ce n'est pas cela.

Elle était très pâle.

– Tu n'as pas compris. Nicolas, tu n'es que mon ami, mon meilleur ami, mon ange gardien. J'éprouve pour toi une immense tendresse.

– Mais pas d'amour ?

Elle secoua la tête.

– En réalité, je vais épouser l'homme que j'aime depuis mon adolescence. Son père voulait qu'il achève ses études avant de parler mariage. Il n'est pas à Paris.

Nicolas crut qu'il allait vomir.

– Ne m'as-tu pas fait espérer ?

Marie-Cécile voulut poser sa main sur celle de Nicolas. Il la retira comme si elle le brûlait.

La vraie Marie-Cécile lui apparaissait maintenant, une égoïste charmante et aveugle aux sentiments d'autrui.

Il se leva.

– Excuse-moi, je vais régler notre consommation. Nous rentrerons chacun de notre côté. Je suis, vois-tu, quelqu'un d'honnête, de rêveur certainement, mais incapable de vouloir du mal à quiconque. Tu viens de me blesser avec une cruauté certainement inconsciente. Jamais tu ne m'as laissé entrevoir que ton cœur était pris.

Marie-Cécile serra les dents. Là où il attendait des signes de remords, elle se mit en position de défense.

– Comme tu veux, lança-t-elle d'une voix dure. Je croyais que l'affection était possible entre un homme et une femme.

Le lendemain Nicolas résilia le bail de son atelier, fit ses adieux à Valentine et boucla ses valises. Il rentrait à Moscou.

Nicolas eut peine à reconnaître son père tant il avait vieilli. Grégory était voûté, maigre, ses cheveux avaient complètement blanchi. Seuls son regard et son sourire étaient restés les mêmes. Nicolas pleura en le serrant entre ses bras.

– Tu ne reconnaîtras pas notre Russie, Nikkos. Tout est sens dessus dessous. Le navire est à la dérive, sans capitaine.

Après quelques jours Nicolas relativisa ce jugement. Les changements n'étaient pas tous mauvais. L'industrie progressait qui allait offrir au pays une réelle autonomie, des usines étaient désormais présentes à Moscou. De gros industriels s'enrichissaient certes scandaleusement, mais contribuaient à l'essor du pays.

– Tout change et rien ne change, confia-t-il un soir à son père.

Nicolas était profondément désabusé. Il n'avait pas envie de contempler des cheminées d'usine dressées à travers le pays, des parcs disparus pour laisser place à des constructions sans grâce. Si colorée autrefois, la population était devenue grise. On ne s'attardait plus devant les joueurs d'accordéon et les singes savants, mais des enfants en haillons continuaient à demander la charité.

– Il faut que tu ailles à la campagne pour retrouver la vieille Russie, mon fils, déclara Grischa. Il paraît que Samarakov est de nouveau en vente.

– Je ne quitterai plus Moscou.

Nicolas s'enfermait dans son atelier pour tenter de retrouver l'irrépressible élan qui le poussait à peindre. Rien d'autre ne l'intéressait plus.

– Il reste de belles choses, mon fils. Va au concert entendre Balakirev, Moussorgski. Découvre Rimski-Korsakov ou les ballets de Tchaïkovski.

– Y vas-tu, toi ?

Grischa haussa les épaules.

– Je suis un esprit perdu, un scientifique qui recherche non la beauté, mais la vérité. Mais toi, toi mon Nikkos, tu as hérité des rêves de tous nos ancêtres. Tout autant qu'à Paris tu vas élargir ton horizon ici, te faire des amis parmi nos peintres. Répine te plaira, il te fera penser à ton grand-père, Chichkine partage ton amour de la nature.

Nicolas se remit à peindre. Son style avait mûri au contact de ce qu'il avait découvert à Paris. Les formes perdaient de leur importance, seules les couleurs étaient essentielles. Il travaillait beaucoup sur ce concept. Une de ses toiles était intitulée *Lumières en majesté*, une autre *L'Atelier des couleurs*. Avant de commencer une toile, il procédait à de nombreuses esquisses, certaines étaient éliminées, d'autres évoluaient. Pourquoi ne pas remplacer les points par des carrés ou des rectangles ? Consulté, Grischa hochait la tête. « Je suis trop vieux, disait-il, pour te donner le moindre avis sensé. »

Il mourut en 1912.

Nikkos était le dernier Dionous. Il savait qu'il le resterait. Songer au mariage le déstabilisait. Il n'avait besoin de rien ni de personne. Peindre seulement pour découvrir de nouvelles lumières. Mais la situation politique ne s'y prêtait plus.

La Première Guerre mondiale éclata en août 1914. Dans *La Pravda*, Nicolas lut que, sans avoir déclaré la guerre, les Turcs bombardaient les ports russes de la mer Noire. Les cuirassés turcs étaient fabriqués en Allemagne. Cette agression permit au tsar d'entrer en conflit avec la Turquie.

Nicolas II avait décidé de prendre le commandement de ses armées. Un choix catastrophique, de l'avis de tous ceux qui le connaissaient. Sans aucune science de l'art militaire, courageux certes, mais hésitant, il allait entraîner le pays au désastre. Son irrésolution mènerait à saper le moral des troupes.

À Moscou, l'approvisionnement était ardu. Le bois de chauffage étant difficile à trouver et cher, Nicolas gelait dans son atelier. Il se nourrissait de pain noir, de cornichons salés, de soupe au chou où trempait un peu de lard. À quoi servait sa vie ? Pourtant, il avait la certitude de ne pas être arrivé au bout de son chemin.

La Russie n'en finissait pas de se disloquer. Le tsar n'était plus à Pétersbourg. La tsarine avait confié les rênes du pays à un illuminé qui avait tous les pouvoirs sur elle. Ce staretz[1] venu de Sibérie s'était incrusté dans la vie du couple impérial, qui le vénérait. Nicolas II et Alexandra avaient la certitude qu'il allait guérir leur fils unique atteint d'hémophilie.

Quand Raspoutine, s'estimant chef de gouvernement, se permit de nommer les ministres et les hauts fonctionnaires, l'exaspération de la noblesse fut à son comble. Loin d'être un saint, ce rustre fourbe et brutal était le diable en personne.

Le complot fut mené par un cousin du tsar, le prince Ioussoupov. Raspoutine fut massacré, et son corps jeté dans la Neva.

Mais aucun miracle ne rendit au pays son unité. La Russie était déchirée et désormais en guerre avec l'Empire ottoman, allié à l'Allemagne et à l'Autriche. L'unique pays sur lequel les Russes pouvaient compter était la petite Serbie, comme eux orthodoxe.

Seuls Lénine et Trotski s'étaient opposés à cette guerre, non par pacifisme, mais pour braver le tsar. Plus vite Nicolas II serait défait, plus vite s'imposerait le socialisme. Pour la première fois, le monde entendit le mot « bolchevisme ».

1. Moine réputé comme saint et très écouté du peuple.

Pendant la révolution on constitua un gouvernement provisoire, puis un gouvernement bolchevique qui provoqua la chute du tsar transféré avec sa famille en Sibérie « pour les protéger ».

Nicolas vivait avec une vieille servante à moitié aveugle qui lui rapportait les rumeurs ambiantes. Il avait cessé d'acheter *La Pravda*.

De plus en plus souvent, il quittait par la pensée Moscou, la Russie pour voyager. Où ? Sûrement pas en Occident. L'Orient le tentait de plus en plus. Quand la guerre serait terminée, l'Orient deviendrait une évidence.

47

Les Anglais venaient de déclarer la guerre au sultan ottoman Mehmed V, et la situation au Caire était troublée. Les fellahs, sous domination anglaise, espéraient un libérateur. Les Ottomans ? Ils ne les avaient pourtant jamais estimés, pas plus que les mamelouks ou les Arabes au temps de la conquête.

L'agitation en Russie faisait tache d'huile dans le monde et, souhaitant le démembrement de l'Empire ottoman, l'Égypte, sous protectorat anglais, avait rejoint l'Angleterre contre Mehmed V. Mais les relations entre Anglais et Égyptiens ne cessaient de s'aigrir. La prise de conscience de leurs droits enrageait les paysans. On entendait de plus en plus souvent des malédictions contre les roumis abhorrés par Allah. Une révolte sanglante n'était pas loin.

La vie au palais de Guézireh restait paisible. Les affaires marchaient bien en dépit d'une forte baisse des cours du coton.

Constantin, choyé par sa tante et heureux avec ses cousins qu'il considérait comme des frères, n'avait pas à se soucier de l'avenir. À dix-sept ans il s'apprêtait à passer son bac de français au collège des Jésuites où le chauffeur familial le conduisait tous les matins. Il était bon élève, particulièrement en latin et en grec. Cette dernière langue était pour lui une telle passion que sa grand-mère lui avait offert un voyage en Grèce pour ses seize ans. À sa stupéfaction, il en était revenu déçu. Pourquoi ?

Qu'espérait-il exactement ? Mais sur ce sujet, il demeurait muet.

Lorsque la famille ne se rendait pas à Alexandrie, les jeunes se baladaient en ville, rue Toussoum, pour lécher les vitrines des magasins chic qui se succédaient autour de l'Opéra, où l'on donnait une fois de plus *Carmen* de Georges Bizet. La passion exprimée dans le livret et rendue palpable par les chanteurs excitait les cousins de Constantin, mais le laissait indifférent. Beaucoup de filles rêvaient d'attirer son attention. Il était grand, mince avec un joli visage aux traits réguliers, des yeux mordorés, « un dieu grec », plaisantait Émilie.

Mais s'il n'était guère intéressé par les femmes, Constantin était un passionné de sports : natation, tennis, bicyclette le long du Nil au Caire ou sur la corniche à Alexandrie. Il appréciait les arts, mais les expositions étaient rares. Les icônes l'attiraient, particulièrement celles de l'église Saint-Georges au Caire ou de la Dormition à Alexandrie. Il contemplait longuement les iconostases, comme s'il cherchait à retrouver une image oubliée. Ses cousins se moquaient de lui. Allait-il se faire pope ?

– Surtout pas ! grondait Émilie. Pas le dernier Dionous !

L'annonce par les Anglais que la moitié des plantations égyptiennes de coton devait être remplacée par la culture du blé suscita colère et révolte chez les paysans, jusqu'alors très coopératifs. Les Anglais n'osaient plus sortir seuls la nuit. Mais dans les clubs chic, les restaurants à la mode, on parlait d'un ton modéré, les cigares venaient de Cuba, le thé des Indes. Nul n'ignorait cependant que le protectorat était menacé.

Les Dionous tentèrent d'intervenir en vain auprès du gouverneur anglais Eldon Gorst. Il fallait se résigner, miser sur le blé. Pouvait-on en tirer quelque profit ?

À peine quelques années plus tard, le monde entier semblait être au bord du gouffre. Les Japonais étaient à Vladivostok,

Paris était bombardé par la Grosse Bertha et les Allemands progressaient en Champagne.

Le 20 juillet, on apprit avec stupéfaction au Caire l'assassinat trois jours plus tôt de la famille impériale russe à Iekaterinbourg. Un Comité exécutif central avait été formé.

L'exécution du tsar Nicolas II et de sa famille avait été un choc. Tous les Grecs orthodoxes du Caire avaient assisté à une messe de requiem. Mais sur quoi s'appuyer pour comparer la Russie et l'Égypte ?

Cette nouvelle, qui avait également frappé l'élite égyptienne, fut vite adoucie par la capitulation des Turcs en Syrie. Les Anglo-Français occupaient les forts des Dardanelles et du Bosphore.

– Et Constantinople ? s'enquit Constantin.

– Pas à ma connaissance.

L'entreprise Dionous avait d'autres soucis. Les Anglais achetaient à bas prix blé et fourrage. Sans la fortune des Zenallah, ils auraient dû congédier quelques domestiques, se restreindre. Mais rien ne venait perturber le quotidien de la vaste tribu. Constantin obtint une mention au baccalauréat. Il hésitait sur la carrière à suivre, voulait réfléchir, d'autant que la situation n'incitait pas à l'action. Grèves et désordres se multipliaient, les installations militaires anglaises étaient attaquées, des lignes télégraphiques sabotées, des ponts de chemin de fer détruits. Les Anglais réagissaient en rasant de nombreux villages, en fusillant leurs habitants. Il fallait à tout prix que le général Allenby rétablisse Saad Zaghloul en Égypte.

– Le protectorat va être aboli, annonça Constantin dès son retour à Guézireh.

Tous au Caire et à Alexandrie savouraient ces instants de paix retrouvée, mais début décembre, alors qu'on songeait aux festivités de Noël, la révolte reprit. Le protectorat était bel et bien condamné et les colonialistes priés de rentrer chez eux. Le prix du blé avait bondi, la misère régnait partout et les Dionous avaient fait ouvrir une cantine où les indigents pouvaient se nourrir. Dans leur misérable cohorte, on comptait quelques réfugiés russes fuyant le bolchevisme, prêts à accepter n'importe quel emploi pour survivre. La communauté orthodoxe les accueillit généreusement. Ces pauvres hères encore vêtus de leurs uniformes tsaristes et la poitrine couverte de médailles n'étaient-ils pas membres de leur famille ? Puis vinrent les Arméniens massacrés par les Turcs, ainsi que des juifs de Palestine, la plupart de petits commerçants.

Dès la fin de la guerre, Constantin avait décidé de rejoindre Beyrouth. Depuis quatre années, il n'avait pas revu ses cousins libanais. L'atmosphère là-bas ne pouvait être plus étouffante qu'au Caire.

Il fut consterné par ce qu'il y découvrit. Les bombardements italiens puis anglais, le port bloqué par la marine britannique qui détournait les denrées alimentaires, les cultures ravagées par une invasion de sauterelles, l'arrivée massive de réfugiés avaient paupérisé le pays au point que certains mouraient de faim. Et la réponse politique aggravait encore cette catastrophe humaine : des nationalistes avaient été pendus à Damas et à Beyrouth.

Au bout de quelques mois, la situation s'améliora et Constantin, que ses parents pressaient de regagner l'Égypte, put rester rue Dionous.

Ce fut dans un climat de liesse que le colonel français de Piépape et un contingent de chasseurs d'Afrique défilèrent dans les rues de Beyrouth. Tous les chrétiens de la ville s'étaient rassemblés et applaudissaient follement le drapeau tricolore qui frissonnait dans un vent tiède d'automne.

Chez les Dionous qui passaient d'un palais familial à l'autre, tous regroupés dans l'ancienne ruelle élargie, pavée, éclairée qui avait pris le nom de la famille, on ne cessait de célébrer l'arrivée française.

Constantin suivit ses cousins à Cannes. La vie y était aussi sportive et mondaine qu'à Alexandrie, mais le manque de repères donnait souvent l'impression au jeune homme qu'il était seul dans un pays étranger.

À son retour, Le Caire était débarrassé des Anglais. Une perte pour les plus nantis, qui comptaient cependant sur la volonté du roi Fouad Ier de faire entrer définitivement son pays dans la modernité. Son seul tort était d'être égyptien, c'est-à-dire lent à prendre la moindre décision, capable de faire à tout moment un pas en avant suivi d'un pas en arrière pour contenter pauvres et riches. Les grands propriétaires terriens, dont faisait partie sa famille, avaient formé un parti qui devait imposer une constitution. Dans celle-ci, seule une élite serait habilitée à gouverner. Ce projet était violemment contré par Saad Zaghloul qui exigeait la participation de tous les citoyens. Les deux partis s'accordaient cependant pour, bien que l'Égypte fût officiellement un pays musulman, laisser aux autres cultes leur liberté de conscience et de culture. Les gouvernements se succédaient, et si la vie politique était agitée, la vie intellectuelle ne l'était pas moins. L'élite francophone s'était tournée délibérément vers l'Occident, tandis que le reste de la population revendiquait son héritage religieux, historique et culturel musulman. Aux fellahs se joignaient les classes moyennes, artisans, petits commerçants, et les islamistes du pays prenaient de plus en plus d'importance.

L'année 1930 ne fut pas célébrée avec le faste habituel au palais de Guézireh. Constantin consternait son père en refusant de lui succéder. L'idée de laisser leurs affaires à la branche de Beyrouth hérissait les Dionous. Les temps difficiles qu'ils vivaient avec la récente fondation des Frères musulmans jetait de l'opacité sur l'avenir. Le roi les protégeait, mais que pouvait-il garantir si l'opposition religieuse et nationaliste se durcissait ?

Leur vie était douce, le danger semblait lointain et peu concret, on tâchait de ne pas y penser. Certaines familles cependant avaient décidé de regagner l'Europe. On les critiquait. Pourquoi cette lâcheté ? Abandonner l'Égypte, c'était consentir à laisser le champ libre aux intolérants, aux revanchards et aux dominateurs, le contre-pied du mouvement de Mustafa Kamal au pouvoir en Turquie.

L'attitude insolite, presque marginale de Constantin face à sa propre vie était une grande préoccupation pour Tessa et Émilie. Digne aïeule, enveloppée dans ses châles de cachemire ou de mousseline et les cheveux toujours couverts d'une mantille, Tessa voyait l'immense fortune de son défunt père s'éroder. La famille vivait encore princièrement, mais avait renoncé à la villa de Cannes et ne louait plus celle de Biarritz que durant l'été. Lors de ce grand voyage estival, les domestiques, la Packard et la Bentley, les innombrables malles et cartons à chapeaux, les précieux nécessaires de toilette, de couture et de broderie remplissaient presque entièrement le navire qui les amenait à Bayonne par le détroit de Gibraltar. Le retour était plus épique encore avec tous les achats effectués en France. À Saint-Jean-de-Luz, Émilie fut séduite par un petit caniche roux aperçu dans une vitrine. La petite bête fut achetée, appelée Pacha et ramenée en grande pompe au palais de Guézireh. Avec Pacha, s'ajoutaient à la cargaison déjà volumineuse une niche tapissée de velours, des coussins, des couvertures, des bols à son nom.

Dès l'automne les mauvaises nouvelles commencèrent à pleuvoir. Depuis la mort, quatre années plus tôt, de Saad Zaghloul, le protecteur du petit peuple, les Égyptiens voyaient d'un mauvais œil les « étrangers » accaparer les postes importants et bien rémunérés, ouvrir de grands magasins contre lesquels aucun petit commerçant local ne pouvait lutter.

La famille Dionous jugea prudent de donner en gérance à des Égyptiens certaines de ses propriétés.

Bien que peu religieux, Constantin s'était intimement lié avec un vieux moine orthodoxe qu'on disait fort érudit. Il recevait dans son couvent des personnes plongées dans la douleur ou confrontées à des épreuves qu'elles ne pouvaient assumer seules.

Le désert cernait son monastère mais au loin on apercevait un ruban vert, les rives fertiles du Nil. À chaque printemps renaissait l'illusion de l'éternité. Le hasard voulut que Constantin s'y arrêtât au cours d'une de ses promenades.

Le vieux moine était assis ce jour-là sur un banc de pierre. Le petit clocher du couvent semblait se hausser sur la pointe des pieds pour attirer l'attention sur sa cloche, qui ne sonnait que lors des fêtes.

– Bienvenue, mon fils, avait dit le vieil homme en posant son livre. Si tu es là pour te reposer, repose-toi. Si tu es là pour oublier quelqu'un, ferme les yeux, tu ne verras bientôt plus que de la lumière. Si tu es venu pour me parler, je t'écoute.

Le regard de Constantin avait été aimanté par le livre relié en carton, un ouvrage à la tranche jaunie et aux coins abîmés. En grosses lettres noires, un titre en caractères grecs : *Histoire de l'Empire byzantin*.

Le moine suivit le regard de Constantin.

– Un sujet éternel. Byzance n'est pas morte. Elle est en chacun de nous depuis près de cinq cents ans. Chaque génération allume une nouvelle bougie, une longue, longue rangée de petites lumières.

Constantin ne répondit rien. Byzance, certes, il en avait entendu parler, le massacre des chrétiens, l'écroulement de l'empire d'Orient, mais jamais il n'avait eu la curiosité d'en savoir plus.

Le soir tombait, au loin les eaux du Nil scintillaient en « une longue, longue rangée de petites lumières ».

– Mes ancêtres ont fui la ville lorsque le sultan l'a prise, murmura Constantin.

– Les miens aussi. Alors nous sommes un peu frères, mon fils. Rentre chez toi, réfléchis. Si tu veux que je te donne ce livre, reviens me voir. Je n'ai plus beaucoup de temps à vivre.

Constantin regagna Guézireh la gorge serrée. Pourquoi cette émotion ? Il lui semblait que depuis son enfance il cherchait quelque chose sans l'avoir trouvé, et ce n'était ni la réussite ni les voyages, pas même l'amour.

Le soir il interrogea sa grand-mère. Que savait-elle de l'Empire byzantin ?

– Peu de choses, ni plus ni moins que les autres.

– Nous venons de là cependant ?

– C'est une possibilité.

– Et vous avez ouvert des banques, fait du commerce avec Constantinople ?

– Tout se passait là-bas. L'Empire turc a été extrêmement puissant, tu sais ? Nous étions tous inféodés à Constantinople.

– Ou soumis.

Sa grand-mère éclata de rire.

– Que veux-tu dire, mon enfant ? Aurais-je dû prendre un bouclier, une épée et combattre seule l'Empire ottoman comme saint Georges le dragon ? Es-tu devenu philosophe ou fou ?

Les domestiques eux-mêmes ne purent s'empêcher de sourire.

Constantin comprit qu'elle n'irait pas plus loin. Il lui fallait faire demi-tour. Une puissance plus forte que la sienne le dirigeait.

Constantin ne quitta Alexandrie qu'à la fin de l'été 1951.

À l'aube il referma la porte de la villa familiale sans un au revoir. Eût-il écrit une lettre que sa famille, aidée par ses amis tout-puissants, l'aurait fait arrêter. Depuis la mort brutale de ses parents, il était le patriarche, le chef des Dionous. Les branches de leur arbre avaient prospéré et ils étaient douze à vivre à Guézireh en bonne harmonie. Émilie tenait la maison avec dignité et autorité. Ses fils travaillaient tous dans les entreprises familiales. Nés en Égypte, ils avaient obtenu la nationalité égyptienne et s'opposaient avec vigueur au parti fondé par Saad Zaghloul, le Wafd, qui réclamait l'indépendance totale du pays et sa restitution aux musulmans, ce qui impliquait la dépossession et le départ des familles chrétiennes et juives. Elles pouvaient heureusement compter sur le soutien du roi Farouk, qui avait succédé à son père Fouad, jouisseur, amateur de femmes, de yachts et de chevaux. Il avait été élevé en Angleterre et se posait en ami de l'Occident.

Constantin avait tracé sa route sur une carte, celle que probablement avaient prise en sens inverse ses ancêtres : Jérusalem, Damas, Alep, Antioche. Un voyage de pèlerin, de pauvre qui laissait derrière lui son pays, un roi qui s'enrichissait scandaleusement et un très probable exode, à plus long terme, des chrétiens et des juifs. Il quittait la plus belle plage de la Méditerranée, Sidi Bisha, le quartier de San Stefano, les cinémas, les pâtisseries comme Fluckiger où les Dionous achetaient après la messe de vastes plateaux pour toute la maisonnée.

À Jérusalem, il tenta de retrouver ses lointains cousins, les descendants d'un pope et d'une certaine Dimitria qui avait eu quatre filles. Son frère Simon avait été le père de son arrière-grand-père Iannis Dionous, celui qui était à l'origine de leur fortune, un ancien paysan de la Ghouta, disait son grand-père avec une certaine fierté.

Mais là-bas sa famille semblait s'être volatilisée : les quatre filles portant des noms différents, il n'avait aucune chance de les retrouver.

Il s'attarda deux mois dans la Ville sainte. La paisible cité autrefois endormie dans les chants religieux était désormais bouillonnante. Les juifs affluaient par milliers après l'holocauste de la dernière guerre et la création de l'État d'Israël. Ils venaient s'installer sur des terres jusqu'alors palestiniennes rachetées à bas prix. À Jérusalem et dans ses faubourgs, au milieu des champs, d'oliveraies antiques, des orangers, des figuiers, on construisait une ville moderne. Constantin aimait flâner dans les vieux quartiers, ceux qu'avaient connus ses ancêtres. Tout le captivait. Loin du palais cairote, de sa luxueuse villa d'Alexandrie, il découvrait un monde où la joie de vivre n'avait guère sa place. Les juifs, si prospères en Égypte, étaient pour la plupart misérables. Ils ne parlaient ni le français ni l'arabe, mais la même foi en l'avenir les animait.

En Palestine, une grande émotion s'empara de Constantin. Le ciel ce jour-là était gris, la terre elle aussi et ces tons sans éclat semblaient détenir la sagesse du monde. On lui avait parlé de Jéricho, de villages arabes, de villages chrétiens. Il ne voyait que des bourgades poussiéreuses, des maisons aux toits de tôle. Où était le paradis des siens ? Comment lui, un des hommes les plus riches d'Égypte, pouvait-il imaginer la vie de ses arrière-arrière-grands-parents ? Ceux-ci devaient loger loin de ces pauvres villages arabes, dans une belle maison de pierre dotée d'un toit en tuiles, un jardin, un patio, des murs couverts de jasmin.

Avec son costume de toile beige, ses sandales, son panama en paille, on le prenait pour un de ces Anglais excentriques qui jouaient les aventuriers dans le désert.

Mais il était là à cause d'un livre enfoui dans une sacoche de cuir sur l'histoire de l'Empire romain d'Orient qui se concluait par la prise de Constantinople. Il était là pour renaître après des années d'insatisfaction, de doutes, d'une impression que le destin exigeait de lui autre chose que de jouir d'une richesse dont il n'était pas responsable. Orphelin très jeune, il avait été heureux dans sa famille, mais sa mère était absente, sa mère était ailleurs.

– Tu la retrouveras dans un autre lieu, lui avait affirmé le pope.

Certes, il aurait pu se rendre au Havre, faire la connaissance de sa famille française, mais au fond de lui-même il savait que cette décision ne le mènerait nulle part. Ce qui l'avait poussé loin de chez lui, alors que les siens commençaient à s'inquiéter de ce que l'avenir leur réservait, c'était le besoin impérieux de matérialiser un rêve, de se rendre compte par lui-même si cet élan qui le poussait vers le nord était une chimère, le mirage qui faisait se hâter le Bédouin vers une utopique source d'eau. Son grand-père attribuait ses passions à une volonté d'être lui-même, d'affirmer sa propre personnalité, et il ne l'en avait jamais blâmé.

Sa liberté grisait Constantin. Jamais il n'avait conçu d'attachement sérieux pour une femme – il faut dire que l'étreinte familiale était parfois étouffante. Ses rares maîtresses l'avaient très vite quitté. Il n'offrait pas de bijoux, ne se jetait pas à leurs pieds, ne les faisait ni rêver ni même rire. Il ne se sentait pas le droit de s'emparer de l'esprit, du cœur de quiconque, de faire le malheur d'une femme. Les épouses Dionous avaient rarement été heureuses. Même riche, courtisée, adulée, son arrière-grand-mère Alexandra avait-elle connu le bonheur ? Si oui, pourquoi avait-elle désiré être inhumée en Angleterre ? On chuchotait qu'une autre aïeule s'était suicidée.

L'automne était encore très doux en Syrie. Damas l'éblouit et il eut envie de s'y arrêter. Puis ce fut la plaine de la Ghouta. Il connaissait le nom du village où avaient vécu ses ancêtres. Il existait toujours, avec une rue centrale bordée de modestes commerces, l'église, une école, des maisons de pierre toutes assez semblables. La maison familiale avait dû être détruite, car il ne distingua aucune demeure plus belle que les autres. Au cimetière les tombes étaient envahies d'herbes, de fleurs sauvages, mais on pouvait voir des croix et il déchiffra sur l'une d'entre elles son nom. La sœur de son ancêtre Manuel avait été, colportait-on, convertie de force à l'islam. Elle était morte très jeune en couches. Alors il se dirigea vers le cimetière musulman.

Un vieux jardinier en longue tunique blanche désherbait. Le visiteur déambula à pas lents entre les tombes. Rien ne laissait deviner l'emplacement où cette femme aurait été inhumée. En longeant les limites extérieures, il découvrit une tombe abandonnée depuis longtemps. Des ronces étaient parvenues à s'y enraciner. Était-ce la sépulture de cette arrière-grand-tante ? D'une de ses poches, il tira une petite icône, la Vierge de Miséricorde achetée à Jérusalem. Il y posa les lèvres puis creusa un trou et y plaça la relique après l'avoir enveloppée dans son mouchoir. « Qui que vous soyez, puisse la Vierge vous garder dans son paradis », murmura-t-il.

Après Damas, il se dirigea vers Alep pour y séjourner tout l'hiver. Au printemps, il gagnerait Antioche, puis Istanbul où il comptait arriver en mai.

48

L'un après l'autre, les musées, les églises se fermaient. La galerie Tretiakov à Moscou, qui avait exposé des centaines de tableaux de peintres russes, recevait maintenant Nicolas presque en cachette. L'art était contrôlé et allait certainement être bientôt réglementé.

Parfois, suivant les aléas de la poste, Nicolas recevait une lettre de Valentine Lamare, qui en dépit de son âge continuait à se passionner pour l'art et à protéger les artistes.

Paris semblait un autre monde. On avait inauguré les jardins du Champ-de-Mars, à Venise Serge Diaghilev venait de mourir, Valentine le pleurait. C'était lui qui avait organisé la première exposition impressionniste à Moscou pour laquelle Vera avait œuvré avec une inlassable énergie. Le grand sculpteur Antoine Bourdelle, qui venait souvent boulevard Malesherbes, était mort lui aussi.

Nicolas lisait avidement ces anciennes lettres, puis les jetait au feu. Son univers, désormais, se réduisait au monde de Seurat, et surtout d'Henri-Edmond Cross. Sa *Sieste par l'eau* était un chef-d'œuvre. Même paysage, différentes lumières, message mouvant entre réalité et irréalité.

Quelques œuvres que Nicolas avait laissées en France commençaient à obtenir un vrai succès. On le réclamait. Une invitation arriva même de Venise pour une conférence sur le pointillisme. Mais il s'interrogeait toujours et ne pouvait apporter de réponse aux amateurs d'art. Entre les points de lumière, si proches soient-ils, il y avait une interruption. Cela ne pouvait être. Il devait continuer à chercher.

Soudain il repensa à ces quelques mots de son père, « Samarakov est de nouveau en vente ». Ce souvenir déclencha en lui une immense émotion. « C'est là que je dois aller », pensa-t-il. Le nom souvent entendu était énigmatique. Était-il enchanté ou maudit ? Jamais il ne s'y était rendu. Il se représentait un lieu défendu par la forêt, des rivières tumultueuses qui l'attiraient et l'effrayaient. Un lieu magique.

On ne circulait pas en Russie aussi facilement que cinquante ans plus tôt, mais il y avait des autocars munis de pneus à clous pour la neige, des trains qui partaient quand ils voulaient bien et arrivaient quand ils pouvaient. Les voyageurs s'entassaient avec leurs baluchons, des paniers de provisions. On discutait peu, chaque mot pouvait être rapporté, déformé, et celui qui l'avait prononcé expédié en Sibérie. Le véhicule dans lequel Nicolas avait pris place s'arrêtait souvent devant quelque cabaret où le chauffeur allait, clamait-il, se rafraîchir.

Le soir, tous les voyageurs se pressaient dans une isba aux rondins noircis et minuscules fenêtres. Là, rien ne semblait avoir changé depuis le temps des tsars. Dans l'unique pièce, le paysan déroulait des couvertures. Il n'y avait qu'un banc le long d'un mur, une table, des chaises, les saintes icônes éclairées par des bougies qu'aucun décret n'avait pu faire disparaître.

Dans une vaisselle d'argile, on servit au voyageur une soupe aux raves et au chou, de la kasha, du pain noir et gluant. Nicolas s'enroula dans une couverture qui sentait la chèvre et, blotti dans un coin, tenta de dormir. Qu'était-il arrivé à son pays ? Pourquoi le passé de la sainte Russie, ses mœurs, ses traditions, sa religion avaient-ils été tranchés comme une tête par la guillotine ? La seconde guerre mondiale avait anéanti des armées entières de Russes. On avait parlé de Stalingrad comme d'un enfer. Staline restait un héros dans maints pays européens. Pour

Nicolas, la célébration des funérailles de cet homme qui avait fait rendre gorge à son pays n'était qu'un mélodrame grotesque.

Il venait de rompre les amarres avec tout ce qui avait fait le bonheur de sa vie : sa maison, son atelier. Il avait brûlé les œuvres qui ne le satisfaisaient pas, déposé les autres chez un marchand d'art qui comptait les expédier à Paris. Et qui lui avait remis cinq mille roubles en acompte.

Le lendemain, le surlendemain au plus tard, il serait à Samarakov, le domaine que son père, son grand-père, son arrière-grand-mère n'avaient cessé d'évoquer.

Samarakov, un chemin couvert de neige, une haie de peupliers qui semblait ne mener nulle part. Nicolas le suivit, harassé par le voyage. Un garçon auquel il avait donné une pièce avait accepté de pousser la brouette dans laquelle se trouvait son baluchon. Des sillons avaient été tracés par un tracteur qui permettaient de cheminer sans semelles de bois. Que faisait-il dans ce coin perdu ? Et soudain il vit la maison avec son porche à la grecque, sa galerie. La plupart des volets pendaient, à moitié arrachés. La porte était entrebâillée. Il remercia le garçon et entra. L'étonnement, l'émotion, la déception lui serrèrent la gorge. Manifestement plusieurs familles habitaient ce qui avait été la demeure de boyards avant d'être léguée à Sonia, Théodore, Grischa. C'était une demeure de joies et de drames. On disait que la maîtresse de Théodore s'était suicidée en se jetant dans le lac. Or il n'apercevait aucun lac. Il devait se trouver près de la seconde maison, celle où Sonia et Théodore logeaient avant de s'installer dans celle du barine.

Une corde avait été tendue à travers l'antichambre où séchaient des couches d'enfants, des chemises, des torchons. Une odeur d'oignon frit, de chou s'exhalait de ce qui avait dû être autrefois un petit salon. À chaque pas, Nicolas était tenté de faire demi-tour et de remonter l'allée.

Soudain une femme l'interpella. Elle avait un fichu sur la tête et était ceinte d'un grand tablier.

– Qu'est-ce que tu viens faire ici ?

Nicolas eut du mal à trouver une réponse. Comment en effet justifier sa présence ?

– Mon père, mon grand-père et mes aïeux ont vécu à Samarakov.

La femme l'observait d'un regard plus curieux que méchant.

– Les temps ont changé, petit père. Maintenant je suis ici chez moi, ainsi que mes parents et une autre famille.

– Pourrais-je avoir un café ?

Elle éclata de rire.

– Et quoi encore ! Du saumon, du veau en gelée ? Je peux t'offrir un bol de soupe, petit père, et tu déguerpiras ensuite. Sais-tu que les Blancs se sont tous sauvés autrefois comme des lapins ?

Nicolas fut sur le point de répondre que ces derniers avaient combattu avec héroïsme pour leur tsar mais il préféra se taire.

Il s'assit près d'un poêle qui fumait. Deux enfants, un garçon et une fille, dévisageaient avec des yeux ronds ce monsieur qui portait une veste couleur noisette assortie à des pantalons s'arrêtant sous les mollets et laissant voir des chaussettes de laine où le brun et le beige s'entremêlaient, comme ils en avaient vu sur des images représentant le camarade Staline. Une cape de laine marron était jetée sur ses épaules et il tenait une casquette à la main. Quand Nicolas leur sourit, ils reculèrent, apeurés. Deux autres femmes pénétrèrent dans ce qui avait dû être le grand salon, et où l'on voyait encore des lambeaux de papier peint. Des bouts de tissus pendaient au-dessus des fenêtres, des haillons plutôt que des rideaux. Un vieil homme entra. Il considéra longtemps Nicolas et s'avança vers lui.

– J'ai connu la maison autrefois…, ajouta-t-il. Mais vois-tu, camarade, on manque de logements. Les isbas tout autour prennent l'eau et les courants d'air tuent les petits enfants.

– Quand les Dionous étaient propriétaires, les isbas étaient bien entretenues.

– Possible, murmura le vieux.

– La maison a-t-elle été abandonnée ?

– Elle a été vendue à des gens de rien, barine – vite il rectifia –, camarade, qui n'ont pratiquement pas vécu ici. Ils n'étaient intéressés que par le revenu des terres. Ils ont décampé lorsque le tsar et sa famille ont été fusillés.

Nicolas termina le bol de soupe.

– Puis-je jeter un coup d'œil sur la maison de mes ancêtres ?

– Ce ne sera pas possible, camarade. Il y a du monde partout. Tu dérangerais.

– Et la petite maison ?

– Ça, peut-être. Elle est habitée par un couple de vieux qui seront contents d'avoir de la visite.

Et, hélant un des enfants :

– Igor, conduis le camarade à la maison du lac. La route est déblayée, mets quand même tes bottes.

Deux vieillards entouraient le poêle à bois dans ce qui avait été le salon. Quand Nicolas ôta sa casquette, ils parurent surpris.

– Tu n'es pas à la cour du tsar, camarade.

Et avec un sourire :

– Qui es-tu ?

Nicolas se présenta. Les deux vieux se redressèrent sur les fauteuils défoncés.

– Dionous ? N'est-ce pas le nom des propriétaires avant les Vassiliev ?

– Oui, confirma Nicolas. La propriété était déjà vendue lorsque j'étais très jeune, mais mes parents et grands-parents en parlaient souvent.

– On dit qu'ils étaient bons, concéda le vieux, que le barine a libéré ses serfs. Mais le peu de terre qu'il leur avait laissé ne leur suffisait pas pour vivre.

Nicolas avait trop chaud. Il enfouit sa tête entre ses mains. Tout était irréel. Que faisait-il ici ? Ce n'était certes pas là qu'il devait se rendre.

– Tu ne te sens pas bien ? interrogea le vieux.

Il cligna de l'œil.

– Je vais te verser un verre de vodka pour te rétablir, de la bonne, de la très bonne même. Elle vient de la cave du barine.

L'alcool fit du bien à Nicolas. Maintenant il voulait se coucher, dormir.

Le vieux lui permit de s'allonger dans une des chambres du premier étage, celle du milieu. Les deux autres étaient devenues des débarras. On y avait entassé de vieilles caisses, des cordes, des chiffons, des pneus. Chez les pauvres, on ne jetait rien.

Nicolas considéra la chambre avec effarement. Le papier peint était détrempé par l'humidité. Il avait dû représenter des petits bouquets de fleurs des champs. Le lit en fer était recouvert d'un matelas sale. Dans un coin, on avait laissé une chaise paillée et une table de toilette au placage à moitié arraché sur laquelle était placé un broc en terre cuite.

En faisant le tour de la pièce, il remarqua derrière un lambeau de tapisserie un petit bout de papier qu'il tira :

Es-tu vraiment mort
Ou le sommes-nous tous deux ?
Est-ce seulement un sort ?
S'il te plaît, Kolia, ouvre les yeux,
Nous avons un enfant tous les deux.

Nicolas baisa le papier, le replia et le serra dans son portefeuille. L'enfant était son grand-père.

L'émotion et la fatigue le firent s'endormir aussitôt, enroulé dans sa cape.

Il fut réveillé par le soleil d'hiver, qui pénétrait avec parcimonie à travers les vitres sales. Par la fenêtre, il apercevait au loin un étang gelé caressé par une lumière blême. Il allait descendre, tenter d'obtenir un verre de thé et marcher dans ce qui avait été autrefois un parc. Des taillis cernaient le bois, le chemin ouvert par les paysans était couvert d'une fine couche de neige. Tout le paysage semblait être le linceul de ceux qui l'avaient aimé.

La vieille tricotait au coin du poêle. Elle était seule.

– Tu as faim, camarade ?

Elle se leva péniblement. Ses épaules étaient énormes.

– Je vais te donner du pain et du thé. Je n'ai rien d'autre. Ensuite tu partiras.

Nicolas lui fit part de son souhait d'aller jusqu'au lac. Elle haussa les épaules.

– Tu veux y rejoindre la noyée ?

Une sensation de froid l'étreignit. Pourquoi était-il là ? Pour qu'on lui arrache son âme ? Que verrait-il dans cette eau glacée ? Le corps blafard d'une morte qui le fixerait de ses yeux translucides ?

– Je préfère m'en aller, dit-il à la vieille après avoir bu le thé et mangé la tranche de pain noir.

Elle fit un geste vague qui montrait son indifférence.

– Est-ce que quelqu'un peut me déposer à la gare ? Je donnerai cinq roubles.

– Cinq roubles ! s'écria son interlocutrice. Ce ne sera pas de refus, camarade. Mon fils t'y conduira. Il va passer d'un moment à l'autre avec son tracteur. Il te mettra sur la grande route et là tu trouveras des camions.

En attendant, Nicolas fit le tour de la salle. Derrière le poêle, posée sur une petite planche, bien dissimulée, il aperçut une icône.

– Tu as gardé tes superstitions, petite mère, se moqua-t-il.

Elle se signa par trois fois.

– Comme tous les Russes, je suis entêtée.

Un grand gaillard apparut dans l'embrasure de la porte. Il accepta aussitôt le marché, mais voulait les roubles tout de suite.

Nicolas les lui tendit. Les doigts de l'homme se refermèrent sur les pièces, telles les serres d'un rapace sur sa proie.

Pendant le trajet, Nicolas tenta de définir son but. Où aller ? Vers l'ouest. Pourquoi ? La France ? Il n'en était plus question, des souvenirs trop douloureux l'attendaient là-bas comme autant de prédateurs.

Il pensait à son atelier, à ce qui avait jusqu'alors rempli sa vie : la peinture. Se tiendrait-il à nouveau devant un chevalet ? Il lui semblait ne plus rien avoir à apporter dans son art. Il avait été au bout de lui-même. Samarakov la légendaire s'était révélée une étape douloureuse, inutile. Sa vie devait garder un peu de lumière, un peu d'espérance. Et pourquoi depuis plusieurs années était-il hanté par un voyage en Orient ? À cause d'une lumière différente, de couleurs autres ? Pour apprendre davantage, peut-être différemment ?

Longuement, il étudia les diverses destinations possibles. En changeant une fois de train, il pouvait se rendre à Kiev. Kiev, la ville où de saintes icônes avaient été écrites. Était-ce le motif de son départ ? Était-ce le but de son voyage, un retour à l'origine, un voyage vers la Russie orthodoxe des premiers jours ?

Dans la salle d'attente de la gare, son regard tomba sur un exemplaire de *La Pravda* datant de la veille. Nicolas s'en saisit machinalement et feuilleta ce journal qu'il ne lisait jamais. Soudain il se figea. À la dernière page, le commissaire du peuple préposé aux arts expliquait que l'Union soviétique avait autorisé quelques artistes éminents à se rendre à Istanbul pour une exposition consacrée à l'art russe.

Il relut le bref article. Une joie improbable l'envahit soudain. Voilà le chemin tant recherché ! Il allait prendre le premier train pour Kiev, télégraphier à la galerie de tableaux de Moscou qui devait détenir encore certaines de ses œuvres, et surtout se précipiter à la Sécurité générale pour obtenir une autorisation de sortie de l'URSS. Pour cela, il lui fallait la confirmation qu'on l'attendait à Istanbul. Seraient présents, disait l'article, les camarades Efanov, Nikritine, tous membres du parti communiste. Sa tâche ne serait pas aisée, mais il réussirait, il le fallait. Il connaissait un peu Nikritine. Ils avaient de l'estime l'un pour l'autre. Il pourrait demander à l'organisateur turc d'inclure Nicolas Dionous parmi ses invités. Issu d'une famille de grands peintres d'icônes, Nicolas avait su faire évoluer l'art russe vers la couleur absolue. Il donnerait à Nikritine une adresse à Kiev dès qu'il aurait trouvé un hôtel.

Il lui fallut deux jours pour rallier Kiev. Durant le voyage il avait échangé quelques propos avec un Ukrainien qui rentrait chez lui. Membre du Parti, il n'avait pas assez de louanges pour les camarades Malenkov et Molotov. Bien introduit, il connaissait le commissaire du peuple. Séduit par l'enthousiasme de son interlocuteur à l'idée de participer à une exposition centrée sur l'art russe à Istanbul, il était prêt à l'aider. Mais il lui conseillait de prendre au plus tôt sa carte de membre du parti communiste. Il aurait alors l'autorisation de se rendre en Turquie.

Nicolas vécut les jours qui suivirent dans un tourbillon. Dieu merci, le mois de mai était délicieux, et il pouvait accomplir à pied ses différentes démarches. Une galerie de Kiev attesta du grand renom du camarade Dionous. Produite devant le commissaire, cette attestation le fit pencher du côté du solliciteur. S'il n'était pas encore membre du Parti, il avait rempli tous les formulaires pour obtenir sa carte. Et son grand père n'était il pas mort en martyr pour la cause du peuple ?

Un télégramme annonça que sa galerie de Moscou était prête à expédier à Istanbul deux grands tableaux et trois petits.

Une semaine était passée, et Nicolas trépignait. Si Istanbul l'attendait, il fallait encore qu'il puisse se procurer un billet d'avion. S'il devait compter sur les finances du Politburo, il serait encore à Kiev à la fin de l'année. Mais il pouvait vendre la montre en or qu'il tenait de son père. L'argent obtenu devrait être suffisant.

Il courut au guichet de l'Aeroflot. Il y avait des vols pour Istanbul deux fois par semaine. Le prochain décollait le surlendemain. Possédait-il une autorisation de quitter l'URSS ? Et pour quel motif ? Nicolas retourna au Commissariat des Affaires culturelles. Ils attendaient une réponse de Moscou, elle ne devait pas tarder.

– Mais on m'attend la semaine prochaine à Istanbul ! ne put-il s'empêcher de protester.

– Patience, camarade, je t'ai dit que la réponse ne saurait tarder.

Nicolas n'en pouvait plus. À peine eut-il la force de se traîner au bureau des télégrammes. Oui, il y avait en effet un message en attente pour le camarade Dionous. Il venait de Moscou.

Nicolas déplia fébrilement le papier. Sa galerie d'art avait reçu l'autorisation d'Istanbul. Elle pouvait expédier les toiles. Elles seraient à Istanbul dans quatre jours. Par la poste on lui envoyait à son hôtel à Kiev l'invitation officielle du ministère des Beaux-Arts turc. Elle lui parviendrait rapidement. C'était donc raté pour le vol du surlendemain. Le prochain avion décollait deux jours plus tard, la veille de l'ouverture officielle. Entre-temps, Nicolas aurait reçu sa carte du Parti.

Il passa la journée du lendemain à essayer de se détendre, visita la cathédrale Sainte-Sophie, qui, disait-on, ressemblait à celle d'Istanbul. Il se promena sur les quais du Dniepr, s'attarda devant les ruines de la Porte dorée. En les contemplant, il lui sembla évident que celles-ci étaient un ensemble de formes, chacune captant différemment la lumière. Un désir de les peindre lui fit oublier ses soucis. Il allait garder en mémoire cette Porte et en ferait un tableau. Où ? Quand ? Il ne savait.

Tout se dénoua en même temps. L'invitation officielle lui parvint avec un mot du camarade chargé d'escorter les artistes russes qui arriveraient deux jours avant lui à l'aéroport. Il l'attendrait lui aussi à son arrivée et l'installerait dans le même hôtel que ses compatriotes. L'URSS payait les frais de séjour mais, considérant qu'il prenait un avion différent, le prix de son billet de Kiev à Istanbul ne serait pas remboursé.

Muni de ce papier, il se précipita chez le commissaire qui, après une heure d'attente, lui délivra une autorisation de quitter l'URSS pour une semaine. L'accompagnateur ramènerait tous les participants à Moscou.

« Toute cette bureaucratie, cet attachement au moindre détail, ces fonctionnaires pointilleux qui croient servir la cause des peuples ! » pensa Nicolas.

Il allait pouvoir acheter son billet d'avion. Sa montre suffirait largement à en régler le prix. Comme il était sûr qu'il ne reviendrait jamais à Kiev, il lui était impossible de la mettre seulement en gage.

Le vol partait à neuf heures du matin, il devait être une heure plus tôt à l'aéroport avec sa pile de documents, et un passeport qu'il avait eu la sagesse de prendre avec lui.

Deux heures plus tard, l'avion se posait sur le tarmac de l'aéroport d'Istanbul. Nicolas se sentait tellement oppressé qu'il eut du mal à marcher jusqu'aux services de police. À quelques pas derrière ceux-ci, l'accompagnateur du KGB gesticulait. Sa présence encouragea l'officier de police à accepter un passeport expiré, tous les autres documents étant en règle.

Nicolas sortit de l'aéroport. Le soleil l'éblouit. Il se sentait faible comme un petit enfant, et en dépit de son âge mûr éclata en sanglots.

Constantin franchit la frontière turque le 25 mai avec son passeport anglais. L'Égypte désormais passait pour prérévolutionnaire. Des émeutes, des incendies, des pillages avaient frappé Le Caire. On avait déploré dix morts.

Constantin gagna Istanbul en autocar. Après ce long voyage, il se sentait soudain oppressé, fiévreux. Il avait hâte de rejoindre la capitale, de se reposer. Mais le pourrait-il ? Il était énervé, excité et abattu tout à la fois. C'était un état physique et psychique étrange qu'il n'avait jamais ressenti auparavant. Quand enfin il distingua ce qui restait des formidables remparts de l'ancienne Byzance, Constantin eut envie de vomir.

Le mardi 29 mai 1953, le musée inauguré par Atatürk ouvrit comme d'habitude à neuf heures du matin. Il faisait déjà chaud, mais les murailles pluriséculaires de la basilique Sainte-Sophie conservaient la fraîcheur. À cette heure matinale, il n'y avait qu'un groupe d'Orientaux et deux hommes qui restaient immobiles, comme frappés de stupeur.

L'un semblait encore jeune, l'autre d'un certain âge, les cheveux grisonnants. Ils s'observèrent longtemps. Chacun retrouvait dans les yeux de l'autre le regard de son père et de son grand-père. Ces inoubliables yeux brun-vert qui s'étaient transmis de génération en génération. Les deux inconnus se fixaient, sidérés, de ce regard qui traversait l'espace et le temps.

– Je suis Nicolas Dionous, prononça enfin, en grec, le plus âgé.

– Et moi Constantin Dionous.

Ils s'ouvrirent les bras, l'émotion les étouffait.

– Enfin je t'ai retrouvé, murmura Nicolas.

– Tu as mis bien du temps.

*

Le mardi 29 mai 1453, Nicolas, la main agrippée à celle de sa femme, se retourna pour chercher son frère Constantin des yeux, mais il ne vit qu'une ville déserte, détruite, jonchée de cadavres. Il était sauf cependant, car tous trois étaient parvenus à fuir vers le port dès qu'ils avaient entendu le sinistre cri « La ville est prise ! ».

En hâte, Nicolas avait jeté dans un sac leurs plus belles icônes et la Vierge miraculeuse qui avait toujours protégé leur famille, quelques pièces d'or, les bijoux de son épouse qui se trouvaient à portée de main.

– Attendons Constantin, supplia Irène.

Mais Nicolas poursuivit sa course, entraînant sa femme enceinte. Il se songeait qu'à trouver une fuste qui leur ferait passer la Corne d'Or. De là ils pourraient contourner la ville de Galatée et se diriger vers Pera. Le sac pesait sur son épaule, Nicolas serrait les dents. Leur vie ne tenait qu'à un fil.

Sur la rive de la Corne d'Or, des centaines de malheureux piétinaient, se bousculaient, s'écrasaient. Nicolas s'y fraya un chemin, frappant avec son sac quiconque lui obstruait le passage. Enfin ils gagnèrent l'estuaire. Au loin on apercevait les remparts de Galatée, à droite la chaîne qui interdisait l'accès au port venait d'être brisée. Les lourds bateaux vénitiens chargés de leurs compatriotes avaient hissé les voiles.

Fébrilement, Nicolas fouilla une de ses poches et en tira une pièce d'or à l'effigie du basileus. Une fuste était proche. Il héla un des rameurs, exhiba la pièce.

– Tu en auras une autre sur la rive d'en face ! hurla-t-il.

La barque déjà chargée se rapprochait quand Irène poussa un cri.

– Constantin, c'est Constantin !

Un jeune homme brun, bien charpenté, vêtu d'une longue veste de velours ceinturée et d'une culotte de drap, se tenait à quelques pas. Nicolas aussitôt mit ses mains en porte-voix.

– Batelier, nous sommes trois.

L'homme leva les rames, haussa les épaules.

– Nous sommes déjà trop nombreux, veux-tu que nous coulions tous ?

– Embarque avec Irène, décida Constantin d'une voix calme et décidée. Seul, je me débrouillerai. Je vais me diriger vers Antioche.

Les deux frères se regardèrent longuement.

– Nous allons vers l'est, dit Nicolas, et tenterons de gagner la Russie orthodoxe.

Le batelier s'énervait. Nicolas sauta dans l'embarcation, tendit la main pour attraper celle d'Irène.

– Que Dieu et la Vierge du Salut vous protègent tous deux, reprit Constantin. Nous nous reverrons. Peut-être pas toi et moi, pas même nos enfants. Mais un jour, j'en suis certain, les Dionous seront réunis.

Conclusion

En 1956, Nasser nationalisa tous les biens étrangers en Égypte. Le palais de Guézireh fut saisi et les Dionous, priés de quitter le pays. Ils rejoignirent Beyrouth puis la Suisse, enfin Paris.

Nicolas ne regagna pas l'URSS et demanda l'asile politique à la Turquie.

Plus tard, Constantin et lui s'envolèrent pour Paris où s'étaient installés les Dionous du Caire. Constantin y rencontra une Franco-Libanaise qu'il épousa. Ils eurent deux filles. La lignée Dionous continua de prospérer à Beyrouth, où Nicolas et Constantin étaient toujours reçus à bras ouverts.

Les Dionous d'Orient

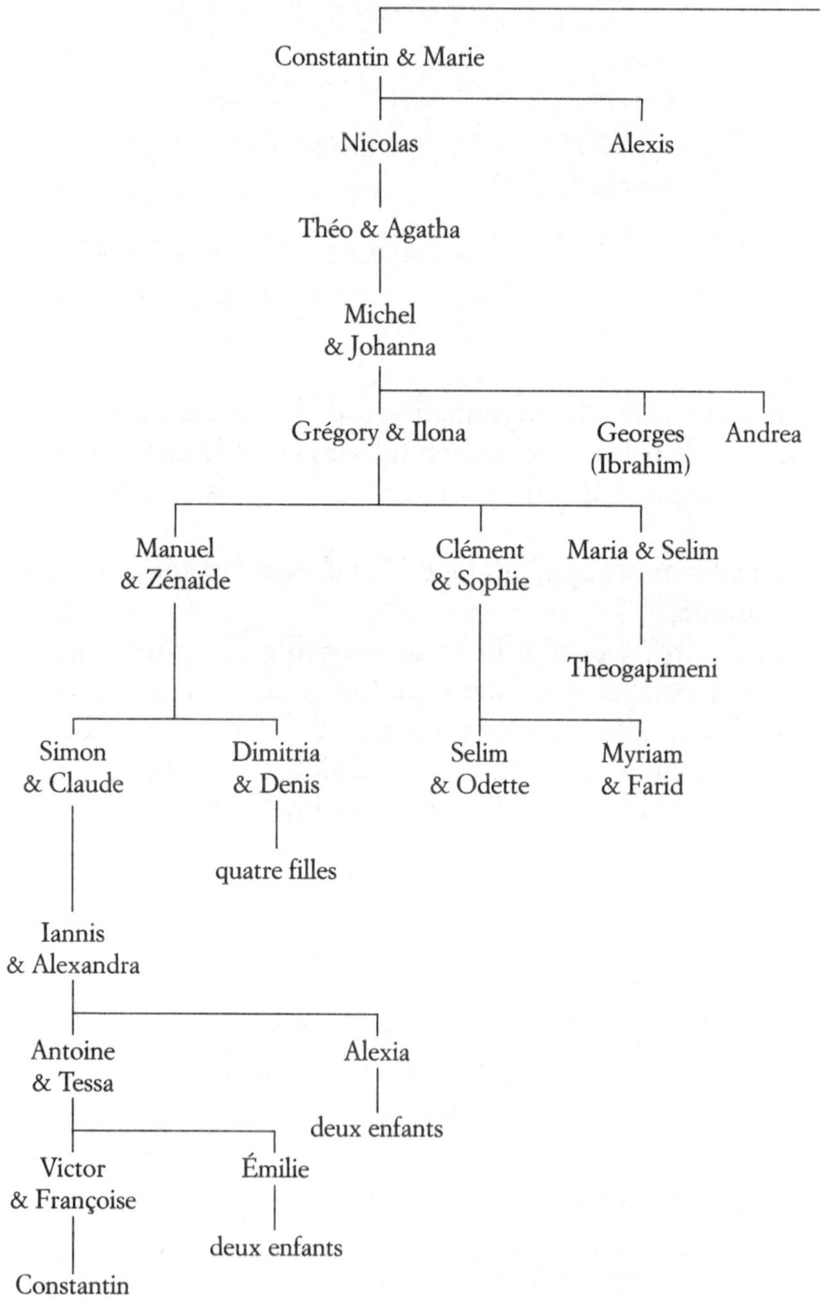

Les Dionous de Russie

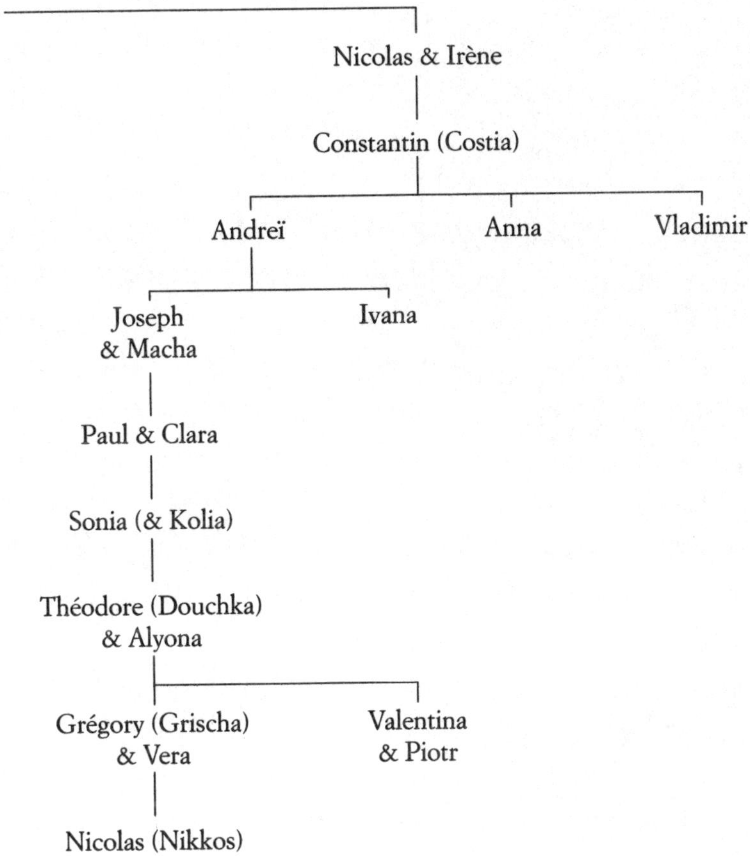

Remerciements

À Jean, mon infatigable collaborateur.

À Maëlle Guillaud, mon éditrice et amie.

À Gilbert Sinoué, pour tous les renseignements qu'il m'a communiqués sur l'Égypte.

À Tania Rayes Ingea, pour son superbe livre *Portraits et palais*, dans lequel j'ai trouvé une foule d'informations et d'illustrations sur la vie au Caire et à Alexandrie au XIXe siècle.

DU MÊME AUTEUR

Aux Éditions Albin Michel

LES DAMES DE BRIÈRES (t. 1)

L'ÉTANG DU DIABLE (t. 2)

LA FILLE DU FEU (t. 3)

LA BOURBONNAISE

LE CRÉPUSCULE DES ROIS :

LA ROSE D'ANJOU (t. 1)

REINES DE CŒUR (t. 2)

LES LIONNES D'ANGLETERRE (t. 3)

LORD JAMES

LE GARDIEN DU PHARE

LE ROMAN D'ALIA

LES ANNÉES TRIANON

MERVEILLEUSES

LE SIÈCLE DE DIEU

LA BÊTE

D'OR ET DE SANG, LA MALÉDICTION DES VALOIS

MOI, CHEVALIER D'ÉON, ESPIONNE DU ROI

Chez d'autres éditeurs

LE GRAND VIZIR DE LA NUIT, prix Femina 1981, Gallimard

L'ÉPIPHANIE DES DIEUX, prix Ulysse 1983, Gallimard

L'INFIDÈLE, prix RTL 1987, Gallimard

LE JARDIN DES HENDERSON, Gallimard

LA MARQUISE DES OMBRES, Olivier Orban

UN AMOUR FOU, prix des Maisons de la Presse 1991, Olivier Orban

ROMY, Olivier Orban

LA PISTE DES TURQUOISES, Flammarion

LA POINTE AUX TORTUES, Flammarion

LOLA, Plon

L'INITIÉ, Plon

L'ANGE NOIR, Plon

LE RIVAGE DES ADIEUX, Pygmalion

LES CARNETS SECRETS D'UNE INSOUMISE, XO

Composition : IGS-CP
Impression : Firmin Didot en septembre 2021
Éditions Albin Michel
22, rue Huyghens, 75014 Paris
www.albin-michel.fr
ISBN : 978-2-226-44239-0
N° d'édition : 23504/01 – N° d'impression : 165690
Dépôt légal : octobre 2021
Imprimé en France